韩愈思想研究

刘真伦 著

河南大学出版社
郑州

图书在版编目(CIP)数据

韩愈思想研究/刘真伦著. —郑州:河南大学出版社,2018.5
ISBN 978-7-5649-3347-0

Ⅰ.①韩… Ⅱ.①刘… Ⅲ.①韩愈(768-824)-思想评论 Ⅳ.①K825.6

中国版本图书馆 CIP 数据核字(2018)第 114243 号

责任编辑　胡玲霞
责任校对　何　新
封面设计　马　龙

出　版	河南大学出版社		
	地址:郑州市郑东新区商务外环中华大厦 2401 号		邮编:450046
	电话:0371-86059752	网址:www.hupress.com	
排　版	郑州市今日文教印制有限公司		
印　刷	开封智圣印务有限公司		
版　次	2018 年 9 月第 1 版	印　次	2018 年 9 月第 1 次印刷
开　本	787mm×1092mm　1/16	印　张	20
字　数	278 千字	定　价	50.00 元

(本书如有印装质量问题,请与河南大学出版社营销部联系调换)

目 录

前言 …………………………………………………………（1）
第一章　韩门世系 …………………………………………（1）
　　第一节　安定韩茂家族与韩愈 ………………………（3）
　　第二节　赭阳韩瓛与安定韩宝石 ……………………（6）
　　第三节　赭阳韩瓛家族与韩愈 ………………………（10）
　　第四节　结语 …………………………………………（12）
第二章　韩愈生平经历及其成长道路 ……………………（13）
　　第一节　少年时期，南迁韶州（代宗大历三年至德宗贞元元年）
　　　　　　……………………………………………………（14）
　　第二节　青年时期，屡败科场（德宗贞元二年至贞元十一年）
　　　　　　……………………………………………………（15）
　　第三节　初入职场，两遇凶险（贞元十二年至贞元十六年）…（16）
　　第四节　初做京官，南迁阳山（贞元十七年至贞元二十一年）
　　　　　　……………………………………………………（19）
　　第五节　再任京官，两度遭贬（宪宗元和元年至元和十年）…（21）
　　第六节　渐近中枢，再次遭贬（元和十年至元和十三年）……（23）
　　第七节　南迁潮州，量移袁州（元和十四年至元和十五年）…（24）
　　第八节　再着戎装，镇州遇险（元和十五年至敬宗长庆四年）
　　　　　　……………………………………………………（27）

第三章　天、地、人三位一体：韩愈的宇宙本体观念 …………（30）
第一节　从天人相仇到天人一体 ………………………………（31）
第二节　从一元本体论、二元本体论到三元本体论 …………（35）
第三节　韩愈的三元本体观念及其影响 ………………………（52）
第四节　结语 ……………………………………………………（53）

第四章　情性三品：韩愈的人性理论 ……………………………（55）
第一节　五常：人性的内涵构成 ………………………………（55）
第二节　性三品：五常的完备与缺失 …………………………（57）
第三节　学习："移"与"不移"的枢纽 …………………………（61）
第四节　宋人对韩愈"性三品"理论的消解 ……………………（63）
第五节　结语 ……………………………………………………（66）

第五章　性体道用：韩愈的心性本体理论 ………………………（67）
第一节　性体：博爱之谓仁 ……………………………………（67）
第二节　道用：由是而之焉之谓道 ……………………………（73）
第三节　性体道用：定名虚位 …………………………………（76）
第四节　结语 ……………………………………………………（81）

第六章　禽兽、夷狄、人：韩愈的人论 …………………………（82）
第一节　人的进化 ………………………………………………（82）
第二节　人的分化 ………………………………………………（86）
第三节　人的现代化 ……………………………………………（90）
第四节　结语 ……………………………………………………（93）

第七章　性、道、教三位一体：内圣外王的国家治理学说 ……（94）
第一节　原性：动物性与人性的辩证统一 ……………………（95）
第二节　原道：反身而诚的正道与急疾为治的邪道 …………（101）
第三节　原教：礼乐刑政，修饬合宜 …………………………（109）
第四节　《原道》宗旨：寻求国家治理的正确道路 …………（119）
第五节　结语 ……………………………………………………（122）

第八章　君、臣、民相生相养：韩愈的社会发生、分化与合作理论
……………………………………………………………………（124）

第一节　旧说平议 ································· (125)
　　第二节　韩愈的社会发生思想 ······················· (130)
　　第三节　韩愈的社会分化思想 ······················· (131)
　　第四节　韩愈的社会合作思想 ······················· (132)
　　第五节　结语 ···································· (134)

第九章　君、臣、民的权力分割：韩愈的政治思想 ·········· (135)
　　第一节　君权与相权 ······························· (136)
　　第二节　集权与分权 ······························· (141)
　　第三节　暴力与非暴力 ····························· (142)
　　第四节　道统与治统 ······························· (144)
　　第五节　结语 ···································· (147)

第十章　君、臣、民的利益分配：韩愈的经济思想 ·········· (148)
　　第一节　官商一体与政经分立 ······················· (149)
　　第二节　市场垄断与市场竞争 ······················· (155)
　　第三节　税收：国税与地税 ························· (159)
　　第四节　金融：价格双轨制 ························· (162)
　　第五节　结语 ···································· (167)

第十一章　传道、授业、解惑：韩愈的教育思想 ············ (170)
　　第一节　传道：传修己治人之道 ····················· (171)
　　第二节　授业：授古文六艺之业 ····················· (177)
　　第三节　解惑：师生的职责、义务及其相互关系 ········ (183)
　　第四节　结语 ···································· (189)

第十二章　文道一体：韩愈的文学思想 ··················· (190)
　　第一节　明道与载道 ······························· (192)
　　第二节　内圣与外王 ······························· (197)
　　第三节　一元与二元 ······························· (200)
　　第四节　超越与异化 ······························· (206)
　　第五节　结语 ···································· (212)

第十三章　道统：民族文化传统 ························ (214)

第一节　民族国家的观念 …………………………………………（215）
　　第二节　民族文化的观念 …………………………………………（219）
　　第三节　民族传统的观念 …………………………………………（222）
　　第四节　道统学说的理论渊源 ……………………………………（227）
　　第五节　韩愈道统思想的形成 ……………………………………（228）
　　第六节　"道统"一词的原始著作权 ………………………………（232）
　　第七节　结语 ………………………………………………………（235）
第十四章　韩学的学术渊源：孟子 ………………………………………（236）
　　第一节　韩愈尊孟与中晚唐尊孟思潮 ……………………………（236）
　　第二节　韩愈对孟子思想的继承与发展 …………………………（239）
　　第三节　唐宋时期的非孟思潮 ……………………………………（245）
　　第四节　结语 ………………………………………………………（252）
第十五章　韩学的时空背景 ………………………………………………（254）
　　第一节　外来文明冲击下民族国家的生存危机 …………………（255）
　　第二节　近现代社会转型时期民族社会的秩序危机 ……………（257）
　　第三节　外来文明冲击与近现代社会转型双重挤压下民族
　　　　　　文化的价值危机 …………………………………………（259）
　　第四节　结语 ………………………………………………………（262）
第十六章　韩学的历史地位及其影响 ……………………………………（264）
　　第一节　韩门师友弟子 ……………………………………………（264）
　　第二节　宋代的韩学 ………………………………………………（291）
　　第三节　元明清以下的韩学 ………………………………………（302）
　　第四节　结语 ………………………………………………………（306）
主要参考文献 ………………………………………………………………（308）
后记 …………………………………………………………………………（311）

前　言

　　韩愈是唐代杰出的思想家、文学家、政治家。他出身寒门，一生坎坷，而屡蹶屡起，不屈不挠，最终官至吏部侍郎，且朝廷一度有意大用。如果不是因病退休，他很有可能成为韩氏唐代的第五位宰相。在学术方面，他对《论语》、《孟子》仁义之道以及《中庸》、《大学》内圣外王之学的发掘倡扬，开启了宋学之先河；他倡导先秦两汉古文，反对六朝浮华文风，催生了唐宋古文，并成为唐宋八大家之首；他继杜甫之后探索诗歌的议论化、散文化道路，开启了宋代新诗风。更重要的是：在中华民族由中世纪走向近现代的历史进程中，他所高扬的学统亦即道统，成为中华民族走向近现代的一面旗帜。

　　中唐是中国社会由中世纪向近现代转型的起点，这是当代史学界的主流性意见，冯友兰《韩愈李翱在中国哲学史中之地位》、陈寅恪《论韩愈》、谢和耐《中国社会史》、费正清《中国：传统与变迁》都秉持这样的见解。在中华民族由中世纪走向近现代的历史进程中，就传统文化资源的发掘而言，韩学应该是一个重要的学术文化增长点。作为"结束南北朝相承之旧局面"、"开启赵宋以降之新局面"的"承先启后转旧为新关捩点之人物"①，韩愈率先高举起道统的大旗，标举以治国平天下为目的的心性哲学；以维护大一统为目的的政治哲学；以

---

　　①　陈寅恪《论韩愈》，《金明馆丛稿初编》，上海古籍出版社1980年版，第296页。

弘扬自我、张扬个性、追求自由、追求独创为特征的艺术哲学。为中国传统文化的复兴与发展开辟了先路,成为"宋明新儒家之先河"①,为华夏文明的近现代转型迈出了关键性的第一步。由于中唐开始的社会转型过程直到今天仍然没有最后完成,这就使得宋元明清直至近现代的思想文化建设面临着同样的任务:宋学不得不接着韩学说,现代新儒学不得不接着宋学说。就这一意义而言,韩学研究不仅具有重要的历史文化价值,也在一定程度上具有现实的意义。

不过,韩学在近现代思想文化系统中的枢纽地位尽管早已得到学界的承认,韩学自身的研究却相当薄弱。就以高度评价韩愈地位的冯友兰而言,他的《中国哲学史》上下册共741页,韩愈只占据了2页;侯外庐《中国思想通史》6大册共3560页,韩、柳、刘共占33页;任继愈《中国哲学发展史》秦汉至隋唐3册共2244页,韩、柳、刘、李共占15页;唐君毅《原道》、《原教》4册共2334页,韩愈仅占4页;更多的思想史著作例如牟宗三的唐宋哲学史著作《佛性与般若》2册1754页、《心体与性体》3册1873页中,根本就没有韩愈的位置。思想界的主导性评价是:"韩愈在文学上占着重要的地位,在学术思想界却没有特殊贡献"②、"愈生平致力于文为多,于学则浅"③、"韩愈本人的哲学思想十分贫乏而庸俗"④、"其《原道篇》与他文之辟佛之说,若只就其所及之义理而观,正如其诗所谓'蚍蜉撼大树,可笑不自量'"⑤。思想界的现状向我们提示:理论思维的贫乏,根子在文献研究的滞后。具体说来,长期以来对韩集的文本诠释单纯注重文学艺术层面而忽略思想文化层面的倾向,造成了理论研究的捉襟见肘。就这一意义

---

① 冯友兰《韩愈李翱在中国哲学史中之地位》,《清华周刊》第37卷9—11期,1932年5月,第3页。
② 杨东莼《中国学术史讲话》,北新书局1932年版,第230页。
③ 钟泰《中古哲学史》,商务印书馆1934年版,第179页。
④ 赵纪彬《中国哲学思想》,中华书局1948年版,第142页。
⑤ 唐君毅《中国哲学原论·原道篇》卷三,台湾学生书局1986年版,第401页。

而言,韩学研究还存在着明显的薄弱环节。本书的撰著目标,就是希望能够在文本解读的基础上,深度发掘韩文的思想义理;系统梳理宋人对韩学的接受、传播、讨论、争辩,也就是宋学兴起、发展与深化的历史进程;并最终站在现代学术的高度上,认识并评判韩文义理的思想文化价值,尤其是他在华夏文明近现代历史进程中的作用和地位。

第一章 韩门世系

　　韩愈自称"昌黎韩愈",韩集中凡十四见(文谠本)。韩愈友人柳宗元、刘禹锡,韩门弟子张籍、李翱、皇甫湜、赵德等均以"昌黎"称韩愈,似乎韩愈家族出自昌黎韩氏。但韩愈家族与昌黎韩氏并无血缘关系,朱熹《新唐书》本传注"公与昌黎之韩异派"已自判断分明。当代韩愈研究者以郡望解释"昌黎",含糊其辞地认同"昌黎韩愈"的说法。

　　韩愈屡屡自称"其先仕魏,号安定桓王"(《韩滂墓志铭》),是其先世出自北魏安定桓王韩茂,韩愈本人及韩门弟子言之凿凿,后人乃至现代学术界也基本认同。此说始见李白《武昌宰韩君(仲卿)去思颂碑并序》:"七代祖茂,后魏尚书令安定王。五代祖钧,金部尚书。曾祖晙,银青光禄大夫雅州刺史。祖泰,曹州司马。考睿素,朝散大夫桂州都督府长史。"韩愈作《唐故虢州司户韩府君(岌)墓志铭》,称"安定桓王五世孙叡素",也认同李白的说法。按:李白记韩愈之父仲卿为茂七世孙,则愈当为茂八世孙;此《志》记韩愈之祖叡素为安定桓王五世孙,则愈当为茂七世孙。二者显然矛盾。皇甫湜《韩文公神道碑》记叡素为茂六代孙,则愈为茂八世孙,与李《碑》相合。皇甫湜《韩文公墓铭》直以韩愈为"安定桓王茂六代孙",与《神道碑》相去两代。据李翱《大唐故朔方节度掌书记殿中侍御史昌黎韩君(弇)夫人京兆韦氏墓志铭》,韩愈为茂七世孙。《新唐书·宰相世系表三上》则直以愈为茂七世孙。以上诸说纷纭,不足凭信。而且它们共同存在着一个显而易见的漏洞：韩睃生年应在武德、贞观之间，而韩均卒于北魏孝文帝延兴五年（475）。二者生活年代相去将近二百年，绝不可能为父子关系。所以韩茂至韩愈世系，无论六世、七世还是八世，均属臆说。唐代最权威的谱牒著作《元和姓纂》不取此说，值得加以特别的注意。

"昌黎韩愈"、"安定桓王之后"，这两种矛盾的说法都得到当代学术界的无条件认同，而很少有人对韩茂到韩愈将近四百年的传承谱系进行具体考证。正是在这一意义上，《韩愈先世世次辩证》、《韩愈先世徙居轨迹考索》两篇文章才尤为引人注目。文章将安定韩茂家族、赭阳韩璆家族与河阳韩愈家族联系起来，组成从韩耆到韩仲卿共十二代的韩氏传承谱系①。如果此说能够成立，无疑将成为韩愈家族谱牒研究的一大突破。但此说的两个关键性联接点：安定韩茂之孙韩宝石即是赭阳韩璆；韩璆曾孙仲良与韩愈六代祖韩均为族兄弟或从兄弟。这两大猜想，事实上很难成立。

实际上，韩门世系，韩愈本人仅追溯到祖叡素，皇甫湜《墓志》、《神道碑》同。李翱追溯到曾祖泰。泰曹州司马，叡素桂州都督府长史，仲卿秘书郎、武昌令，均为下层官吏。唐代韩氏，昌黎、颍川最为望族，而颍川一系，出自安定。唐代韩氏四宰相：韩瑗、韩弘出颍川，韩休、韩滉出昌黎。韩仲卿、韩愈自陈世系，上溯昌黎、安定，也不过是因为"时昌黎之族颇盛，故随称之，亦若所谓言刘悉出彭城，言李悉出陇西者"（朱熹《新唐书》本传注）。唐人重阀阅，门第出身不但影响其官场的进退沉升，甚至影响其政治立场与政治态度。今人讨论唐代党争，特重士族、庶族之别，即为显例。韩愈先世是否是贵族，今人或许觉得无关痛痒。但对于认识韩愈在波诡云谲的中唐政治舞台上的种种表现，却具有非常重要的意义。可以断定：韩愈家族并非世家贵族，与唐代韩氏三大著族昌黎韩氏、赭阳韩氏、颍川韩氏并无血缘关系。韩愈出身庶族而非士族，这一点，对于理解韩愈在中唐政治舞

---

① 常思春《韩愈先世世次辩证》，《四川师范大学学报》2003年第4期，第64页。

第一章 韩门世系

台上的政治立场与政治态度,是绝对不可忽视的重要基点。

第一节 安定韩茂家族与韩愈

韩愈先世出自北魏安定桓王韩茂,韩愈本人及韩门弟子均言之凿凿。但韩茂至韩愈究竟为六世、七世抑或是八世,从此说的始发者李白到韩愈本人乃至韩门弟子众说纷纭,让人难以理解。须知李白并非史学家或谱牒专家,他对韩仲卿先世的叙述,只能来自仲卿本人。而韩愈以及韩门弟子的叙述,则当出自韩氏谱牒。皇甫湜《韩文公墓铭》就明确交代:"其孤昶使奉功绪之录继讣以至。"可见皇甫湜、李翱对韩氏世系的记载,有"功绪之录"即韩氏谱牒为依据。今列举诸说于次,以考察其间存在的问题。

李白《武昌宰韩君(仲卿)去思颂碑并序》:"七代祖茂,后魏尚书令安定王。五代祖钧,金部尚书。曾祖晙,银青光禄大夫雅州刺史。祖泰,曹州司马。考睿素,朝散大夫桂州都督府长史。"伦按:李白的记载存在明显错误:据《魏书》,茂卒,长子备袭爵;备卒无子,茂次子均袭爵。韩均为韩茂之子而非孙,茂为七代祖,则均当为六代祖。李《碑》作"五代",不确。记"均"为"钧",亦误。

韩愈《唐故虢州司户韩府君(岌)墓志铭》:"安定桓王五世孙叡素。"伦按:李白记韩愈之父仲卿为茂七世孙,则愈当为茂八世孙;此《志》记韩愈之祖叡素为安定桓王五世孙,则愈当为茂七世孙。二者显然矛盾。

皇甫湜《韩文公神道碑》:"拓跋后魏之帝,其臣有韩茂者以武功显,为尚书令,实为安定桓王。次子钧袭爵,官至金部尚书,亦能以功名终。尚书曾孙叡素为唐桂州长史,善化行于江岭之间,于先生为王父。生赠尚书左仆射讳仲卿,仆射生先生。"伦按:此《碑》记叡素为茂六代孙,愈为茂八世孙,与李《碑》相合。

皇甫湜《韩文公墓铭》:"先生讳愈,字退之,后魏安定桓王茂六代孙。祖朝散大夫桂州长史讳叡素,父秘书郎赠尚书左仆射讳仲卿。"伦按:此《志》直以韩愈为"安定桓王茂六代孙",与《神道碑》相去两代。

李翱《大唐故朔方节度掌书记殿中侍御史昌黎韩君(弇)夫人京兆韦氏墓志铭》:"府君讳弇,自后魏尚书令安定桓王六世生礼部云卿郎中,礼部实生府君。"伦按:据此《志》,愈当为茂七世孙。

《新唐书·宰相世系表三上》:"弓高侯颓当裔孙寻,后汉陇西太守,世居颍川。生司空棱,字伯师,其后徙安定武安。后魏有常山太守、武安成侯者,字黄耇,徙居九门。生茂,字符兴,尚书令、征南大将军,安定桓王。二子:备、均。均字天德,定州刺史、安定康公。生晙,雅州都督。生仁泰,曹州司马。生叡素,桂州长史。"伦按:《新表》显然以李《碑》为基础,参照《魏书》的记载改均为茂子,纠正了李白的错误。据此,愈为茂七世孙。

以上诸说共同存在着一个显而易见的漏洞:韩晙生活年代当在初唐,而韩均卒于北魏孝文帝延兴五年(475)(见《魏书》本传)。二者生活年代相去将近二百年,绝不可能为父子关系。所以韩茂至韩愈世系,无论六世、七世还是八世,均属臆说。更重要的是:据《元和姓纂》,韩愈先世出颍川;而据《魏书》,韩茂先世出南匈奴赫连部。二者绝非同族。有关这一点,对韩茂家族略加考察即可明白。

韩茂,《魏书》、《北史》有传,其父耆,子备、均、天生及均子宝石附传后。今据《魏书》钩稽其生平于次:

韩茂父韩耆,字黄老,或作黄耇。明元帝永兴中自赫连屈丐入魏,拜绥远将军,迁龙骧将军常山太守,假安武侯。仍居常山之九门,卒赠泾州刺史,谥曰成侯。

韩茂字符兴,安定安武人。太宗明元帝亲征丁零翟猛,茂年十七,为中军执幢,拜虎贲中郎将。后从世祖太武帝讨赫连昌,以军功赐爵蒲阴子,加强弩将军,迁侍辇郎。拜内侍长,晋爵九门侯,加冠军将军,迁司卫监。拜散骑常侍殿中尚书,晋爵安定公加平南将军,转都官尚书。太平真君六年(445)十一月己未,率骑屯相州之阳平郡讨

第一章 韩门世系

盖吴(《魏书·世祖纪下》)。太武帝南征,拜徐州刺史。还为侍中、尚书左仆射,加征南将军。正平二年(452)七月败刘义隆将檀和之、鲁安生(《魏书·世祖纪下》)。高宗文成帝践祚,拜尚书令,加侍中、征南大将军。太安二年(456)夏领太子少师,冬卒。赠泾州刺史、安定王,谥曰桓王。伦按:据《魏书·太宗纪》,太宗曾两次亲征:永兴二年(410)五月壬申北伐,七月乙丑还宫;神瑞元年(414)十二月丙申北伐,二年正月丙辰还宫。又《周几传》、《张蒲传》记斩叛胡翟猛雀于泰常初。据永兴二年、神瑞元年上推十七年,韩茂生年,当在道武帝登国九年(394)或天兴元年(398)。享年五十九岁或六十三岁。

韩茂长子备,字延德。初为中散,赐爵江阳男,加扬烈将军。又晋爵行唐侯,拜冠军将军、太子庶子。迁宁西将军典游猎曹,加散骑常侍。袭爵安定公、征南大将军。卒赠雍州刺史,谥曰简公。

备弟均字天德。初为中散,赐爵范阳子,加宁朔将军。迁金部尚书,加散骑常侍。兄备卒,无子,均袭爵安定公、征南大将军。历定、青、冀三州刺史,除大将军广阿镇大将,加都督三州诸军事。复授定州刺史,延兴五年(475)卒,谥曰康公。

均子宝石袭爵。

均弟天生,为内厩令,后典龙牧曹,出为持节平北将军沃野镇将。

《汉书·地理志下》有安定郡,武帝元鼎三年置。领县二十一:高平、复累、安俾、抚夷、朝那、泾阳、临泾、卤、乌氏、阴密、安定、参䜌、三水、阴盘、安武、祖厉、爰得、眴卷、彭阳、鹑阴、月氏道。治所高平县,今宁夏固原。东汉移治临泾县,治所在今甘肃镇原县东南五十里。东晋移治安定县,治所在今甘肃泾川县北五里。汉安定郡,北魏为泾州。《魏书·地形志二下》泾州领郡六、县十七。安定郡领县五:安定、临泾、朝那、乌氏、石堂。陇东郡领县三:泾阳、祖居、抚夷。新平郡领县四:白土、爰得、三水、高平。随平郡领县二:鹑觚、东盘。平凉郡领县二:鹑阴、阴密。平原郡领县一:阴盘。

综合上文,可以得出如下结论:韩耆为赫连部将,其先世出于南匈奴应无疑问。入魏后"假安武侯",可知此前占籍安定安武。永兴中入魏时，其地仍属赫连氏，所以称作"假"。安武城，北魏时属泾州平凉郡阴盘县，其县则随置随废，见《魏书·地形志二下》，故址在今甘肃平凉东。入魏后所居地，据韩茂封爵蒲阴子、九门侯可以推见。北魏北平郡蒲阴县，故治在今河北完县东南。常山郡九门县，故治在今河北槁城县西北。韩茂晋爵安定公，则当在赫连夏破灭之后。此为实封，非权假。其具体时间，约当在太武帝太平真君初年（440）。其孙宝石袭爵，当在延兴五年（475）韩均卒后。孝文帝太和十二年（488）前，抱嶷已封安定公，见《魏书·抱嶷传》。则韩茂一系，此前当已绝封。

韩茂后嗣，自宝石以下，未见《魏书》、《周书》、《北齐书》、《隋书》、《北史》及《元和姓纂》等提及。以韩睃上接韩均，始见李《碑》。其说虽有韩愈本人以及李翱、皇甫湜等人推扬，但漏洞百出，了无实证。韩愈与韩门弟子自相矛盾，至少可以判定：韩氏并不存在一部从韩茂下及叡素、仲卿、韩愈的世系明确的可靠家谱。其说出于依托，至为明显。《元和姓纂》不取此说，决不可等闲视之。

第二节　赭阳韩璨与安定韩宝石

常文认定："韩褒祖璨与韩均子宝石于孝文帝之世皆在，而皆为安定郡公，不可能同时有两安定郡公，且皆姓韩，显然只能是韩璨与韩宝石为同一人或韩璨为韩宝石之子两种情形。"①

以韩璨上承韩宝石，或者直认韩璨即是韩宝石，纯出推测，并无实证。唯一可以引人联想的是：二韩同封安定公，或许有可能同出一族。实际上，这一推测也不能成立。理由有三：其一，韩璨封安定公之前，已有抱嶷封安定公。韩璨所封为新开国，并非沿袭韩茂旧封。其二，韩宝石占籍安定安武，其先世出南匈奴赫连部；韩璨为南阳赭

---

① 常思春《韩愈先世徙居轨迹考索》，《成都大学学报》2003年第3期，第23页。

第一章 韩门世系

阳人,入北后占籍安定三水。二者虽然同封安定公,但占籍并不相同。其三,韩宝石为韩茂之孙(见《魏书·韩茂传》);韩瓌为韩延之之孙(见《新唐书·宰相世系表三上》、《元和姓纂》卷四、《周书·韩褒传》)。二者既不同族,更不可能同为一人。今考察相关情况于次:

据现有史料,北魏先后五封安定公:

太武帝神䴥元年(428),莫云晋爵安定公。(《魏书·莫含传》)

太武帝太平真君(440)初,韩茂封安定公。太安二年(456)卒,子备袭爵。备弟均袭爵时间不详,均子宝石袭爵,则在延兴五年(475)韩均卒后。

《魏书·抱嶷传》:抱嶷字道德,安定石唐人,居于直谷。幼时陇东人张乾王反叛,家染其逆。及乾王败,父睹生逃逸得免。嶷独与母没入京都,遂为宦人。经十九年,累迁为中常侍、安西将军中曹侍御尚书,赐爵安定公。高祖、文明太后嘉之,以为殿中侍御尚书,领中曹如故,俄加散骑常侍。太和十二年(488),迁都曹,加侍中祭酒尚书,领中曹侍御。后降爵为侯,加大长秋卿。老疾请乞外禄,乃以为镇西将军泾州刺史,特加右光禄大夫。十九年被诏赴洛。以刺史从驾南征。军回还州,后数年卒于州。伦按:据《传》文,抱嶷封安定公,当在孝文帝太和十二年(488)前;其降爵为侯,则当在太和十九年(495)之前。

高祖孝文帝太和十八年(493)前后,韩延之孙韩瓌封安定公。

孝明帝延昌四年(515),胡国珍封安定公(《魏书·胡国珍传》)。

通过以上五封可以知道:北魏册封安定公,除占籍安定之外,并不考虑其家族血缘联系。

以下考察韩瓌家族的有关情况:

《元和姓纂》卷四"南阳堵县韩氏"条:"颓当元孙骞,避王莽乱,因居之。魏司徒甫阳恭侯暨六代孙延之,晋末从司马休之奔姚兴,又奔后魏,封鲁侯。玄孙褒,周少保、三水正伯。"《新唐书·宰相世系表三上》:"韩氏出自姬姓。晋穆侯溃少子曲沃桓叔成师生武子万,食采韩原,生定伯。定伯生子舆,子舆生献子,厥从封,遂为韩氏。十五世孙襄王仓为秦所灭,少子虮虱生信,汉封韩王。生弓高侯隤当,隤当生孺,孺生案道侯说,说生长君,长君生龙頟侯增。增生河南尹骞,避王莽乱,居赭阳。九世孙河东太守术,生河东太守纯,纯生魏司徒甫乡恭侯暨。六世孙延之字显宗,后魏鲁阳侯。孙瓌,平凉太守、安定公。生恒州刺史演,演生褒,褒字弘业,后周少保、三水贞伯。"《韩仲良碑》:"曾祖(演),魏征虏将军、恒州刺史。祖褒,魏侍中,周使持节开府仪同三司原、凉二州总管、□会少保、三水贞公。父绍,周昌乐郡守,隋仪同三司骠骑将军、卫尉少卿、金崖县开国公。"(《金石萃编》卷五十)

　　韩延之,《魏书》、《晋书》、《北史》有传,其生平如次:韩延之,字显宗,南阳赭阳人,魏司徒暨之后。安帝时为建威将军、荆州治中,转平西府录事参军。义熙十一年(415),随司马休之奔姚兴。泰常二年(417)入魏,为虎牢镇将,爵鲁阳侯。《魏书·韩延之传》:"初,延之曾来往柏谷坞,省鲁宗之墓,有终焉之志。因谓子孙云:'河洛三代所都,必有治于此者。我死,不劳向北代葬也,即可就此。'及卒,子从其言,遂葬于宗之墓次。延之死后五十余年而高祖徙都,其孙即居于墓北柏谷坞。"高祖孝文帝太和十八年(494)徙都洛阳,逆推五十年,延之卒年,当在太武帝太平真君四年(443)之前数年间。

　　延之嗣子道仁,入魏后娶淮南王女所生。道仁袭父爵鲁阳侯,位至殿中尚书,晋爵西平公。伦按:延之入魏后娶淮南王女生道仁,则道仁生年,当在泰常二年(417)之后。延之卒年在太武帝太平真君四年(443)之前数年间。则道仁袭父爵鲁阳侯,约当在太平真君初年。

　　延之孙韩瓌,平凉太守、安定公,见《新唐书·宰相世系表三上》。《周书·韩褒传》作魏镇西将军、平凉郡守、安定郡公,《北史》同。伦按:抱嶷降爵为侯在太和十九年(495)之前。则韩瓌封安定公,当在抱嶷降爵为侯之后。"延之死后五十余年而高祖徙都,其孙即居于墓北柏谷坞。"则韩瓌定居洛阳及封爵安定公,约当在孝文帝太和十八年(494)徙都洛阳前后。

　　韩瓌子韩演,征虏将军、中散大夫、恒州刺史,见《周书·韩褒

第一章　韩门世系

传》，《北史》同。《新唐书·宰相世系表三上》作恒州刺史。《韩仲良碑》作魏征房将军、恒州刺史。值得注意的是：《韩仲良碑》叙其先世："昔献子辅政，名重六卿；师伯执钧，誉高三事。实颍川之望族，乃鄚邑之华宗者也。"完全没有提及安定韩茂一系。如果"韩瓌与韩宝石为同一人"，则韩宝石为仲良高祖，如此显赫的家世是不应该被忽略的。由此可以判定：仲良先世与安定桓王没有关系。

韩演子韩褒，《周书》、《北史》有传，其生平如次：韩褒字弘业，其先颍川颍阳人，徙居昌黎。魏建明中起家奉朝请，加强弩将军，迁大中大夫。周文帝为丞相，引褒为录事参军，赐姓侯吕陵氏。大统初迁行台左丞，赐爵三水县伯。寻转丞相府属，加中军将军银青光禄大夫。二年，为镇南将军丞相府从事中郎，出镇浙郦。居二年，征拜丞相府司马，晋爵为侯。出为北雍州刺史，加卫大将军。入为给事黄门侍郎。九年，迁侍中。十二年，除都督西凉州刺史。十六年，加大都督凉州诸军事。魏废帝元年，转会州刺史。二年，进位车骑大将军仪同三司，寻加骠骑大将军开府仪同三司，晋爵为公。武成三年，征拜御伯中大夫。保定二年，转司会。三年，出为汾州刺史。四年，迁河洮封三州诸军事河州总管。天和三年，转凤州刺史。寻以年老请致仕，诏许之。五年，拜少保。七年卒，赠泾岐燕三州刺史，谥曰贞。子继伯嗣，仕隋，位终卫尉少卿。伦按：韩褒赐爵三水县伯，可知延之入北之后，占籍安定三水。韩瓌封爵安定公，即缘于此。《魏书·地形志二下》泾州新平郡有三水县，故治在今甘肃固原县北。

综合上文，可以得出如下结论：韩延之一系出南阳赭阳，见《魏书》、《晋书》、《北史》及《元和姓纂》卷四、《新唐书·宰相世系表三上》。韩瓌为韩延之之孙，韩宝石为韩茂之孙。二者祖籍不同，入魏后占籍不同，其生平仕履也不存在相互叠合的证据。既非同族，更不可能同为一人。二者虽然同封安定公，但宝石袭爵在抱嶷封安定公之前，韩瓌封爵在抱嶷免安定公之后，不存在相互承袭或相互叠合的可能性。韩瓌为韩宝石之子或韩瓌即是韩宝石的推测不能成立。

第三节　赭阳韩瓌家族与韩愈

　　常文将赭阳韩瓌家族与河阳韩愈家族联系起来的途径,是认定韩均与韩仲良为族兄弟或从兄弟。其说云:"仲卿相当于唐室肃宗一代。以此推之,则李白《碑》所记仲卿父叡素即相当于唐室玄宗一代,叡素父泰即相当于唐室中宗一代,泰父睃即相当于唐室高宗一代,睃父钧即相当唐室太宗一代。是李白《碑》所记韩愈父仲卿五代祖钧与韩仲良同时。《韩仲良碑》载武德二年韩仲良奉使入蜀平定蜀中。李白《碑》谓均子睃为雅州刺史,当即是从仲良平蜀,遂留镇蜀中雅州。以此观之,韩均当亦为三原人,隋末与韩仲良同领三原韩氏从李渊起兵而仕唐。二人当为族兄弟或从兄弟。"① 伦按:李《碑》记仲卿五代祖均为金部尚书,《魏书·韩茂传》记茂次子均曾官金部尚书。"金部尚书"为北魏设职,其他时代未见有此官称。则韩钧或韩均为北魏人而非唐人,应无疑问。常文以韩均相当于唐室太宗一代,不确。其次,所谓韩睃随韩仲良入蜀,亦有问题。仲卿卒于大历五年(770),按得年五十余岁计算,其生年当在开元三年(715)前后。按常文的标准以三十年为一代计算,韩睃生年应在武德八年(625)前后。如果按常规以二十五年为一代计算,则韩睃生年应在贞观十四年(640)前后。无论取何种标准,武德二年(619)韩仲良奉使入蜀时,韩睃都不可能从行,更不可能"留镇蜀中雅州"。退一万步讲,即或"五代祖钧与韩仲良同时"或"钧子睃从仲良平蜀",也不能证明"二人为族兄弟或从兄弟"。现代考据注重实证,常文的推测不能成立。

　　以下考察赭阳韩瓌家族在韩褒之后的流衍情况。其中最值得注意的,是与韩愈同时的韩泰。

　　《元和姓纂》卷四"南阳堵县韩氏":"褒生仲良、逊、滂。仲良,唐

---

① 常思春《韩愈先世徙居轨迹考索》,《成都大学学报》2003年第3期,第24页。

第一章 韩门世系

户部尚书、颖川公。生瑗,侍中。孙澄,汲郡太守,生昇。孙检,生琦、佑。琦,左监门大将军。生滑,蜀州刺史。佑生溙,左补阙。溙生憬、协。憬,亳州刺史。协,驾部郎中。协生泰,祠部郎中。滂生同庆,司勋郎中。褒再从侄宪之,唐宪部郎中。"

《新唐书·宰相世系表三上》:"褒生绍,字继伯;仲良,户部尚书、颖川公;逊;滂。仲良生瑗,字伯玉,相高宗;同庆,司勋郎中。瑗生纯臣,纯臣生琪,琪生澄,汲郡太守。澄生昇,昇孙俭。俭生琦,左监门卫大将军;溙,左补阙。琦生滑,蜀州刺史。溙生憬,亳州刺史;协,驾部郎中。"又另出:"纯臣从兄弟某,郢州刺史。生某,著作郎。生某,万州刺史。生慎,温主簿;丰,字茂实;泰,字安平,祠部郎中。"

以上两表各有讹错,岑仲勉《元和姓纂四校记》整理为:褒生绍。绍生仲良、逊、滂。仲良生瑗,瑗生纯臣,纯臣生琪,琪生澄,澄生昇。逊生某,某生检(俭),检(俭)生琦、佑。琦生滑。佑生溙,溙生憬、协。协生慎、丰、泰。

据《姓纂》,韩泰为仲良九代孙;据《新表》,韩泰为仲良六代孙;据岑校,则韩泰为仲良十二代孙。

韩泰,两《唐书》附其事于二王传后。今钩稽其生平如次:韩泰,字安平,南阳赭阳人(《元和姓纂》)。贞元十一年进士登第(《举韩泰自代状》孙汝听注),累迁户部郎中、连州刺史(刘禹锡《连州刺史厅壁记》)贞元十九年(803)为承奉郎守监察御史(柳宗元《馆驿使壁记》)。永贞元年(805)五月甲戌(六日),以度支郎中守兵部郎中兼中丞充左右神策京西都栅行营兵马节度行军司马,赐紫;乙亥(七日),追改为检校兵部郎中,职如故(《顺宗实录》)。九月己卯(十三日)贬抚州刺史,十一月己卯再贬虔州司马(《旧唐书·宪宗纪上》)。元和十年(815)三月乙酉迁漳州刺史(《旧唐书·宪宗纪下》),长庆元年(821)三月乙丑量移郴州刺史(《旧唐书·穆宗纪》),四年六月转睦州刺史(《金石补正》卷六十七《韩泰等题名》)。太和元年(827)七月三日迁湖州刺史(《嘉泰吴兴志》卷十四)。三年,迁常州刺史。五年卒于任(白居易《初见刘二十八郎中有感》)。

韩泰为永贞八司马之一，其友人柳宗元、刘禹锡、独孤申叔等，亦韩愈挚友。贞元末，韩泰与韩愈同在御史台为监察御史。元和十五年春韩愈自潮州移刺袁州，举韩泰自代，有《举韩泰自代状》。二者交往颇多，但韩愈及同时诸友文字中，绝无二者同族同宗的任何痕迹。赭阳韩瓌家族与河阳韩愈家族不可能存在血缘关系，这是一条非常重要的证据。

第四节 结　　语

韩愈并非昌黎棘城韩氏后裔，前人对此早有成说。韩愈也不是安定韩氏或南阳赭阳韩氏的后裔，通过上文的考证也基本上可以判定。《元和姓纂》卷四著录韩愈家族为"陈留韩氏"，其说云："本颍川人棱后，徙陈留。唐礼部郎中韩云卿；弟绅卿，京兆司录。兄子会、愈。会，起居舍人；愈，职方员外。"不过，即便韩愈先世确实出自颍川，从东汉韩棱到中唐韩愈七百余年，其间世系传承，也未免太过渺茫。具体到唐代，韩愈家族与颍川韩氏已经不存在实质上的联系：唐代系出颍川的广陵韩氏有韩择木，韩愈称之为"同姓叔父"（《科斗书后记》），显然并非同族同宗；同出颍川的太康韩氏有韩弘（《唐故司徒兼侍中中书令赠太尉许国公神道碑铭》），韩愈与之交往密切，却从未透露过彼此同族同宗。林宝与韩愈同时，《元和姓纂》既不取李《碑》之说以韩愈家族为安定韩茂之后，也没有认可韩愈家族与唐代昌黎韩氏、赭阳韩氏或颍川韩氏的同族同宗关系。《元和姓纂》是一部权威性的谱牒专著，林宝的意见值得重视。

本文的结论是：韩愈家族并非世家贵族，与唐代韩氏三大著族昌黎韩氏、赭阳韩氏、颍川韩氏并无血缘关系。韩愈出身庶族而非士族，这一点，对于理解韩愈在中唐政治舞台上的政治立场与政治态度，是绝对不可忽视的重要基点。

第二章　韩愈生平经历及其成长道路

　　韩愈(768—824),字退之,唐河南河阳人(今河南省孟州)。贞元八年(792)进士登第,历汴州观察推官、四门博士、监察御史,十九年,贬阳山令。二十一年,移江陵法曹参军。元和元年(806)六月,召拜权知国子博士,旋分教东都。历都官员外郎分司东都判祠部、河南县令,入为朝议郎、行尚书职方员外郎、上骑都尉。以上疏理华阴令柳涧事不实,贬国子博士。改尚书比部郎中、史馆修撰,与修《顺宗实录》。改考功郎中、依前史馆修撰,知制诰,迁中书舍人。以论淮西事宜与宰相不合,降太子右庶子。十二年,兼御史中丞充彰义军行军司马,从裴度平蔡。十二月十九日,为刑部侍郎。以上表谏迎佛骨,元和十四年(819)正月,贬潮州刺史。十月,量移袁州。十五年九月,召为国子祭酒。长庆元年七月,迁兵部侍郎。二年二月,奉使宣抚镇州。九月,迁吏部侍郎。三年六月,迁京兆尹兼御史大夫。十月十二日,复为兵部侍郎。二十日,复为吏部侍郎。四年(824)八月,以疾满百日免任,十二月二日卒于靖安里第,年五十七,赠礼部尚书,谥曰文。

　　以下分八个阶段,介绍他一生经历的三次南迁,三度贬谪,三遭凶险,以及他在坎坷困顿中百折不挠的成长历程。文章的重点,在构建韩愈一生的学行谱系,以窥见韩愈思想体系尤其是道统思想的渊源及其发展、成熟、完善的动态过程。

第一节　少年时期，南迁韶州
（代宗大历三年至德宗贞元元年）

　　韩愈代宗大历三年(768)生于长安,为韩氏庶出子弟。三岁,丧父失母,养于兄嫂。十二年三月伯兄韩会贬官韶州,随全家南迁,时年十岁。十四年兄卒,随嫂扶柩归葬河阳。建中、贞元间,避兵乱就食宣城。

　　韩愈少年时期最重要的经历,是随伯兄韩会南迁韶州。颠沛流离、坎坷困顿的生活固然给予少年韩愈以生存能力及意志品质的磨练,而韩会本人的学养、遭际,对少年韩愈人格境界以及价值取向的形成,更具有潜移默化的作用。这段生活对韩愈的成长至少有三方面的影响值得注意:

　　1.韩会有文章重名,为中唐古文的发起者之一。会与其叔云卿俱与萧颖士、李华爱奖,鄙其时文格绮艳,无道德之实,首与梁肃变体为古文章。其《文衡》叙文章之所由起:"盖情乘性而万变生。圣人知变之无齐必乱,乃顺上下以纪物。为君为臣,为父为子,俾皆有经,辩道德仁义礼智信,以管其情,以复其性,此文所由作也。故文之大者统三才,理万物;其次叙损益,助教化;其次陈善恶,备劝戒。始伏羲,尽孔门,从斯道矣。后之学者日离于本,或浮或诞,或僻或放,甚者以靡逾,以荡以溺,其词巧淫,其音轻促。噫!启奸导邪,流风薄义,斯为甚。而汉魏以还,君以之命臣,父以之命子。论其始,则经制之道,老、庄离之;比讽之文,屈、宋离之;纪述之体,迁、固败之。学者知文章之在道德五常,知文章之作以君臣父子,简而不华,婉而无为,夫如是,则圣人之情可思而渐也。"(宋王铚《韩会传》)情乘性而生文,文以管其情、复其性,这样的文道观,这样的情性论,对韩愈乃至宋人的影响是显而易见的。文章正道,"始伏羲,尽孔门";"汉魏以还",渐趋荡溺巧淫、轻促奸邪。儒学道统始于伏羲成于孔子坏于汉魏六朝的大致框架,已经初步勾勒出来了。韩会勾画的儒学统绪对韩愈乃至宋人道统思想的影响同样是显而易见的。

2. 中唐为禅宗南宗极盛时期,韶州为南宗开山祖师慧能大师晚年驻锡之地,南华寺更被尊为南宗发祥圣地。禅宗传法统绪、南宗心性之学,必然会在少年韩愈的心中留下深刻印象。陈寅恪《论韩愈》:"退之从其兄会谪居韶州,虽年颇幼小,又历时不甚久,然其所居之处为新禅宗之发祥地,复值此新学说宣传极盛之时,以退之之幼年颖悟,断不能于此新禅宗学说浓厚之环境气氛中无所接受感发。然则退之道统之说表面上虽由《孟子》卒章之言所启发,实际上乃因禅宗教外别传之说所造成,禅学于退之之影响亦大矣哉!"

3. 中唐党争、政争残酷激烈,其中士族、庶族的矛盾始终挥之不去,陈寅恪先生对此已有成说。韩会以庶族子弟致身显达,他所投靠的元载也是庶族。在中唐士族、庶族争斗中,失败者的下场是有差别的,元载难逃一死,而王缙却能够侥幸,就是最明显的例证。这是因为士族子弟背后有利益集团的影子,失败者充其量贬官外放;李德裕远谪海南,已属异数。庶族子弟则难免身首异处,从李义府到元载、刘晏、杨炎、永贞二王、甘露诸相,少有幸免;陆贽贬死忠州,也可以算是异数。韩愈本庶族子弟,其弟子亲友亦多属牛党。但韩愈本人从不介入党争,其立朝期间,与士族权贵如李吉甫、武元衡均能保持友好,与裴度则始终亲密。两党之间保持中立,在中唐官员中,除白居易外,并不多见。韩愈高度推崇权德舆"陪属升列,以至公宰"、"无党无雠,举世莫疵",应该代表了自己的政治取向。这样的政治态度,和韩会从政失败的教训应有一定的关系。

第二节　青年时期,屡败科场

(德宗贞元二年至贞元十一年)

贞元二年(786)年十九,始至京师。四次参加礼部进士科考试,时间在贞元三年至八年之间,至八年始登第。贞元八年、九年、十年三次参加吏部宏辞试,卒无所成。十一年,离京东归,时年二十八岁。

1. 科场十年,是韩愈为生存而奋力拼搏的十年。在这一时期,韩愈并不讳言功利乃至"私利",对韩愈而言,利己与利民、利国同等重要。生存是发展的基础,入仕是经世济民的前提,所以,韩愈公然把"求禄利"与"行道"并列为自己的人生目标(《答陈商书》)。年轻的韩愈敢于倡言个体权利,其勇气与价值不可低估。

2. 科场十年,"求禄利"、"竞得失"是韩愈生活的主旋律,但"行道"、"偃仰一室,啸歌古人"的理想追求也未尝须臾忘却。《江汉一首答孟郊》以"苟能行忠信"、"此义每所敦"相互劝勉,《省试颜子不贰过论》标举"诚明之正性"、"中庸之至德","绝之于未形,不贰之于言行"之说,意味着青年韩愈已经对思孟学派的心性之学进行了初步的思考。《谏臣论》以"视政之得失,若越人视秦人之肥瘠,忽焉不加喜戚于其心"责备谏议大夫阳城,《重云一首》以"天行失其度,阴气来干阳"讥刺朝政,表现出青年韩愈对时政的关切。《谢自然诗》尖锐讽刺道教徒白日升仙的闹剧,明确主张"人生处万类,知识最为贤",表现出清醒冷静的理性意识。韩愈一生反佛反道,此篇算是牛刀小试。

第三节 初入职场,两遇凶险

(贞元十二年至贞元十六年)

贞元十二年(796)七月,汴州节度使董晋辟为观察推官,时年二十九。十四年,试秘书省校书郎。十五年二月三日,董晋薨,仅四日而汴州军乱,杀留后陆长源及佐僚孟叔度、丘颖等,韩愈因为送丧离汴而得免其难。十五年秋,为徐州节度使张建封节度推官。十六年五月十三日建封卒,仅二日而徐州军乱,留后郑通诚及佐僚段伯熊等被杀,韩愈因先至下邳而得脱其难。此年秋居洛,冬如京师从调选。时年三十三岁。

第二章 韩愈生平经历及其成长道路

这一时期,韩愈初入职场,却两次遭遇杀身之祸,两次脱险于几微之间。不过,收获也是巨大的,在此期间,韩愈的道统观念以及天人关系理念都已经基本成型,而且其社会知名度也初步得到认可,四门助教欧阳詹率其徒伏阙下举韩愈为博士,张籍、李翱、孟郊来到汴州追随韩愈,就是明确的证据。以下分三个方面考察这一时期韩愈的学术进展:

1. 贞元十一年作《答侯继书》:"仆少好学问,自五经之外,百氏之书,未有闻而不求、得而不观者,然其所志惟在其意义所归。至于礼乐之名数,阴阳、土地、星辰、方药之书,未尝一得其门户。虽今之仕进者不要此道,然古之人未有不通此而能为大贤君子得"、"仆虽庸愚,每读书辄用自愧,今幸不为时所用,无朝夕役役之劳,将试学焉"。此后《读荀子》、《读墨子》、《读仪礼》、《读鹖冠子》等篇,大致都作于佐汴、佐徐期间。那么这一时期,可以视为韩愈学术的积累、孕育时期。

2. 佐汴期间,韩愈道统观念已经基本成形。《此日足可惜》:"孔丘殁已远,仁义路久荒。纷纷百家起,诡怪相披猖。长老守所闻,后生习为常。少知诚难得,纯粹古已亡。"以孔孟仁义之道作为自己践行的方向,颇有《文衡》的影子。不过,韩愈的视野远较其兄开阔,《读墨子》称"孔子必用墨子,墨子必用孔子,不相用,不足为孔、墨",《读仪礼》称"百氏杂家尚有可取"。诸如列、老、庄、晏乃至李斯、杨朱,都在一定的程度上得到过韩愈的肯定。《进士策问》明确以孟子辟杨、墨表彰"圣人之道",其道路的选择已经明确。《与冯宿论文书》高度评价杨雄《太玄》,许其胜《老子》、胜《周易》,"直百世以俟圣人而不惑,质诸鬼神而不疑",尤其值得注意。《进士策问》又云:"所贵乎道者,不以其便于人而得于己乎?当周之衰,管夷吾以其君霸,九合诸侯,一匡天下,戎狄以微,京师以尊,四海之内,无不受其赐者,天下诸侯奔走其政令之不暇,而谁与为敌?此岂非便于人而得于己乎?秦用商君之法,人以富,国以强,诸侯不敢抗,及七君,而天下为秦。使天下为秦者,商君也。而后代之称道者,咸羞言管、商氏,何哉?庸非求其名而不责其实欤?"正面褒扬商君、管仲,其胆识非常人可及。韩愈这一时期的活动已经引起了中唐学界的注意,张籍、李翱也来到汴州从韩愈学文。贞元十二年张籍上书韩愈,称"顷承论于执事,尝以为世俗陵靡,不及古昔,盖圣人之道废弛之所为也。宣尼没后,杨朱、墨翟恢诡异说,干惑人听。孟轲作书而正之,圣人之道复存于世。秦氏灭学,汉重以黄老之术教人,使人浸惑。杨雄作《法言》而辩之,圣人之道犹明。及汉衰末,西域浮屠之法入于中国,中国之人世世译而广之。黄老之术相沿而炽。天下之言善者,唯二者而已矣"。又云:"自杨子云作《法言》,至今近千载,莫有言圣人之道者,言之者惟执事焉耳。习俗者闻之,多怪而不信,徒推为訾,终无裨于教也。执事聪明,文章与孟轲、杨雄相若,盍为一书以兴存圣人之道,使时之人、后之人知其去绝异学之所为乎?"可见在此之前,韩愈的道统思想已经在同道间有所流传。同年韩愈作《重答张籍书》,明确宣称:"己之道乃夫子、孟轲、杨雄所传之道也。"《读荀》一文将孟子、杨雄并列为"存而醇者",可见孔、孟、杨前后相承,是这一时期韩愈儒学传承统绪的基本构架。即便是宋代道学家视若仇雠的荀子,韩愈虽然批评其"大醇小疵"、"时若不粹",但仍然置之于"轲、雄之间",将他作为"圣人之徒"、"老师大儒"看待。这一点值得特别注意。

3. 从天人相分到天人相悖、天人相仇,韩愈的天人关系理念,在这一时期逐步成型。连佐汴、徐,两遇凶险,让韩愈产生了天人相悖的感觉。《与卫中行书》:"凡祸福吉凶之来,似不在我。惟君子得祸为不幸,而小人得祸为恒;君子得福为恒,而小人得福为幸。以其所为,似有以取之也。必曰'君子则吉,小人则凶'者,不可也。贤不肖存乎己,贵与贱、祸与福存乎天,名声善恶存乎人。存乎己者,吾将勉之;存乎天、存乎人者,吾将任彼而不用吾力焉。"盖汴州之乱,陆长源、孟叔度等被杀,徐州之乱,郑通诚、段伯熊等被杀。此辈均为韩愈同僚,且均为严肃军纪约束部伍而遇害,所谓"君子得祸"云云,应属有感而发。同时,乱兵拥立的张愔得到了徐州团练使,觊觎节钺的杜兼得到了濠州留后,所谓"小人得福"云云,也不是无的放矢。所以韩愈最终认定:"必曰'君子则吉,小人则凶'者,不可也。"所"不可"者,

第二章　韩愈生平经历及其成长道路

重点在"必"字。这是韩愈天人相悖观念的最早表述,非常值得注意。在此前后,《孟东野失子》主天人相分,《与崔群书》主"天之与人当必异其所好恶",最终到《天之说》的天人相仇、天人相一,韩愈思想发展的轨迹清晰而明确。

第四节　初做京官,南迁阳山
（贞元十七年至贞元二十一年）

贞元十七年(801),三十四岁,夏秋居洛,其年冬,再入京从调选,得授四门博士,明年春就任。十九年秋授监察御史,坐论宫市与旱饥,专政者恶之,十二月贬阳山令,明年春始就任。二十一年二月二十四日顺宗即位大赦,待命郴州。八月宪宗受禅大赦,秋末,移江陵法曹参军。时年三十八岁。

这一时期虽然只有短短四年,对韩愈一生却影响巨大。首先,唐人重内轻外,京官的经历对官场的沉升至关重要。其次,在此数年间,韩愈结识了一生最重要的两个朋友——柳宗元、刘禹锡,并与他们就一系列学术问题展开了相当深入的讨论,在学术方面获得了重要进展。其三,在此期间,韩愈无意之间得罪了已经形成势力的二王集团,不但自身遭到南迁阳山的无妄之灾,而且与平生知己柳、刘之间也产生了难以弥合的猜忌,影响到了韩愈的待人接物之道。最重要的是:韩愈在中唐政治舞台上的位置开始发生微妙的变化,身为庶族子弟的韩愈得罪了同为庶族的二王集团,使得他对加害者产生怨恨,这就影响了他此后对永贞革新的判断与态度。同时,反对二王集团的士族权贵对二王集团的迫害对象加以关注,这就为此后韩愈与裴均、李吉甫、武元衡的交往提供了机会,也为韩愈周旋于士族、庶族两大集团之间奠定了基础。其四,南迁阳山一年多的时间,给三年来浮躁喧嚣于京师官场的韩愈以难得的沉静深思的机会。在阳山完成的五《原》,标志着韩愈思想的成熟与升华。这一时期韩愈在学术上

的主要收获,可以归纳为两个方面:

1. 在这一时期,道统观念进一步成熟。贞元十九年作《送浮屠文畅师序》,韩愈进一步将儒学传承统绪上溯至唐尧,下延至荀、杨:"尧以是传之舜,舜以是传之禹,禹以是传之汤,汤以是传之文、武,文、武以是传之周公、孔子,书之于册,中国之人世守之。"所谓"世守之",谓儒学道统代代相传,其中当然不排斥荀、杨。至此,由尧舜至荀杨,儒学传承统绪的建设正式完成。尤其重要的是,道统思想的两大内涵"道莫大乎仁义,教莫正乎礼乐刑政"得以明确标举,道统思想的基本构成,已经接近成熟。贞元二十年完成的《原道》,和《送浮屠文畅师序》相比,其理论高度又有了质的飞跃。除此之外,《原道》特别突出孟子的地位:"尧以是传之舜,舜以是传之禹,禹以是传之汤,汤以是传之文、武、周公,文、武、周公传之孔子,孔子传之孟轲。"进而贬抑荀况、杨雄:"荀与杨也,择焉而不精,语焉而不详。"这与《送浮屠文畅师序》已经有了明显的差别。这一差别,同样有着重要的意义。可以这样说:选择孟子而不是荀子作为儒学正统,正是韩愈道统思想的精髓。《送王埙秀才序》明确宣称:"求观圣人之道必自孟子始。"须知由汉至唐,孟子不过是诸子之一,其在儒门的地位还远在颜渊之下。自从韩愈推尊孟氏之后,孟子才开始受到学界乃至朝廷的重视。宋代《孟子》由"子"升为"经",元至顺元年封孟子为"邹国亚圣公",明嘉靖九年封孟子为"亚圣","周孔之道"才变成了"孔孟之道"。事实上,孔子之后,儒分为八,但真正影响后人的只有孟、荀两派。孟、荀虽然同为儒学大师,但其思想内核却截然不同:前者主性善,后者主性恶;前者重内圣,后者重外王;前者主王道,后者主霸道;前者崇尚德治,后者崇尚礼治乃至法制。二者的区别,用孟子的话来说,就是"以德服人"还是"以力服人"(《公孙丑上》);用刘禹锡的话来说,就是"人之道在法制,其用在是非;天之道在生植,其用在强弱"(《天论上》);用马克斯·韦伯的话来说,就是"价值理性"与"工具理性"。尽管孟、荀的理论各有道理,各有短长,也各有用处,但其价值指向也是明确无误的:性善指向民主,性恶指向专制。韩愈选择孟子作为儒学正统,选择的就是这样一个根本方向。从这一意义上讲,所谓道统,也就是一个民族文化价值系统。这一选择,适应了人类社会由中世纪走向近现代的文明走向,也体现了中华民族以仁爱为本的传统精神。韩愈的这一选择,决定了韩学的根本走向,也决定了此后华夏文明近现代转型的根本走向。

2. 在这一时期,韩愈的天人关系理念,已经由天人相分、天人相悖、天人相仇,发展到天人一体。贞元十九年,韩愈、柳宗元、刘禹锡同在长安担任监察御史。就在这一时期,韩、柳就有关天人关系的问题进行过一番讨论,柳宗元将两人的意见记录下来,这就是流传到今天的《天说》。文章的前半记录韩愈的意见《天之说》,后半则是柳宗元对《天之说》的补充与辩驳。从表面上看,《天之说》似乎是韩愈早期天人相悖、天人相仇理论的集中表述,实则不然。因为人本来就是大自然的有机组成部分,天人之间也不能说不存在相通相感的可能性。以天人相仇相残而言,表面上天人相分,实质上却是天人相一。因为他们之所以相仇相残,正是因为其利益相反相悖;二者同样为自己的生存而竞争,可见天性同于人性。天人相分,由此还原为天人一体。

第五节　再任京官,两度遭贬
（宪宗元和元年至元和十年）

元和元年(806)六月,召拜权知国子博士,时年三十九。二年夏末,避谤求分教东都。三年,改真博士。四年六月十日,改都官员外郎分司东都判祠部。五年秋冬初,为河南县令。六年夏,入为朝议郎、行尚书职方员外郎、上骑都尉。七年二月六日,以上疏理华阴令柳涧事不实,贬国子博士。八年三月二十二日,改守尚书比部郎中、史馆修撰。十一月,与修《顺宗实录》。九年十月二十一日,为考功郎中、依前史馆修撰。十二月十五日,以考功郎中知制诰。十年(815)

夏,《顺宗实录》修成,时年四十七。

这一时期,韩愈两任京官,一步步接近了政治舞台的中心位置。虽然人微言轻,还没有机会直接影响政治大局,但针对一些重要的政治问题,韩愈开始发出自己的声音。

1. 元和年间,从平定西蜀刘辟开始,宪宗展开了一系列的削藩行动,并获得了巨大的成功。可以断言,自安史之乱以来,两河藩镇猖獗跋扈的势头,至此才得到一定程度的遏制;中央政府的权威,至此才得到一定程度的恢复。韩愈虽然没能直接参加平定西蜀的行动,但他通过《元和圣德诗并序》一篇表明了自己的政治态度。此篇主张大一统,反对藩镇割据,在中唐政争中具有重要意义。除此之外,《送董邵南游河北序》反对董邵南效命河北节镇,《送幽州李端公序》敦促李端公献言节镇,使其"帅先河南北之将来觐奉职如开元时",《送石处士序》、《送温造处士赴河阳军序》则高度认同石生、温生效力河阳军幕,都表明了韩愈尊崇中央集权、反对藩镇割据的政治态度。

2. 元和九年作《衢州徐偃王庙碑》,对"不忍斗其民"而"走死失国"的徐偃王给予了高度同情。《岐山操》推崇太王不忍百姓流血而放弃疆土,《伯夷颂》反对"以暴易暴"。由仁义之道发展而来的非暴力主张,值得注意。

3. 中晚唐政治权利争斗的焦点,是南北司之争。"安史之乱"以后,朝廷既不信任军人,也不信任文人,可以信任的,就只有自己的家奴了。德宗以后,一切权力归于太监之手:十六万禁军,由神策中尉直接指挥;地方节镇,由监军使严密监控;立法大权由中书省转移到翰林院,翰林院实际上由宦官翰林使直接控制;人事大权、行政大权,从皇位的继承到卿相百官的升黜,乃至日常的行政事务,都离不开枢密使的控制;经济部门,几乎所有的南衙诸司,都有相应的内使诸司对口控制,南衙诸司实际上已经成为北司的傀儡。在这样的局面下,不要说朝廷的大政方针离不开太监的监控,就是百姓日常生活,也无不笼罩在太监的阴影之下,臭名昭著的宫市使、五坊使就是最突出的代表。中唐宦官势力之猖獗,亘古所无,远超汉、明。南、北司之争,无人可以置身事外。元和四年至五年,韩愈以都官员外郎分司东都判祠部。《新唐书·百官志一》:"祠部员外郎(从六品上)一人,掌祠祀、享祭、天文、漏刻、国忌、庙讳、卜筮、医药、僧尼之事。"这一时期,韩愈"日与宦者为敌,相伺候罪过"。所争执的,无非就是祠部员外郎执掌的这些琐屑的事务。对太监而言,则是具体的经济利益。可以肯定,中唐内使诸司连同它们控制下的使户小儿,已经成为垄断了国家政治、军事、经济大权的利益集团。《董府君墓志铭》所透露的,就是这样一个令人恐怖的现实。此前,韩愈曾因上疏论宫市被贬阳山。至修《顺宗实录》,正式将太监的丑恶钉死在历史的耻辱柱上。考察韩愈对宦官的态度,上述诸篇,都是不可多得的第一手资料。

第六节　渐近中枢,再次遭贬
（元和十年至元和十三年）

元和十年(815)六月后,上《论淮西事宜状》,作《与鄂州柳公绰中丞书》、《再答柳中丞书》,时年四十八岁。十一年正月二十日,迁中书舍人。以论淮西事宜与裴丞相议合,而宰相有不便之者,五月三十日,降太子右庶子。十二年七月二十九日,兼御史中丞充彰义军行军司马,从裴度平蔡。愈请乘遽先入汴说韩弘使叶力,八月二十七日至郾城,十月十七日平蔡。十二月十九日,为刑部侍郎。十三年(818)三月二十五日,进《平淮西碑》,时年五十一岁。

1. 这一时期韩愈的主要活动,是处理淮西事宜。从上《论淮西事宜状》,到直接参与淮西之战,再到进《平淮西碑》,每一步都充斥着争议、危险与艰辛。这一点,从上《论淮西事宜状》被贬官,到《平淮西碑》被扑,就可以看得很清楚。在这场中唐最重要的平定叛镇的战斗中,韩愈始终站在斗争的最前线。对平定淮西一战,韩愈个人的贡献主要表现在三个方面。首先,韩愈认为,平定淮西是必胜之战,关键在于朝廷的决心与意志。《论淮西事宜状》所提诸端:断与不断、不求速战、召募士兵、四道屯聚、不须过有杀戮、持久并力苦战、赏罚分明、震慑淄、青、恒、冀等,均深中事理,切实可行,坚定了宪宗的必胜信念。其次,平定叛镇,需要将帅合力。"安史之乱"以来的平叛之战大都无疾而终,关键在于参与平叛的诸镇各自为战、相互观望,甚至相互掣肘。韩愈在战前率先进入汴州游说韩弘,使之与裴度率领的中央禁军同心协力,保证了平叛大军的团结、协调。其三,淮西之战顺利进行的条件之一,是切断河北叛镇对淮西的支援。《论淮西事宜状》建言震慑淄、青、恒、冀,保障了北线的安定。又遣处士柏耆奉书镇州王承宗,明谕祸福。承宗大恐,上表请割德、棣二州以献。在此期间,韩愈唯一的遗憾是:明知蔡州精卒聚界上以拒官军,守者率老弱,且不过千人,自请以兵三千人间道入,必擒元济。未及行,李愬自唐州文城垒夜入蔡州,果得元济。(李翱《行状》)不过,没有四道屯聚吸引淮西主力的牵制作战,就不会有蔡州城防空虚的机会。李愬的成功,仍然以裴度的作战方略为前提。韩愈的政治才干,在这一战中得到了充分的体现。

  2. 这一时期,韩愈对官场的弊端有了更深刻的认识。《蓝田县丞厅壁记》对专制制度下官场同僚之间的争权夺利进行了针砭入骨的揭露,《唐故相权公墓碑》则对中唐党争表现出深刻的警惕。凡此,都体现出韩愈从政经验进一步成熟。

第七节　南迁潮州,量移袁州
（元和十四年至元和十五年）

  以上表谏迎佛骨,元和十四年(819)正月十四日贬潮州刺史,三月十五日到任。十月二十四日量移袁州刺史,十五年(820)正月到任。九月二十二日,召为国子祭酒。时年五十三岁。

  1. 元和十四年贬谪潮州以后,是韩愈道统思想的发展完善阶段。在这一阶段,韩愈的道统思想已经由理性的思考转变为人生信仰、终极关怀。元和十五年所作《与孟尚书书》正面陈述自己上承孟子兴灭继绝的担当精神与献身精神:"释老之害,过于杨、墨。韩愈之贤不及孟子。孟子不能救之于未亡之前,而韩愈乃欲全之于已坏之后。呜呼!其亦不量其力,且见其身之危,莫之救以死也!虽然,使其道由愈而粗传,虽灭死万万无恨。天地鬼神,临之在上,质之在傍。"韩愈所主动担当的,既包括时局的危难,也包括华夏民族生存发展的历史重任:"夫杨、墨行,正道废,且将数百年,以至于秦,卒灭先王之法,烧除其经,坑杀学士,天下遂大乱。及秦灭,汉兴且百年,尚未知修明先王之道。其后始除挟书之律,稍求亡书,招学士,经虽少得,尚皆残缺,十亡二三。故学士多老死,新者不见全经,不能尽知先王之事,各以所见为守,分离乖隔,不合不公,二帝三王群圣人之道于是大坏。后之学者无所寻逐,以至于今泯泯也。"也正因为如此,韩愈对自己构建的儒学传承统绪进行了更为严格的审视。在这一阶段,韩愈进一步抬高孟子的地位,《与孟尚书书》"推尊孟氏,以为功不在禹下"。将孟子抬高到大禹之上,远远超过了时人的认识高度。而孟子之后,"杨、墨行,正道废",汉兴之后,"圣人之道大坏","以至于今泯泯"。处于这一时段之内的荀、杨是否还能保持"圣人之徒"、"老师大儒"的地位,就值得重新考虑了。"孟子不能救之于未亡之前,而韩愈乃欲全之于已坏之后",韩愈毅然以兴灭继绝为己任,所"兴"所"继"的是孟子而不是荀、杨,也是明确无误的。果然,韩愈晚年修订《原道》,持论更为严峻。此前赵德《文录》录存的"轲之死,不绝其传焉",被修改为"轲之死,不得其传焉"。一字之差,天壤之别。"不绝其传"强调儒学统绪的源远流长,荀、杨虽然"择焉而不精,语焉而不详",但毕竟还是"圣人之徒"、"老师大儒";"不得其传"则强化儒学道统的神圣性、纯洁性,荀、杨已经被排斥在道统之外。此后宋明道学家持论更为苛刻,实际上也有韩愈此语的影响。当然,韩愈的"不得其传"也自有其理论渊源,《文衡》"始伏羲,尽孔门",没有孟、荀的位置;"汉魏以还"全盘否定,也没有杨雄的位置。就是韩愈此说先声。

以"不绝其传"和"不得其传"为标志,韩愈构建的儒学传承统绪出现了宽、严两个系统：前者包括孔、孟、荀、杨，甚至扩展到管、商、列、老、庄、晏、墨、吕乃至李斯、杨朱；后者则止于孟子，连荀、杨都被排斥在道统之外。这样的两个系统貌似矛盾，实际上却能够协调。前者可以被视为儒学传承统绪的外延疆界，后者可以被视为儒学传承统绪的核心内涵。前者体现了儒学的包容性，后者则突出了儒学的独特性。事实上，这正是传统儒学的本来面貌；或者说，这正是传统文化的固有功能。以罢黜百家独尊儒术的汉代儒学而言，外儒内法、阳儒阴法，汉家制度，杂用王霸（《汉书·元帝纪》）。不仅如此，阴阳、五行、谶纬之学，同样不在原始儒学的范围之内。汉代儒学，本来就是一个兼容并包的大杂烩。另一方面，立五经博士，各以家法教授。《易》有施、孟、梁丘、京氏，《尚书》欧阳、大、小夏侯，《诗》齐、鲁、韩，《礼》大、小戴，《春秋》严、颜，凡十四博士（《后汉书·儒林列传》）。以上还只是今文学派，不包括同样门派林立的古文各学派。各大学派各立疆界，家法森严。两个系统的汉学，在同一个屋檐下和平共处了四百年，并不存在你死我活的矛盾。

2. 为官一任，造福一方，绝不是一句空洞的口号。韩愈担任潮州刺史不足一年，却为潮州百姓办成了一件大事。潮州州学久废，百十年间，不闻有业成贡于王廷试于有司者。韩愈为潮州建置乡校，并委派"通经，有文章，能知先王之道，论说且排异端而宗孔氏"的赵德秀才勾当州学，以督生徒。至于捐献个人俸禄设立教育基金，尤其富于远见卓识。自是潮之士皆笃于文行，延及齐民，号称易治（苏轼《潮州韩文公庙碑》）。潮人名其山为韩山，命其水为韩水，并为之立祠，世世祭奠，就是对韩愈政绩的最大肯定。

3. 韩愈担任袁州刺史不足一年，也为袁州百姓办成了一件大事。元和十五年（820）秋冬之间自袁州赴京途中，韩愈向朝廷进上了《应所在典贴良人男女状》，《状》中说，他已经在袁州放免七百余奴隶，同时要求朝廷下诏，所在检责，放免全国范围内被逼为奴婢的良民。考虑到中唐时期城市化进程已经启动，劳动力自由流动风气已开，个性解放、人格独立、精神自由的启蒙思潮已经萌动，在这种情况下，此

《状》揭示的社会弊端,其严重性就可想而知了。更重要的事,韩愈的建言不限于袁州,而是包括全国。将此《状》理解为奴隶解放宣言,也许并不过分。当然,朝廷最终是否接受了韩愈的建议,不得而知。但至少,袁州百姓已经蒙受了韩愈的德政了。

4. 韩愈担任袁州刺史期间,曾上《论钱重物轻状》。

自建中立两税法,以铜钱作为缴纳赋税的唯一法定货币,而市场实际流通货币绢帛以及其他实物都需要兑换为铜钱之后才能完税。从人类文明发展史的角度看问题,从劳役地租、实物地租发展到货币地租,应该是经济体制的一大进步。但由于铸造铜钱的权力掌握在官方手上,强制性地要求百姓必须以实物兑换铜钱以缴纳税收,实质上就是统购统销。按政府的规定,铜钱与绢帛之间存在两种不同的兑换率,其实质就是价格双轨制。韩愈等人对此提出批评,体现了以民生为本的政治经济思想。

第八节 再着戎装,镇州遇险
（元和十五年至敬宗长庆四年）

元和十五年冬,抵京履国子祭酒任。长庆元年七月二十六日,迁兵部侍郎。二年二月二日,奉使宣抚镇州,往返两月,春末还京。九月三日,迁吏部侍郎。三年六月八日,迁京兆尹兼御史大夫。十月十二日,复为兵部侍郎。二十日,复为吏部侍郎。四年（824）八月,以疾满百日免任,十二月二日卒于靖安里第,年五十七。

这一时期韩愈最重要的活动,是元和十五年秋冬之间上《黄家贼事宜状》,长庆二年二月宣抚镇州,四月末上《论变盐法事宜状》。

1. 《黄家贼事宜状》

治国之道,恩威并用。平定淮西,韩愈主张用兵;经略岭南,韩愈则主张容贷羁縻。或纵或擒,各得其宜,因时因势,毋固毋执。值得注意的是,在当时的背景下,用兵平乱被赞为维护大一统,容贷羁縻则被骂为姑息。没人意识到文武之道,有张有弛。更没人意识到,同样是解决中央与地方的矛盾,英国人从百年战争、光荣革命中学会了妥协与谈判,从而引导欧洲走上了现代政治的道路。而中国人直到今天,仍然只有"平定藩镇"、"平定叛乱"的意识。从这个角度出发,韩愈的这篇文章,为解决中央与地方的矛盾寻求妥协与谈判的道路,或许会给我们更多的思考。

2. 平定镇州

长庆元年七月壬戌,镇州乱,归正朝廷的田弘正并家属参佐将吏等三百余口并遇害,王廷凑自立为留后。朝廷命深州刺史牛元翼节度深、冀以讨之。十月丙寅,命裴度为镇州四面行营都招讨使讨伐镇州。戊辰,元翼为廷凑所围。二年春二月甲子,赦廷凑,诏愈宣抚,众皆危之。元稹言"韩愈可惜",穆宗亦悔,诏愈"度事从宜,无必入"。愈曰:"安有受君命而滞留自顾。"遂疾驱入。既至,谕以逆顺,辞情切至,廷凑畏重之。既归,而牛元翼得以突围。

刚刚上了一道《黄家贼事宜状》主张容贷羁縻,韩愈就得到了实践的机会。不过,中唐时期招抚叛镇,从来都不是一桩好差事,颜真卿的遭遇就是前车之鉴。这就是元稹言"韩愈可惜",穆宗诏愈"度事从宜,无必入"的真正原因。愈曰"安有受君命而滞留自顾",固然是大义凛然,"遂疾驱入",却并非冒失。盖"幽镇有事已来,诏太原、魏博、泽潞、易定、沧州等五道节度各领全军,又征诸道兵马计十七八万,四面围绕,已逾半年"(白居易《论行营状》),李光颜、牛元翼均一代名将,裴度将帅之才,五年前刚刚与韩愈联手平定淮西。韩愈《奉使镇州行次承夫行营奉酬裴司空相公》"逢公复此着征衣",文谠注云:"按此诗,则知公之使镇州也,乃谋出于度。盖度知公素忠诚,王师未出,可使先往,譬以祸福,挫虓虎而夺之气。而前史以谓'韩愈可惜',非特不知公,又不知度之谋国深矣。"这是韩愈一生第二次穿上军装。戎装入围,意味着什么,王廷凑应该是清楚的。韩愈震慑王廷凑的,不仅仅是逆顺、利病、祸福(李翱《行状》),还包括实实在在的军事实力。平定镇州,有勇有谋,刚柔并济,展现了一个成熟政治家的坚毅执着与深谋远虑。

3.《论变盐法事宜状》

长庆二年(822),张平叔请变盐法,主张州府差人自粜官盐,而且收实估匹段。其实质就是利用官方的行政暴力垄断食盐的生产、采购、运输、销售的全部环节,然后肆意提高价格,以此谋取垄断利润。韩愈等官员坚决反对,张平叔的盐法半途而废。韩愈反对食盐官卖的主张,符合现代社会反对市场垄断、官商不分的经济原则,符合社会发展的方向。

4. 长庆二年宣抚镇州归来,韩愈被任命为吏部侍郎。作为组织部门的最高首长,这是韩愈一生担任的最高职务。而且当时穆宗"有意欲大用之"(李翱《韩公行状》),拜相的机会近在眼前。四年八月,韩愈以疾满百日,请告免任。"养疾城南庄,自期此可老"(张籍《祭退之》)。进退自如,体现了不恋栈的高风亮节。

5. 李翱《韩公行状》记其属纩之言曰:"愈愚,食不择禁忌,位为侍郎,年出伯兄十五岁,且获终牖下,如又不足,于何而足?"皇甫湜《韩文公神道碑》记其遗命:"丧葬无不如礼。俗习夷狄尽写浮图,日以七数之,及拘阴阳,所谓吉凶,一无污我。"朱熹以为"此事可见公之平生谨守礼法,排斥异教,自信之笃,至死不变,可以为后世法"(朱熹《新书》本传注)。

第三章 天、地、人三位一体：
韩愈的宇宙本体观念

　　天人关系理论讨论人与自然的关系，作为本体论和人性论哲学的出发点，具有非常重要的意义。中国古代天人关系理论的发展大致可以区分为三个阶段：商周时期的"上帝"、"天帝"作为主宰人类命运的人格神，高踞于人类之上，是人的曾祖父；春秋战国直至两汉，天的自然属性得以凸现，而人的地位开始上升，无论是"天人合一"还是"天人相分"，"人"都已经获得了与"天"、"地"并立为三的平等地位；宋明以后，"天道"被认定为"人性"的形上依据，但这里的"道"，特指"仁义之道"，是人类独有的先天道德理性，"天道"实际上被纳入了"人道"之内。归纳起来可以这样说：上古时期，天在人之上；中古时期，天与人相对；近代以来，天在人之中。而最早将"天道"纳入"人道"，从而成为宋明心性论哲学新起点的，是中唐韩愈、柳宗元、刘禹锡有关天人关系理论的一场讨论。

　　韩愈认为，天与人利益相悖，就难免相仇相残。但它们之所以相仇相残，都是因为自私自利，都是为了争取自己的生存权利。天与人不但共存于同一个时空系统之中，也有着共同的生生不息的生存竞争本能，同时还都具备厚德载物的先天道德理性。天人相分，由此还原为天人相合。这里的"天"，可以包涵"地"，指囊括上下四方六合为一的宇宙。所以，韩愈的天人关系理论，反映的是天、地、人三位一体的宇宙本体观念。

第一节　从天人相仇到天人一体

韩愈认为:人只是破坏天地自然的一种蠹虫,天与人利益相悖,所以,"残民者昌,佑民者殃"、"贤者恒不遇,不贤者比肩青紫;贤者恒无以自存,不贤者志满气得;贤者虽得卑位则旋而死,不贤者或至眉寿"。柳宗元认为,天地和果蓏、草木一样,都不过是客观存在的物质实体,没有人格,没有意志,当然也就不可能"赏功而罚祸"(《天说》)。刘禹锡认为,天有天道,人有人道:"天之道在生植,其用在强弱;人之道在法制,其用在是非。"(《天论上》)自然界的规则是弱肉强食;人类社会的规则是法度礼制。二者之间的关系,则是"交相胜"、"还相用"(《天论中》)。柳宗元针对刘禹锡的观点进一步指出:天道有"生植与灾荒"之别,人道有"法制与悖乱"之别,二者均有善与不善之分,并非"天恒为恶,人恒为善"。(《答刘禹锡天论书》)

历代天人关系理论纷繁复杂,但无论是天命、天志,还是天人合一、天人相分,都必须回答的根本性问题是:天与人,是一还是二?天人关系,是一元还是二元?从这一角度考虑,韩、柳、刘有关天人关系问题的讨论,其根本观念是一致的:天与人是两个对应的独立存在。至于二者之间的关系,韩强调其相悖相仇,柳强调其相分相对,刘强调其相胜相用。三者各有侧重,相反相成。但归根结底,天人同属于一个存在系统,理一分殊,体用不二。天人相分,由此还原为天人相合。韩、柳、刘的不同命题,共同构建起中唐天人关系理论的完整体系。

韩、柳、刘的上述讨论具有以下几个方面的重要意义:其一,作为哲学本体依据的"天",得以超越了人格神与自然存在物的层次,上升到功利理性与道德理性的高度。其二,韩愈"物坏,虫由之生;元气阴阳之坏,人由之生"的观点,揭示了人类的"原罪",弥补了中国传统文化系统的一大缺陷,开启了终极关怀的道路。其三,韩、柳的观点,确定了天性有善有恶的性质,为现代人性、人格理论体系的构建奠定了基础。

韩愈《天之说》集中表述了其天人关系理论:

> 韩愈谓柳子曰:若知天之说乎?吾为子言天之说。今夫人有疾痛、倦辱、饥寒甚者,因仰而呼天曰:"残民者昌,佑民者殃!"又仰而呼天曰:"何为使至此极戾也?"若是者,举不能知天。
>
> 夫果蓏饮食既坏,虫生之;人之血气败逆壅底,为痈疡、疣赘、瘘痔,虫生之;木朽而蝎中,草腐而萤飞,是岂不以坏而后出耶?物坏,虫由之生;元气阴阳之坏,人由之生。虫之生而物益坏,食啮之,攻穴之,虫之祸物也滋甚。其有能去之者,有功于物者也;繁而息之者,物之仇也。
>
> 人之坏元气阴阳也亦滋甚:垦原田,伐山林,凿泉以井饮,窾墓以送死,而又穴为偃溲,筑为墙垣、城郭、台榭、观游,疏为川渎、沟洫、陂池,燧木以燔,革金以镕,陶甄琢磨,悴然使天地万物不得其情。幸幸冲冲,攻残败挠而未尝息。其为祸元气阴阳也,不甚于虫之所为乎?吾意有能残斯人使日薄岁削,祸元气阴阳者滋少,是则有功于天地者也;繁而息之者,天地之仇也。今夫人举不能知天,故为是呼且怨也。吾意天闻其呼且怨,则有功者受赏必大矣,其祸焉者受罚亦大矣。子以吾言为何如?

按韩愈的说法,天与人是两种相互独立的自然存在物。既然是两种不同的存在,就必然有着自身的不同利益,冲突也就难以避免了。具体说来,作为元气阴阳的"天",其利益在清静无为、休养生息;作为动物的"人",其利益在吃喝拉撒、生殖繁衍。人类的生产活动,不可能不破坏元气阴阳的自然存在状态:开垦原野、砍伐山林、凿井取水、穴墓葬埋,乃至于修建厕所、墙垣、城郭、楼台馆榭,开凿运河、沟渠,熔炼金属,烧制陶器,都是对自然利益的侵害。天与人利益相悖,这是韩愈天人关系理论的立论基础。

第三章　天、地、人三位一体：韩愈的宇宙本体观念

　　天与人利益相悖，就难免相仇相残。人对于天，"攻残败挠而未尝息"；天对于人，"残斯人使日薄岁削"。所以，"残民者昌，佑民者殃"，正是上天维护自身利益的正常反应。对于这一点，韩愈通过自身的经历有着深刻的体认：贞元十五作《龊龊》云："秋阴欺白日，泥潦不少干。河堤决东郡，老弱随惊湍。天意固有属，谁能诘其端。"对"天意"的残忍表现出深刻的怀疑。同年所作《驽骥》，叹息"才命不同谋"，文说以为"兴小人得时而君子不遇"，其背景是欧阳詹等举其为博士不果。贞元十六年作《闵己赋》云："惟否泰之相极，咸一得而一违。君子有失其所，小人有得其时。"其背景是两入董晋、张建封幕府，均因府主去世而罢归。同年所作《与卫中行书》则云："凡祸福吉凶之来，似不在我。惟君子得祸为幸，而小人得祸为恒；君子得福为恒，而小人得福为幸。以其所为，似有以取之也。必曰：君子则吉，小人则凶者，不可也。"这段文字，肯定了"君子则吉，小人则凶"的当然性，却否定了它在现实生活中的必然性，其背景是汴州、徐州的两次兵变。盖汴州之乱，陆长源、孟叔度等被杀，徐州之乱，郑通诚、段伯熊等被杀。此辈均为韩愈同僚，而且均为严肃军纪约束部伍而遇害，所谓"君子得祸"云云，应属有感而发。同时，乱兵拥立的张愔得到了徐州团练使，觊觎节钺的杜兼得到了濠州留后，所谓"小人得福"云云，也不是无的放矢。韩愈就此得出"必曰'君子则吉，小人则凶'者，不可也"的结论，前提就是"祸福存乎天"，而天意难测。贞元十八年作《独孤申叔哀辞》云："将下民之好恶与彼苍悬邪？抑苍茫无端而暂寓其间邪？"同年所作《与崔群书》云："自省事已来，又见贤者恒不遇，不贤者比肩青紫；贤者恒无以自存，不贤者志满气得；贤者虽得卑位则旋而死，不贤者或至眉寿。不知造物者意竟如何！无乃所好恶与人异心哉？又不知无乃都不省记，任其死生寿夭邪？"实际上已经确认了天人好恶相悬相异的判断。贞元十九年，韩愈为监察御史，与刘、柳共事于御史台，《天之说》就产生在这一时期。在韩愈担任监察御史的短短几个月时间里，上《天旱人饥状》为幸臣所恶，谏宫市得罪宦官，又因为"奸猜畏弹射"，无端招来王叔文、韦执谊等人的排挤，最

终被贬阳山。《天之说》的愤激,固然包含有韩愈本人对自身入仕以来一系列坎坷经历的情绪发泄,但更多的还是对"君子得祸"、"小人得福"的社会现实进行的理性思考。柳宗元以为韩愈"有激而为是",并没有真正理解韩愈;至于刘禹锡认定韩愈"以一己之穷通而欲质天之有无",则完全误解了韩愈。

　　韩愈的思想并不是无源之水、无本之木,上古时期,对天意的怀疑、怨恚并不少见。《尚书·君奭》直言:"天不可信。"《诗·小雅·节南山》:"昊天不佣,降此鞠凶。昊天不惠,降此大戾。"《诗·小雅·雨无正》:"浩浩昊天,不骏其德。"《诗·大雅·瞻卬》:"瞻卬昊天,则不我惠。孔填不宁,降此大厉。"这里的"天"虽然有情感、有意志,但"不佣"、"不惠"、"不骏其德",只会"降此大戾"、"降此大厉",残害人类。至于老子所谓"天地不仁,以万物为刍狗",对人类是一派冷漠。《庄子·大宗师》再推进一步:"天之小人,人之君子。人之君子,天之小人。"天人好恶相悬相异的判断,即由此引申而来。与前人不同的是:《诗经》的"不佣"、"不惠"、"不骏其德",《老子》的"不仁",都是基于人类立场做出的判断;《庄子》不偏不倚,客观陈述天、人的不同判断;《天之说》以"知天"为目的,完全站在"天"的立场上判断人类的功过。观察视角的转换,引导出完全不同的结论:对大自然而言,人类的存在本身就是莫大的祸害。韩愈的这一结论,即便是站在现代科学的高度进行考虑,也不能不说是相当深刻的。

　　韩愈的上述判断,对华夏民族思想文化系统的更新具有重要意义。长期以来人们一直认为,在传统文化为当代思想文化建设提供的历史资源中,最缺乏的就是"原罪"的观念。正如梁启超《新大陆游记》判断,华夏传统文明最缺乏的东西就是"宗教之未来观念"。"故其所营营者只在一身,其所挚挚者只在现在,凝滞堕落之原因,实在于是。"应该承认,宗教精神(而不是鬼神崇拜、偶像崇拜)的缺乏或者说终极关怀的缺失,确实是中国社会近现代进程中人自身走向现代的最大障碍。而宗教精神或终极关怀的基础,就是"原罪"的观念。几乎所有的宗教都为人类设立了自己的"原罪":伊甸园里的亚当、夏

第三章　天、地、人三位一体：韩愈的宇宙本体观念

娃偷吃了智慧之果，是基督教为人类设立的"原罪"；前世乃至前若干世的罪孽，是佛教为人类设立的"原罪"。"原罪"的存在，为人类的灵魂救赎提供了原动力，也为放纵恣睢的人类提供了一条敬畏戒惧的鞭子。韩愈的原罪说，为国人的灵魂救赎提供了一条可能的途径。《礼记·中庸》云："天命之谓性，率性之谓道，修道之谓教。道也者，不可须臾离也，可离非道也。是故君子戒慎乎其所不睹，恐惧乎其所不闻。"对未知世界的敬畏戒惧为人类提供了超越的空间。对天道自然的敬畏戒惧上升为终极关怀，有实实在在的现实依据，也不乏超越性的哲理思考。

第二节　从一元本体论、二元本体论到三元本体论

有关宇宙的本根、本体、起源与构成，中国文化系统中存在着三个完全不同的阐释路向，即老子的道一元本体论、《易传》的阴阳二元本体论、杨雄的天地人三元本体论。

1. 老子的道一元本体论

老子以"道"作为天地分剖之前的宇宙终极本原："有物混成，先天地生。寂兮寥兮，独立不改，周行而不殆，可以为天下母。吾不知其名，字之曰道，强为之名曰大。"（《道德经》二十五章）"道"的形态，看不见、摸不着："道之为物，惟恍惟惚。惚兮恍兮，其中有象。恍兮惚兮，其中有物。窈兮冥兮，其中有精。其精甚真，其中有信。"（二十一章）"视之不见名曰夷，听之不闻名曰希，搏之不得名曰微。此三者不可致诘，故混而为一。"（十四章）用现代物理学的语言来描述，这正是宇宙大爆炸之前不占有时空的原初物质形态。所以，老子的宇宙本体理论，是道一元论。

周敦颐《太极图说》对《易传》的二元分立宇宙本体论有所继承，也有所修正。《太极图说》："无极而太极，太极动而生阳。动极而静，静而生阴。静极复动，一动一静，互为其根。分阴分阳，两仪立焉。

阳变阴合，而生水火木金土。五气顺布，四时行焉。五行一阴阳也，阴阳一太极也，太极本无极也。五行之生也，各一其性。无极之真，二五之精，妙合而凝。乾道成男，坤道成女，二气交感，化生万物。"《太极图说》对《易传》的修正主要表现在以下几个方面：其一，《太极图说》在"太极"之上增加了一个"无极"，其语本之《老子》"复归于无极"（二十八章）、《庄子·齐物论》"有始也者，有未始有始也者，有未始有夫未始有始也者；有有也者，有无也者，有未始有无也者"、《庄子·大宗师》"在太极之先而不为高，在六极之下而不为深"。其二，"无极而太极"，即《老子》"天下万物生于有，有生于无"（四十章）、"无名天地之始，有名万物之母"（首章）。王弼注："凡有皆始于无，故未形无名之时则为万物之始，及其有形有名之时则长之育之亭之毒之，为其母也。"其三，《易传》的一分为二，二分为四，四分为八被改造为一分为二，二分为五，二五之精，妙合而凝，化生万物。这样，《太极图说》的宇宙本体论已经与《易传》有了很大的差别。从根本上讲，《易传》的"太极"是宇宙的终极本原，指天地未分之前混而为一的元气，是形而上的东西，《吕览》"造于太一，化于阴阳"、《淮南》"道始于一，一而不生"，直至邵伯温《皇极经世解》"混成一体，谓之太极，太极既判，初有仪形"，都具有同样的性质；《太极图说》的宇宙终极本原是"无极"，"太极"只是"无极"派生物，它本于"无极"、"动而生阳"、"静而生阴"，为"万物之母"，显然具有了形而下的属性①。正因为如此，《太极图说》才需要在"太极"之上增加一个"无极"，以此作为自己理论体系的形上本根。概括起来讲：《太极图说》的本体论以一元的"无极"作为宇宙的形上本根，同时以一元的"太极"作为宇宙的形下本体，二元分立只存在于"二气交感，化生万物"的过程之中。这样，《易传》的二元分立宇宙本体论实质上已经被改造为《太极图说》的宇宙

---

① 冯友兰《新理学》："在濂溪之系统中，太极能动、能静、能生，故濂溪之太极是形下底，而不是形上底，此其与朱子之系统根本不同之处。"《三松堂全集》第四卷，河南人民出版社2001年版，第48页。

一元本体论。再深入思考,老子的"道生一,一生二,二生三",庄子的"有始"、"未始有始"、"未始有夫未始有始","有"、"无"、"未始有无",三者存在先后递变的关系,用数学语言表述,叫矢量线性相关。所以,老子虽然有三元本体的观念,但他的三元并非并列关系,其宇宙本体理论仍然是道一元论。《太极图说》从《易传》的二元分立宇宙本体论出发,绕了一圈,又回到了老子的道一元论。

由二元本体论走向一元本体论,是二元分立宇宙本体论内在矛盾发展演变的必然结果。事实上,《易传》的二元分立本来就有天尊地卑、阳尊阴卑的倾向,发展到二元对立直至势不两立的极端状态,一元本体论的出现就不可避免了,张载的气本体论和程、朱的理本体论就是代表。中国社会发展到宋代,君主独裁取代了汉、唐的中央集权,"王与马共天下"的君臣共治局面已经不复存在。世俗威权的一元化必然导致思想文化的一统化,天人对立必然导致"遏人欲存天理"(《中庸或问》)。所以,朱熹虽然高度推崇《太极图说》,以为其书"不由师传,默契道体,建图属书,根极领要。当时见而知之有程氏者遂扩大而推明之,使夫天理之微,人伦之着,事物之众,鬼神之幽,莫不洞然毕贯于一,而周公、孔子、孟氏之传焕然复明于当世"(《江州重建濂溪先生书堂记》)。但朱氏解说《太极图说》,仍然对周氏的理论进行了重大修正,这就是叠床架屋地将"太极"提升为形上之道:"太极,形而上之道也。阴阳,形而下之器也。"(《太极图说解》)同时直指太极为理:"《太极图说》大抵推一理、二气、五行之分合,以纪纲道体之精微。"(《周子通书后记》)并解释"无极而太极"云:"无极而太极,只是说无形而有理。所谓太极者,只二气五行之理,非别有物为太极也"、"以理言之则不可谓之有,以物言之则不可谓之无"。又云:"无极是有理而无形,如性何尝有形?太极是五行阴阳之理皆有,不是空底物事。"(《朱子语类》卷九十四)明确主张"太极"即是天、"太极"即是理,是天地万物的形上依据。更重要的是,这"天理"是独一无二的,而且具有强烈的排他性:"人生都是天理,人欲却是后来没巴鼻生底。"天理、人欲势不两立,"人之一心,天理存则人欲亡,人欲胜则天理灭,未有天理人欲夹杂者"(《朱子语类》卷十三)。这样一来,天地间只有一,没有二,更没有了三。正是通过将"天理"塑造为至高无上独一无二的宇宙本体①,朱熹完成了时君们所迫切期盼的核心价值观设计。由此看来,二元对立的宇宙本体观及其终极形态天理一元论通过朱熹的宣扬成为宋末直至元、明、清三代王朝的正统意识形态,在近代中国文化系统中始终处于中心地位②,应该不是偶然的。

然而朱熹的天理一元理论,一开始就受到学界的质疑。陆九渊《与朱元晦书》:"'无极'二字出于《老子》'知其雄章',吾圣人之书所无有也。《老子》首章言'无名天地之始,有名万物之母',而卒同之,此老氏宗旨也。'无极而太极'即是此旨。"宋叶绍翁《四朝闻见录》卷一甲集"慈湖疑大学"条载:"慈湖又改周子《太极图》为'✪',以为周子之说详,简之说易,其意盖不取无极之说,以为道始于太极而已。"杨简将《图》改作"✪",阴阳二气环而未交,深悟太极形上之旨。盖《太极图》从《易传》的二元分立宇宙本体论出发,其《图》阴阳分立,为平面极坐标体系。周、朱赋予"无极"、"太极"以先后递变顺序,使之成为矢量线性相关的关系,应该是历史的大倒退。慈湖的太极图,阴阳二气环而未交,呈三维立体形态,正是天地未分之前的形上状态。从现代物理学的角度考虑,宇宙大爆炸之前混沌一体的原始宇宙,正物质、反物质,明物质、暗物质均未成形,以某种原始形态并存于一体且尚未交会,应该就是这样的状态。其实,就是已经成形的宇宙,正物质、反物质也是不能交会的。一旦交会,双方就会互相湮灭抵消发生爆炸并产生巨大能量。明物质、暗物质的情况也是如此。正物质、反物质,明物质、暗物质是以怎样的形式同时存在于同一个时空系统

---

① 朱熹为了维持"天理"的至正纯善,不得不将"没巴鼻生底人欲"逐出形上的"太极"之外。但"人欲"不可能没有本体依据,于是只得在"太极"之上叠床架屋地再设置一个形上的"无极"。这就使得朱熹形式上的一元本体论实质上变成了二元本体论。参见下文《从明道到载道——唐宋文道关系理论的变迁》。

② 参见葛瑞汉著、张海晏译《论道者:中国古代哲学论辩》,中国社会科学出版社 2003 年版,第 378 页。

第三章 天、地、人三位一体：韩愈的宇宙本体观念

之中,现代物理学界至今尚无定论。这样看来,三位一体的三元本体理论,暂时还不宜简单否定。

从现代科学的高度看问题,有与无之间并不存在一条不可逾越的鸿沟。量子力学出现,粒子与波可以并存;广义相对论出现,质量与能量可以并存;粒子物理学出现,正物质、反物质可以并存;宇宙膨胀理论出现,明物质、暗物质可以并存。构成强子的基本粒子夸克,其存在状态的基本特征就是不占有时空。无中生有、化有为无不再是天方夜谭,而是被实验物理学屡屡验证的科学事实。有关宇宙射线的研究、人造黑洞的研究、基本粒子生成的研究、基本粒子湮灭的研究,已经有不少的实验报告公之于世。用这样的眼光重新审视我们的社会科学,可以发现,在社会多元的时代,你死我活的零和博弈不再是社会阶层博弈的唯一形式,斗争也不再是解决阶层利益冲突的唯一手段。"无中曰两,两争曰弱"(《逸周书·武顺》),"无阴则阳不成"(邵雍《渔樵对问》),"独阴不生,独阳不成"(杨时《易说》),势不两立的结果必然是同归于尽,对立面的消亡就意味着统一体的消亡,宋元明清的君主独裁及其核心价值观天理一元论最终退出了历史舞台,同样也不是偶然的。程、朱的理欲之辨,为统治阶级的一己私利从根本上剥夺草根百姓的生存权利,其性质是无可讳言的。两争曰弱,三和曰强。百年战争、光荣革命教会了欧洲人谈判妥协,三千年王朝兴替的血雨腥风却没能让中国的君主们走上中和之道,实在令人扼腕。

2.《易传》的阴阳二元本体论

《易传》接受老子的阴阳分立,开创了一生二、二生四、四生八的二元本体模式,通过阴阳交感以化生天地万物。《易·系辞上》这样描绘宇宙的起源:"易有太极,是生两仪。两仪生四象,四象生八卦。"孔颖达疏:"太极,谓天地未分之前元气混而为一,即是太初、太一也。故老子云'道生一',即此太极是也。又谓混元既分,即有天地,故曰'太极生两仪',即老子云'一生二'也"、"'两仪生四象'者,谓金木水火禀天地而有"、"'四象生八卦'者,若谓震木离火兑金坎水各主一

时"。而这大自然的生生之功,则来自于阴阳二气的相摩、相荡、相交、相感。"天地感而万物化生"(《咸·彖》),"是故刚柔相摩,八卦相荡,鼓之以雷霆,润之以风雨,日月运行,一寒一暑,乾道成男,坤道成女,乾知大始,坤作成物"(《系辞上》),"天地细缊,万物化醇,男女构精,万物化生"(《易·系辞下》)。其具体的过程,是"有天地然后有万物,有万物然后有男女,有男女然后有夫妇,有夫妇然后有父子,有父子然后有君臣,有君臣然后有上下,有上下然后礼义有所错"(《易·序卦》)。

　　孔颖达以为"太极"即是老子的"道生一","太极生两仪"即是老子的"一生二",其说似是而实非。"太极"、"道"均指天地未分之前混而为一的元气,这元气"负阴抱阳",这阴阳二气通过"冲"、"和"、"交"、"感"化生万物。以上三点,二者确有相通之处。但二者之间还存在着三个非常重大的差别,绝不可混为一谈:老子的一(道)二(阴阳)三(和气、清气、浊气)均为混沌状态的形上之物,至"天、地、人"始化生出物质形态的形下之物;《易传》"混元既分,即有天地",是两仪、四象、八卦均为形下之物。老子的"二生三,三生万物",人在万物之先,万物为天施、地化、人所长养;《易传》"有天地然后有万物,有万物然后有男女"。老子以清气、浊气、阴阳中和之气作为宇宙的本根,属于三元本体观念;《易传》以阴、阳二气作为天地分立之前的形上本根,属于二元本体论。最后一点,尤为重要。

　　秦汉以后,二元分立的宇宙本体观念以《吕览》、《淮南》为代表。《吕氏春秋·仲夏纪·大乐》:"太一出两仪,两仪出阴阳。阴阳变化,一上一下,合而成章。……万物所出,造于太一,化于阴阳。"高诱注:"两仪,天地出生"、"章,犹形也"、"造,始也。太一,道也。阴阳,化成万物者也"。《淮南子·天文训》:"道始于一,一而不生,故分而为阴阳,阴阳合和而万物生,故曰:一生二,二生三,三生万物。"《淮南子·精神训》具体描绘阴阳化生万物的过程:"古未有天地之时,惟象无形。窈窈冥冥,芒芠漠闵,澒濛鸿洞,莫知其门。有二神混生,经天营地。孔乎莫知其所终极,滔乎莫知其所止息。于是乃别为阴阳,离为

第三章　天、地、人三位一体：韩愈的宇宙本体观念　　　　　　　　　　41

八极,刚柔相成,万物乃形。烦气为虫,精气为人。"高诱注:"惟,思也。念天地未成形之时,无有形生有形,故天地成焉。皆未成形之气也,……皆无形之象,故曰莫知其门也。二神,阴阳之神也。混生,俱生也。孔,深貌也。滔,大貌。离,散也。八极,八方之极。刚柔,阴阳也。烦,乱。"二者在理论上虽无重大建树,但表述更为详密、系统,其承上启下的作用还是不可磨灭的。

　　至北宋,二元分立的宇宙本体论有了重大的推进。其代表人物是邵雍、周敦颐。邵雍《皇极经世·观物外篇上·先天象数》描绘天地万物的化生:"太极既分,两仪立矣。阳下交于阴,阴上交于阳,四象生矣。阳交于阴,阴交于阳,而生天之四象。刚交于柔,柔交于刚,而生地之四象。于是八卦成矣。八卦相错,然后万物生焉。是故一分为二,二分为四,四分为八,八分为十六,十六分为三十二,三十二分为六十四。"邵伯温《观物内篇解》:"混成一体,谓之太极。太极既判,初有仪形,谓之两仪。两仪又判而为阴、阳、刚、柔,谓之四象。四象又判而为太阳、少阳、太阴、少阴、太刚、少刚、太柔、少柔,而成八卦。太阳、少阳、太阴、少阴成象于天,而为日月星辰。太刚、少刚、太柔、少柔成形于地,而为水火土石。八者具备,然后天地之体备矣。天地之体备,而后变化生成万物也。"邵雍不仅将《易传》的一分为二推演至六十四,完善了天地万物衍生序列,更重要的是揭示了一分为二理论系统的两大重要特性:"阴阳相生也,体性相须也,是以阳去则阴竭,阴尽则阳灭。"这就是说,阴阳、柔刚、体性虽然相分相对,但同时也相依相存。没有阴也就没有阳,没有柔也就没有刚,没有体也就没有性,反之亦然。在继承《易传》辩证思维的同时,对非此即彼、非黑即白的极端性思维保持了高度的警觉。此外,"心为太极"、"道为太极"(《皇极经世·观物外篇上·河图天地全数》),明确了"道"、"太极"的心性本体地位,对宋明道学的发展产生了重大影响。

　　3. 天地人三元本体论

　　三元本体论的符号化、理论化、系统化虽然创自杨雄《太玄》,但其滥觞却源远流长,早在商周时期就已经现出端倪。

(1) 上古文字造型中的天地人三位一体观念

天，甲文作"示"(甲二八六三)，其本义指人头顶。《说文》："示，颠也。至高无上，从一、大。"就六书而言，此为指事，"大"者人也，"一"者指其颠也。引申指混沌之天、物质之天、主宰之天、运命之天、自然之天、义理之天。

《淮南子·天文训》："天墜未形，冯冯翼翼，洞洞灟灟，故曰太昭。"高诱注："冯翼洞灟，无形之貌。"《说文》："一，惟初太始，道立于一，造分天地，化成万物。弌，古文一。"这里的"一"，亦即惠施所谓"至大无外，谓之大一"，庄子所谓"圣有所生，王有所成，皆原于一"(《庄子·天下》)，此阴阳未分之前的形上混沌之天。

《尔雅·释天》："穹苍，苍天也。"郭璞注："天形穹隆，其色苍，因名云。"《淮南·天文》："道始于虚霩，虚霩生宇宙，宇宙生气，气有涯垠。清阳者薄靡而为天，重浊者凝滞而为地。"高诱注："薄靡者，若尘埃飞扬之貌。"段玉裁《说文解字注》释"示"云："至高无上，是其大无有二也，故从一大。于六书为会意，凡会意合二字以成语。"据段氏所言，"一"、"大"为两个象形字："大"者，人也。"一"者，天也。惟其为"天"，方能"至高无上，其大无有二"。此阴阳既分之后的形下物质之天。

《书·汤誓》："有夏多罪，天命殛之"、"夏氏有罪，予畏上帝，不敢不正"。是"天"即"帝"。《尔雅·释诂》："天、帝，君也。"《论语·八佾》："获罪于天，无所祷也。"《鹖冠子·度万》："天者，神也。"《春秋繁露·郊义》："天者，百神之君也。"此意志主宰之天。

《论语·阳货》："天何言哉？四时行焉，百物生焉，天何言哉？"《庄子·天地》："无为为之之谓天。"《荀子·天论篇》："天行有常，不为尧存，不为桀亡。……皆知其所以成，莫知其无形，夫是之谓天。"《庄子·大宗师》郭象注："天者，自然之谓也。"此自然无为之天。

《书·盘庚上》："先王有服，恪谨天命。"《论语·颜渊》："死生有命，富贵在天，君子敬而无失。"《孟子·万章上》："莫之为而为者，天也。莫之致而至者，命也。"《孟子·梁惠王下》："若夫成功，则天也"、

第三章　天、地、人三位一体：韩愈的宇宙本体观念

"吾之不遇鲁侯,天也"。此运道命数之天。

《书·汤诰》："天道福善祸淫。"《书·蔡仲之命》："皇天无亲,惟德是辅。"《墨子·天志》论天之志："天欲义而恶不义",则"顺天意者兼相爱交相利,反天意者别相恶交相贼"。"天之爱民",则"爱人利人,顺天之意,得天之赏者,有矣。憎人贼人,反天之意,得天之罚者,亦有矣"。《礼记·中庸》："诚者,天之道也。"《孟子·告子上》："仁义忠信,乐善不倦,此天爵也。"《孟子·尽心上》："尽其心者,知其性也;知其性,则知天矣。"《礼记·礼器》郑注："一,谓诚也。"《逸周书·命训解》孔晁注："一者,善之谓也。"《太玄·常》范望注："一者,道德之形体也。"此道德义理之天。

天之数为"一",三叠为乾,即古文"天"本字。《易纬乾凿度》："三,古文'天'字,今为乾卦。重圣人重三而成,立位得上下人伦,王道备矣。亦'川'字,覆万物。"

天之性,为阳,为刚,为健,为君,为父,为尊。《周易·说卦》："乾为天,为圜,为君,为父,为玉,为金,为寒,为冰,为大赤,为良马,为老马,为瘠马,为驳马,为木果。"孔颖达疏："乾既为天,天动运转,故为圜也。为君为父,取其尊道而为万物之始也。为玉为金,取其刚之清明也。为寒为冰,取其西北寒冰之地也。为大赤,取其盛阳之色也。为良马,取其行健之善也。为老马,取其行健之久也。为瘠马,取其行健之甚,瘠马骨多也。为驳马,言此马有牙如锯,能食虎豹,《尔雅》云'锯牙食虎豹',此之谓也。王廙云:'驳马能食虎豹,取其至健也。'为木果,取其果实着木有似星之着天也。"

"地"字本义,指与物质之天相对的大地。《说文》："坤,元气初分,轻清阳为天,重浊阴为地,万物所陈列也。从土,也声。墬,籀文地,从隊。"段注"从土"："地以土生物,故从土";"也声"："坤道成女,玄牝之门,为天地根,故其字从也"。《释名·释地》："地者,底也,其体底下载万物也。亦言谛也,五土所生莫不信谛也。《易》谓之坤。坤,顺也,上顺乾也。"

"地"之数"二",《说文》："二,地之数也。从偶一。……弍,古

文."又称"𠃑".《说文》:"𠃑,再也。从冂阙.《易》曰:'参天两地.'"段注:"耦一者,两其一也."甲文有"𠃒"字(前四·二九·五),当即湖北江陵王家台秦简《归藏》、马王堆帛书《周易》、湖北江陵天星台楚简《周易》"𠃒"字。其字三叠为坤,画作"☷",即古文"地"本字。《易纬坤凿度》:"☷,古壂地字,附于乾,古圣人以为坤卦."又作"巛",《广雅·释诂》:"巛,顺也。巛,柔也."《玉篇》:"巛,齿缘切。注:渎曰川也,流也,贯穿也,通也。古为坤字."《干禄字书》:"巛、坤,上通下正."《广韵》:"坤,苦昆切,乾坤。巛,古文."《集韵》:"坤、巛、㘯,枯昆切.《说文》:'地也,易之卦也,从土从申。土位在申.'古作巛、㘯."

地之性,为阴,为柔,为蕃育,为包容,为广载。《周易·说卦》:"坤为地,为母,为布,为釜,为吝啬,为均,为子母牛,为大舆,为文,为众,为柄。其于地也为黑."孔颖达疏:"坤既为地,地受任生育,故谓之为母也。为布,取其地广载也。为釜,取其化生成熟也。为吝啬,取其地生物不转移也。为均,以其地道平均也。为子母牛,取其多蕃育而顺之也。为大舆,取其能载万物也。为文,取其万物之色杂也。为众,取其地载物非一也。为柄,取其生物之本也。其于地也为黑,取其极阴之色也."大地的功能,为孳养万物。《白虎通义·天地》:"地者,易也,言养万物怀任交易变化也."《释名·释地》:"地者,底也,其体底下载万物也。……《易》谓之坤。坤,顺也,上顺乾也."《黄帝内经素问·五运行大论篇》:"地者,所以载生成之形类也。……地为人之下,太虚之中者也."

甲文有"𠆢"(前四·二九·五)、"𠆢"(铁四九·二)、"𠆢"(佚六四一),象人形。《说文》:"𠆢,天地之性最贵者也。此籀文,象臂胫形."段注:"《礼运》曰:'人者,其天地之德,阴阳之交,鬼神之会,五行之秀气也.'又曰:'人者,天地之心也,五行之端也,食味别声被色而生者也.'按:禽兽艹木皆天地所生,而不得为天地之心;惟人为天地之心,故天地之生此为极贵。天地之心谓之人,能与天地合德;果实之心亦谓之人,能复生艹木而成果实;皆至微而具全体也."甲文"人"

字作"✶"(甲三六九〇)、"✶"(乙一五三八)，籀文"人"字作"✶"(天鼎)，即古文"夭"、"吴"。王国维谓"古文'天'字本象人形"(《观堂集林》)，可见"天"即是"人"，"人"即是"天"。

甲文"✶"(前四·二九·五)，人、地同形。甲文有"✶"(佚一八六)、"✶"(京津三四七)，《说文》作"𠆢"，秦入切，读若集。《说文》："𠆢，三合也。从入一，象三合之形。凡𠆢之属皆从𠆢。读若集。"徐铉注："此疑只象形，非从入一也。"按："象三合之形"者必为人。就六书而言，"从入一"为指事。"✶"者人也，"一"者地也。"𠆢"，象人在地上，犹"✶"象人在天下。可见"地"即是"人"，"人"即是"地"。天地人三位一体，我们的祖先早已在文字造型中暗藏了玄机。

人是阴阳交会而成的中和之气的产物，只有人能和阴、阳并列为三。《列子·天瑞》："冲和气者为人，故天地含精，万物化生。"殷敬慎注："推此言之，则阴阳气遍，交会而气和，气和而为人生。"《易说卦》："昔者圣人之作易也，幽赞于神明而生蓍，参天两地而倚数。……立天之道，曰阴与阳；立地之道，曰柔与刚；立人之道，曰仁与义。兼三才而两之。"《大戴礼记·四代》："所谓民与天地相参者何谓也？子曰：天道以视，地道以履，人道以稽。废一曰失统，恐不长飨。"《春秋繁露·人副天数》："天德施，地德化，人德义。天气上，地气下，人气在其间。……天地之精所以生物者莫贵于人，人受命乎天也，故超然有以倚。物疢疾莫能为仁义，唯人独能为仁义；物疢疾莫能偶天地，唯人独能偶天地。"《周易集解》引虞翻曰："参，三也，谓分天象为三才，以地两之。"《潜夫论·本训》："上古之世，太素之时，元气窈冥，未有形兆，万精合并，混而为一，莫制莫御。若斯久之，翻然自化，清浊分别，变成阴阳，阴阳有体，实生两仪，天地壹郁，万物化醇，和气生人，以统理之。是故天本诸阳，地本诸阴，人本中和。三才异务，相待而成，各循其道，和气乃臻，玑衡乃平。"杨雄《河东赋》"参天地而独立兮"，《汉书》颜师古注："天地曰二仪，王者大位与之合德，故曰参天地，参之言三也。"以数而论，"━"加"━━"等于"☰"，《太玄》定作"━"、"━ ━"、"━ ━ ━"，可知人之数为三。

人的地位,在天地之间。《说文》:"三,天地人之道也。从三数。"徐整《三五历记》:"天地混沌如鸡子,盘古生其中,万八千岁。天地开辟,阳清为天,阴浊为地,盘古在其中。"(《艺文类聚》卷一)又云:"清轻者上为天,浊重者下为地,冲和气者为人。故天地含精,万物化生。"(《太平御览》卷一)《孝经》:"天地之性人为贵。"正因为如此,所以,人是"五行之秀"、"五行之端"、"天地之德"、"天地之心",是天地大德的体现者,也是天地意志的代言者。

(2)老子到杨雄的三元本体观念

老子的宇宙本体理论虽然是道一元论,但老子的思想中同时也存在阴阳二元乃至天地人三元的因素。老子描绘从"恍惚"、"窈冥"、"希夷微"到万物化生,宇宙的起源,是这样一个过程:"道生一,一生二,二生三,三生万物。万物负阴而抱阳,冲气以为和。"(四十二章)对老子而言,"道生一,一生二,二生三"并非是人为的设计,而是宇宙自身运动的客观规律。阴阳的本性是相对应而存在、相统一而发展。王弼注"反者道之动"云:"高以下为基,贵以贱为本,有以无为用,此其反也。动皆知其所无,则物通矣。"(《道德经》四十章)唯其如此,天下万事万物,有一必有二:"天下皆知美之为美,斯恶已;皆知善之为善,斯不善已。故有无相生,难易相成,长短相形,高下相倾,音声相和,前后相随。"(二章)老子的道一元论以阴阳二气为基础,其间自然就有了阴阳二元论的因素。

河上公注:"道始所生者一,一生阴与阳也。阴阳生和、清、浊三气,分为天、地、人也。天地共生万物也,天施、地化、人长养之也。"自"和清浊"以上为形上,自"天地人"以下为形下。连接形上、形下的枢纽,在"冲气以为和"。也就是说,有了二,也就有了三。好比有了两个端点,就有了连接两点线段的中点;有了天地,就有了天地之间;有了东南西北,就有了天下之中。由此切入,老子真正窥见了天道的奥秘:"天之道其犹张弓与?高者抑之,下者举之;有余者损之,不足者补之"(七十七章)、"虚而不屈,动而愈出,多言数穷,不如守中"(五章)。这说明,老子思想体系中,还存在朦胧的三元本体观念。

第三章　天、地、人三位一体：韩愈的宇宙本体观念

与老子同时，孔子也主张"执其两端用其中于民"（《礼记·中庸》）、"过犹不及"（《论语·先进》）、"不得中道而与之，必也狂狷乎"（《孟子·尽心下》）。孔子的"中道"、"中庸"与老子的"守中"相同，同样因二以见三。尤其值得注意的是，他们的"三"都是"中"。《礼记·中庸》高度推崇"中和"云："中也者，天下之大本也，和也者，天下之达道也。致中和，天地位焉，万物育焉。"《逸周书·武顺》："天道尚右，日月西移；地道尚左，水道东流；人道尚中，耳目役心。……人有中曰参，无中曰两。两争曰弱，三和曰强。"可以毫不夸张地说，三元本体观念的核心价值正在于"中"。刘歆《三统历》云："太极元气，函三为一。极，中也。元，始也。"以"中"为"极"，揭示了三元本体观念的根本性质。宋代学者中，凡注重人文精神者大多通达此理。司马光《易说》卷五："易有太极，一之谓也。分而为阴阳，阴阳之间，必有中和。"陆九渊《易说·三五以变错综其数》："有一物必有上下，有左右，有前后，有首尾，有背面，有内外，有表里。故一必有二，故曰一生二。有上下、左右、前后、首尾、表里，则必有中，中与两端则为三矣，故曰二生三。故太极不得不判为两仪，两仪之分，天地既位，则人在其中矣。三极之道，岂作《易》者所能自为之哉。"（《象山集》卷二十一）中和之道，正是华夏文明一以贯之的正统正道。

战国时期，庄子在继承老子三元本体观念的基础上又有所推进。《齐物论》："天地与我并生，而万物与我为一。既已为一矣，且得有言乎？既已谓之一矣，且得无言乎？一与言为二，二与一为三，自此以往，巧历不能得，而况其凡乎？"郭象注："夫以言言一，而一非言也，则一与言为二矣。一既一矣，言又二之；有一有二，得不谓之三乎？夫以一言言一，犹乃成三，况寻其支流，凡物殊称，虽有善数，莫之能纪也。故一之者与彼未殊，而忘一者无言而自一。"有了一，就有了与之相对的二。有了一和二，得不谓之三乎？同时，庄子以"阴"、"阳"、"和静"谓之"至一"（《缮性》），为老子的"一二三"向秦汉的"和清浊"、"天地人"过渡提供了重要的中介。

秦汉以后，三位一体的宇宙本体观念得到了进一步的发展。《大

戴礼记·易本命》:"天一,地二,人三。三三而九,九九八十一,一主日。"《易纬乾凿度》:"一大之物目天,一块之物目地,一炁之需名混沌。一气分万霜,是上圣凿破虚无,断气为二,缘物成三,天地之道不漂。"《淮南·墬形》:"天一,地二,人三。"高诱注:"一阳,二阴也。人生于天地,故曰三也。"《黄帝内经素问·三部九候论篇》:"天地之至数,始于一,终于九焉。一者天,二者地,三者人。"《太平经·和三气兴帝王法》:"元气有三名,太阳、太阴、中和。形体有三名,天、地、人。"《太平经·阙题》:"元气恍惚自然,共凝成一,名为天也;分而生阴而成地,名为二也;因为上天下地,阴阳相合施生人,名为三也。"《广雅·释天》:"太初,气之始也,生于酉仲,清浊未分也。太始,形之始也,生于戌仲,清者为精,浊者为形也。太素,质之始也,生于亥仲,已有素朴而未散也。三气相接,至于子仲,剖判分离,轻清者上为天,重浊者下为地,中和为万物。"都是老子三元本体观念影响下的产物。不过,真正将这一学说符号化、理论化、系统化的,是杨雄的《太玄》。

（3）《太玄》:三元本体论的符号化、理论化、系统化

《太玄》的理论渊源来自于《老子》与《周易》,"观《大易》之损益兮,览老氏之倚伏"(《太玄赋》),杨雄自己对此有明确的表述。具体说来,其精神实质来自于老子的三元本体观念,其结构体系则来自于《周易》。关于后者,司马光《说玄》概括得非常精到:"《易》与《太玄》,大抵道同而法异。《易》画有二,曰阳,曰阴;《玄》画有三,曰一,曰二,曰三。《易》有六位;《玄》有四重,最上曰方,次曰州,次曰部,次曰家。本传所谓'三摹而四分之极于八十一'者也。《易》以八卦相重为六十四卦;《玄》以一二三错于方州部家为八十一首。《易》每卦六爻,合为三百八十四爻;《玄》每首九赞,合为七百二十九赞。"

《太玄》有两套相互独立同时又相互联系的结构系统。《太玄·玄图》:"玄有二道,一以三起,一以三生。以三起者,方州部家也。以三生者,三分阳气以为三重,极为九营。是为同本离生,天地之经也。旁通上下,万物并也。九营周流,终始贞也。"第一套结构系统"以三起",指全书八十一首的结构系统:"一玄都覆三方,方同九州,枝载庶

第三章 天、地、人三位一体：韩愈的宇宙本体观念

部,分正群家。"所谓"一玄都覆三方"者,一玄分为天玄、地玄、人玄三玄(王涯《说玄·辩首》),称为三方。"方同九州"者,三方各自分为三州,共计九州。"枝载庶部"者,九州各自分为三部,共计二十七部。"分正群家"者,二十七部各自分为三家,共计八十一家。第二套结构系统"以三生",指三种《玄》画以及由此生成的四位、九虚、七百二十九赞。范望注:"三重,谓一一也,一二也,一三也。以三成九,玄有九位也。营,犹虚也。易有六虚,故玄三变为九虚也。……旁通,谓九位旁通于八十一首也。上下,谓方州部家升降于四位也。……九营周流,谓七百二十九赞,终而复始,不失其正也。"《太玄》模仿《周易》阳爻(━━)、阴爻(━ ━),作奇(━━)、偶(━ ━)、和(━ ━ ━)三种符号,即所谓"三分阳气以为三重"。第一方、第一州、第一部、第一家画作"━━",第二方、第二州、第二部、第二家画作"━ ━",第三方、第三州、第三部、第三家画作"━ ━ ━"。一方一州一部一家组成一首,当《周易》一卦。一分为三,三分为九,九九八十一首。每首九赞,八十一首共计七百二十九赞。

《玄摛》这样描绘天地的起源:"玄者,摛万类而不见形者也,资陶虚无而生乎规,攔神明而定摹,通同古今以开类,摛措阴阳而发气。一判一合,天地备矣。……三仪同科,厚薄相劘。圜则杌棿,方则啬吝,嘘则流体,唫则疑形。是故阖天谓之宇,辟宇谓之宙。"范望注:"幽,深也。摛,张也。万类,万物之类也。言玄幽冥深远,故张舒万物之类然而不见其形者也。资,取也。陶,养也。虚,空也。无,无形也。规,圜也。玄取象天地,空虚无形之气推积为一,以九数得万物,数以为玄形,故曰生规。天规,圜也。攔,关也。若手相关付,故字有手也。摹,数也。玄乃关天地神明之事以定于一运,九数其道,分明若手相关付,故曰而定数也。古谓庖牺,今即随世也。玄乃绵络于天地,通古今之器,开阴阳之气,同万物之类也。措,犹设也,谓张设阴阳之道以发休咎之气也。判,谓纯阴纯阳也。合,谓阴阳交错。开阴阳交错以生万物,备满于天地之间也。合,俗云夫妇判合,此之谓也。……三仪,谓天地人也。科,法也。厚薄,谓阴阳也。阴浊故厚,

阳清故薄。阴阳相劘,以生万物,天人同法而养制也。圜,谓天也,天动故扰梲。方,谓地也,易曰坤为吝啬,主收藏,此之谓也。嘘,谓呼也。唫,犹噏也。呼谓为阳,唫谓之阴。春阳之气流润万物之形体,冬阴则凝滞而成形也。阖,天地昼夜之称,谓之为宇,如屋宇之所覆也。辟,谓开天地昼夜之称尔。宙,犹畅也,宇之开辟明畅于天下也。"从不见形的虚无到阖天辟宇,都有赖于"玄"在其间生规、定矩、开类、发气,此之谓"神明"。而"一判一合"、"厚薄相劘",则"三仪同科"。开天辟地乃是天地人的共同作用,人也是天地开辟的参与者①,这是《太玄》宇宙起源论独具的特色。

《太玄》最突出的理论贡献,是将老子的三元本体观念符号化、系统化,弥补了《易传》二元符号系统的缺陷。二元符号系统虽然有利于揭示天地万物对立统一的基本规律,但其间却不无隐患。因为一旦思维偏激,"对立统一"就会走向天下一统,"一分为二"就会走向"合二而一",而大一统的一元本体理论并不符合宇宙运动的真实规律。《榖梁传》庄公三年:"独阴不生,独阳不生,独天不生,三合然后生。"晋范宁《集解》引徐邈曰:"古人称万物负阴而抱阳,冲气以为和。然则《传》所谓天,盖名其冲和之功而神理所由也。会二气之和,极发挥之美者,不可以柔刚滞其用,不得以阴阳分其名,故归于冥极而谓之天。凡生类禀灵知于天,资形于二气。故又曰:独天不生,必三合而形神生理具矣。"《春秋繁露·顺命》:"天者万物之祖,万物非天不生。独阴不生,独阳不生,阴阳与天地参然后生。"纯阴、纯阳只是虚拟的概念,在现实世界中根本就不可能存在,正如现代物理学虚拟的绝对零度不可能在现实生活中存在一样。阴阳相冲、相和才是天地开辟的真正起点,"中和"才是维系阴阳平衡的枢纽,三元本体理论所揭示的正是这样一个真理。除此之外,"三仪同科"将天地人并列起

---

① 在地球环境科学的研究中,生物的活动及其影响已经纳入了研究的视野。地球的环境制约着生物的进化,生物的活动同时影响着环境的形成与改变,这一结论已经不存在太大的争议。

第三章 天、地、人三位一体：韩愈的宇宙本体观念

来，高度凸现了人在宇宙间的主体地位。《老子》本来已经将人确立为"域中四大"之一，"道大，天大，地大，王亦大"。但"人法地，地法天，天法道，道法自然"（二十五章），人在"四大"中仍然处于末位。《太玄》则将"天地人"并列起来，《玄图》："夫玄也者，天道也，地道也，人道也。兼三道而天名之。"范望注："天地人三者俱谓之玄。玄，天也，故以天名也。"可以这样认为，"三才"的提法虽然早在《易传》中已经出现，但最大限度凸现了人在宇宙间的主体地位的，还是《太玄》的"三仪同科"。

将人与天、地并列作为宇宙的本体，从现代科学的高度看来似乎异常荒唐，但实际情况并非如此。迄今为止，人类对客观物质世界的全部知识，都以人类的认识能力为界限。当人只能用眼睛观察时，红外线、远红外线就不存在；当人只能用耳朵倾听时，超声波就不存在；量子力学诞生之前，人类就只知道光粒子而不知道光波；广义相对论问世之前，物质结构就只有质量而没有能量；粒子物理学问世之前，反物质就不存在；宇宙膨胀理论问世之前，暗物质就不存在。归纳起来一句话：所谓的"客观物质世界"，都局限在人类的认识能力之内，而且都受到人类认识手段诸如射电天文望远镜、电子显微镜、高能粒子加速器等外界因素的干扰，不可能绝对"客观"。人是万物的尺度，是万物存在的尺度，也是万物不存在的尺度。苏格拉底哲言所强调的，正是人类的主体意识。

世界的存在状态是什么样子？现代科学日新月异的进展时时刻刻在修正着我们曾经自以为是的真理。最终的真相是什么，也许我们永远也不可能知道。但至少现在我们已经知道：宇宙的起源不是老子所描述的线性发展关系，也不是《易经》所描绘的二元对立的平面极坐标体系，倒还真有点像《太玄》所描绘的三位一体的三维立体状态，即二元对立的统一体。酷似太极的马卡良231星系的双黑洞

结构,或许会给人们带来某些新的思考。①

第三节　韩愈的三元本体观念及其影响

　　习惯用三分法解剖事物,是韩愈思维最明显的特点。比如讨论人性,分为情性三品;讨论人的进化,分为禽兽、夷狄、人;讨论治国之道,分为性、道、教;讨论社会分层,分为君、臣、民;讨论教育,分为传道、授业、解惑。即便是采用两分法分析事物,如讨论人的动物性与人性、君权与相权、集权与分权、暴力与非暴力、道统与治统、官商一体与政经分立、市场垄断与市场竞争、为己与为人、明道与载道等,最后的归结点,仍然在于二者的辩证统一,"执其两端用其中于民","中"即是第三元。韩愈的三元思维习惯,揭示了他内心深处潜藏的三元本体观念。上文列举的韩愈以三分法解剖事物的具体案例,笔者均有专文讨论,此处不再赘述。

　　韩愈的三元思维观念,来自于杨雄《太玄》的三元本体理论。正因为如此,他对杨雄尤其是《太玄》有极高的评价。《韩愈集》中杨雄凡十七见,在儒家前辈中仅次于孟子。《与冯宿论文书》高度评价杨雄《太玄》,许其胜《老子》、胜《周易》,"直百世以俟圣人而不惑,质诸鬼神而不疑",尤其值得注意。韩愈将《太玄》与《老子》、《周易》并列对比,三者之间必然具有可比性。而三者的可比性,只能是象数之学,也就是宇宙本体模式。盖《老子》主张道一元论,《周易》主张阴阳二元论,《太玄》主张天地人三元论。韩愈尽管没有相关的文字表述,但他的思维习惯表明了他的三元思维观念,所以许其胜《老子》、胜《周易》,其原因盖在于此。后代学人大多以为《太玄》一书,不过剽窃

---

① 中国新闻网 2015/8/28 16:04:52《NASA 公布马卡良 231 星系近照:双黑洞旋转似太极》,参见科学网 http://news.sciencenet.cn/htmlnews/2015/8/325889.shtm

《周易》而已。对于韩愈高度评价《太玄》，一般人付之一笑，很少认真思考，可谓过宝山而空回。

《太玄》的三元本体论浸微千年，少有人问津。后魏关朗《大衍义》谓"数兆于一，生于二，成于三，此天地人所以立也"（《玉海》卷三十六），应该有《太玄》的影响。《太玄》真正引起学界注意是在宋代，公私书目著录宋人解《玄》之作不下数十种，诸如邵雍"太玄准易图"、张载"参两"等说，都应该有《太玄》的影响。但其中用力最勤、影响最大的，应该是司马光。司马光有《读玄》、《说玄》阐释《玄》理，又穷三十年心力成《太玄集注》，晚年又仿《太玄》作《潜虚》。其书"以五行为本，五五相乘为二十五，两之得五十首。有气体性名行变解七图"（《郡斋读书志》卷三上）。卷首自述其立言之意云："万物皆祖于虚，生于气，气以成体，体以受性，性以辨名，名以立行，行以俟命。故虚者物之府也，气者生之户也，体者质之具也，性者神之赋也，名者事之分也，行者人之务也，命者时之遇也。"《潜虚·名图》："人之生本于虚然后形，形然后性，性然后动，动然后情，情然后事，事然后德，德然后家，家然后国，国然后政，政然后功，功然后业。业终，则返于虚矣。"如果说《易》重天道，《玄》重人道，则《虚》尤重事功。鉴于《太玄》问世之后，讫至中唐，少有问津。所以，宋人对《太玄》的重视，显然来自韩愈。

第四节 结　　语

本文所说的观念，指一个人固定的思维习惯。本文所说的思想，指通过思维而形成的具体观点。前者为未形，后者为已形；前者为未发，后者为已发。系统化的思想观点，称为理论、学说。

道一元论、阴阳二元论、天地人三位一体的三元本体论，代表了不同历史时期的宇宙本体理论，各有特色，各有成就，也各有其存在价值。但从人类文明进程的角度考虑，道一元论体现了上古时期奴隶主"普天之下莫非王土"的意志与利益,阴阳二元论体现了中古时期王与马共天下的贵族集团的意志与利益,天地人三位一体的三元本体论体现了近现代以中产阶层的崛起为代表的平民阶层的意志与利益,应该是比较明显的事实。"三",在汉语环境中意味着多,三元即是多元。多元文化格局的形成,是现代社会不可阻挡的历史潮流。多元本体理论,即是多元文化理论的本体依据。从这一角度讲,上面的讨论,还是有意义的。笔者讨论韩愈的思想,天地人三位一体的三元本体观念即是立论的基础。

第四章　情性三品：韩愈的人性理论

中国古代的心性理论，集中在有关人性善恶的讨论上。先秦时期的人性理论已经形成了四个主要流派：告子的性无善恶论，世硕的性有善有恶论，孟子的性善论，荀子的性恶论。到两汉时期，性无善恶论发展为杨雄的人之性善恶混，性有善有恶论发展为董仲舒、王充、荀悦的性三品。

韩愈主张性三品，所以，人们往往倾向于简单化的判断："韩愈关于性三品的观点继承了汉代董仲舒和王充的性三品说。"①实际上，"性三品"只是韩愈人性论的理论外壳，其人性理论的实质，是孟子的性善论。韩愈是怎样在"性三品"的壳子里装进了"性善"的内容？其间的奥妙，就在于一套与众不同的人性构成理论。

第一节　五常：人性的内涵构成

《原性》这样解剖人性的内涵构成："其所以为性者五：曰仁，曰义，曰礼，曰智，曰信。"韩愈以仁、义、礼、智、信为人性的内涵，将人性的本质归结于道德理性，其理论渊源应该出于孟子。孟子以仁、义、礼、智四德作为人性的构成，韩愈增入一个"信"字，变"四德"为"五

---

①　任继愈《中国哲学发展史》（隋唐），人民出版社1994年版，第551页。

常"。"四德"、"五常"都属于道德理性,是人类区别于动物的本质属性。也就是说,孟子、韩愈所定义的人性,都是指人不同于动物的特殊性,这正是孟、韩人性理论性质相通的根本所在。

不过,孟、韩人性构成理论虽然在性质上可以相通,但"五常"毕竟还不能等同于"四德"。以五常论性,其说始见于班固《白虎通义》。其《礼乐篇》称:"人无不含天地之气,有五常之性。"《五经篇》、《谏诤篇》则明确地以仁、义、礼、智、信实"五常"。《汉书·刑法志》所谓"人宵天地之貌,怀五常之性",《汉书·地理志下》所谓"凡民函五常之性",与《白虎通议》所指相同。《论语·为政》"殷因于夏礼",马融注:"所因,谓三纲五常。"宋邢昺疏引《白虎通》云:

> 五常者何?谓仁、义、礼、智、信也。仁者不忍,好生爱人;义者宜也,断决得中也;礼者履也,履道成文;智者知也,或于事,见微知著;信者诚也,专一不移。故人生而应八卦之体,得五气以为常,仁、义、礼、智、信是也。(《论语注疏》卷二)

班固作为人性内涵的"五常之性"就是仁、义、礼、智、信,这一点明确无误。韩愈人性构成理论直接来源于班固,也是没有问题的。

"五常之性"与生俱来,是人类固有的本性。《原性》称"性也者,与生俱生也",就揭示了这一性质。如果进一步追溯,人性正是源于天性。《尚书·洪范》"阴骘下民",王肃注:"阴,深也。言天深定下民,与之五常之性。"(《尚书正义》卷十二)《尚书·汤诰》"惟皇上帝降衷于下民",孔传:"皇上帝,天也。衷,善也。"《正义》:"天生烝民,与之五常之性,使有仁义礼智信,是天降善于下民也。"(《尚书正义》卷八)韩愈论性,往往与天命相通,如《论语·为政》"五十而知天命",孔传:"知天命之终始。"《论语笔解》云:"天命深微至赜,非原始要终一端而已。仲尼五十学《易》,穷理尽性以至于命,故曰知天命。"《论语·公冶长》"夫子之言性与天道不可得而闻也",孔传:"性者,人所受以生也;天道者,元亨日新之道深微,故不可得而闻也。"《论语笔解》云:"韩曰孔说粗矣,非其精蕴。吾谓性与天道一义也,若解二义,则人受以生,何者不可得闻乎哉。"《论语·尧曰》"不知命无以为君子",孔传:"命谓穷达之分。"《论语笔解》云:"命谓穷理尽性以至于命也,非止穷达。"由人性、天性而至于天命,韩愈的人性论,也由此被提升到终极关怀的高度。

韩愈对儒学发展最重大的贡献,是选择孟子而不是荀子作为儒学的正统。《送王秀才序》明确宣称:"求观圣人之道必自孟子始。"这一选择,决定了韩学的根本走向,也决定了此后宋学的根本走向。宋明道学的绝大多数流派都选择性善而不是性恶作为自己人性理论的基本取向,应该有韩愈的影响在内。

孟、荀虽然同为儒学大师,但其思想内核却截然不同:前者主性善,后者主性恶;前者主王道,后者主霸道;前者崇尚德治,后者崇尚礼治乃至法制。尽管他们的理论各有道理,也各有短长,但其价值取向也是明确无误的:性善指向民主,性恶指向专制。

人性本善的实质是众生平等。明确了韩愈"性善"的伦理价值取向,就可以知道,《原道》的"博爱之谓仁",《原人》的"一视而同仁",已经超越了"亲亲"的等差之爱,达到了"泛爱"、"兼爱"的高度,这种博大的爱心,也就是《礼记·礼运》所说的"不独亲其亲,不独子其子"的人类之爱。

第二节 性三品:五常的完备与缺失

如果说,性具五常是将人类的本质属性抽象为先天道德理性的话,那么,性分三品则是将这种抽象的德性具象为具体的人格类型。

韩愈以五常作为人性的内涵,而仁、义、礼、智、信无可争辩地全都属于善,那么,现实生活中无所不在的"恶"又从什么地方来?王安石《原性》就曾经这样质疑过韩愈。对于这个问题,现代学术界也不无疑虑:"既然'所以为性者'是儒家的仁、义、礼、智、信五德,而且又是'与生俱生'的,那么人人都应该具有这种善性,至多只是五种德性的不同搭配使人在性善的程度上有所不同,怎么会有根本违反五德的性恶之人呢?"①实际上,对韩愈而言,五常之性作为人类"与生俱生"的本性只是一个普遍的类存在,落实到具体个人的人性存在状态,每一个人所禀赋的五常要素又各有不同。概略而言,可以区分为三品:

> 性之品有上中下三:上焉者,善焉而已矣;中焉者,可导而上下也;下焉者,恶焉而已矣。
> ……
> 上焉者之于五也,主于一而行于四;中焉者之于五也,一不少有焉则少反焉,其于四也混;下焉者之于五也,反于一而悖于四。
> (韩愈《原性》)

具体地说来,上品的"善"是五常完备的结果,下品的"恶"是五常缺失的结果。也就是孔子所说的:"道二,仁与不仁而已矣。"(《孟子·离娄上》)韩愈以道德理性的完备与缺失来区分人性的善恶,在理论上是完全可以成立的。现代人格心理学有关人格缺失的理论正是这样诠释人格类型的差异,和韩愈的理论方法非常接近。

将人性区分为三类,并以五常之性充实完备者为上,其说可以追溯到王充。《论衡·命义》有"三命"、"三性"之说:"三性:有正,有随,有遭。正者,禀五常之性也;随者,随父母之性;遭者,遭得恶物象之故也。"王充所说的"正性",完备无缺的"禀五常之性",与韩愈的上品之性非常接近。与此相对应,"随性"、"遭性"就应该是"五常之性"不那么完备乃至于完全缺失的中品、下品之性。不过,王充的"随性"、"遭性"并不具有上述的内涵,韩愈思想的真正来源,仍然只能追溯到孟子。

---

① 任继愈《中国哲学发展史》(隋唐),人民出版社1994年版,第551页。

第四章 情性三品：韩愈的人性理论

孟子主张性善，性善说必须回答的一个问题是：既然人性本善，那么，恶从何来？和韩愈一样，在孟子体系中，先天的道德理性作为人类"与生俱生"的本性只是一个普遍的类存在，落实到具体个人的善恶，孟子用"存"、"养"、"放"、"弃"加以区分。虽然人人本性都有善端，但"存"之、"养"之则为善，"放"之、"弃"之则为恶。《孟子·告子上》用非常形象的比喻描述人性的缺损丧失：

> 牛山之木尝美矣，以其郊于大国也。斧斤伐之，可以为美乎？是其日夜之所息，雨露之所润，非无萌蘖之生焉，牛羊又从而牧之，是以若彼濯濯也。人见其濯濯也，以为未尝有材焉，此岂山之性也哉。虽存乎人者，岂无仁义之心哉？其所以放其良心者，亦犹斧斤之于木也，旦旦而伐之，可以为美乎？

《孟子·离娄上》："自暴者不可与有言也，自弃者不可与有为也。言非礼义，谓之自暴也；吾身不能居仁由义，谓之自弃也。"《孟子·离娄下》："人之所以异于禽兽者几希，庶民去之，君子存之。"这里所"暴"、所"弃"、所"去"、所"存"者，都是指仁义之性。事实上，人本来就是"三百倮虫"之一种，和禽兽之间有个性也有共性。孟子所说的"人性"，只是指人类异于动物的特殊性，而不包括同于动物的共通性。所谓"异于禽兽者几希"，可见共性还要大于个性。如果连这"几希"的人性都不能"存"、"养"，而要"放"、"弃"，那么剩下的就只有兽性了。人性的消退必然导致兽性的凸现，所以孟子说："无恻隐之心，非人也；无羞恶之心，非人也；无辞让之心，非人也；无是非之心，非人也。"（《孟子·公孙丑上》）这"非人"的"人"，"无父无君，是禽兽也"（《孟子·滕文公下》）。这里的"禽兽"二字并非比喻，而是实指，指人性丧尽的野蛮人。其间虽然不无贬义，但也可以作中性理解，翻译成现代语汇，也就是"动物人"、"自然人"。韩愈《原人》所谓"夷狄禽兽皆人也"，也应该这样理解。《杂说三》云："有平胁曼肤，颜如渥丹，美而很者，其貌则人，其心则禽兽，又恶可谓之人耶？"可见这里的"夷狄"、"禽兽"都在"动物人"的范围之内,只不过特指缺乏仁义之性的野蛮人。更明确地阐发这一义旨的,是北宋二程,二程云:"礼一失则为夷狄,再失则为禽兽。"(《二程遗书》卷二上)又云:"君子所以异于禽兽者,以有仁义之性也。苟纵其心而不知反,则亦禽兽而已。"(《二程遗书》卷二十五)再论"中之理"云:"偏则为禽兽为夷狄,中则为人。"(《二程遗书》卷十一)二程所说的"中",也就是王充的"正"、韩愈的"主于一而行于四";二程所说的"偏",也就是韩愈的"反于一而悖于四"。

韩愈对孟子心性构成理论的改造,最重要的不在于增加了一个"信"字,而在于提出了一个"仁"字。在孟子的体系中,四德作为人性的组成部分,其地位是平行的。而在韩愈的体系中,"仁"是五德的核心、纲维,具有统御其他四德的地位和作用。孙汝听注"主于一"云:"主于一,谓主于仁也。"具体说来,道德高尚的人具有博大宽厚的爱心,这种爱心表现于行为规范,就是义、礼、智、信,这就是"主于一而行于四"。一般的人,仁爱之心不是有所缺乏就是有所违背,所以表现于行为规范,义、礼、智、信,或有或无,时强时弱,亦正亦邪。至于本性邪恶的人,完全背离了仁爱之道,表现于行为规范,当然就是不义不礼不智不信。以"仁"为纲维的五常在人性构成中的有无、强弱,构成不同品类的人性,这一心性构成理论,事实上得到了宋明道学家的全盘接受。程颢所谓"义礼智信皆仁"、"仁者全体,四者四支"(《二程遗书》卷二),显然出自韩愈。

韩愈通过五常完备与缺失的状态区分人性善恶,其思想渊源虽然出自孟子,但区分品类,却是一个重要的推进:通过三品的划分,人性的差异才得以凸现;抽象的道德理性,才由此具象为具体的人格类型;作为人类本质属性的先天道德理性,与这种德性的个体存在状态也就是人格类型才得以区别开来。在古代人性理论以及人格理论的探讨中,这一方法直接影响到宋代道学家的心性研究,其理论价值不可低估。

第三节 学习:"移"与"不移"的枢纽

现代学术界对韩愈的"性三品"理论存在两大误会:其一,"性三品"划分的实质是阶级歧视。其二,下品之性不可移易,阻断了人们自新向善之路。

韩愈"性三品"的区分被解读为阶级歧视,这是20世纪50年代以来学术界的正统观点。"《原性》中所谓'上者可教而下者可制'之说,指的正是上下两大阶级的命运。把吃地租享贡纳并支配劳动力的统治者作为一种'人性',而把被剥削的无特权的所谓'民'又作为一种'人性'。对待这些无特权者应该采取专制主义的'制',那么在法律上,对待这些人则只有用严厉的刑律了,有不听剥削的,诛无赦。"①

把韩愈人性论中的"上品之性"认定为统治阶级,"下品之性"认定为劳动人民,或者说韩愈的上、中、下三品就是指君、臣、民②,方便固然方便,可惜不符合事实。事实上,韩愈的《原性》乃至整部韩愈集中,也找不出支持上述判断的只言片语。恰恰相反,《原性》一文中所列举的下品之人,没有一个可以称作是劳动人民:

> 叔鱼之生也,其母视之,知其必以贿死;杨食我之生也,叔向之母闻其号也,知必灭其宗;越椒之生也,子文以为大戚,知若敖氏之鬼不食也。……尧之朱、舜之均、文王之管、蔡,习非不善也,而卒为奸;瞽叟之舜、鲧之禹,习非不恶也,而卒为圣人。

叔鱼、杨食我、越椒、丹朱、商均、管叔、蔡叔、瞽叟、鲧,毫无疑问

---

① 侯外庐《中国思想通史》第四卷上,人民出版社1959年版,第336页。
② 牟钟鉴《韩愈传》,《中国古代著名哲学家评传》第二卷,齐鲁书社1980年版,第689页;杨宪邦《中国哲学通史》第二卷,人民大学出版社1988年版,第397页。

都属于贵族,怎么能说韩愈的"下品之性"就一定是指劳动人民?在韩愈笔下,倒是出现过一位劳动者——圬者王承福,韩愈对他的评价是:"盖贤者也,盖所谓'独善其身'者也……其贤于世之患不得之而患失之者,以济其生之欲、贪邪而亡道以丧其身者,其亦远矣!"《行难》一篇中,韩愈正面批驳了讲求门第出身的人才观,推崇"昔者管敬子取盗二人为大夫于公,赵文子举管库之士七十有余家"。众所周知,由六朝的门阀社会到宋代的市民社会,唐代是一个过渡阶段。门阀贵族势力的消退和庶族士民势力的兴起,正好发生在中唐时期。韩愈的家庭并非贵族,他本人作为庶出子弟,更没有可供炫耀的门第资本。韩愈同情出身低微的社会下层人士,既有时代的原因,也有个人的原因。韩愈的人性理论选择孟子的人性本善,正是为了给众生平等提供理论根基。指责韩愈"性三品"歧视劳动人民,是没有根据的。

韩愈"性三品"的人格类型化方法会不会过于僵化,从而阻断人们自新向善之路?现代学术界确实存在这样的担心:"韩愈批评孟子、荀子和杨雄时,停留在道德现象的分类上,未能根据当时学术界新的认识成果,进一步考察人的共同本质的普遍属性。这是早已被佛教和道教提出过的,并有大量深刻的阐发,而韩愈对此未予重视。南北朝时佛性讨论中,有多数学者基本上接受了一切众生皆有佛性的观点,认为每一个人都有超凡成佛的可能。在这种情况下,韩愈仍然承袭旧说,认为人性的三品不可能根本改变,就等于告诉下品的人,即使修身养性也无济于事,这样就不能给全体社会成员指出一条出路,也就难以同佛教和道教争夺群众。"①事实上,韩愈确有这样的表述:

> 上之性,就学而愈明;下之性,畏威而寡罪:是故上者可教而下者可制也,其品则孔子谓不移也。(韩愈《原道》)

---

① 任继愈《中国哲学发展史》(隋唐),人民出版社1994年版,第551页。

第四章　情性三品：韩愈的人性理论

韩愈以孔子"惟上智与下愚不移"为依据，断言人性三品不可移易，似乎确有僵化的危险。不过对这一问题，韩愈还有另外的表述，《论语笔解·阳货篇》释"性相近也习相远也"、"惟上智与下愚不移"云：

> 上文云"性相近"，是人可以习而上下也。此文云"上下不移"，是人不可习而迁也。二义相反，先儒莫究其义。吾谓上篇（《季氏篇》）云："生而知之上也，学而知之次也，困而学之又其次也，困而不学民斯为下矣。"与此篇二义兼明焉。

按韩愈的理解，解决"相近"与"不移"之间的矛盾，必须将《阳货篇》的两段文字与《季氏篇》这段文字结合起来才能够"兼明"。换言之，《季氏篇》的这段文字是解答"相近"与"不移"的一把钥匙。也就是说，所谓"移"与"不移"，其关键在于"学"与"不学"。"困而后学"尚且可移，何况"学而知之"者？至于"困而不学"者，其品不移，也在情理之中。这样看来，韩愈所谓的"不移"，也是有条件的。说得更明白一点，所谓"不移"，就是指"困而不学"者，身陷困境仍然不肯学习，他又怎么可能"移"？当然，如果他愿意学习了，他就成为"困而后学"的人，仍然是可以"移"的。人是否能够向善自新，取决于他自己是否愿意学习。"移"与"不移"，"足乎己无待于外"。这样解读，或许更接近韩愈的本意。

第四节　宋人对韩愈"性三品"理论的消解

实事求是地评价，韩愈的人性理论虽然影响深远，真正忠实的继承者却并不多见。韩门弟子李翱承认"性无不善"，其根本方向似乎与韩愈并无大异。但他同时又主张"情有善有不善"（《复性书》中），并通过"性静情动"、"性清情浑",最终走向了董仲舒的"性善情恶"。其人性构成的内核应该是"有贪有仁,仁贪之气两在于身"(董仲舒《春秋繁露·深察名号》),与孟、韩人性纯善的理论还有相当的差距。倒是并非思想家的舒元舆似乎所有领悟,其《贻诸弟砥石命》云:"人之生于代,苟不病盲聋瘖哑,则五常之性全,性全则豺狼燕雀亦云异矣。而或公然忘弃砺名砥行之道,反用狂言放情为事,蒙蒙外埃,积成垢恶。日不觉痾,以至于戕正性,贼天理。生前为造化剩物,殁复与灰土俱委。此岂不为辜负日月之光景耶!"较为接近韩愈的理论。

宋代思想家大多在接受韩愈影响的同时,又对韩愈的理论有所引申,或有所改造,韩愈继承孟子所倡导的人性本善、众生平等的观念,大多已被暗中消解,这是特别值得注意的。其中影响最大的有以下几说:

1. 仁统五常与礼统五常

毫无保留地高度评价韩愈的心性学说,北宋李觏是最突出的一家。《礼论第六》云:"古之言性者四:孟子谓之皆善,荀卿谓之皆恶,杨雄谓之善恶混,韩退之谓性之品三,上焉者善也,中焉者善恶混也,下焉者恶而已矣。今观退之之辩,诚为得也。"《礼论第四》则正式提出"性之品三而人之类五"的命题,对韩愈的性三品理论进行了详尽的引申发挥。不过,李觏的理论也有一点与韩说存在重大区别,韩愈"仁统五常"的思想被改造为"礼统五常"。《礼论第四》云:"圣人率其仁、义、智、信之性,会而为礼,礼成而后仁、义、智、信亦可见矣。仁、义、智、信者,圣人之性也;礼者,圣人之法制也。"(《直讲李先生文集》卷二)孟、韩的"仁治"由此转变为"法治",完全改变了孟、韩心性哲学的价值取向。

2. 人性特殊与无情有性

韩愈以五常作为人类与生俱来的先天道德理性,这一点,宋代道学家大都能够接受。不过,对韩愈而言,这种道德理性是人类独有的特殊性,是人类区别于动物的本质属性。而宋代道学家为了把道德理性抬高到宇宙本体的地位,遂泯灭了人性与物性的界限,将先天的

第四章　情性三品：韩愈的人性理论

道德理性普及为宇宙万物所共有的"天理"。朱熹就曾经说："人物皆禀得健顺五常之性。且如狗子，会咬人底，便是禀得那健底性；不咬人底，是禀得那顺底性。又如草木，直底硬底，是禀得刚底；软底弱底，是禀得那顺底。"(《朱子语类》卷十七）又说："如牛之性顺，马之性健，即健顺之性。虎狼之仁，蝼蚁之义，即五常之性。但只禀得来少，不似人禀得来全耳。"(《朱子语类》卷六十二）上述的学说，其来源绝不是孟、韩的人性特殊论，而只能是佛教的"无情有性论"。再推进一步，天理元气本身也有厚薄贵贱之分。《朱子语类》卷四："问：'子罕言命。若仁义礼智五常皆是天所命。如贵贱死生寿夭之命有不同，如何？'曰：'都是天所命。禀得精英之气，便为圣，为贤，便是得理之全，得理之正。禀得清明者，便英爽；禀得敦厚者，便温和；禀得清高者，便贵；禀得丰厚者，便富，禀得久长者，便寿；禀得衰颓薄浊者，便为愚、不肖，为贫，为贱，为夭。'"按朱熹的说法，人性的善恶取决于其先天禀赋的元气，而元气本身又分为"精英之气"、"清明之气"、"敦厚之气"、"清高之气"、"丰厚之气"、"久长之气"、"衰颓薄浊之气"，等等。众生平等的表象下面，塞进了身份等级制度的私货。

3．人性一元与人性二元

韩愈以"性三品"的形式将抽象的道德理性与具体的人格类型区别开来，其思想虽然渊源于孟子，其思辩性及逻辑性却高于孟子。不过，无论是孔子的"仁"与"不仁"，还是孟子的"人"与"非人"，乃至于韩愈的"上品"、"下品"之人，他们所禀赋的五常之性虽然有量的差异，但这些或多或少或强或弱地存在于个体之中的五常之性正是人类共有的先天道德理性。天性即是人性，二者是同一个东西。如果一定要在逻辑上加以区别，那么二者的关系，可以理解为共性与个性，也可以理解为道与器、体与用。但两者是一非二，则是明确无误的。

韩愈将人类本质属性的共性、个性分割解析的理论方法，无疑给了宋人以极大的启迪。但韩愈的分割解析只是一种逻辑分析的方法，并不意味着共性与个性的二元分立。宋代道学家则在此基础上推进一步,正式建立了二元分立乃至二元对立的人性论,这就是从张载到朱熹的"天地之性"与"气质之性"。真理向前多走一步即是谬误,宋人的理论,虽然比韩愈更为精致,也更为系统,但这些高度思辩化的玄谈只不过是经院哲学家的自言自语,与人性本真的距离,却比混沌粗疏的韩愈遥远得多。更为严重的是:"天地之性"与"气质之性"的二元对立,必然导致整个理论系统的异化与变质。"天地之性"作为高高在上的宇宙本体,必然异化为"气质之性"的主宰者和压制者,进而从根本上消解了孟、韩人性本善、众生平等的本旨。宋明时期的"存天理"、"灭人欲"以及"五四"时期有关"理学杀人"的抨击,从正反两个方面揭示了人性二元论的实质。

第五节 结 语

通过上文的分析,我们可以得出以下的结论:"性三品"只是韩愈人性论的理论外壳,其人性理论的实质,是孟子的人性本善;韩愈的性说渊源于孟子,这一选择,决定了韩学的根本走向,也决定了此后宋代学术文化的根本走向;韩愈以五常作为人性的内涵,使得他的心性理论具有了现实的社会生活内容,和佛、道二家谈无说空的心性理论有了质的区别;韩愈以五常完备或缺失区分人性善恶,凸现了人性的差异和人格的类型;韩愈以"学"与"不学"区分人格类型的"移"与"不移",为人们提供了一条自新向善之路。凡此都表明:在当代的思想文化建设中,韩愈的人性思想作为传统文化的重要组成部分,还存在不少可资借鉴的东西。

第五章　性体道用：韩愈的心性本体理论

韩愈"性体道用"的心性本体理论，相对于上古哲学的道本体论、中古哲学的礼本体论，说得上是一场不折不扣的思想颠覆。人们的终极关怀由自然哲学、伦理哲学向心性哲学的转移，显示了华夏文明由中古向近现代转型的必然趋势，从而对华夏文明的历史进程产生了重要影响。

第一节　性体：博爱之谓仁

韩愈的心性本体观念集中表述在《原道》篇首："博爱之谓仁，行而宜之之谓义，由是而之焉之谓道，足乎己无待于外之谓德。仁与义为定名，道与德为虚位。"

《说文》："仁，亲也。从人，从二。"其本义指人类以亲善友爱为特征的心理情感属性。《论语·颜渊》："樊迟问仁，子曰：爱人。"《论语·学而》："泛爱众而亲仁。"《孟子·离娄下》："仁者爱人。"已经将"仁"、"爱"引申为道德范畴。《说苑·修文》："积恩为爱，积爱为仁，积仁为灵。灵台之所以为灵者，积仁也。神灵者，天地之本，而为万物之始也。"作为人类情感的"仁"、"爱"被提升到"天地之本"、"万物之始"的高度，开始融入了道德本体的内涵。

"博爱"一词，始见于《孝经》。《古文孝经·三才章》："是故先之以博爱,而民莫遗其亲。"孔传:"博爱,泛爱众也。先垂博爱之教以示亲亲也,故民化之而无有遗其亲者也。"《春秋繁露·为人者天》:"先之以博爱,教以仁也。"《国语·周语下》:"言仁必及人。"韦昭注:"博爱于人为仁。"《汉书·谷永传》:"王者躬行道德,承顺天地,博爱仁恕,恩及行苇。"颜师古注:"言政化所及,仁道沾被,虽草木至贱,无所残伤。"以"博爱"言"仁",最迟在汉代就已经明确。

就韩文而言,《原人》所谓"一视而同仁,笃近而举远",即"博爱"义界。《原性》以五常即仁、义、礼、智、信作为人类本性的基本构成,而五常的关系,"主于一而行于四"。"仁"与"义、礼、智、信"之间不再是并列关系,而是主从关系。"仁"即博爱之性被升华为人类之所以为人类的本质属性。以博爱言仁不始于韩愈,但将博爱之仁规定为人类的本质属性,选择价值理性而不是工具理性作为中国近现代思想文化系统的价值本体,韩愈是当之无愧的第一人。韩愈的这一选择,确立了韩学的根本价值取向,也直接影响此后宋明道学乃至现代新儒学的走向,具有非常重要的理论意义。

宋明道学家接受与批判韩愈上述学说的过程,也就是宋明道学人性本体理论建立、完善的过程。周敦颐《通书》释"德"云:"爱曰仁,宜曰义,理曰礼,通曰智,守曰信。"朱熹进一步疏解其说云:"道之得于心者谓之德,其别有是五者之用而因以名其体焉,即五行之性也。"以"爱"释"仁",即"用"名"体",正是对《原道》的全盘接受。张载则将"博爱之谓仁"发展为"民胞物与"。《西铭》云:"乾称父,坤称母,予兹藐焉,乃混然中处。故天地之塞,吾其体;天地之帅,吾其性。民吾同胞,物吾与也。大君者,吾父母宗子;其大臣,宗子之家相也。尊高年,所以长其长;慈孤弱,所以幼其幼。圣其合德,贤其秀也。凡天下疲癃残疾、惸独鳏寡,皆吾兄弟之颠连而无告者也。"伊川高度评价《西铭》,尊之为"《原道》之宗祖",谓"《原道》却只说到'道',元未到得《西铭》意思"(《河南程氏遗书》卷二上)。朱熹则进一步阐明伊川的意旨,谓《原道》"只是见得下面一层,源头处都不晓"(《朱子语类》卷一百三十七),又称"《西铭》更从上面说来。《原道》言'率性之谓道',

第五章 性体道用：韩愈的心性本体理论

《西铭》连'天命之谓性'说了"(《张子全书》卷一)。按程、朱的理解，《原道》说"仁"，仅及于"用"的层面；《西铭》说"仁"，则达到了"体"的高度。实际上，周、张、程、朱与韩愈的差别仅仅在于：前者以"道"为体，后者以"仁"为体。韩愈所说的，何尝不是"上面一层"。程、朱的说法是否准确姑且不论，但《西铭》与《原道》的关系，已经不辩自明了。

韩愈以"仁"为体的理论，到宋代得到了程颢的认同。明道之学，以"识仁"为本："学者须先识仁。仁者浑然与物同体，义礼智信皆仁也。"又云："仁义礼智信五者，性也。仁者全体，四者四支。仁，体也；义，宜也；礼，别也；智，知也；信，实也。"其理论来源正是韩愈的"主于一而行于四"。明道又云："医书言手足痿痹为不仁，此言最善名状。仁者以天地万物为一体，莫非己也。认得为己，何所不至，若不有诸己，自不与己相干。如手足不仁，气已不贯，皆不属己，故'博施济众'乃圣人之功用。仁至难言，故止曰：'己欲立而立人，己欲达而达人。能近取譬，可谓仁之方也已。'欲令如是观仁，可以得仁之体。"(《河南程氏遗书》卷二上)由此演绎出宋明道学的一个新命题，即所谓"仁者觉也"。主张此说者有谢良佐、张九成、李衡、陆九渊、杨简，最终发展为宋明道学的心本体论，从而影响现代新儒学如梁漱溟、牟宗三等。上蔡明确判断："儒之仁，佛之觉。"又释"仁"曰："仁者何也？活者为仁，死者为不仁。今人身上麻痹不知痛痒，谓之不仁。桃杏之核可种而生者，谓之桃仁、杏仁，言有生之意。推此，仁可见矣。"(真德秀《西山读书记》卷七)李衡云："仁者，觉也。声色之来，我能觉，则不为声色所移；货利之来，我能觉，则不为货利所溺。若能随念而觉，随事而觉，去圣人不远矣。"(《乐庵语录》卷二)杨简云："知者觉之始，仁者觉之纯。"(《愤乐记》)张九成则通过"心有所觉谓之仁"、"仁即是觉，觉即是心，因心生觉，因觉有仁"，得出"心即仁"的结论，成为从程颢、谢良佐到陆、王的中介(《张状元孟子传》卷十四)。杨万里《孟子论上》则调和于其间："韩子曰：'博爱之谓仁。'程子曰：'非也，仁者觉也。'吾将是韩子，则夫子之言有不然者；颜回问仁，子曰：克己复礼为仁。

于博爱何与焉？吾将是程子，则夫子之言有不然者；樊迟问仁，子曰：爱人。于觉何与焉？仁之不可言也如此。然则仁不可言，则二子之论乌乎归？曰：吾将归乎夫子。然则夫子之论自不一也，乌乎而得归于夫子？曰：吾将由孟子以归夫子。程子者，得夫子之潜者也；韩子者，得夫子之彰者也。孟子者，得夫子之潜与彰而据其会者也。孟子曰：'恻隐之心，仁之端也。'又曰：'今人乍见孺子将入于井，皆有怵惕恻隐之心。'嗟乎，孟子之言仁，盖至于此妙乎！然则曷谓恻隐？曰：是不可谓也。孟子之言及于恻隐，盖假恻隐以明仁，而恻隐非仁也。今于恻隐之外又求恻隐之说，正使恻隐之说明而仁愈晦矣。虽然，试言之。隐也者，若有所痛也；恻也者，若有所闵也。痛则觉，觉则悯，悯则爱。人之手足不知痛痒者，则谓之不仁。盖方其不知痛痒也，搔之而不醒，扶之而不恤。彼其心非不爱四体也，无痛痒之可觉也。至于无疾之人，误而拔一发，则百骸为之震。何也？觉其痛也。觉一发之痛，则爱心生；不觉四体之痛，则爱心息。孟子曰，'不仁者，以其所不爱及其所爱'，此不觉于人者也。曰'人病舍其田而耘人之田'，此觉于人而不觉于身者也。曰'指不若人，则知恶之；心不若人，则不知恶'，此觉于身而不觉于心者也。以觉吾之痛觉彼之痛，则爱人；以觉彼之痛觉吾之痛，则自爱。自觉而自爱，则何理之不悟？觉人而爱人，则何物之不覆？是故不爱始于不悯，不悯始于不觉，不觉始于不痛。古之君子以不如舜为忧，此一痛也；以一夫不被其泽为责，此亦一痛也。故曰：痛则觉，觉则悯，悯则爱。然则克己复礼，仁也；爱人，仁也；博爱之谓仁，仁也；仁者，觉也。仁也，何也？均恻隐之心也。故曰：孟子得夫子之潜与彰而据其会者也。"朱熹一方面赞同谓上蔡"以生意论仁"，称其"于夫子教人之法又最为得其纲领"，同时又批评张无垢"以觉为仁，则是以智为仁。觉也是仁里面物事，只是便把做仁不得"。（《德安府应城县上蔡谢先生祠记》）首鼠两端，自相矛盾，反映了朱熹哲学心、理二元的内在冲突①。

　　围绕韩说的又一场论争,即"仁"、"爱"的体用、本末关系。伊川谓:"爱自是情,仁自是性,岂可专以爱为仁?"朱熹进一步明确为:"仁便是爱之体,爱便是仁之用。"(《朱子语类》卷一三七)区分性情、体用,强化了这一命题的理论性与思辨性,并最终发展为宋明道学的理本体论。其后秉程说以非韩者颇多,如宋韩元吉斥韩说失之"浅",其《答汪尹书》云:"韩公作《原道》,其欲推明圣人之心亦力矣。至于以博爱为仁,则亦浅于圣人之道也。夫孟子以恻隐之心为仁之端,谓其端绪之始见者也,非仁止于此尔。"明周琦斥韩说失之"偏",其《韩子原道原性》云:"韩子'博爱之谓仁',不是差了,只是偏了,见道不全故耳。若朱子'心之德,爱之理',体用兼备,如何得偏?"都能对这一命题有所推进。至于为韩愈辩护者,亦颇不乏人。宋黄震《黄氏日抄》云:"《程录》尝谓爱主情而言,盖辨析精微之极也。仁者爱人,此正吾夫子之言,岂可因以博爱为仁非《原道》哉?彼以煦煦为仁,而此以博爱为仁,正将以吾道之大扩其所见之小也,《原道》不可非也!"明何瑭《唐昌黎伯韩文公庙祀记》以孔孟"仁者爱人"质疑程氏云:"或者谓公以博爱为仁,指用为体,见道未为真切。此固责备之意,而实则不必然也。樊迟问仁,子曰:'爱人。'孟子亦曰:'仁者爱人。'则以爱言仁,固孔孟之所不废也,夫何不可之有?"明陆粲《与太宰罗公论困知记书》以《通书》"爱曰仁"质疑朱熹云:"韩子《原道》言'博爱之谓仁',朱子讥之,以为语用而遗体。今周子指爱为仁,何以异此?朱子之解,

---

　　① 关于周、张、程、朱理气论、心性论、人性论的二元论倾向,请参见周予同《朱熹》第三章《朱熹与哲学》,商务印书馆 1929 年版;冯友兰《中国哲学史》下册第十二章《张横渠及二程》,商务印书馆 1934 年版;钱穆《中国思想史》第三十五章《朱晦庵》,台北学生书局 1995 年版;张岱年《中国哲学大纲》第一部分第一篇第五章《理气论》,第二部分第二篇第四章《性两元论与性一元论》,中国社会科学出版社 1982 年版;侯外庐《中国思想通史》第四卷上册第十一章第三节《张载的二元论及其陷入唯心论的途径》,第四节《关洛异同的争辩和张载的二元论》,人民出版社 1959 年版;刘述先《朱熹的思想究竟是一元论还是二元论》,武夷山朱熹研究中心编《朱子学新论》,上海三联出版社 1991 年版。

独谓'有是五者之用而因以名其体'。斯言也其亦善于回护矣,无乃未足以服韩子之心乎?"至魏了翁结合《原道》全文进行分析:"第一句说'博爱谓仁',似未尽。次言'行而宜之',即是行而合宜,则博爱中非爱无差等矣。'由是而之焉之谓道',则由博爱之仁而之也。'足乎己无待于外之谓德',亦仁之足乎己而无待于外也。此'博爱之谓仁',亦兼四言而备。"(《师友雅言》上)对韩文的阐释就深入了一层。明黄省曾云:"韩昌黎'博爱之谓仁'一句,看来大段不错,不知宋儒何故非之,以为爱自是情,仁自是性,岂可以爱为仁?愚意则曰:性即未发之情,情即已发之性;仁即未发之爱,爱即已发之仁。如何唤爱作仁不得?言爱则仁在其中矣。孟子曰:'恻隐之心,仁也。'周子曰:'爱曰仁。'昌黎此言与孟、周之旨无甚差别,不可以其文人而忽之也。"程、朱区分体用,理论思维虽然深入了一层,而一旦强调过头,体用分离乃至体用对立,则极有可能流入体用二元。黄氏此说强调情性本一、体用不二,绝非无的放矢。王守仁再引申一步:"博爱之说,本与周子之旨无大相远。樊迟问仁,子曰:爱人。爱字何尝不可谓之仁欤?昔儒看古人言语,亦多有因人重轻之病,正是此等处耳。然爱之本体固可谓之仁,但亦有爱得是与不是者,须爱得是,方是爱之本体,方可谓之仁。若只知博爱而不论是与不是,亦便有差处,吾尝谓'博'字不若'公'字为尽。"(《与黄勉之书》)仁爱之说,由此达到了一个新的高度。清李光地则会同《原道》、《原性》以考察韩愈仁爱之说:"韩子以博爱言仁,程子非之,谓举用遗体也。愚谓当合《原性》考之,则知其言之精当,不特无可议而已。性者,体也;道者,用也。《原性》言所以为性者五:曰仁曰礼曰义曰智曰信,而七情在其外。此韩氏所以言性也。爱列于情,博爱为仁,以情言也。有情而后有道。《中庸》曰:'喜怒哀乐发而中节谓和,和也者,天下之达道也。'韩子继性而原道,则言仁义者,舍爱宜而何?以故曰:'性者,与生俱生者也;情者,感于物而生者也。'感物中节,是谓率性之道。博爱也,行而宜也,皆仁义之发,性之用也。是以继之曰:'由是而之焉之谓道。'道之名实固如此。"(《书韩子〈原道〉后》)其"性体道用"之说,才真正领会了韩

第五章　性体道用：韩愈的心性本体理论　　　　　　　　　73

愈学说的实质，从根本上颠覆了程颐、朱熹的体用关系理论，非常值得注意。

第二节　道用：由是而之焉之谓道

在上古文化系统中，"道"大多指宇宙的本根本体。《原道》所谓"由是而之焉之谓道"，"道"只是由"义"趋"仁'的途径。

文说注："之，往也。"孙汝听注："是，谓仁义。之焉，适也。"高步瀛注："《礼记·中庸》曰：'率性之谓道。'郑注曰：'循性行之之谓道。'又曰：'道，犹路也。'"按："道"，《说文》作"衜"，云："道，所行道也。从辵，从𩠐。"其本义为道路。从道路引申出"经由"一义，《尔雅·释诂下》："繇，训道也。"《史记·晁错传》集解引臣瓒曰："道，由也。"衜字又通作"导"，《说文》："古文道从𩠐、寸。"桂馥《说文义证》："即导。"此句要害在"是"、"焉"二字："是"为代词，指代上文"义"字；"焉"亦为代词，其义略同于"于此"、"于是"，指代上文"仁"字。"由是而之焉之谓道"，即由"义"之"仁"之谓"道"，"道"是由"义"到达"仁"的途径，即《答李翊书》所谓"仁义之途"。韩愈此说，以"仁"为体，以"道"为用，其理论渊源应该是《大学》："天命之谓性，率性之谓道。"郭店楚简《性自命出》谓"性自命出，命自天降，道始于情，情生于性"。可知性体道用，正是思孟学派与老庄乃至荀韩的根本分野。此后《孟子·离娄上》"义，人之正路也"、杨雄《法言·问道》"道，若涂若川，车航混混，不舍昼夜"，也约略接触到了这层含义。杨万里《诚斋易传》梳理此说渊源云："一阴一阳之谓道，阴阳亦未离于器者也，所以阴阳者，道也。道不自立，以器而立；器不自行，以道而行。孔子曰：'何莫由斯道也。'孟子曰：'夫道若大路然。'董子曰：'道者所由适于治之路也，仁义礼乐皆其具也。'韩子曰：'博爱之谓仁，行而宜之之谓义，由是而之焉之谓道。'董子之所谓'具'，即仲尼之所谓'器'也；仲尼之所谓'由斯'，孟子之所谓'若路'，董子之所谓'由适'，韩子之所谓'由是之焉'

者,即今仲尼之所谓形而上者也。"

哲学范畴的"道"有多层含义:其一,指作为宇宙本根的自然之道。即《道德经》第二十五章:"有物混成,先天地生。寂兮寥兮,独立而不改,周行而不殆,可以为天下母。吾不知其名,字之曰道,强为之曰大。"《易·系辞上》:"一阴一阳之谓道。"《韩非子·解老》:"道者万物之始。"杨雄《法言》:"道也者,通也,无不通也。"李轨注:"万物由之以通。"《释名》:"道,导也,所以通万物也。"其二,指作为社会规范的纲常伦理之道。即《左传》桓公六年:"所谓道,忠于民而信于神也。"《太玄经·玄图》:"天道也,地道也,人道也,兼三道而天名之,君臣父子夫妇之道。"其三,道即理。《庄子·缮性》:"道,理也。"《韩非子·主道》:"道者,万物之所然也,万理之所稽也。"儒家则特指作为人性本体的道德理性,即仁义之道。《周易·说卦》:"立天之道,曰阴与阳;立地之道,曰柔与刚;立人之道,曰仁与义。"《礼记·乐记》:"君子乐得其道。"郑玄注:"道,谓仁义也。"

"道"既有以上三层含义,推原其本,就有了本体论的三大系统:刘安《淮南》所原之道,"包裹天地,禀受无形",为自然之道;刘勰《文心雕龙》所原之道,"经纬区宇,弥纶彝宪",为圣人之道;韩愈所原之道,"足乎己无待于外",为人类固有的先天道德理性。以上三大系统,体现了人类在不同历史发展阶段所具有的不同的终极关怀:上古时期,人们关注的焦点是人与自然的关系;中古时期,人们关注的焦点是人与社会的关系;近现代时期,人们更多地关注自我的存在与完善、生命的价值与意义。自我意识的觉醒,自由意志的张扬,是近现代时期思想文化领域的时代潮流。韩愈顺应历史和时代的要求,在中国传统文化复兴与发展的道路上迈出了坚实的第一步。

韩愈的"德"强调其内在于身心的性质:"足乎己无待于外。"孙汝听注:"仁义足于己也。"高步瀛注:"《礼记·乐记》曰:'德者,得也。'《周礼·师氏》郑氏注:'在心为德。'《诗·皇矣》孔疏引服虔曰:'在己为德。'"按:《道德经》第五十一章:"道生之,德畜之。"王弼注:"物生而后畜,畜而后形,形而后成。何由而生?道也;何得而

第五章 性体道用：韩愈的心性本体理论

畜？德也。"《庄子·天地》："物得以生谓之德。"《管子·心术上》："天之道，虚其无形。虚则不屈，无形则无所位赶，无所位赶，故偏流万物而不变。德者道之舍，物得以生，生知得以职道之精。故德者，得也，得也者，其谓所得以然也。以无为之谓道，舍之之谓德。故道之与德无间，故言之者不别也。"据道家之说，道为万物之本，万物得道以生，物所得于道者即是德。是道即德，德即道；道为万物之德，德为一物之道；道为全，德为分；道为共名，德为殊相。儒家论"德"，特别强调其内在于身心的性质。《礼记·乡饮酒义》："德也者，得于身也。"郑玄注："得身者，谓成己令名。"孔颖达疏："是得善行于其身，谓身之所行者得理也。"《左传》桓公二年孔疏："德者得也，谓内得于心，外得于物。在心为德，施之为行，德是行之未发者也。而德在于心不可闻见，故圣王设法以外物表之。"《周礼》郑注"在心为德"、《皇矣》服虔注"在己为德"，均以人自身得之于道者为德。且儒家的道特指仁义之道，与道家的自然之道也有所不同。周敦颐《通书·诚几德第三章》"道之得于心者谓之德"，王安石《答韩求仁书》谓"道之在我者为德"，突出人的主体性质，这是儒家之"德"与道家之"德"的明显差异。

  儒家的"德"内在于身心，儒家的"仁"、"义"同样属于人自身的内在德性。《春秋繁露·仁义法》："仁之法在爱人，不在爱我；义之法在正我，不在正人。我不自正，虽能正人，弗予为义；人不被其爱，虽厚自爱，不予为仁。"至于"道"："从辵"确定了其践履的性质；"从𦣻"透露了人自身的主体意识，因为"路"本来就是人类活动的产物；"从寸"则进一步凸现了其价值选择的理性诉求。盖"寸，象手形"（林义光《文源》）。"导"有指引一义，《说文》："导，导引也。"字又通"忖"，《诗·小雅·巧言》："他人有心，予忖度之。"陆德明《释文》："忖，本又作寸。"所以《论语·颜渊》"为仁由己，而由人乎哉"，《孟子·尽心上》"万物皆备于我矣"，正是韩愈所说的"足乎己"。至于韩愈所谓"无待于外"，当出于《庄子》。《庄子·逍遥游》："夫列子御风而行，泠然善也，旬有五日而后反。彼于致福者，未数数然也。此虽免乎行，犹有所待者也。若夫乘天地之正，而御六气之辩，以游无穷者，彼且恶乎待哉！"但孟、庄所言，谓天人合一，无内无外；此处"足乎己无待于外"，谓仁义之性自足于内，不假外铄。儒学传统思想中，此前尚无类似提法。与此说最为接近的传统资源，应该是佛家的"自性具足"（隋天竺三藏那崛多译《佛说诸法本无经》卷下）。区别仅仅在于：佛家的"性"，为佛性真如；儒家的"性"，为人性五常。《原性》："上焉者之于五也，主于一而行于四。"所谓"足乎己无待于外"，即五常之性的内在充实。

第三节　性体道用：定名虚位

宋王楙《野客丛书》："韩退之《原道》有曰：'道与德为虚位。'或者往往病之，谓退之此语似入于佛老。仆谓不然，退之之意，盖有所自，其殆祖后汉徐幹《中论》乎？幹有《虚道》一篇，亦曰：'人之为德，其犹虚器与？器虚则物注，满则止焉，故君子常虚其心而受之。'退之所谓'虚位'，即幹所谓'虚器'也，言虽异而意则一。"按：虚位：指没有固定内涵的抽象符号。《春秋繁露·阴阳位第四十七》："阳以南方为位，以北方为休；阴以北方为位，以南方为休；阳至其位而大暑热，阴至其位而大寒冻；阳至其休而入化于地，阴至其伏而避德于下。是故夏出长于上，冬入化于下者，阳也；夏入守虚地于下，冬出守虚位于上者，阴也。"盖阳、阴各以南、北为正位，二者循环不息，故其位有虚实之分。张九龄《谢中书侍郎状御批》："此职择才，十年虚位。""中书侍郎"为一职位，得其人，其位为实；不得其人，则其位为虚。定名：指具有固定内涵的具体概念。《孔丛子·叙世》："夫物有定名，而论有一至。是故有可一言而得其极，虽十言不能夺者。唯析理即实为得，不以滥丽费辞为贤也。""道"为先秦诸子共同使用的抽象符号，其具体内涵各不相同：道家之道主自然，儒家之道主仁义，墨家之道主兼爱，法家之道主刑名。所以《易传》、《礼记》、《论语》、《孟子》均区分"君子之道"、"小人之道"，杨雄《法言·问道》云："适尧舜文王者为正道，非

第五章 性体道用:韩愈的心性本体理论

尧舜文王者为它道。"韩愈谓"道有君子有小人",即本于此。

韩愈以"道德"为虚位,以"仁义"为定名,且置"仁义"于"道德"之先,意味着"仁义"、"道德"之间道器、体用关系的转换,绝非简单的语序变化。最先敏感到这一变化的,是宋释契嵩。其《非韩·第一》云:"韩子议论拘且浅,不及儒之至道可辩。予始见其目曰'原道',徐视其所谓'仁与义为定名,道与德为虚位'。考其意,正以仁义人事必有,乃曰'仁与义为定名';道德本无,缘仁义致尔,乃曰'道与德为虚位'。此说特韩子思之不精也。夫缘仁义而致道德,苟非仁义,自无道德,焉得其虚位?果有仁义,以由以足,道德岂为虚耶?道德既为虚位,是道不可原也,何必曰原道?《舜典》曰:'敬敷五教。'盖仁义五常之谓也。韩子果专仁义,目其书曰'原教'可也,是亦韩子之不知考经也。其曰:'博爱之谓仁,行而宜之之谓义,由是而之焉之谓道,足于己无待于外之谓德。'夫道德仁义四者,乃圣人立教之大端也。其先后次第有义有理,安可改易。虽道德之小者,如'道谓才艺,德谓行善',亦道德处其先。彼曰'仁义之道'者,彼且散说,取其语便道,或次下耳。自古未始有四者连出而道德处其后也。《曲礼》曰:'道德仁义,非礼不成。'《说卦》曰:'和顺道德而理于义。'《论语》曰:'志于道,据于德,依于仁,游于义。'《礼运》曰:'义者艺之分,仁之节也。'协于艺,讲于仁,得之者强。此明'游于义'者乃圣人用义之深旨耳。杨子曰:'道以导之,德以得之,仁以人之,义以宜之。'老子虽儒者不取,其称儒亦曰:'道而后德,德而后仁,仁而后义。'道先开通。释曰'开通,即《系辞》云开物成务',又曰'通天下之志'是也。由开通方得其理,故德次之;得理为善,以恩爱惠物,而仁次之;既仁且爱,必裁断合宜,而义又次之。道德仁义相因而有之,其本末义理如此,圣人为经,定其先后,盖存其大义耳。今韩子戾经,先仁义而后道德,臆说比大,开通得理不乃颠倒僻纡无谓邪?"

儒者之中,率先对"虚位"、"定名"提出批评的是程颐:"韩退之言'博爱之谓仁,行而宜之之谓义,由是而之焉之谓道,足乎己无待于外之谓德',此言却好。只云'仁与义为定名,道与德为虚位',便乱说。"

(《河南程氏遗书》卷十九)但何以为"乱说",伊川未作解释。杨时《答吴仲敢》分析较为具体:"韩子意曰:由仁义而之焉,斯谓之道;充仁义而足乎己,斯谓之德。所谓道德云者,仁义而已,故以仁义为定名,道德为虚位。《中庸》曰:天命之谓性,率性之谓道。仁义,性所有也,则舍仁义而言道者固非也;道固有仁义,而仁义不足以尽道,则以道德为虚位者亦非也。孔子曰:形而上者谓之道。又曰:一阴一阳之谓道,继之者善也,成之者性也。仁者见之谓之仁,知者见之谓之知。则仁知者乃道之一隅,果不足以尽道也。"朱熹也持"先道德而后仁义"的见解,其《答余彝孙范》云:"文中子曰:'仁义教之本,先王以是继道德。'此先道德而后仁义之说也,此说得之。"朱门弟子陈淳则从内、外立论,约略接触到了体用关系的实质:"韩公《原道》头四句,如所谓'博爱之谓仁,行而宜之之谓义',尽说从外面去。其论德如'足己无待于外'之言,虽未圆,犹未害。至'由是而之焉之谓道',则道全在人力修为之方有。而非子思《中庸》率性本然之道。"(《北溪字义》卷下)

为韩愈辩护者也颇不乏人。张九成云:"此正是退之辟佛老要害处。老子平日谈道德,乃欲抛提仁义,一味自虚无上去,曾不知道德自仁义中出。故以定名之实,主张仁义在此二字。既言行仁义,后必继曰'由是而之焉之谓道,足乎己无待于外之谓德',亦未始薄道德也。特恶佛老不识仁义即是道德,故不得不表出之。"又云:"道非虚无也,日用而已矣。以虚无为道,足以亡国;以日用为道,则尧舜三代之勋业也。"(《无垢先生横浦心传录》卷上)杨万里《韩子论上》曰:"此乃韩子之所以合于圣人者也。圣人之道,非以虚为道德。非虚而曰虚位者,道德之实非虚也,而道德之位则虚也。天下之物,惟其位之实,是以莫得而入也。其位不实,则虚与实皆得入而居之。夫惟有以实其位之虚,则其位不可入矣。韩子之言,所以实其虚也。且夫道德也者果何物也?谓之无也,何以不无其名?谓之有也,何以不有其形?惟其有名,圣人之所以实之,以用世也;惟其无形,异端之所以入之,以欺世也。……人有居巨室享膏粱者,久而厌之,以为是不足居

第五章　性体道用：韩愈的心性本体理论　　79

不足享也。而闻山林之奸人有异说者，以为天之可以飞而升，风露之可以食而寿也，则舍其室而从焉。其室既虚，则奸人者何惮而不乘以入之哉！道德者，天下之巨室也，非如旷野之空虚也，而其位则虚久矣。而天下之人去其室以求其室，其位得而不虚耶？异端乘之，韩子塞之；异端入之，韩子出之。韩子曰：'仁与义为定名。'又曰：'吾之所谓道德者，合仁与义言之也；老子之所谓道德云者，去仁与义言之也。'而后道德之虚位可得而实矣。"朱熹说"定名"、"虚位"云："后人多讥议之，但某尝谓便如此说也无害。盖此仁也，此义也，便是定名。此仁之道，仁之德，此义之道，义之德，则道德是总名，乃虚位也。且须知他此语为老子设方得。盖老子谓'失道而后德，失德而后仁，失仁而后义，失义而后礼，失礼而后智'。所以《原道》后面又云：'吾之所谓道德，合仁与义言之也。'须先知得他为老子设，方看得。"(《朱子语类》卷九十六)黄震《黄氏日钞》卷五九云："《程录》虽尝以虚位之说为非，此决非程氏之言也。夫道二，仁与不仁而已。此正《孟子》之言，岂可反以道德虚位非《原道》哉？仁与义为道德，去仁与义亦自以为道德，故特指其位为虚，而未尝以道德为虚也。《原道》不可非也。"魏了翁说'博爱之谓仁'四语云："第一句说'博爱谓仁'，似未尽；次言'行而宜之'，即是行而合宜，则博爱中非爱无差等矣。'由是而之焉之谓道'，则由博爱之仁而之也；'足乎己无待于外之谓德'，亦仁之足乎己而无待于外也。先'博爱之谓仁'，亦兼四言而备。但'定名'、'虚位'之语，学者疑人而不贯而通之耳。"(《师友雅言》上)清钱大昕《十驾斋养新录》卷十六："退之《原道》一篇，与《孟子》言仁义同功。'仁与义为定名，道与德为虚位'，二语胜于宋儒。"

　　契嵩以韩愈"先仁义而后道德"为"戾经"，原则上是可以成立的，因为五经中确实没有"先仁义而后道德"的实例。相反，"先道德而后仁义"的例证，在古代典籍中却非常丰富。如《老子》第三十八章："失道而后德，失德而后仁，失仁而后义，失义而后礼。"《庄子·天地》："古之明大道者，先明天而道德次之，道德已明而仁义次之。"《庄子·马蹄》："道德不废，安取仁义；性情不离，安用礼乐；五色不乱，孰为文采;五声不乱,孰应六律。夫残朴以为器,工匠之罪也;毁道德以为仁义,圣人之过也。"《淮南子·说山》:"升之不能大于石也,升在石之中;夜之不能修于岁也,夜在岁之中;仁义之不能大于道德也,仁义在道德之包。"《淮南子·俶真》:"道散而为德,德溢而为仁义,仁义立而道德废矣。"但契嵩断言"自古未始有四者连出而道德处其后"者,则未必准确。陆贾《新语·怀虑第九》:"先仁义而尚道德。"赵岐《孟子题辞》推崇《孟子》一书:"包罗天地,揆叙万类,仁义、道德、性命、祸福,粲然靡所不载。"孔颖达疏《礼记正义·表记》"不厉而威"曰:"常行仁义道德,不自严厉而人威服也。"只要稍加注意就可以发现:上述的两组例证,"先道德而后仁义"者均出于道家,"先仁义而后道德"者均出于儒家。只要稍加思考就可以明白:道家以"道德"为本,儒家以"仁义"为本。上述的差别,正好体现了儒道两家"本末义理"的差异。韩愈的贡献,只不过是将"先仁义而后道德"的命题提升到本体论高度而已。与此相对应也可以发现:程、朱以外在的"理"作为宇宙本根的"理本体论",实际上只是先秦道家本体论的变形①。从人类思维能力发展进化的角度考虑,弱化人类自身的本体地位,与时代潮流背道而驰,在心性本体已经凸现的近现代时期,应该是历史的倒退。更为严重的是,这高高在上的宇宙本体必然异化为"人性"的主宰者和压制者,进而从根本上消解孟、韩人性本善、众生平等的本旨。宋明时期的"存天理"、"灭人欲",正好暴露了"理本体论"的实质。牟宗三不承认程、朱的正统地位,止于"别子为宗",未免太过温柔。"五四"时期有关"理学杀人"的抨击,还不能简单化地全盘否定。

---

① 张岱年谓"伊川以'理'为宇宙本根,'理'实即'道'之别名","伊川的'理'之观念,实在是古代道家之道的观念之变形"。见《中国哲学大纲》,中国社会科学出版社1982年版,第24页、第58页。

第四节 结　语

　　人类哲学思维的发展规律,是由外及内,由表及里,由大宇宙而小宇宙。上古人类关注的焦点是上天,中古人类关注的焦点是社会,近现代人类关注的焦点是自我。由此形成了人类哲学思维的三大系统:自然哲学、伦理哲学、心性哲学。与此相对应,中国古代哲学形成了三大本体理论:以老、庄为代表的道本体论,以荀、韩为代表的礼本体论,以陆、王为代表的心本体论。韩愈"性体道用"的本体理论显示了近现代哲学思维由自然哲学、伦理哲学向心性哲学的转移,对华夏文明近现代转型的进程产生过重要的影响。揭示韩愈心性本体理论的上述性质,对当代的思想文化建设或许会有一点借鉴的意义。

第六章 禽兽、夷狄、人:韩愈的人论

韩愈的人论,讨论人的生物进化、社会分化与人类文明的现代化,实质上是讨论人类文明进化的过程。韩愈所说的"禽兽"、"夷狄"、"人",可以大致对应摩尔根的蒙昧人、野蛮人、文明人。但无论是"禽兽"、"夷狄"、"人",还是"蒙昧人"、"野蛮人"、"文明人",其差异都不在种族优劣,而在文明程度。将其理解为种族歧视或阶级歧视,不是误解,就是曲解。韩愈以有业、无业划分社会阶层的理论,与马克斯·韦伯遥相呼应。这一理论与孟子以"有产"、"无产"的理论相结合,中国传统文化的社会分层体系也就初见端倪。人的现代化的根本标志,是人格独立、个性解放、精神自由,是其主体意识的确立与内在理性的完善。韩愈以"一视同仁"、"笃近举远"规范人类的"为主之道",才真正定义了人的现代化。

第一节 人的进化

生物人的进化经历了三个阶段:直立人、早期智人(古人)、晚期智人(新人)。社会人的进化同样经历了三个阶段:禽兽、夷狄、人。这样的人类文化学分期,早在先秦、两汉就已经初见端倪。《鹖冠子·汤政汤治天下理第七》:"天地辟而万物生,万物生而人为政焉。……人化而为善,兽化而为恶,人而不善者谓之兽。"《论衡·别通篇》:"倮

第六章 禽兽、夷狄、人：韩愈的人论

虫三百,人为之长。天地之性人为贵,贵其识知也。……诸夏之人所以贵于夷狄者,以其通仁义之文,知古今之学也。"但最终将其系统化、理论化的,是韩愈的《原人》:"形于上者谓之天,形于下者谓之地,命于其两间者谓之人。形于上,日月星辰皆天也;形于下,草木山川皆地也;命于其两间,夷狄禽兽皆人也。"

夷狄,夷狄戎蛮之省称,概指中土华夏之外四方诸族。《论语·八佾》:"子曰:夷狄之有君,不如诸夏之亡也。"宋邢昺疏:"举夷狄则戎蛮可知。"《春秋公羊传》隐公二年"公会戎于潜",何休注:"东方曰夷,南方曰蛮,西方曰戎,北方曰狄。"禽兽,鸟类动物与兽类动物。《孟子·滕文公上》:"草木畅茂,禽兽繁殖,五谷不登,禽兽偪人。"引而申之,凡生物皆可称禽兽。《大戴礼记·易本命》:"有羽之虫三百六十,而凤凰为之长;有毛之虫三百六十,而麒麟为之长;有甲之虫三百六十,而神龟为之长;有鳞之虫三百六十,而蛟龙为之长;倮之虫三百六十,而圣人为之长。此乾坤之美类,禽兽万物之数也。"

倮虫类动物可以区分为两类:有礼者为人,无礼者为禽兽。《仪礼·丧服》:"禽兽知母而不知父,野人曰:'父母何算焉。'都邑之士则知尊祢矣。"郑玄注:"都邑之士则知尊祢,近政化也。"《孟子·滕文公下》:"无父无君,是禽兽也。"《礼记·曲礼上》:"鹦鹉能言,不离飞鸟;猩猩能言,不离禽兽。今人而无礼,虽能言,不亦禽兽之心乎?夫唯禽兽无礼,故父子聚麀。是故圣人作为礼以教人,使人以有礼,知自别于禽兽。"夷狄不知礼仪,也被归入禽兽一类。《左传》襄公四年"劳师于戎诸华必叛"注:"诸华,中国。戎,禽兽也。"韩愈《唐正议大夫尚书左丞孔公墓志铭》"远人急之则惜性命,相屯聚为寇,缓之则自相怨恨而散,此禽兽耳",亦持此说。

倮虫类动物还可以细分为三类:人、夷狄、禽兽。"夷狄禽兽皆人也",即首发此说。伊川谓"礼一失则为夷狄,再失则为禽兽"(《二程遗书》卷二上),其思想渊源显然出自韩愈。此说以为华夏文明高于蛮夷文明,其民族优越感或大汉族主义倾向应该批判。但排除掉这层含义之后,上述说法仍然存在合理的因素:按现代文化人类学的观

点，人类文明的发展进程中，确实经历过不识母子的血亲杂交阶段、知母而不知父的母姓族群阶段、以父系传承为依据的氏族部落阶段。按韩、程的说法：人类文明发展初期，人知母而不知父，事实上与禽兽没有区别，属于动物人；即便是夷狄戎蛮能识父母，能立君长，但缺乏礼仪，仍然属于野蛮人；只有礼仪完备，上下有序，才能算得上文明人。摩尔根《古代社会》以"制陶术"、"标音字母和书写文字"的发明为分界线，将人类社会发展划分为三个阶段：蒙昧时期、野蛮时期、文明时期①。对照摩尔根的人类社会分期学说，"禽兽"、"夷狄"、"人"可以大致对应摩尔根的蒙昧人、野蛮人、文明人，尽管二者的分期标准及其结果都大相径庭。但无论是"禽兽"、"夷狄"、"人"，还是"蒙昧人"、"野蛮人"、"文明人"，其差异都不在种族优劣，而在文明程度，这才是"禽兽"、"夷狄"、"人"三分法的真谛。本文讨论人的进化，仍然按社会史分期的原则，分为上古时期、中古时期、近现代时期。

  人类社会发展的上古时期，由于生存环境艰难严酷，灾害频仍，天敌环视，生存诉求成为原始先民的唯一诉求。残酷的生存挑战催生了人类的竞争意识，"天行健，君子以自强不息"（《乾·象》），大自然的阳刚之气凝结为华夏文明的精神支柱。这一时期，人类行为的全部依据是上帝的意旨，人类思维的焦点是天人关系，大自然的强悍、暴烈、不可抗拒催生了敬畏观念，大自然的变幻万千、神秘莫测催生了探索精神，对暴力的恐惧催生了英雄崇拜，对功利的执着催生了丛林法则。凡此种种，都是蒙昧时期遗留给人类的宝贵财富。生存的欲望是人类最起码的正当欲望。所以马斯洛讲人的基本需求，将生存需求排在首位；孔子论政，将"足食"、"足兵"列在首位；韩愈则公然把"求禄利"作为自己的人生目标（《答陈商书》），同时自嘲其"为利而止真贪馋"（《酬司门卢四兄云夫院长望秋作》）。可以这样说：对于草根百姓而言，活下来就是最高尚的人生动机，活下来就是最基本的人生权利。对千百万挣扎在死亡线上的草根百姓宣讲什么"饿死事

---

① ［美］摩尔根《古代社会》，商务印书馆1977年版，第10页。

第六章 禽兽、夷狄、人：韩愈的人论

小,失节事大"、"狠斗私心一闪念",实在是残忍到了极点。与此同时,已经解决了生存问题先富起来的精英阶层却将自己对权力、财富的贪婪标榜为正当的生存诉求,用弱肉强食取代优胜劣汰,用丛林法则取代文明准则。到了这个时候,生存诉求不可避免地走向了自己的反面,只讲效率不讲公平的极端功利主义事实上已经成为最邪恶的利益欲望,道德秩序的呼声也就应运而生了。

人类社会发展的中古时期,秩序的诉求成为社会进步的当务之急,"地势坤,君子以厚德载物"(《坤·象》)。只有大自然的阴柔之气,才能为顺,为承,为包容,为广载,受任生育,挚养万物。"古之时人之害多矣。有圣人者立,然后教之以相生养之道。为之君,为之师,驱其虫蛇禽兽而处之中土。寒然后为之衣,饥然后为之食。木处而颠,土处而病也,然后为之宫室。为之工以赡其器用,为之贾以通其有无,为之医药以济其夭死,为之葬埋祭祀以长其恩爱,为之礼以次其先后,为之乐以宣其湮郁,为之政以率其怠倦,为之刑以锄其强梗。相欺也,为之符玺斗斛权衡以信之;相夺也,为之城郭甲兵以守之。害至而为之备,患生而为之防。"(《原道》)有了"次其先后"的需要,这才产生"礼";有了"宣其湮郁"的需要,这才产生"乐";有了"率其怠倦"的需要,这才产生"政";有了"锄其强梗"的需要,这才产生"刑"。三纲五常由秩序上升为法律,是中世纪社会发展的必然要求。这一时期,人类行为的全部依据是社会的评判,人类思维的焦点是人与社会的关系,仁爱、道义、礼仪、睿智、信用、温良、谦让、恭敬、孝悌、忠恕、弘毅、慎独、廉洁、知耻、诚恳、勇敢、坚定、勤奋、旷达、清高,构建起人类追求至善的道德体系。当然,随着人类文明的进步,礼教最终也会走向自己的反面。"为之斗斛以量之,则并与斗斛而窃之;为之权衡以称之,则并与权衡而窃之;为之符玺以信之,则并与符玺而窃之;为之仁义以矫之,则并与仁义而窃之"(《庄子·胠箧》),血缘身份等级制度阻碍了社会的文明进步,仁义道德蜕变为统治阶级愚弄百姓的工具。何况就其本质而言,道德本来就是对个人意志的一种束缚,"夫孝悌仁义忠信贞廉,此皆自勉以役其德者也"(《庄子·天运》）。到了个性解放的历史时期，道德的批判也就不可避免了。

　　人类社会发展的近现代时期，大自然自强不息的阳刚之气与宽厚包容的阴柔之气合二而一，人类从自然与社会的束缚下解脱出来，人格独立、个性解放、精神自由成为不可阻挡的历史潮流。人类的最终解放体现为个性的解放、个体的解放，这就是我们批判了几十年的个人主义。实际上，个人主义不是利己主义。几十年前我们批判个人主义唯我独尊、唯利是图、自私自利、损人利己、贪得无厌、腐化堕落；几十年后我们又羡慕崇拜并且理直气壮地模仿这些东西，并且认定这些东西就是市场经济，就是进取精神；其实都是在自欺欺人。《维基百科》这样界定个人主义："个人主义是一种道德的、政治的和社会的哲学，认为个人利益应是决定行为的最主要因素，强调个人的自由和个人的重要性，以及'自我独立的美德'、'个人独立'。"现代西方马克思主义归纳个人主义的五大要素：人的尊严、自主、隐私、自我发展、抽象的个人①。归根结底一句话：个人主义最核心的内容，是人格的独立与自我的完善。个体的自我实现与群体的社会责任珠联璧合，才能算得上人的现代化。由具有独立人格的健全个体组合起来的社会，才能算得上现代化的社会。

第二节　人 的 分 化

　　人类的职业分工是生产力发展的必然结果，也是人类社会发展的一大进步。但由此造成的地位分化以及随之而来的不同阶级、阶层之间的利益博弈，既为人类带来了社会进步的契机，同时也带来了阶级对立的风险。马克思根据生产资料的占有关系来划分阶级，属于一元分层理论。按照列宁的说法："所谓阶级，就是这样一些集团，由于它们在一定社会经济结构中所处的地位不同，其中一个集团能够

---

① ［英］史蒂文·卢克斯《个人主义》，江苏人民出版社 2001 年版。

占有另一个集团的劳动。"①马克斯·韦伯则根据经济、社会、政治等多元因素划分社会阶层:'占有财产'和'毫无财产'是一切阶级状况的基本范畴。不管这些基本范畴是在价格斗争还是在竞争斗争中,均如此。但是在这些基本范畴之内,根据一方面是占有财产可以用于获利的方式,另一方面是必须在市场上提供劳动效益的方式,阶级状况又进一步分化。……是经济的而且与'市场'的存在相结合的利益,才造就着'阶级'。"②

中国传统文化体系中,孟子以"有恒产"、"无恒产"划分社会阶层,与马克思的划分方法非常接近。韩愈则以"有业"、"无业"作为补充,与马克斯·韦伯的方法较为接近。综合"有产"、"无产"、"有业"、"无业",中国传统文化的社会分层体系也就初见端倪了。

《孟子·梁惠王上》:"无恒产而有恒心者,惟士为能。若民,则无恒产,因无恒心。苟无恒心,放辟邪侈无不为已。"孟子将社会群体区分为三个层次:有恒产而有恒心者,指统治阶层;无恒产而有恒心者,指"士";无恒产因无恒心者,指"民"。恒心,善心(赵岐注)。孟子的说法,从民无恒心因而放辟邪侈无所不为,到"劳心者治人,劳力者治于人,治于人者食人,治人者食于人"(《滕文公上》),其中包含有阶级歧视的倾向,这是毋庸讳言的。事实上,有恒产者未必有恒心,放眼天下,为富不仁者比比皆是;民无恒产必无恒心,也未免太过绝对,从古到今,助人为乐者多在民间。所以,孟子的说法理当受到批判。但除了某些特定个案之外,单就事理而论,孟子的说法也不是一点道理都没有。一个人无产无业到了饥寒交迫的生死关头,你还去要求他弘扬善心,就未免强人所难了。马斯洛的人生需求理论有一个基本原则:当较为低级的需求没能得到满足的时候,就不会产生较为高级的需求;如果一个人的经济地位下降,那么他的人生需求也会同步下

---

① 《列宁全集》第三十七卷,人民出版社1986年版,第13页。
② [德]马克斯·韦伯《经济与社会》下卷,商务印书馆1997年版,第248—249页。

降。马斯洛将生存需求排列在人生需求的首位,生存需求没有得到满足的情况下,就不可能产生安全的需求、尊严的需求、爱与被爱的需求、自我实现的需求。即便是"士",也不可能产生超越其生存地位的人生需求。参照马斯洛的人生需求理论,我们可以发现,孟子的社会分层理论,也存在一定的合理性。

韩愈区分社会成员为三个层次:"君者,出令者也。臣者,行君之令而致之民者也。民者,出粟米麻丝,作器皿,通货财,以事其上者也。君不出令,则失其所以为君。臣不行君之令而致之民;民不出粟米麻丝,作器皿,通货财,以事其上,则诛。"(《原道》)自严复《辟韩》之后,此说被认定为"韩愈为君主专制制度撰写的最有力的辩护词"①,成为思想解放运动口诛笔伐的批判对象。然而严复本人也清楚地知道,责备其君其臣不能兴利除弊则可,废弃若君若臣使天下复归原始社会无阶级状态则不可:"然则及今而弃吾君臣,可乎?曰:是大不可。何则?其时未至,其俗未成,其民不足以自治也。彼西洋之善国且不能,而况中国乎!"②既然今天的西方尚且不能"弃吾君臣",那么韩愈区分并明确君、臣、民的社会职责与社会权利,要求所有的社会成员各司其职,各事其事,应该也是可以接受的。可以这样认为,韩愈区分社会阶层为君、臣、民三个层次,只不过是对已经存在的社会现象进行客观描述,不能认定是在为封建等级制度辩护。实际上,韩愈将社会分工视为阶层分化的起点,用"相生相养"来解释并规范人类的社会关系,相对于早已绝对化的英雄创造历史或人民创造历史的观念,更符合人类历史的真实,也有助于社会的和谐。更重要的是,对君、臣、民的社会职责与社会权利进行界定,以"君不出令"、"臣不行君之令"诛责君、臣,既有对君权合法性、合理性的思考,也有用社会职责规范君权,为君权设定限界的含义。至于对"民"的诛责,则

---

① 刘泽华《中国政治思想史》(隋唐宋元明清卷),浙江人民出版社1996年版,第185页。
② 严复《严复集》第一册,中华书局1986年版,第34—35页。

第六章 禽兽、夷狄、人:韩愈的人论

仅限于"民焉而不事其事"者,特指"不出粟米麻丝,作器皿,通货财以事其上"的佛道二氏。吴闿生《古文范》云:"退之此语颇为新学少年所丛诟。实则今世之法,凡为国民,皆负有纳税之义务。背此义务,故国法之所不容。于退之之说无异也。"①以"背纳税之义务"为"民不事其上"定性,以"国法所不容"释"诛"字,完全符合《原道》的语言环境,符合韩愈的本意。

将孟子的"有产"、"无产",韩愈的"有业"、"无业"综合起来,古代社会阶层可以区分为四个层次:有产无业阶层(君、贵族)、有产有业阶层(臣、世族)、无产有业阶层(士、农、工、商)、无产无业阶层(贱民、游民)。这四个层次又可以有多种组合形式:其一,第一、四阶层组成管理阶层,第二、三阶层组成被管理阶层,就是奴才政治,这是上古社会的管理常态。夏商周乃至元代、清代的制度千差万别,但基本上以此为基础。封建社会的某些特殊时段,这样的组合形式也会变相存在,比如中晚唐的太监政治乃至明代的奴才政治。其二,第一、二阶层组成管理阶层,第三、四阶层组成被管理阶层,就是精英政治,这是中古社会的管理常态。在这种体制下,第二、三层之间有序流动就是封建盛世,流动受阻就意味着社会动荡。其三,第一阶层为统治阶层,第二、三阶层组成中产阶层,第四阶层为无业阶层。这是近现代社会的理想状态。四大层次之间有序流动就是盛世,流动受阻就意味着社会动荡。以一个普通平民为例,青少年时期贫困艰难,其读书、当兵、学徒期间,可以视为第四阶层。学成以后,或种地,或做工,或经商,小有所成,衣食无忧,这就进入了第三阶层。其中少数精英还有可能成为官员、能工巧匠、豪商巨贾,这就进入了第二阶层。从社会结构的角度来考察这一现象,个体的历时态发展与群体的共时态分化,就构成了社会分层的动态均衡。

纵观三千年的华夏文明史,有一些规律性的现象值得注意:其

---

① 吴闿生《古文范》第一册,民国八年上海朝记书庄、宁波文明学社刊本,第5叶上。

一，第一阶层与其他阶层之间不存在正常的流动通道，历史上从来没有第二、三阶层正常进入第一阶层的先例，第四阶层虽然曾经通过暴力进入过第一阶层（石勒、冉闵、黄巢、朱温、朱元璋、李自成、洪秀全），但血腥暴虐的本性不改，很难给社会带来文明进步。其二，第二、三阶层是社会财富的创造者，也是社会稳定、社会变革的主导力量。这两个阶层人口比例的增长和经济实力的增强，意味着社会的进步文明；这两个阶层人口比例的削减和经济实力的削弱，意味着社会走向动荡。其三，第一阶层、第四阶层不事生产，是社会财富的纯消耗者，但他们同为社会力量中最活跃的因素。第一阶层是社会的稳定器，也是社会动荡的地震源。第四阶层是社会变革的第一推动力，也是社会动乱的主要推手。这两个阶层的勾结与决裂，都意味着社会的动乱。前者如东汉的党锢之祸、中唐的甘露之变、明末的东林、复社党案，后者如盛唐的安史之乱、后唐的伶官之乱等。国家主义与民粹主义的结合就意味着民族国家的灭顶之灾，韩愈对"民焉而不事其事"者的高度警惕，欧阳修《五代史伶官传序》、黄宗羲《原君》对暴民的鞭笞，应该得到后人的高度关注。

第三节　人的现代化

西方现代化理论的重要观点之一是："人的现代化是国家现代化必不可少的因素。它并不是现代化过程结束后的副产品，而是现代化制度与经济赖以长期发展并取得成功的先决条件"、"无论一个国家引入了多么现代的经济制度和管理方法，也无论这个国家如何仿效最现代的政治和行政管理，如果执行这些制度并使之付诸实施的那些个人，没有从心理、思想和行为方式上实现由传统人到现代人的转变，真正能顺应和推动现代经济制度和政治管理的健全发展，那

第六章 禽兽、夷狄、人:韩愈的人论

么,这个国家的现代化只是徒有虚名"。① 人的现代化的具体内涵,阿历克斯·英格尔斯概括为十二种特征,其他的分类概括也颇为纷繁。但归根结底,人的现代化的根本标志,是人格独立、个性解放、精神自由,是其自我主体意识的确立与张扬。而社会的现代化,则是以每个人的全面而自由的发展为基本原则的社会形式②。韩愈"人其人"的实质,正是着眼于传统人到现代人的转变。

确立人在宇宙间的主体地位,中国传统文化有非常丰富的表述。《原人》讨论人在宇宙间的位置,也就是人与自然的关系,对传统的天人关系理论有两点重要推进:其一,人是"夷狄禽兽之主",由于人同时又是"天地之心"的体现者,那么由此推进一步,人就被赋予天地之主的地位。同是讲"天人合一",在秦汉时期,天是人的主宰,是人的曾祖父(董仲舒《春秋繁露·为人者天》),唐宋以后,人们更注重人作为天地意志体现者。秦汉时期,天在人之上,唐宋以后,天在人之中。天人主从关系的逆转,意味着人类主体意识的强化。由此引申而来的是:人既然是"夷狄禽兽之主",是天地之间万物的主宰,那么他不但应该为自己负责,还应该为天地万物负责。其二,人是天地之间万物的主宰,绝不意味着人就可以为所欲为,暴戾恣睢。"人道乱而夷狄禽兽不得其情",与此相应,"天道乱而日月星辰不得其行,地道乱而草木山川不得其平",整个天地也就陷入了混乱之中。所以,人类的"为主之道",应该是仁道,"一视同仁"、"笃近举远",才是天地的正道。从这个意义上讲,韩愈的"博爱",已经超越了"亲亲"、"仁仁"的等差之爱,达到了"泛爱"、"兼爱"的高度,这种博大的爱心,也就是《礼记·礼运》所说的"不独亲其亲,不独子其子"的人类之爱。宋人虽然讥刺韩愈糅合孔、墨,其道不醇,但所谓"民胞物与"(张载《西铭》),其逻辑起点也正在这里。

---

① [美]阿历克斯·英格尔斯《人的现代化:心理·思想·态度·行为》,四川人民出版社 1985 年版,第 8 页、第 20—21 页。

② 参见《马克思恩格斯全集》第 23 卷,人民出版社 1972 年版,第 649 页。

宋人讲学,特重"识仁"、"守一"、"持敬"、"慎独"、"为己",与其说是"走向内在",不如说是体认自我。孔子"古之学者为己,今之学者为人"(《论语·子路》)一语,唐宋诸儒多有诠释,最能体现其独立意识。韩愈曰:"为己者,谓以身率天下也。为人者,谓假他人之学以检其身也。"(《论语笔解》卷二)李翱曰:"孟子云:尧舜性之,是天人兼通者也;汤武身之,是为己者也;五伯假之,是为人者也。"(《论语笔解》卷二)宋陈祥道《论语全解》卷七:"荀子曰:'君子之学以美身,小人之学以禽犊。'杨子曰:'大人之学为道,小人之学为利。'则为道以美其身者,为己者也;为利以为禽犊者,为人者也。范晔曰:'为己者因心以会道,为人者凭誉以显物。'盖为己者未尝不为人,为人者必不能为己。杨朱第知为己而已,墨翟第知为人而已。若孔子,则为己而不忘人,为人而不忘己者也。"《论语集注》卷七引程子曰:"为己,欲得之于己也;为人,欲见知于人也"、"古之学者为己,其终至于成物;今之学者为人,其终至于丧己"。《论语精义》卷一上引范祖禹曰:"学以为己,非求人知也,故不患人不己知。然道积于中则德见乎外,未有不知者也。若己不知人,则贤者不得以为师,善者不得以为友,何以进其德矣?故人有能而己不知,君子之所患也。"又引吕希哲曰:"不患人之不己知,知人知也,君子之学自充其知尔。若人之不知,则亦有命而已矣。孟子曰:'修身以俟之。'所以立命也。"又引谢良佐曰:"天下之理,自下视高则难,自高视下则易。如七十子知夫子则难,夫子知七十子则易。人之所以相知,何有不然者。大人之视小人如见肺肝,小人而窥君子莫见畛域。以是观之,知人者为大乎?人知者为大乎?盍亦急于知人乎?急于人知乎?此学者之患也。"又引杨时曰:"君子求为可知而已,人知不知,无以加损焉,何患之有?不知人则诐邪淫遁之辞足以妨道而乱德,其为患也孰甚?"又引侯仲良曰:"知人,明哲之事,非学造精微者不能。故君子所患者,患学不造理,识不明达尔。人之不己知,非所患也。虽然,己既明哲而知人矣,岂有人不知哉?"又引尹焞曰:"君子求在我者也,故不患人之不己知。其不知人者,则是非邪正或不能办,故以为患也。"宋人屡屡倡言"为己之学",可见一时风气。通过"为人"、"为己"之辨,明确人在天地之间的主体地位,天人合一,才能三生万物。天、地、人三位一体,真、善、美三位一体,科学、民主、自由三位一体。中和、中正、中行、中道、中庸、中极,才是华夏文明的正统正道。中国之所以为中国,其在此乎!

第四节 结　　语

现代文化人类学研究的重要课题之一,是对人类文化的起源、成长、变迁和进化过程进行具体的考察。其中最主要的考察对象之一,就是奠基了人类至今以来核心文化模式之一的华夏文化。韩愈的人论,涉及人的进化、人的分化、人的人格塑造等一系列重大问题。站在现代文化人类学的高度重新审视韩愈的人论,或许会有意想不到的收获。

第七章　性、道、教三位一体：
　　　　内圣外王的国家治理学说

　　明杜希元《新刊正续古文类抄》分析《原道》云："其言模仿《中庸》首章、《孟子》卒章。"所谓"模仿《中庸》首章"，约略接触到了《原道》的义理结构。《原道》以《礼记·中庸》"天命之谓性，率性之谓道，修道之谓教"纲维全篇："博爱之仁"即天命之性，"礼乐刑政"即修道之教。前者确立了道统的形上本体，后者明确了治道的形下实体。"正心诚意将以有为"即是率性之道，是沟通"性"、"教"的理论桥梁。《原道》的创作宗旨，是为即将由中世纪向近现代转型的中唐社会寻求国家治理、社会管理的正确道路，构建一套符合理性原则的政治经济新秩序。新秩序的基础，是人类共有的先天道德理性，即博爱之仁；新秩序的路径，是社会各阶层的"相生相养"；新秩序的价值准则，是合宜，亦即"行而宜之之谓义"。无独有偶，千年以后的亚当·斯密《道德情操论》以构建理性的政治经济新秩序为宗旨，以先天道德理性即"仁爱"作为人类所禀赋的天性，以"同情"沟通自爱与爱人、利己与利他，以"仁慈"、"正义"区分道德教化，以"合宜"作为价值判断的标准与尺度。二者的高度近似，印证了人类社会发展的共通规律。

第七章 性、道、教三位一体：内圣外王的国家治理学说

第一节 原性：动物性与人性的辩证统一

人性抽象而玄奥。但简单一点说，人性就是一个人的资质、品类、精神特性，或者说人格类型。前者为形上，后者为形下；前者为隐性，后者为显性；前者为未发，后者为已发。韩愈的人性论，是善性与恶性的辩证统一，动物性与人性的辩证统一。

1. 性：资质、品类、精神特性与人格类型

《说文》"性"字从心、从生，指人生来就具备的先天禀赋。告子曰："生之谓性。"(《孟子·告子上》)《庄子·庚桑楚》："性者，生之质也。"成玄英疏："质，本也。自然之性者，是禀生之本也。"董仲舒《贤良三策》："天令之谓命，命非圣人不行；质朴之谓性，性非教化不成。"告子、庄子的说法，强调人性的先天性质；按董仲舒的说法，则"人性"的形成，也不排斥后天的作用。最值得注意的，则是孔子的说法。《论语·阳货》："性相近也，习相远也。"皇侃《义疏》："性者，人所禀以生也。习者，谓生后有百仪，常所行习之事也。人具禀天地之气以生，虽复厚薄有殊，而同是禀气，故曰相近也。及至习，若值善友则相效为善，若逢恶友则相效为恶。恶善既殊，故云相远也。"又引范宁曰："人生而静，天之性也；感于物而动，性之欲也；斯相近也。习洙泗之教为君子，习申商之术为小人，斯相远也。"又引旧释云："性者生也，情者成也。"孔子将"性"、"习"并列，并以之作为"相近"、"相远"的依据，谓性使之相近，习使之相远。这里的"之"，即指人的资质、品类。意思是说，先天的禀赋使得人的资质、品类差距不大，后天的熏习会让人的资质、品类越走越远。资质、品类，指一个人的基本精神素质。它决定一个人的精神境界，也左右着一个人的行为模式。按孔子的说法，决定一个人资质、品类、精神特性的，既包括先天的禀赋，也包括后天的熏习。庄子与董仲舒的说法，都只是发挥了孔子说法之一端。

按现代学界一般的说法，人性，也就是人类天然具备的基本精神属性。人类社会的一切现象，都是基本人性的映射。这个问题，理论的演绎抽象玄奥，落实到社会生活中，却简单而朴素。在现实生活中，一个人的资质、品类、精神特性，或者说人格类型，取决于他的过往经历，尤其是这些经历遗留在他大脑皮层的记忆。这些记忆五花八门、纷繁复杂，但可以简化为两大类：爱恋与恐惧。母腹中的胎儿记住了妈妈的心音，所以刚出生的婴儿特别依恋妈妈的左胸，这里是爱的温床、安全的港湾。这类记忆积淀在人的大脑皮层里，赋予人爱与被爱的本能。母腹中的胎儿，同样也会遭遇饥饿、冷热、颠簸、惊吓；妈妈的惊慌、恐惧、愤怒、绝望，也会传递给他，使他感受到生存的艰辛、无助。这类记忆积淀在人的大脑皮层里，赋予人生存竞争的本能。人在出生之后的婴儿、幼儿阶段，类似的记忆进一步强化他大脑皮层中的积淀。同时，这些积淀开始左右他的行为方式，并一步一步逐渐固化为他的行为模式。这里应该指出的是：人的记忆是可以遗传的。所以，上面所说的记忆，不仅仅指个人的记忆，还包括他父辈、祖辈，乃至家族、族群的记忆，这就是人性的由来。人性保存在基因信息中，无法选择，无法改变，所以它是先天的；人生的所有记忆都来源于自身的经历，所以它又是后天的。还应该指出：人的记忆是可以选择的。选择性记忆、选择性遗忘，决定着人生的路向。人人都享受过人生的温暖：妈妈的爱抚、家庭的呵护、师长的理解、朋友的关怀。记住这些，你就学会了感恩、关爱、谦让、宽厚；忘记这些，你就变得冷漠、自私、忌刻、狭隘。人人都经历过人生的挫折：生活的艰辛、学业的艰难、职场的争斗、情场的失意。记住这些，可能有助于你保持旺盛的斗志与进取精神；但对此念念不忘或者纠结不休，也有可能阻碍你前进的步伐，甚至将你拖入万劫不复的深渊。上面的说法很容易让人推导出一个基本的判断：富裕家庭的子弟比较容易养成仁慈宽厚的性格，贫困家庭的子弟比较容易养成偏狭残忍的性格。表面上看，这样的结论颇有阶级歧视尤其是歧视劳动阶层的味道，但却并非没有一点道理。人性的形成是一个积累的过程，得到多少爱，就会储存多少爱；得到多少恨，就会储存多少恨。心理的积淀，最终固化为人格类型。反过来，记住了多少爱，就会回馈社会多少爱；记住了多少恨，就会回馈社会多少恨。人格类型，最终外化为行为模式。以中唐社会而论，最凶残的社会群体有三个：宦官、牙兵、游民。唐代宦官大多是来自边远山区，尤其是少数民族地区的贫家子弟；唐代的牙兵，一开始就以内迁的六州胡为主体；唐代的游民，无论是内使诸司小儿，还是黄巢、朱温等盐枭乃至《新五代史·伶官传》中那些伶人，无一不是贫苦出身。儿时的可怕经历储存在他们记忆深处，积淀为残忍暴戾的基因。不过有必要指出，这些人与劳动者阶层毫无关联，他们属于无业游民。真正的工人、农民，有家有业，是不会参与这种玩命游戏的。当然，富家子弟未必都能成长为仁人，贫家子弟也未必都会成长为暴徒。根本的差异，还在于自己的选择：选择记住什么，选择遗忘什么。尧、舜、禹、汤与桀、纣、厉、幽，同样出身于贵族家庭；特蕾莎修女与希特勒、武训与马加爵，同样出身于平民家庭。前者养成了仁慈宽厚的人格类型，后者养成了狭隘忌刻的人格类型，就是最好的例证。

2. 韩愈人性论：动物性与人性的辩证统一

先秦人性理论的四个主要流派：告子的性无善恶论，世硕的性有善有恶论，孟子的性善论，荀子的性恶论以及两汉时期由性无善恶论发展发展而来的杨雄的人性善恶混论、由性有善有恶论发展而来的董仲舒、王充、荀悦的性三品论，韩愈都有所借鉴。

《礼记·中庸》"天命之谓性"，郑注："天命，谓天所命生人者也，是谓性命。木神则仁，金神则义，火神则礼，水神则信，土神则知。《孝经说》曰：'性者生之质命，人所禀受度也。'"孔颖达疏："天本无体，亦无言语之命，但人感自然而生，有贤愚吉凶，若天之付命遣使之然，故云天命。老子云：'道本无名，强名之曰道。'但人自然感生，有刚柔好恶，或仁，或义，或礼，或智，或信，是天命自然，故云谓之性。"

韩愈的人性论以性三品为理论外壳，以孟子的人性本善为内涵实质。具体说来，孟子以先天道德理性作为人类与生俱来的本性，以

"存"、"养"、"放"、"弃"区分现实社会的人格类型,认为人人本性都有善端,但存之、养之则为善,放之、弃之则为恶。韩愈《原道》以"博爱之仁"作为人的本质属性,《原性》以仁、义、礼、智、信五常为人性的内涵结构,同样将人性归结为道德理性。至于现实社会中善恶的分化,是因为"上焉者之于五也,主于一而行于四;中焉者之于五也,一不少有焉则少反焉,其于四也混;下焉者之于五也,反于一而悖于四"(《原性》),认为上品的"善"是五常完备的结果,下品的"恶"是五常缺失的结果,也就是孔子所说的"道二,仁与不仁而已矣"。以道德理性的完备与缺失来区分人性的善恶,在理论上是完全可以成立的。现代人格心理学有关人格缺失的理论正是这样诠释人格类型的差异,和韩愈的理论方法非常接近。这一部分内容,上文已详,此不赘述。和韩愈相似,亚当·斯密同样以仁慈或仁爱作为人类所禀赋的神性亦即先天道德理性:"在神的天性中,仁慈或仁爱是行为的唯一规则,并且指导着所有其它品质的运用。……神的行为所表现的全部美德或全部道德——如果我可以作这样的表述的话——最终来自这种品质。……美德存在于仁慈之中,这是一个被人类天性的许多表面现象所证实的观点。"①同时,亚当·斯密将"仁慈感情的缺乏"视为"道德上的缺陷"②,也和韩愈的观点相当接近。

以下,是韩愈对性恶理论以及其他人性理论的吸纳或扬弃。

韩愈对荀子的性恶理论有深刻的领会。人本来就是动物的一份子,动物所具有的禀性,人类也都一一具备。举凡趋利避害、贪生怕死、好逸恶劳、沽名钓誉、自私自利、损人利己、自傲自大、自暴自弃、懈怠、懒惰、贪婪、忌刻、阴贼、残忍,种种丑恶现象,人类社会并不少见。《荀子·性恶篇》列举的人类种种恶性:生而好利、生而疾恶、饥而欲饱、寒而欲暖、劳而欲休、目好色、耳好声、口好味、心好利、骨体

---

① [英]亚当·斯密《道德情操论》第二卷第二篇第三章《论认为美德存在于仁慈之中的那些体系》,商务印书馆2003年版,第395—396页。
② 《道德情操论》第二卷第二篇第三章《论认为美德存在于仁慈之中的那些体系》,第397页。

第七章 性、道、教三位一体：内圣外王的国家治理学说

肤理好愉佚、薄愿厚、恶愿美、狭愿广、贫愿富、贱愿贵，实际上都是人的真情实性，属于人的动物本性。作为动物人本能的生存诉求，它具有天然的正当性，无所谓好坏，无所谓善恶。荀子所谓"性恶"，相对于礼义而云然，指人类天性中不符合礼义的自然缺陷，并没有邪恶的含义。所以荀子说"人之性恶，其善者伪也"，杨倞注："伪，为也，矫也，矫其本性也。凡非天性而人作为之者皆谓之伪，故为字'人'傍'为'，亦会意字也。"从总体上讲，韩愈对荀子的性恶论是肯定、接受的。《原性》所谓"得其一而失其二"，就荀子而言，所"得"的，就是性恶。正因为如此，他也就同时接受了荀子的劝学。如同荀子将《劝学篇》置于全书之首一样，韩愈也将学习置于化性起伪之首，"学"与"不学"决定"移"与"不移"，就是明确的证据。韩愈讨论人性，从来都不避讳人性的缺陷。他不讳言自己早年为了生存"求禄利"、"争名竞得失"、"为利而止真贪馋"，也敢于揭露现实生活中的种种丑恶现象，甚至包括他本人直接侍奉的三位皇帝的性格缺陷。他的《原毁》就专门剖析人性中的"怠与忌"。他也知道，人性的缺陷来自于天性，《天之说》对天、人同样自爱自利就有深刻的认识。这一些，都来自于荀子的影响。归根结底一句话：人类的生存诉求，包括其中不符合礼义的自然缺陷，都是动物人生存竞争的本能，无所谓善恶。即便是人类公认的美德，如爱人、利他，也来自于自爱、自利。自爱是爱人的基础，自利是利他的基础，二者并非水火不能相容。《礼记·中庸》："仁者，人也，亲亲为大。"孔子的"仁者爱人"，孟子的"恻隐之心"，就是通过推己及人，由"亲亲"推演而来。韩愈的"博爱之谓仁"，正是"恻隐之心"、"仁者爱人"的升华。而且退一万步讲，在由个体集合而成的社会群体中，没有个体，又哪来的群体？没有"仁者"，又哪来的"爱人"？人类社会由中世纪向近现代转型，个性解放、人格独立是必不可少的大前提。"求禄利"表达自我生存的诉求，"行道"表达自我完善的诉求。韩愈明确地将"求禄利"与"行道"并列为人生的两大目标，原因即在于此。和韩愈一样，亚当·斯密并不一般性地反对自爱与自利，他认为，"每个人生来首先和主要关心自己；而且，因为他比任何其他

人都更适合关心自己,所以他如果这样做的话是恰当和正确的"①。
"自爱是一种从来不会在某种程度上或某一方面成为美德的节操。它一妨害众人的利益,就成为一种罪恶。当它除了使个人关心自己的幸福之外并没有别的什么后果时,它只是一种无害的品质。虽然它不应该得到称赞,但也不应该受到责备。"②同时,由于人人都具备自爱的本性,所以推延开来,人人都能够理解他人的自爱,亚当·斯密把这样的本性称之为同情(sympathy):"人的天赋中总是明显地存在着这样一些本性,这些本性使他关心别人的命运,把别人的幸福看成是自己的事情,虽然他除了看到别人幸福而感到高兴以外,一无所得。这种本性就是怜悯或同情。"③通过"同情",亚当·斯密把自爱与爱人、利己与利他联系到一起。当然,自爱与自利在前,爱人与利他在后,这就是亚当·斯密先做《道德情操论》后做《国民财富的性质和原因研究》的根本原因。简而言之,构建现代思想体系,必须以人格独立、个性解放为基础;构建现代社会经济秩序,必须以个体权利保障为基础。没有完善的个体就不会有完善的社会,二者的序位不能颠倒。亚当·斯密的这一思想,和韩愈的义利观也有相通之处。

　　归纳起来讲,韩愈高度褒扬孟子人性本善的理论,实际上是着眼于人类不同于动物的特殊性;韩愈接受荀子的性恶理论,实际上是着眼于人类与动物相通的共性。无论是共性还是特殊性,都是人类的自然本性。另一方面,"性"属形上,"善恶"属形下,二者并不在同一个逻辑层面上,"性其不可以善恶命之"(东坡《孟子辩》)。性无善恶、性有善有恶,才是性三品的逻辑前提。所以,韩愈的性三品并非前人的性三品,性善、性恶、性无善恶、性有善有恶,都包含其中。但从根本上讲,性善、性恶的对立统一,才是韩愈人性论的核心内容。性善、

---

① 《道德情操论》第二卷第二篇第二章《论对正义、悔恨的感觉,兼论对优点的意识》,第101—102页。

② 《道德情操论》第二卷第二篇第三章《论认为美德存在于仁慈之中的那些体系》,第399页。

③ 《道德情操论》第一卷第一篇第一章《论同情》,第5页。

性恶、性善性恶的对立统一,构成了韩愈人性论的三位一体。换言之:人的动物性,集中体现了人类的生存需求,人类的聪明、才智、勇敢、坚毅、进取精神、冒险精神、探索精神、理性精神,都来自于这里,柳宗元将其归结为"明"与"志",今人统称为功利理性、工具理性、科学精神;人类不同于动物的特殊性,集中体现了人类自我完善的需求,人类的群体意识、团结、合作、秩序、相互关爱就来自于这里,荀子将其归结为"群类"、"纲纪"、"礼法",孟子将其归结为"恻隐之心"、"羞恶之心"、"辞让之心"、"是非之心",韩愈将其归结为"博爱之谓仁",今人统称为道德理性、价值理性、人文精神。韩愈倡言博爱,同时并不排斥积极进取的理性精神;二者的辩证统一,才构成了韩愈人性理论的全体。程、朱不承认"性恶",其所以排斥韩愈,根源正在这里。今天我们还有必要讨论韩愈的人性理论,其原因也在这里。

第二节 原道:反身而诚的正道与急疾为治的邪道

《礼记·中庸》"率性之谓道",郑注:"率,循也,循性行之是谓道。"孔颖达疏:"率,循也。道者,通物之名,言依循性之所感而行,不令违越,是之曰道。感仁行仁,感义行义之属,不失其常,合于道理,使得通达,是率性之谓道。"

《原道》云:"道有君子小人。"君子之道,即仁义之途。但怎样走上仁义之途,也存在一个路径选择的问题。至于小人之道,同样是一个路径选择的问题。

1. 道:大道与小径

"道",其本义为道路,指正道、直路、大路。《尔雅·释诂》:"道,直也。"郭璞注:"道无所屈。"《说文》:"衟,所行道也。从辵,从首。一达谓之道。"段注:"首者,行所达也"、"道人所行也,故从辵"、"《释宫》文行部称'四达谓之衢',九部称'九达谓之馗'"。《尔雅·释宫》:"一达谓之道路,二达谓之歧旁,三达谓之剧旁,四达谓之衢,五达谓之康,六达谓之庄,七达谓之剧骖。"所谓"一达",相对于"二达"、"九达"而云然,谓指往一个方向的道路,也就是直路。道、路,又有大义。《诗·大雅·皇矣》:"帝迁明德,串夷载路。"毛传:"路,大也。"冯衍《显志赋》:"遵大路而裴回兮,履孔德之窈冥。"《后汉书》章怀太子注:"大路,大道也。《老子》曰:大道泛兮。"王安石《洪范传》:"路,大道也。"元吴澄《无极太极说》:"道者,大路也。"

与大路对应的是径、蹊,指小路、小径、邪径、捷径。《老子》五十三章:"大道甚夷,而民好径。"河上公注:"夷,平易也。径,邪,不平正也。大道甚平易,而民好从邪径也。"王弼注:"言大道荡然正平,而民犹尚舍之而不由,好从邪径,况复施为以塞大道之中乎。"《礼记·祭义》:"道而不径。"孔颖达疏:"道而不径者,谓于正道而行,不游邪径。正道平易,于身无损伤。邪径险阻,或于身有患。"《吕氏春秋·孝行》:"舟而不游,道而不径。"高诱注:"济水,载舟不游。涉行道,不从邪径。"《说文》:"径,步道也。从彳,巠声。"徐锴《系传》:"道不容车,故曰步道。"《释名·释道》:"步所用道曰蹊。蹊,系也,射疾则用之,故还系于正道也。径,经也,人所经由也。"《史记·高祖本纪》"前有大蛇当径",索隐引郑云:"步道曰径。"《玉篇》:"蹊,遐鸡切,径也。"朱熹《楚辞集注》:"捷,邪出也。径,小路也。"

将大道、大路的概念引申到社会领域,指人生的正道、正路,《尚书》已经如此。《尚书·洪范》:"无有作好,遵王之道;无有作恶,遵王之路。"孔传:"言无有乱为私好恶,动必循先王之道路。"孔颖达疏:"无有乱为私好,谬赏恶人,动循先王之正道。无有乱为私恶,滥罚善人,动循先王之正路。"曾巩《洪范传》:"作好作恶,偏于己之所好恶者也。好恶以理,不偏于己之所好恶,无作好作恶也。所循者通道大路而不由径,遵王之道路也。道路云者,异辞也。"明王守仁《送宗伯乔白岩序》:"道,大路也。外是,荆棘之蹊,鲜克达矣。是故专于道斯谓之专,精于道斯谓之精。专于奕而不专于道,其专溺也。精于文词而不精于道,其精僻也。"

将小路、小径的概念引申到社会领域,指人生的邪径、捷径,《论

第七章 性、道、教三位一体:内圣外王的国家治理学说

语》已经如此。《论语·雍也》:"有澹台灭明者,行不由径。"皇侃义疏:"言灭明每事方正,故行出皆不邪径于小路也。一云:灭明德行方正,不为邪径小路行也。"邢昺疏:"此言其人之德也。行遵大道不由小径,是方也。"《管子·短语》:"令之以终其欲,明之毋径。"房玄龄注:"行令所以终人之欲,使之明识正道,不从邪径也。"《易林·鼎》:"阴雾作匿,不见白日。邪径迷道,使君乱惑。"《汉书·五行志》:"邪径败良田,谗口乱善人。"

将"道"、"路"与"捷径"对举,用以区分正、邪不两立的不同人生路径,《楚辞》已经如此。《离骚》:"彼尧舜之耿介兮,既遵道而得路。何桀纣之猖狓兮,夫唯捷径以窘步。"王逸章句:"路,正也。言尧舜所以有光大圣明之称者,以循用天地之道,举贤任能,使得万事之正也。夫先三后者,据近以及远,明道德同也。捷,疾也。径,邪道也。窘,急也。言桀、纣愚惑,违背天道,施行惶遽,衣不及带,欲涉邪径急疾为治,故身触陷阱,至于灭亡,以法戒君也。"洪兴祖补注:"路,大道也。"《尚书·大禹谟》:"侮慢自贤,反道败德。"孔安国传:"狎侮先王,轻慢典教,反正道,败德义。"孔颖达疏:"道者物所由之路,德谓自得于心。反正道,从邪径,败德义,毁正行也。"

2. 邪道:急疾为治、施行惶遽

大道悠远而漫长,所以《离骚》说:"路漫漫其修远兮,吾将上下而求索。"君子之道指仁义之途,上文已详,此处不再重复。以下讨论小人之道。

小道为捷径,凡急功近利、急于求成者,大多难逃其诱惑。所以"急疾为治"、"施行惶遽"八字,写历代暴君"欲涉邪径"的急切之态,可以说是入骨三分。盖历代暴君大多并非昏君,而多为雄才大略之辈。其所以暴,大多是为了一个宏图大业,比如修长城、修运河、治理黄河之类。而一统天下,或抵抗游牧部落入侵,如抗匈奴、抗鲜卑、抗突厥、抗女真、抗蒙古、抗后金等,更是荫及子孙的千秋大业。这些事业本身关系到民族国家的长治久安,也关系到百姓的安居乐业,其合法性不成问题。秦代的长城工程、隋代的运河工程、元末的治黄工

程，从工程技术设计以及工程技术效益的角度讲，都不失其合理性。他们受到后人的质疑，不是因为他们的目标，而是因为他们实施这些工程的手段，或者说为实现目标而选择的路径。

不管什么宏图大业，急需的都是人力、物力。所以尽管历代暴君的花招五花八门，最终选择的都是见效最快、效率最高的手段：聚敛。而集中财力最简便的办法，就是利用政权暴力实施经济垄断。这一招，周厉王的宠臣荣夷公已经发明了。荣夷公"好专利"，厉王用为卿士。《易·说卦》"震为专"，陆德明《经典释文》引姚云："专，一也。"所谓"专利"，即"专百物"，也就是王室一家垄断所有的经济资源。反对的意见也不是没有，芮良夫就劝谏过厉王："夫利，百物之所生也，天地之所载也，而或专之，其害多矣。天地百物，皆将取焉，胡可专也？王学专利，其可乎。匹夫专利犹谓之盗，王而行之，其归鲜矣。荣公若用，周必败。"（《国语·周语上》）韦昭注说得更明白："专利，是专百物也"、"天地成百物，民皆将取用之，何可专其利也？"聚敛之臣所"专"的"百物"，其实就是普通百姓的身上帛、口中黍。其后虢石父"好利"，周幽王用之，看来传统已经形成了。这一传统的理论概括，最早的应该是管仲。《管子·国蓄》："利出于一孔者，其国无敌。出二孔者，其兵不诎。出三孔者，不可以举兵。出四孔者，其国必亡。先王知其然，故塞民之养，隘其利途。故予之在君，夺之在君，贫之在君，富之在君。故民之戴上如日月，亲君若父母。"安井衡曰："出于一孔，专出于君也。二孔，君与相也。三孔、四孔，则分出于臣民矣。"继承这一传统并取得成功的应该是商鞅、韩非。《商子·弱民》："民弱国强，国强民弱，故有道之国，务在弱民。……利出一孔则国多物，出十孔则国少物。守一者治，守十者乱。治则强，乱则弱。强则物来，弱则物去。"《商子·靳令》："利出一空者，其国无敌。利出二空者，国半用。利出十空者，其国不守。"《韩非子·饬令》："利出一空者，其国无敌。利出二空者，其兵半用。利出十空者，民不守。"秦始皇最终统一中国，这一传统居功厥伟。这就是捷径。不用十年生聚、十年教训，取之于民，用之于国，快捷而便当。而且"用之于国"、"为国理财",堂皇正大,理直气壮。自商鞅挟三术以钻孝公,李斯奋时务而要始皇(《汉书·叙传》),富国强兵就成为一面旗帜。从汉武帝盐铁官卖到德宗两税法,从王安石青苗法到张居正一条鞭,捷径,一帆风顺。近代中国康有为提出的"富国之法"、严复倡导的启蒙教育乃至"五四"时期所谓的"救亡压倒启蒙",只要看看"原富"、"国民财富的性质和原因研究"最终被统一翻译为"国富论"就可以知道了。对于聚敛之臣的捷径,儒家先贤一向保持着高度的警惕。《论语·先进》:"季氏富于周公,而求也为之聚敛而附益也。子曰:非吾徒也,小子鸣鼓攻之可也。"《礼记·大学》:"与其有聚敛之臣,宁有盗臣。"孔颖达疏:"盗臣损财耳,聚敛之臣乃损义。"对于富国、利国,孟子也保持着高度的警惕。《孟子·梁惠王上》:"孟子见梁惠王。王曰:'叟不远千里而来,亦将有以利吾国乎?'孟子对曰:'王何必曰利?亦有仁义而已矣。王曰何以利吾国,大夫曰何以利吾家,士庶人曰何以利吾身。上下交征利而国危矣。……苟为后义而先利,不夺不餍。'"所谓"利吾国"、"利吾家"、"利吾身",其实质都是利己。上下交征利,则国危矣。对儒家而言,真正的长治久安之道,不是上下交征利,而是提高人的文明素质,尤其是提高那些掌握着国家权力与社会资源的君主与权臣们的素质,以降低权力肆虐的风险。韩愈明确反对"速化之术"(《答陈生师锡书》),对唐德宗专制独裁、聚敛搜刮的批判,对宫市的抨击,对钱重物轻的批评,对张平叔盐政的批评,都集中体现了他对捷径的态度。

3. 正道:反身而诚、修身正心诚意

事实上,人类社会发展进步的历程,也就是人自身一步步得到解放、得以完善的过程。原始社会时期,人们生活在大自然的强力统治下,没有丝毫的自主能力,人人都是上帝的奴隶。随着生产力的提高,人类开始组织起来,用群体的力量对抗外来的暴力。而群体的组织者奴隶主最早觉悟到了自己的力量,普天之下,莫非王土,他最早摆脱了对上帝的依赖,最早得到了解放。王族、部落酋长,就是第一批获得解放的自由人。到了中古社会,王与马,共天下。皇族的统治必须得到世家贵族的支持,才能有效地行使权力。这一时期,拥有土地的贵族也拥有了一份自信,《仪礼·丧服》"君至尊也",郑玄注"天子诸侯及卿大夫,有地者皆曰君",就透露了其中的信息。世家贵族,成为第二批获得解放的自由人。到了中唐,随着两税法取代均田制,土地买卖更加自由。和均田制分得国有土地不同,买来的土地产权自有,有产的农民开始有了自信,也开始有了自由。与此同时,脱离土地进入城市的劳动者也得到了出卖劳动力的自由,他们可以自主地选择居住地,选择职业,选择老板。用脚投票,就是他们的自由。韩愈笔下的王承福,柳宗元笔下的郭橐驼、宋清、杨潜,就是其中的代表。读书人也有了更多的自由,他们开始尝试摆脱官场的束缚,寻求自身独立存在的价值,隐居盘谷的李愿、试大理评事王适以及韩门孟郊,就是其中的代表。他们最突出的特点,就是自我意识的觉醒。《原道》"由周公而上,上而为君,故其事行;由周公而下,下而为臣,故其说长",就透露出他们的自信。可以说,士、农、工、商,平民百姓,开始成为最后一批获得解放的自由人。尽管他们的上进之路铺满了荆棘,充满了艰辛,但只要"民焉而事其事",社会阶层之间的流动通道还没有完全堵塞,他们就能够生活在希望之中。以一个普通平民的成长为例,或读书,或种地,或做工,或经商,青少年时期,大都贫困艰难。中年以后,或学业有成,或技术进步,或日积月累,终于成为官员,成为能工巧匠,成为豪商巨贾。即或不至,也小有所成,衣食无忧。那么,从社会结构的角度来考察这一现象,个体的历时态发展与群体的共时态分化,就构成了社会分层的动态均衡。这就是等级,这就是秩序。就个体而言,决定自己社会位置的只有自己,"问之何因尔?学与不学欤"(《符读书城南》)。自己的命运自己掌握,就是个性解放、个体至上的时代精神。

  对于刚刚获得解放、获得自由的人们而言,最大的挑战不是来自于外在的权威,而是来自于内在的惶恐。摆脱了神的控制,同时也就失去了神的庇护;摆脱了长上的控制,同时也就失去了权力的庇护。孤独与不安,让他们试图逃避刚刚得到的自由。弗洛姆《逃避自由》,

第七章 性、道、教三位一体：内圣外王的国家治理学说

就反映了这样的惶恐。其实，孤独与不安之外，对自我的茫然无知，才是人们最大的惶惑。他们不了解自己能力的边界，也不了解自己欲望的边界。在这种情况下，认识自我、完善自我，就成为时代的迫切课题。启蒙时代的西方思想家选择了这条道路，中唐时期的思想家同样选择了这样一条道路。当然，这条道路悠远而漫长，不可能吹糠见米、立竿见影，宋明新儒学、现代新儒学，都还在这条道路上艰难跋涉。而导乎先路的，正是中唐儒学复兴运动的旗手韩愈。

韩愈为认识自我、完善自我开出的药方，是身心修养，是《中庸》、《大学》、《论语》、《孟子》。《中庸》为内圣之学，其核心是一个"诚"字："诚者，天之道也。诚之者，人之道也。诚者不勉而中，不思而得，从容中道，圣人也。诚之者，择善而固执之者也。"郑玄注："言诚者，天性也。诚之者，学而诚之者也。"在韩愈看来，《孟子·尽心上》"惟圣人然后可以践形"、《礼记·中庸》"自诚明谓之性，自明诚谓之教"是讨论这一问题的理论基础。《答侯生问论语书》以"反身而诚"为"践形之备"，为宋明道学转向内在开辟了先路。同一时期，思考这一问题的还有欧阳詹、柳宗元、刘禹锡、李翱等人。欧阳詹《自明诚论》："自性达物曰诚，自学达诚曰明。"柳宗元《天爵论》："夫天之贵斯人也，则付刚健纯粹于其躬。倬为至灵，大者至神，其次贤能，所谓贵也。刚健之气钟于人也为志，得之者，运行而可大，悠久而不息，拳拳于得善，孜孜于嗜学，则志者其一端耳。纯粹之气注于人也为明，得之者，爽达而先觉，鉴照而无隐，盹盹于独见，渊渊于默识，则明者又其一端耳。明离为天之用，恒久为天之道，举斯二者，人伦之要尽是焉。故善言天爵者，不必在道德忠信，明与志而已矣。"刘禹锡《赠别君素上人并引》："曩予习《礼》之《中庸》，至'不勉而中，不思而得'，悚然知圣人之德，学以至于无学。然而斯言也，犹示行者以室庐之奥耳，求其径术而布武，未易得也。晚读佛书，见大雄念物之普，级宝山而梯之，高揭慧火，巧镕恶见，广疏便门，旁束邪径。其所证入，如舟沿川，未始念于前而日远矣，夫何勉而思之邪？是余知突奥于《中庸》，启键关于内典。会而归之，犹初心也。"韩愈、李翱主张自诚而

明,欧阳詹、柳宗元主张自明而诚,其说相反相成,相互补充。《中庸》所谓"诚","天之道也",朱熹释为"天理之本然"(《中庸章句》);周敦颐所谓"诚",为"五常之本、百行之源"(《通书·诚几德》第三章),即人类本性。由天之道到人之性,"诚"之性质已有重大变化。其间转换枢纽,即在韩愈、李翱。《答侯生问论语书》以"反身而诚"作为"践形之道",合孟、荀为一。二程"尽人道"、杨时"尽则"、王夫之"尽性"、"即身而道在"(《尚书引义》卷四)即出于此,尤堪注意。

《省试颜子不贰过论》:"所谓过者,非谓发于行,彰于言,人皆谓之过而后为过也,生于其心则为过矣。故颜子之过,此类也。不贰者,盖能止之于始萌,绝之于未形,不贰之于言行也。"以"能止之于始萌,绝之于未形,不贰之于言行"、"不能无生于其心,而亦不暴之于外"为"不贰",将"言行"的根源追溯到"始萌"、"未形"之先,追溯人的行为方式背后隐藏的心性本源,追讨形下事物的形上依据,这样的思路,同样来自于《中庸》:"喜怒哀乐之未发谓之中,发而皆中节谓之和。中也者,天下之大本也。和也者,天下之达道也。"郑玄注:"中为大本者,以其含喜怒哀乐礼之所由生,政教自此出也。"未发之中,形上也;已发之节,形下也。"始萌"即"未发","言行"即"已发"。"已形"、"未形"、"已发"、"未发",开宋人心性之学。

由个体的心性修养到群体的社会责任,亦即由"性"到"教"的路径,也就是"道"。"自诚明谓之性,自明诚谓之教",关注的就是"性"、"道"、"教"的关系问题。韩愈以《中庸》"天命之谓性,率性之谓道,修道之谓教"作为《原道》全篇的义理结构,以"仁义"为天命之性,以"礼乐刑政"为修道之教,作为联系二者的路径,韩愈选择了《大学》:"古之欲明明德于天下者,先治其国;欲治其国者,先齐其家;欲齐其家者,先修其身;欲修其身者,先正其心;欲正其心者,先诚其意。"并特别强调其"将以有为"的性质。儒家的修养以"有为"为目的,与佛道二家空谈心性截然不同。

陈寅恪先生特别重视《原道》的这段文字,称之为"吾国文化史中最有关系之文字"。其说云:"退之首先发见小戴记中《大学》一篇,阐明其说,抽象之心性与具体之政治社会组织可以融会无碍。即尽量谈心说性,兼能济世安民,虽相反而实相成。"①

《原道》首先将"博爱之仁"提升为人类的本质属性,选择价值理性而不是工具理性作为中国思想文化系统的价值本体,为道统确立了自己的形上依据;然后通过揭示人类社会相生相养之道,明确百姓日用与礼乐刑政之间的本末关系,为道统确立了自己的践履方向;再向前推进一步,《原道》在形下的日用践履与形上的心性修养之间构建了一座沟通的桥梁,这就是大学之道:"古之欲明明德于天下者,先治其国。欲治其国者,先齐其家。欲齐其家者,先修其身。欲修其身者,先正其心。欲正其心者,先诚其意。"从"正心"、"诚意"到"治国"、"平天下",个体的自我实现与群体的社会责任,完美地结合到了一起。《礼记·中庸》开篇即云:"天命之谓性,率性之谓道,修道之谓教。"上天赋予人类特有的本性,乃是仁义之性;人类社会礼乐刑政的根本依据,是百姓的生存需求;而沟通这"天命之性"与"修道之教"的桥梁,则是遵循仁义本性的修齐治平之道。"性"、"道"、"教"三位一体,《大学》、《中庸》亦由此贯通。《大学》、《中庸》流传千年,群儒莫窥其奥。《原道》首次将"性"、"道"、"教"有机地结合为一体,将儒家的内圣与外王贯通为一体,将个人修养的心性之学与社会治理的经世济民之道融合为一体,其理论价值不可低估。

第三节 原教:礼乐刑政,修饬合宜

《礼记·中庸》"修道之谓教",杨雄云"学者所以修性也"(《法言》卷一)。《二程遗书》卷二上:"以失其本性,故修而求复之则入于学。若元不失,则何修之有。"杨时曰:"谓之修者,盖亦品节之而已。"(朱

---

① 陈寅恪《论韩愈》,《金明馆丛稿初编》,上海古籍出版社1981年版,第228页。

熹《中庸辑略》卷上引)朱熹《四书章句》:"修,品节之也。性道虽同,而气禀或异,故不能无过不及之差。圣人因人物之所当行者而品节之,以为法于天下,则谓之教,若礼、乐、刑、政之属是也。"按:修有饬义,修饬、整饬,谓调整、节制。《荀子·君道篇》:"修饬端正,尊法敬分而无倾侧之心。"《荀子·修身篇》:"见善,修然必以自存也。"杨倞注:"修然,整饬貌,言见善必自整饬,使存于身也。"杨时、朱熹解为"品节"。品,阶格也;节,制断也。与修饬、整饬亦大略相近。盖性有仁与不仁之分,道有君子小人之别,二者的别择,就在于义。《孟子·尽心下》:"人皆有所不为,达之于其所为,义也。"《荀子·强国篇》:"夫义者,内节于人而外节于万物者也。"《礼记·礼运》:"义者,艺之分,仁之节。"《吕氏春秋·当赏》:"主之赏罚爵禄之所加者宜。"高诱注:"宜,犹当也。"《韩诗外传》卷四:"节爱理宜谓之义。"《白虎通义·性情》:"义者,宜也,断决得中也。"《释名·释言语》:"义,宜也,裁制事物使合宜也。"以上诸家之所谓"义",都有节制的含义,正是韩愈"行而宜之之谓义"的先声。

1. 行而宜之之谓义

《原道》云:"行而宜之之谓义。"这里的"行",指行为。"宜",当、恰如其分。"行而宜之"的"宜",指矫正、修饬、整饬、裁制、品节,都具有强制性。"宜之",使之合宜,即矫正人性使之恰如其分。《原性》论"七情",要求"动而处其中"、"求合其中"。所谓"处其中"、"合其中",也就是"宜之"。从外在行为规范的角度理解,"义"强调行为的合理性,即《荀子·大略》"义,理也,故行";从内在道德理性的角度理解,"义"强调行为的恰如其分,即《礼记·中庸》"义者,宜也"。《周易·系辞下》:"天地之大德曰生,圣人之大宝曰位。何以守位?曰:仁。何以聚人?曰:财。理财正辞、禁民为非曰义。"韩愈之说,兼内外而言之,溯源其始,应出《系辞》。归纳起来说,博爱是人的本性,遵循这样的本性而前行就是正道。反过来,五常的缺失就是不仁,行为不符合仁义之道就是邪道,就需要矫正、修饬、整饬、裁制、品节。这样的修饬,就是政治教化。《原道》所谓"为之礼以次其先后,为之乐以宣

第七章　性、道、教三位一体：内圣外王的国家治理学说

其湮郁，为之政以率其怠倦，为之刑以锄其强梗"，《送浮屠文畅师序》所谓"道莫大乎仁义，教莫正乎礼乐刑政"，《潮州请置乡校牒》所谓"德礼为先"、"辅以政刑"，讲的都是社会的秩序与治理。无论德、礼还是政、刑，都意味着对人性缺失的矫正，都包含有强制性。"行而宜之"，也就是禁民为非，使之合宜。《荀子·性恶篇》所谓"古者圣人以人之性恶，以为偏险而不正，悖乱而不治，故为之立君上之势以临之，明礼义以化之，起法正以治之，重刑罚以禁之"，才是韩愈此说的思想源头。这样看来，韩愈的道德教化确实包含有软硬两手，仁政爱民之外，也包含有责罚乃至强制镇压。

不过，将韩愈对人性的矫正仅仅局限在"民"的范围内，以为德、礼、政、刑都只针对百姓，并进一步将韩愈的政治思想归结为"诛民"，就大错而特错了。《原道》云："君者，出令者也；臣者，行君之令而致之民者也；民者，出粟米麻丝，作器皿，通货财，以事其上者也。君不出令，则失其所以为君；臣不行君之令而致之民，则失其所以为臣；民不出粟米麻丝，作器皿，通货财，以事其上；则诛。"此段文字"君"、"臣"、"民"并列排比，规范三者的权利与义务：君出令，臣行君之令而致之民，民出粟米麻丝、作器皿、通货财以事其上。不能履行自己的义务，"则失其所以为君"、"则失其所以为臣"，所以末段"以事其上"下，按文义应有"则失其所以为民"一句。这一判断并非凭空猜测，下文用"民焉而不事其事"规范"民"的社会义务，正是对上文的补充。所以这段文字的完整意义应该是："君不出令，则失其所以为君；臣不行君之令而致之民，则失其所以为臣；民不出粟米麻丝，作器皿，通货财，以事其上，则失其所以为民。则诛。"可知"则诛"二字，应覆盖"君"、"臣"、"民"三者，谓"失其所以为君"、"失其所以为臣"、"失其所以为民"者，均当受到责罚。因与下句"则"字重复，遂承上文省略了"则失其所以为民"七字。诛，责让、责备。后人误解"诛"为诛杀，而诛杀君主为大逆不道，遂删去"则失其所以为臣"七字，三个并列的排比句改变为一个单句、两个排比句："君不出令，则失其所以为君。臣不行君之令而致之民；民不出粟米麻丝，作器皿，通货财，以事其上；

则诛"。于是"则诛"二字只能覆盖"臣"、"民"二者,"君"被开脱出"则诛"之外。实际上,韩文中诛责君主的文字比比皆是,删削"则失其所以为臣"七字不符合韩文原意,当从苑本等早期文献保留此七字。阅读这段文字,有可能出现两个误解:在文字诠释方面,将"诛"误解为诛杀;在异文校勘上,误脱"则失其所以为臣"七字,将"君"置于"则诛"之外。这样的理解,就和韩愈原文的旨意背道而驰了。就"行宜"而言,"君君,臣臣,父父,子子"(《论语·颜渊》),是孔子为"义"设置的分寸;"无欲害人之心"、"无穿逾之心"、"无受尔汝之实"(《孟子·尽心下》),是孟子为"义"设置的分寸;"限禁人之为恶与奸"(《荀子·强国》),是荀子为"义"设置的分寸;"君者出令者也,臣者行君之令而致之民者也,民者出粟米麻丝,作器皿,通货财,以事其上者也",则是韩愈为"义"设置的分寸。突破了这一分寸,就应该受到责罚:"君不出令,则失其所以为君;臣不行君之令而致之民;民不出粟米麻丝,作器皿,通货财,以事其上;则诛。"韩愈诛责君、臣、民的标准明确无误,这就是他们各自承担的"相生相养"的社会义务,不能履行自己的社会职责,就应该受到诛责。君、臣、民一视同仁,概莫能外。

合宜的思想,是贯穿《道德情操论》全书的主线。合宜是什么:"美德存在于行为的合宜性之中,或者存在于感情的恰如其分之中。"①合宜,就是感情的恰如其分。《原性》也说:"情之品有上中下三,其所以为情者七:曰喜,曰怒,曰哀,曰惧,曰爱,曰恶,曰欲。上焉者之于七也,动而处其中。"韩愈的"动而处其中",就是亚当·斯密的"感情的恰如其分",二者的基本精神如合符契。同时,亚当·斯密以"行为的合宜性"为"邱必特为了指导我们的行为而提供的法则"②,视"合宜"为人类禀赋的先天道德理性,也与韩愈的人性理论性质相同。至于合宜的对象,韩愈《原道》区分为君、臣、民,《原性》区分为七情;

---

① 《道德情操论》第七卷第二篇第一章《论认为美德存在于合宜性之中的那些体系》,第352页。
② 《道德情操论》第七卷第二篇第一章《论认为美德存在于合宜性之中的那些体系》,第361页。

《道德情操论》第一卷第二篇将其区分为五种激情;无论是君臣民、七情还是五种激情,无一例外都需要"节制"。亚当·斯密的第一类激情是生理需求产生的激情,它是人类"与野兽共有的激情",合宜,就是把肉体"欲望约束在健康和财产所规定的范围内"①。第二类激情是具有特定对象的激情,即便是"真诚而强烈的爱情表示,对第三者来说都显得可笑",所以"必须有一定的节制"②。第三类激情是社会人之间利益冲突引发的激情,"愤怒、仇恨难以感染,很少传递",就尤其需要克制。"如果我们顺从复仇的意愿,那是出于无奈,出于必要,是由于一再受到严重挑衅。愤恨如果受到这样的约束和限制,甚至可以认为是宽宏大量和高尚的。"③第四类激情是社会人之间相互关爱引发的激情,"即便是宽宏、人道、善良、怜悯、相互之间的友谊和尊敬,所有友好的和仁慈的感情",也存在需要调节的空间。比如"过分温柔的母亲和过分迁就的父亲,过分宽宏和痴情的朋友,……我们总是带着关心、同情和善意去责备他们过度依恋"④。第五类激情是自私的激情,即个人交好运或运气不好而抱有的高兴和悲伤情绪构成的激情,由于人们"通常极易同情轻度的高兴和沉重的悲哀",所以,交了好运不要洋洋自得,"而尽可能地努力掩饰自己的高兴,压抑自己在新的生活环境中自然激发的欣喜心情";运气不好,则要"主动地把这种小事变成善意的嘲笑"。只有这样,才能避免他人的妒嫉与嫌恶⑤。归纳起来说,无论是哪一种激情,都需要调控,都需要恰如其分,这就是合宜。

2. 责君

---

① 《道德情操论》第一卷第二篇第一章《论从肉体产生的各种激情》,第 30 页。
② 《道德情操论》第一卷第二篇第二章《论由于想象的某种特殊倾向或习惯而产生的那些激情》,第 38 页。
③ 《道德情操论》第一卷第二篇第三章《论不友好的激情》,第 44 页。
④ 《道德情操论》第一卷第二篇第四章《论友好的激情》,第 46 页。
⑤ 《道德情操论》第一卷第二篇第五章《论自私的激情》,第 47—51 页。

上文说"韩文中诛责君主的文字比比皆是",绝不是信口开河。现存韩文中,诛责历代君主包括当代君主的文字,确实是数不胜数。在韩愈的笔下,"失其所以为君"者,有桀、纣、周穆王、汉明帝、梁武帝以及宋、齐、梁、陈、元魏诸帝。除了"桀之罪"(《论语笔解》卷下)、"穆王无道,好道士说"(《衢州徐偃王庙碑》)、汉明帝、梁武帝佞佛,韩愈一一批评之外,其批判的重点,则是秦皇、汉武。对秦皇、汉武穷兵黩武、暴力治国以及贪得无厌、追求长生的批判,"纪纲亡焉"(《杂说二》)的批判,"秦皇虽笃好,汉武洪其源,自从二主来,此祸竟连连"(《谢自然诗》)的批判,都尖锐而深刻。

当朝君主德宗、顺宗、宪宗、敬宗,也没能逃脱韩愈的诛责。唐德宗的专制独裁、聚敛搜刮,唐顺宗的"微信尚浮屠法"(《顺宗实录》卷一),唐宪宗的供奉佛骨、迷信丹药、纵容宦官屠戮朝臣,唐敬宗的食盐官卖政策,韩愈都正面批评,丝毫不假辞色。其批判的重点,则在德宗。德宗"失其所以为君",在政治上表现为侵夺相权、姑息藩镇,在经济上表现为垄断市场、侵害民生。《顺宗实录》直截了当地批评德宗"有君无臣"(《子产不毁乡校颂》),"不假宰相权"、"自揽持机柄,亲治细事,失君人大体,宰相益不得行其事职"。德宗实施的政治,实质上是太监政治、奴才政治,一切权力归太监:十六万禁军,由神策中尉直接指挥;地方节镇,由监军使严密监控;立法大权由中书省转移到翰林院,翰林院实际上由宦官翰林使直接控制;人事大权、行政大权,从皇位的继承到卿相百官的升黜,乃至日常的行政事务,都离不开枢密使的控制;南衙诸司中,几乎所有的经济部门都由相应的内使诸司对口控制;由宦官控制的神策军,已经发展为一个具有垄断性质的巨大的官商利益集团。在财政政策上,月进、日进、税间架、税漆木茶竹麻、除陌钱、宫市、官榷,花样翻新,竭泽而渔。可以说,由汉唐三省六部中央集权制向宋元明清君主独裁制的转变,唐德宗是一个转折点。正因为如此,我们今天重新认识韩愈对唐德宗的诛责,不应该局限在对德宗个人问责的层面,而应该有更为高远的时代的、社会的、历史的眼光。

3. 责臣

在韩愈的笔下,"臣焉而不君其君"者,古人有叔鱼、杨食我、越椒、丹朱、商均、管叔、蔡叔、瞽叟、鲧等。当代则有吴元济、梁崇义、陈少游、刘辟、李锜、王廷凑,以及裴延龄、李齐运、王绍、李实、韦执谊、韦渠牟、柳冕、张平叔等。前者为大搞分裂割据的藩镇,后者为昏佞相济的聚敛之臣。这些人物,正是韩愈"辅以政刑"、"锄其强梗"的对象。

韩愈对聚敛之臣的诛责,最突出的是裴延龄。韩文屡屡抨击"裴延龄诈妄"(《王仲舒墓志铭》)、"裴延龄、李齐运、韦渠牟等以奸佞相次进用,延龄尤狡险,判度支,务刻剥聚敛以自为功,天下皆怨怒"(《顺宗实录》卷一)、"裴延龄判度支,天下皆嫉怨,而独幸于天子,朝廷无敢言其短者"(《顺宗实录》卷四),以国史的形式,将德宗与裴延龄等人昏佞相济的丑恶钉死在历史的耻辱柱上。

韩愈有《送许郢州序》、《赠崔复州序》两篇,写监司于頔与州县官员的矛盾,对揭示中唐时期中央与地方政府在国民分配问题上不可回避的利益冲突,非常深刻。中唐社会转型时期最突出的社会矛盾,是中央政府需要确保自己权归一家、利出一孔的权力垄断;而刚刚获得土地买卖自由与户口迁徙自由的劳动者,却要首先确保自己的生存权利。前者强调效率,后者强调公平。夹在中间的各级官员则左右为难:负责财务的监司官员必然注重聚敛,而守土有责的基层官员为了留住用脚投票的劳动者,又不得不在一定程度上注意民生;这就是王安石与欧、苏、司马,秦桧与郑刚中,张居正与东林党人之间解不开的死结。于頔与下属官员的矛盾正是如此。韩愈开出的药方,真正的要害不是"刺史不私于其民"、"观察使不急于其赋",而是"人已穷而赋愈急,其不去为盗也亦幸矣"。百姓的生存需求才是各级政府得以存在的合法性依据,这才是韩愈最深刻的认识。

韩愈拥护中央集权,反对藩镇割据,韩文中例证甚多,举不胜举。《论淮西事宜状》、《平淮西碑》、《进撰平淮西碑文表》诛责吴元济,并亲身参与平定淮西的政治实践,就是其诛责藩镇的具体案例。《元和圣德诗》诛责刘辟,甚至绘声绘色地描摹刑场屠戮刘辟全家包括妇孺的血腥场面,其中"婉婉弱子,赤立伛偻,牵头曳足,先断腰膂"、"挥刀纷纭,争刌脍脯"诸语,残酷惨刻,后人颇多非议,苏辙甚至以为"此李斯颂秦所不忍言"(《诗病五事》)。实际上,自"安史之乱"以来,叛镇、乱兵屠戮朝廷官吏、草野百姓之残酷惨刻,可以说是骇人听闻。短短八年的"安史之乱"造成全国户口减员三分之二以上,更令人惊心动魄。就以韩愈本人的亲身经历而言,汴州乱兵杀陆长源及孟叔度等,食其肉(《旧唐书·陆长源传》),就足以震撼其身心了。后来韩弘治汴,引短兵于衙门,召凶卒之魁刘锷与其党三百,数其罪,尽斩之以徇,血流道中。其后迄弘入朝,凡二十一年,兵众五万,不敢有谋乱者(《旧唐书·韩弘传》)。没有"血流道中"的惨烈,就不会有二十一年的太平。对暴乱恐怖分子的金刚手段,也就是对百姓、对社会、对民族国家的菩萨心肠。《元和圣德诗》的惨烈与韩弘"血流道中"的惨烈,性质并无不同。事实上,《元和圣德诗》对平叛的正当性和迫切性是有铺垫的。"疆内之险,莫过蜀土",安史乱后,河南河北藩镇割据,中央政府所仰赖的只有从西川到江南地区的财赋及兵员。西蜀的叛变,对中央政府而言是毁灭性的灾难,平叛之战不可避免。"血人于牙,不肯吐口",乱兵的凶残暴虐,同样骇人听闻。对一个成熟的政治家而言,礼乐与刑政不可偏废。礼以次其先后,乐以宣其湮郁,政以率其怠倦,刑以锄其强梗。血雨腥风中摸爬滚打出来的韩愈,不太可能产生百年太平孕育出来的苏子由那样的仁恕宽厚、儒雅风流。对禽兽讲人道,无异于自残。以暴制暴,自有其历史的合理性。

亚当·斯密也认为,对于不合宜的行为,人们理所当然地有权表现自己的愤恨,也有权加以惩罚。人类有自卫的天性,自卫的天性赋予人们惩罚的权力。锄其强梗,就是正义:"愤恨之情似乎是由自卫的天性赋予我们的,而且仅仅是为了自卫而赋予我们的。这是正义和清白的保证。"[1]正义是一种美德:"对它的尊奉并不取决于我们自

---

[1] 《道德情操论》第二卷第二篇第一章《两种美德的比较》,第97页。

己的意愿,它可以用压力强迫人们遵守,谁违背它就会招致愤恨,从而受到惩罚。这种美德就是正义,违背它就是伤害;这种行为出于一些必然无人赞同的动机,它确确实实地伤害到一些特定的人。因此,它是愤恨的合宜对象,也是惩罚的合宜对象,这种惩罚是愤恨的自然结果。"①正义的惩罚,不排斥以眼还眼、以牙还牙:"以其人之道还治其人之身和以牙还牙似乎是造物主指令我们实行的主要规则。……应该使违反正义法则的人自己感受到他对别人犯下的那种罪孽;并且,由于对他的同胞的痛苦的任何关心都不能使他有所克制,那就应当利用他自己畏惧的事物来使他感到害怕。"②以暴易暴的最终目的是制止暴乱,止戈为武,中西思想自有相通之处。

4. 责民

在具体的政治实践中,仁政爱民是韩愈政治生涯的主线,上《天旱人饥状》,抨击宫市,谏迎佛骨,潮州置乡校,袁州放免奴婢,上《论钱重物轻状》,《论变盐法事宜状》,爱民如子、视民如伤。后人于韩祠题"鸢飞鱼跃"四字,就是对韩愈爱民政治实践的高度认可。

但与此同时,"民焉而不事其事",不能履行自己社会职责的"民"也应该受到诛责。在韩愈的笔下,"民焉而不事其事"者,首先指佛、道二家。盖《原道》以四科料民,士"行君之令而致之民",农"出粟米麻丝",工"作器皿",商"通货财",各司其职,各尽其份。佛、道出四民之外,"不出粟米麻丝,作器皿,通货财以事其上",不事生产,不纳赋税,逾越了为"民"的本分,就应该受到诛责。只不过韩愈对于佛道的诛责,只停留在"人其人"的层面上,从来没有主张过诛杀。其具体手段,也只不过是"收敛加冠巾"(《送僧澄观》)而已。其成功的范例,也只有贾岛、吕炅二例(《谁氏子》)。相对于中晚唐时期佛、道二家对于儒学意识形态主流地位的冲击以及寺观经济对国民经济的危害而言,韩愈的诛责,应该是比较温和的。

---

① 《道德情操论》第二卷第二篇第一章《两种美德的比较》,第97—98页。
② 《道德情操论》第二卷第二篇第一章《两种美德的比较》,第101页。

如果我们眼界更为开阔一些,还可以发现:韩愈的忧心忡忡绝非无病呻吟。在面临社会转型的中唐时期,除佛、老之外,还活跃着另外一个"民焉而不事其事"的社会阶层,即贱民阶层。这一阶层最为引人注目的社会群体有三个:宫廷里的宦官、宫市上的"小儿"、军队中的"牙兵"。从"安史之乱"到"陈桥兵变"长达两个世纪的动乱历程中,几乎所有的动乱与血腥都由他们导演。这是一批失去土地流入城市同时又无职无业的游民,《旧唐书·张建封传》记载宫市小儿的生存状态:"京师游手堕业者数千万家,无土著生业,仰宫市取给。"《旧唐书·姚令言传》记载中唐士兵的生存状态:"泾师离镇,多携子弟而来,望至京师以获厚赏。"时局的动荡与秩序的破坏几乎成为"无业阶层"得以生存的唯一契机。中唐军人的凶残暴虐史不绝书,韩愈本人也曾经亲身领教过:贞元十五年韩愈供职于汴州董晋幕府,二月乙酉汴州军乱,杀行军司马知留后事陆长源及节度判官孟叔度、丘颖等,军人脔而食之。(《旧唐书·德宗纪》)军乱之前四日韩愈刚刚离汴,由此得以幸免。贞元十六年韩愈供职于徐州张建封幕府,五月壬子徐州军乱,杀判官权知留后事郑通诚及杨德宗、段伯熊、吉遂、曲澄、张秀等。(《旧唐书·张建封传》)韩愈以居于下邳,侥幸得免。元和年间韩愈参与平定淮西,吴元济部将李湍降乌重胤,"其妻遂为贼束缚在树,脔而食之"(《旧唐书·列女传》)。长庆年间韩愈宣抚镇州,亲入虎口,九死一生。其间乱兵杀节度使田弘正并家属参佐将吏等三百余口(《旧唐书·田弘正传》),又杀深州将校臧平以下将吏一百八十余人,并尽屠牛元翼家族(《旧唐书·王廷凑传》)。从总体考察,中晚唐自顺宗以下帝位更替的主导者都是宦官,而宦官主导的皇帝"选举"绝大多数伴随着阴谋与血腥;中晚唐以下诸镇节度使尤其是两河镇将更替的主导者都是士兵尤其是牙兵,而士兵主导的镇将"选举"绝大多数伴随着暴力与血腥。站在现代学术的高度看问题,中晚唐、五代的宦官专权与乱兵主政,意味着贱民阶层开始走上政治舞台的中心位置。就市民社会取代门阀制度、平民阶层取代贵族阶层的社会发展趋势而言,未尝没有正面的意义。但多数人的暴政绝对不可能导向民主,两百年动乱所孕育的暴民政治的基因,以及由此催生的持续千年的专制独裁政体,才是陷中华民族于万劫不复的罪魁祸首。在中世纪向近现代转型的历史进程中,民主与民粹意味着截然不同的价值指向。中晚唐下至五代的贱民专政事实上就是多数人的暴政。与雅各布宾专政一样,恐怖与血腥绝对不可能将人类社会导向进步与文明。从这个意义上考虑,韩愈《董府君墓志铭》、《为分司郎官上郑余庆尚书相公启》、《顺宗实录》等篇对太监、小儿以及乱兵的诛责,和对佛老的诛责一样,都体现了韩愈对"民焉而不事其事"的社会蠹虫的高度警觉,体现了韩愈高度的社会责任感和敏锐的危机洞察力。

第四节 《原道》宗旨:寻求国家治理的正确道路

"道"是中国古代各大思想流派共同使用的常见术语。各家各派赋予"道"以不同的内涵,"道"也就具备了不同的定义与性质。原道,推究道的本原。刘安《淮南》所原之道,"包裹天地,禀受无形",为自然之道,也就是宇宙的本根本体;刘勰《文心雕龙》所原之道,"经纬区宇,弥纶彝宪",为圣人之道,也就是国家、社会的秩序规范、伦理纲常;韩愈的"博爱之仁","足乎己无待于外",其性质是人类固有的先天道德理性。韩愈将"博爱之仁"也就是先天道德理性上升为人类不同于动物的本质属性,选择"仁义之途"、"先王之道"作为华夏文明走向近现代的价值指向,这就是韩愈构建的学术文化传统也就是"学统"。宋明道学将韩愈的"学统"上升为"道统",完成了近现代中国的核心价值观建设。这样的"道统",囊括了"道"的三大要义,既包括宇宙的本根本体,也包括社会的秩序规范、伦理纲常,同时还包括人类固有的先天道德理性,也就是陆、王的"心"、程、朱的"理"。所以,要讨论《原道》所推原的到底是什么"道",得看具体的语言环境。

《原道》一篇宗旨,前人异说甚多。宋石介以为"言王道"(《读原道》)、"佛老炽于唐,韩刀断其根,《原道》千余言,生民复眠餐"(《送李堂病归》),伊川以为"孟子而后,却只有《原道》一篇,其间语固多病,然要之大意尽近理"(《二程遗书》卷二),韩元吉以为"欲推明圣人之心"(《答汪尹书》),朱熹以为"于道之大原,若有非荀、杨、仲淹之所及者"(《王氏续经说》),明王祎以为"深明圣贤仁义道德之说以辟异端"(《解题》),明孙绪以为"老庄之学专以虚无为宗,故韩子作《原道》排之"(《沙溪集》卷十三),清全祖望以为"退之作《原道》,阐正心诚意之旨"(《李习之论》)、崔述以为"叙道统之传"(《孟子事实录》卷下)。归纳起来讲,韩愈所原之"道",言王道、辟佛老、阐正心诚意之旨、叙道统之传,均不离"近理"与"道之大原"。现代学术界讨论韩愈的本体观念,也大多以《原道》为基础。看来,将韩愈《原道》视为哲学本体论论文,古人、今人约略相同。

正因为将韩愈所原之道视为"道之大原",程、朱发现了《原道》一篇的诸多问题。伊川以为:"若《西铭》,则是《原道》之宗祖也。《原道》却只说到'道',元未到得《西铭》意思。"(《二程遗书》卷二上)至于为什么韩愈《原道》说到"道"却未到得《西铭》意思,伊川没有交代。朱熹对此进行了具体讲解:"仁义两句,皆将用做体看。事之合宜者为义,仁者爱之理。若曰博爱、曰行而宜之,则皆用矣。"(《朱子语类》卷一百三十七)又说《原道》"只是见得下面一层,源头处都不晓"(《朱子语类》卷一百三十七)。也就是说,韩愈的《原道》只涉及了"用"的层面,没达到"体"的高度。明薛瑄进一步说明:"《原道》但言率性之道,《西铭》言道所从出,即天命之性也。"(《读书续录》卷五)这个命题,终于算是说明白了。不过,程、朱的指摘,只能算是郢书燕说。因为韩愈乃至孔、孟儒学的"体",指的是博爱之仁;程、朱乃至老、庄的"体",才是自然之道、先天之理。韩愈将"博爱之仁"设定为人类本性,正是"道之大原"。《原道》所谓"由是而之焉之谓道","道"只是由"性"趋"教"的途径。性体道用,韩愈交代得明明白白。程、朱以"道"为体,韩愈以"仁"为体。韩愈所说的,何尝不是"上面一层"。不过,认识到《原道》的"道"以用为本,为率性之道,程、朱的看法,准确无误。

《原道》的义理结构,以性、道、教纲维全篇。人有博爱的本性,才有可能相互关爱、相互理解;有了人与人之间的同情理解,才会有群体间的协同合作,才会有社会群体的相生相养。所以,讨论人类社会的秩序规范、人伦纲常,首先必须确定人的本性,这就是《原道》以"原性"开篇的原因。人性的本质确定了,只要遵循这个良知、本性而前行,人类社会就能健康发展,就能走上文明进步的康庄大道,这就是"原道"。然而"道有君子小人",人类本性中,既存在人类独有的"博爱"、"爱人"的道德良知,还存在与动物共通的生存竞争的兽性。那么社会管理、国家治理的正确道路,除了存养、遵循道德良知之外,也还需要修饬合宜,这就是"原教"。"为之礼以次其先后,为之乐以宣其湮郁,为之政以率其怠倦,为之刑以锄其强梗",说得非常清楚。那么《原道》一篇的宗旨,"原性"是基础,"原道"是途径,"原教"才是目的。用现代学术语言来表述,《原道》不是一篇讨论宇宙本体、人类本性的哲学论文,而是一篇政治经济学论文。它的目标,是探究人类社会相生相养、合作共赢的内在依据。用传统学术语言来表述,它讨论的,是治国之道。

其实,《原道》的上述性质,前人已经有所认识。宋张舜民以为:"其《原道》也,大抵言教。"(《韩愈篇》)张耒以为:"是愈于道本不知其何物。……礼乐刑政,所谓教也,而出于道;仁义礼智,所谓道也,而出于性。"(《韩愈论》)宋孝宗《原道论》:"道也者,仁义礼乐之宗也;仁义礼乐者,固道之用也。愈之论,从其迹而已。"杨万里为之辩护云:"道不自立,以器而立;器不自行,以道而行。故孔子曰:'何莫由斯道也。'孟子曰:'夫道若大路然。'董子曰:'道者所由适于治之路也,仁义礼乐皆其具也。'韩子曰:'博爱之谓仁,行而宜之之谓义,由是而之焉之谓道。'董子之所谓'具',即仲尼之所谓'器'也。仲尼之所谓'由斯',孟子之所谓'若路',董子之所谓'由适',韩子之所谓'由是之焉'者,即今仲尼之所谓形而上者也。形而上云者,以无形而使有形也;形而下云者,以有形而使于无形也。所谓变通,所谓事业,皆自此道化而裁之,推而行之,举而措之耳。"(《诚斋易传》卷十七)真德秀也辩护说:"其语道德也必本于仁义,而其分不离父子君臣之间,其法不过礼乐刑政之际,饮食裘葛即正理所存,斗斛权衡亦至教所寓。"(《昌黎濂溪二先生祠记》)清李光地说得最为明白:"《原性》是说天命之谓性,《原道》是说率性之谓道。故云'博爱',与'行而宜之'相对。"(《榕村语录》卷二十九)蔡世远以为:"其论学术、治术则如董江都《贤良策》。"(《古文雅正》卷八)储欣则区分天道、地道、人道,以韩愈《原道》为人类社会的根本大法:"天垂日月列星短永昏旦中之象,羲和一命载焉;地具高山大川土田物产之富,《禹贡》一书载焉;人食聪明睿智古皇帝王开物成务之利,《原道》一篇载焉。天地人不可以一阙也,故《尧典》、《夏书》已后,得《原道》而三才备。"(《昌黎先生全集录》卷一)林纾评曰:"此篇要旨,全在'端'、'末'两字。端是仁义道德,末是日用饮食之类,推极至于刑政伦常。"(《古文辞类纂选本》)凡此,都对我们认识韩愈《原道》的宗旨,有集腋成裘的作用。

第五节　结　　语

　　人类社会由中世纪向近现代转型,归根结底是由自然经济向市场经济转型。成熟完善的市场经济不是巧取豪夺而是公平竞争,不是权力至上而是优胜劣汰,不是坑蒙拐骗而是信用第一,不是零和博弈、你死我活而是相生相养、共存共赢。市场经济体制的成熟,公平竞争、优胜劣汰的自由竞争机制是不可回避的大前提;自由竞争机制的形成,则以个体的自我完善以及个体与群体之间相互理解、相互同情为大前提。韩愈的《原道》与亚当·斯密《道德情操论》的创作宗旨,都是为即将由中世纪向近现代转型的人类社会寻求社会治理之道,为人类社会的相生相养寻求内在的依据,努力为即将到来的新时代构建理性的政治经济新秩序。所以,他们同样以先天道德理性即"仁爱"作为人类所禀赋的天性,以"同情"沟通自爱与爱人、利己与利他,以"仁慈"、"正义"区分道德教化,以"合宜"作为价值判断的标准与尺度。作为近现代社会政治经济的规则、秩序,二者的总体构架以及理论性质、思辨形式都高度近似。甚至后人对他们的误解、曲解都如出一辙:朱熹批评韩愈"考其平生意向之所在,终不免于文士浮华放浪之习,时俗富贵利达之求"(《王氏续经说》)、"退之则只要做官"(《朱子语类》卷第一百三十七);所谓"斯密问题"则将《道德情操论》与《国富论》对立起来,以为前者为利他,后者为利己。凡此,都可以印证人类社会发展规律以及理性思维的共通性。

不过,《原道》与《道德情操论》也存在不少重要的差异,其中最重要的差异表现在以下几个方面:其一,《原道》的"博爱之仁"不但是人性之本,也是宇宙的本体;而在《道德情操论》中,"人性"和"仁爱"并列,"仁爱"只是人性所固有的一种"情感",一种"美德"。它是形下的,不具有本体的高度。其二,韩愈的合宜,侧重于个体的心性修养、自我完善;亚当·斯密的"合宜",侧重于人与人之间的同情、沟通、理解。其三,韩愈的"义"是沟通"性"、"教"的桥梁,"行而宜之之谓义"成为治道之统,原因在此;亚当·斯密的"合宜"不承担沟通"性"、"教"的任务,从而也就没有"道统"的高度。其四,由于上述的原因,那只看不见的手,对韩愈而言,意味着先天的道德理性;对亚当·斯密而言,则意味着客观的市场规律。上列的差异可以归纳为一句话:韩愈的"合宜",属于内在的道德理性,亚当·斯密的"合宜",属于外在的行为规范。在诺斯的体系中,这就是侧重第一者(自我要求的行事准则)还是侧重第二者(报复行为)、第三者(执法与社会放逐)的差异;在中国传统学术体系中,这就是"义内"与"义外"的差异。关于这一点,应该是另一篇文章的话题了。

第八章　君、臣、民相生相养:韩愈的社会发生、分化与合作理论

有关人类社会起源的动因,韩愈归结于人类在自然界所处的弱势地位,"无羽毛鳞介以居寒热也,无爪牙以争食也"。为了自身的生存,他们必须组织起来,用群体的力量对抗外来的挑战,"害至而为之备,患生而为之防"(《原道》)。组织起来的群体,就是社会。以人类的生存需求解释社会的起源,韩愈的社会起源论,自有其合理的成分。

一加一大于二,组织起来的群体之所以有力量,是因为有分工、有秩序。群体分化为指挥者、管理者、服从者之后,分工合作,协同一致,就能够对抗比自己强大的外来威胁。唯其如此,人类社会的职责分工以及地位分化也就成为社会发展的必然趋势。社会群体的组织者、指挥者,韩愈称之为圣人。他们的职责,就是协调人类社会各大群体之间相生相养的社会义务。《原道》云:"古之时人之害多矣。有圣人者立,然后教之以相生养之道。为之君,为之师,驱其虫蛇禽兽而处之中土。寒然后为之衣,饥然后为之食。木处而颠,土处而病也,然后为之宫室。为之工以赡其器用,为之贾以通其有无,为之医药以济其夭死,为之葬埋祭祀以长其恩爱,为之礼以次其先后,为之乐以宣其湮郁,为之政以率其怠倦,为之刑以锄其强梗。相欺也,为之符玺斗斛权衡以信之;相夺也,为之城郭甲兵以守之。"这就是人类社会的起源。

第八章　君、臣、民相生相养：韩愈的社会发生、分化与合作理论

韩愈这段文字包含有英雄创造历史的成分，恐怕是无可讳言的。这一思想的渊源，首先是《荀子》的"群"与"分"。《荀子·王制篇》："力不若牛，走不若马，而牛马为用，何也？曰：人能群，彼不能群也。人何以能群？曰：分。分何以能行？曰：以义故。义以分则和，和则一，一则多力，多力则强，强则胜物。"《荀子·荣辱篇》："先王案为之制礼义以分之，使有贵贱之等，长幼之差，知贤愚能不能之分，皆使人载其事而各得其宜。然后使悫禄多少厚薄之称是，夫群居和一之道也。"《吕氏春秋·恃君》："凡人之性，爪牙不足以自守卫，肌肤不足以扞寒暑，筋骨不足以从利辟害，勇敢不足以却猛禁悍。然且犹栽万物，制禽兽，服狡虫，寒暑燥湿弗能害，不惟先有其备，而以群聚邪！群之可聚也，相与利之也。利之出于群也，君道立也。故君道立则利出于群，而人备可完矣。"韩愈思想出自荀、吕。而荀、吕的上述文字，正是君主政体的理论基石。因此，对韩愈社会思想的批判，作为近现代启蒙思潮的重要组成部分，是完全正确也非常必要的。不过，对韩愈思想的负面影响进行批判的同时，不应该忽略其正面的因素。具体说来，韩愈的社会思想有三大要点不容忽视：其一，韩愈的社会发生理论将兴利除弊防患备害亦即人类的生存需求作为人类社会起源的根本动因，相对于传统的"天命论"已经是一个巨大的进步。其二，韩愈的社会分化理论将社会分工视为阶层分化的起点，与现代社会史理论并非水火不能相容。其三，韩愈的社会合作理论用"相生相养"来解释并规范人类的社会关系，比早已绝对化的英雄创造历史或人民创造历史的观念更符合人类历史的真实，也有助于社会的和谐发展。

第一节　旧说平议

近代学术界最早对韩愈发起批判的，是1895年3月天津《直报》发表的《辟韩》一文。严复在文中批驳《原道》"如古之无圣人，人之类

灭久矣。何也？无羽毛鳞介以居寒热也，无爪牙以争食也"一段文字云："如韩子之言，则彼圣人者，其身与其先祖父必皆非人焉而后可，必皆有羽毛、鳞介而后可，必皆有爪牙而后可。使圣人与其先祖父而皆人也，则未及其生，未及成长，其被虫蛇、禽兽、寒饥、木土之害而夭死者固已久矣，又乌能为之礼乐刑政，以为他人防备患害也哉？"从生物学的角度讲，圣人与常人都是人，其生理结构并无差异。既然常人"无羽毛鳞介以居寒热"、"无爪牙以争食"必然导致"类灭"，那么"圣人与其先祖"也必然早已"类灭"，又哪有机会兴利除弊、防患备害呢？文章又根据现代西方有关社会分工的理论陈述自己的见解："有其相欺，有其相夺，有其强梗，有其患害。而民既为是粟米麻丝、作器皿、通货财与凡相生相养之事矣，今又使之操其刑焉以锄，主其斗斛、权衡焉以信，造为城郭、甲兵焉以守，则其势不能。于是通功易事，择其公且贤者，立而为之君。其意固曰：吾耕矣织矣，工矣贾矣，又使吾自卫其性命财产焉，则废吾事。何若使子专力于所以为卫者，而吾分其所得于耕织工贾者，以食子给子之为利广而事治乎？此天下立君之本旨也。"由此推进一步，《辟韩》正面批驳韩愈之说云："使民与禽兽杂居，寒至而不知衣，饥至而不知食，凡所谓宫室、器用、医药、葬埋之事，举皆待教而后知为之，则人之类其灭久矣。彼圣人者，又乌得此民者出令而君之。"然后引用孟子"民贵君轻"之说以指责韩愈："孟子曰：'民为重，社稷次之，君为轻。'此古今之通义也。而韩子不尔云者，知有一人而不知有亿兆也。"最后得出结论：韩愈理论的要害，是尊君诛民："老之言曰：'窃钩者诛，窃国者侯。'夫自秦以来，为中国之君者，皆其尤强梗者也，最能欺夺者也。窃尝闻'道之大原出于天'矣。今韩子务尊其尤强梗、最能欺夺之一人，使安坐而出其唯所欲为之令；而使天下无数之民，各出其苦筋力、劳神虑者以供其欲，少不如是焉则诛。天之意固如是乎？道之原又如是乎？"

自严复《辟韩》之后，学术界对韩愈的批判日益严厉。1937年出版的杨幼炯《中国政治思想史》将韩愈的上述文字定性为"国家实行"的"保育政策"："即国家对于人民应尽保育之责，而人民对于国家有

第八章　君、臣、民相生相养：韩愈的社会发生、分化与合作理论　　127

绝对服从与应尽纳税之义务。"①但"民不出粟米麻丝，作器皿，通货财，以事其上，则诛"，则"完全是一种专制政策"②。1948 年出版的萧公权《中国政治思想史》则认为："韩氏论政之要旨，在认定人民绝无自生自治之能力，必有待于君主之教养。"其结论是："其尊君抑民之说，实背孟而近荀。"③20 世纪 50 年代以后，对韩愈的批判被提高到阶级斗争的高度。比较有代表性的结论，是侯外庐《中国思想通史》："《原性》中所谓'上者可教而下者可制'之说，指的正是上下两大阶级的命运。但韩愈更露骨的地方，在于把吃地租享纳贡并支配劳动力的统治者作为一种'人性'，而把被剥削的无特权的所谓'民'，又作为一种'人性'。这里如果我们把他的人性改为人格，那就可以更清楚地看出这种理论的实质是什么。因为他所谓'民'，指的主要是直接生产者，'出粟米麻丝'的是'农'，'作器皿'的是'工'，此外还有'通财货'的是'商贾'。在人性论上，对待这些无特权者应该采取专制主义的'制'，使之'寡罪'；那么在法律上，对待这些人则只有用严厉的刑律了。有不听剥削的，诛无赦。"④

"文革"结束之后，尤其是 20 世纪 90 年代以后，韩愈批判中的人身攻击色彩有所减弱，但圣人史观、英雄史观、专制主义的定性并未改变："韩愈认为，君主是受命于天的圣人，是为了拯救人类而出现的。韩愈在解释君主产生的历史时说，在君主产生以前，人民与禽兽无别，根本没有自治能力，'民之初生，固若禽兽然'（《送浮屠文畅师序》）。后来，出现了圣人，教民众以相生相养之道，教会了人民衣食住行等一切技能，并为人民制定了礼乐刑政，防止民众之间的欺诈、争夺，君主实际上是民众的救星。总之，君主在社会政治生活中起着决定作用，君主对于民众的统治是必然的。"⑤也有人将韩愈的上述文

---

① 杨幼炯《中国政治思想史》，商务印书馆 1937 年版，第 221 页。
② 杨幼炯《中国政治思想史》，商务印书馆 1937 年版，第 222 页。
③ 萧公权《中国政治思想史》，商务印书馆 1948 年版，第 111 页。
④ 侯外庐《中国思想通史》，人民出版社 1960 年版，第 336 页。
⑤ 朱日耀《中国政治思想史》，高等教育出版社 1992 年版，第 209 页。

字界定为"圣人与道同体、为君为师、拯救人类说",并以之作为"韩愈为君主专制制度撰写的最有力的辩护词"。具体说来:"韩愈认为,是圣人使人类不为禽兽,使中华不为夷狄。他说:'民之初生,固若夷狄禽兽然;圣人者立,然后知宫居而粒食,亲亲而尊尊,生者养而死者藏。'(《送浮屠文畅师序》)在《原道》中他详细陈述了圣人创制立法,给人类带来文化和文明的历史过程。他说:'古之时,人之害多矣。有圣人者立,然后教之以相生养之道,为之君,为之师。'圣人不仅教会了人类衣食住行,工商医药,而且'为之礼以次其先后;为之乐以宣其抑郁;为之政以率其怠倦;为之刑以除其强梗。相欺也,为之符玺、斗斛、权衡以信之;相夺也,为之城郭、甲兵以守之。害至而为之备,患生而为之防'。总而言之,人类的物质文明、精神文明和社会政治制度,都是圣人发明创造的,'如古之无圣人,人之类灭久矣'。人类之所以有今天,是因为有圣人为君为师,有礼乐刑政,有君主制度。这就从历史的角度论证了君主专制制度的合理性。"①还有人将韩愈的上述文字界定为"文化起源论",以此淡化阶级起源论、国家起源论所难以避免的意识形态色彩:"按照韩愈的'文化起源论'来看,人类社会一切都是在一个全知全能的圣人安排下,有条不紊地配备了一系列防护措施,并且享受免费教育。这与西方上帝造人说相似。实际上,人类创造文化的历史过程是极其艰辛曲折的,而且事先根本就没有得到任何圣人的教育与启示,也没有如此明确的目的性。在相当大的程度上,人类早期文化的发生过程都是盲目的、不自觉的。只是到了阶级社会以后,人们才在某些领域,如政治、道德、文艺等领域出现了自觉的、人为文化创造过程,即韩愈所说的'为之礼以次其先后'。即使这种'礼',也不是一蹴而就制定出来的,更不是和平协商的结果,而是在各种利益集团、利益阶层激烈的流血冲突之后制定出来,并带有明显的不公平性、强制性特征。韩愈的'文化起源论'带有

---

① 刘泽华《中国政治思想史》(隋唐宋元明清卷),浙江人民出版社 1996 年版,第 185 页。

极强的浪漫色彩和鲜明的目的论特征,是对以儒家思想为核心的道统的美化,不符合人类文化的发展过程。"①也有人在承认韩愈"为君主专制张本"的同时,对这种态度表示同情的理解:"对韩愈来说,人类社会的一切都是由圣人创设的。从远古时代开始,人在面对自然挑战时,就有赖于圣人'教之以相生养之道'。是圣人使人类摆脱最初茹毛饮血的历史,是圣人教导人类采取文明的生活方式,是圣人创制了国家,保障了社会的秩序。"虽然"可以比较明显地看出其为君主专制张本的倾向,但在当时国家权威失坠、社会秩序紊乱的具体历史背景下,这与其说是一种理论上的缺陷,毋宁说这正是时代普遍的要求"②。最宽容的态度是:韩愈的上述文字虽然宣扬的是"君权至上",但却真实地反映了封建社会的现实:"韩愈在《原道》中说:'是故君者,出令者也;臣者,行君之令而致之民者也;民者,出粟米麻丝,作器皿,通货财,以事其上者也。君不出令,则失其所以为君;臣不行君之令而致之民,则失其所以为臣;民不出粟米麻丝,作器皿,通货财,以事其上,则诛。'这些话虽不中听,倒是实话实说,确是封建社会的现实。在中国两千多年的封建社会中,虽然也有少数所谓比较开明的'有道明君',但民本主义从来只是少数思想家的一种社会理想。实际上,中国封建社会是君权至上主义,老百姓从来都是出粟米麻丝,作器皿、通财货以事其上的小民,从来没有也不可能成为封建社会的主人。"③总而言之一句话:无论是攻击批判还是同情理解,韩愈宣扬的是圣人史观、英雄史观、专制主义、尊君抑民,其根本性质保守、反动,仍然是众口一词。

---

① 吴根友《中国社会思想史》,武汉大学出版社 1997 年版,第 202—203 页。

② 谢遐龄《中国社会思想史》,高等教育出版社 2003 年版,第 222—224 页。

③ 陈先达《唯物史观视野中的以人为本》,《中国人民大学学报》2004 年第 4 期,第 49 页。

第二节　韩愈的社会发生思想

关于人类社会起源的思想，最为今人诟病的是受命于天、君权神授。"有夏服天命"、"有殷受天命"（《尚书·召诰》），与现代西方的社会契约观念绝对不可同日而语。但在中国传统文化系统中，即便是早期的"天命论"，也从来没有忽略过"民"的地位。《尚书·皋陶谟》："天聪明自我民聪明。"孔传："天因民而降之福，民所归者天命之。天视听人君之行，用民为聪明。"民之所归即天之所命。这里的"天命"，也就是民意。《左传》文公十三年："天生民而树之君，以利之也。"上天之所以设立国家、设立君主，目的在于"利民"。而百姓之所以奉事君主，"爱之如父母，仰之如日月，敬之如神明，畏之如雷霆"，是因为君主能够"赏善而刑淫，养民如子，盖之如天，容之如地"。所以，"天生民而立之君，使司牧之，勿使失性"。相反，"若困民之主，匮神乏祀，百姓绝望，社稷无主，将安用之？……天之爱民甚矣，岂其使一人肆于民上，以从其淫，而弃天地之性？"（《左传》襄公十四年）将"天命论"等同于专制主义，未免过于简单化。

韩愈并未完全摆脱"天命论"的影响，《潮州刺史谢上表》"大唐受命有天下"、《平淮西碑》"天以唐克肖其德，全付所覆"，就是确凿的证据。韩愈超越前人的地方，是能够从衣食、宫室、器用、医药、葬埋祭祀等基本生存需求出发追溯人类社会的起源。韩愈非常清醒地认识到：有了"次其先后"的需要，这才产生"礼"；有了"宣其湮郁"的需要，这才产生"乐"；有了"率其怠倦"的需要，这才产生"政"；有了"锄其强梗"的需要，这才产生"刑"。不仅如此，人类文明的发展与进步，同样以百姓的生存需求为出发点："人之仰而生者在谷帛。谷帛既丰，无饥寒之患，然后可以行之于仁义之途。"（《进士策问十三首》）。应该承认：能从普通百姓衣食所需出发而不是从"天性"、"天命"出发认识人类社会礼乐刑政的来源，是一个了不起的历史进步。站在现代学术的高度看问题,韩愈社会起源观念的实质,是明确百姓日用与礼乐刑政之间的本末关系。说得更明白一点:人类社会礼乐刑政的根本依据,是百姓的生存需求。人类社会得以存在,民族国家得以存在,其依据在此;礼乐刑政的权威性,政权、君主的合法性,其依据亦在于此。

第三节 韩愈的社会分化思想

在近现代西方学术系统中,有关阶级分化、国家起源的理论,最流行的莫过于以霍布斯《利维坦》、洛克《政府论》、鲁索《社会契约论》为代表的社会契约理论与马克思的阶级斗争理论。韩愈的社会分化理论当然不能与以上诸家相提并论,但将社会分工视为阶层分化的逻辑起点,将阶层分化视为社会分工的必然结果,基本上符合迄今为止人类社会发展的真实历史。

《圬者王承福传》:"粟,稼而生者也;若布与帛,必蚕绩而后成者也;其他所以养生之具,皆待人力而后完也。吾皆赖之。然人不可遍为,宜乎各致其能以相生也。故君者,理我所以生者也;而百官者,承君之化者也。……用力者使于人,用心者使人,亦其宜也。"分工的差异导致职责的差异,职责的差异导致地位的差异,这是不以个人意志为转移的客观现实。正因为如此,《原道》将人的社会身份区分为三个层次:"君者,出令者也;臣者,行君之令而致之民者也;民者,出粟米麻丝,作器皿,通货财,以事其上者也。"完全符合阶层社会等级分化的真实状况。站在现代学术的高度上,我们可以谴责这种等级制度的不合理,却无法否认它的存在。事实上,社会分工与阶层分化本身是人类历史发展的必经阶段。它的出现,意味着社会生产力的发展以及人类文明的进步。而且在可以预见的将来,只要阶级还存在,阶级社会还存在,社会职业的分工与社会地位的分化就不可避免。我们可以批判阶级社会等级制度的种种现实弊端,比如以血缘贵贱为依据的门荫制度、以职务高低为依据的身份等级制度、发展机会的不公、利益分配的不公,等等,却不能否认社会分工与阶层分化的历史合理性。将社会分工与阶层分化的历史合理性绝对化,那就是专制主义、国家主义;从根本上否定社会分工与阶层分化的历史合理性,那就是无政府主义、民粹主义。它们的共同归宿,是法西斯主义。

现代科学昌明之后,民主思潮风靡天下。"封建等级制度"成为过街老鼠,"劳工解放"的呼声响彻云霄,但不同社会成员之间身份地位的差别却不可能一夜消失。你可以称拿破仑皇帝为"公民",也可以称革委会主任为"勤务员",但称谓的改变不可能改变他们高高在上的身份与地位;同样,"殷革夏命"、"周革商命"、"彼可取而代也",易姓改号不可能改变等级分化、阶级压迫的社会现实。所以,在人类社会阶级尚未消亡之前,侈言消灭身份差异、地位差别只能是自欺欺人。真正需要关心的,是统治集团的权力限制与弱势群体的权利保障。换成现代思维,就是将"利维坦"关进笼子里。而韩愈设计的"纪纲"、"道统",正是这样一个笼子。回过头来重新审视百年前对韩愈"封建等级制度辩护士"的指责,或许会有一些新的思考。

第四节　韩愈的社会合作思想

韩愈社会思想的核心在"相生相养",其中至少有三方面的含义值得注意:其一,圣人不是神人,而是社会贡献较大的常人;其二,圣人对人类社会发展进步的贡献不容抹杀;其三,圣人与常人的关系,是"相生相养"。

就第一点而言:韩愈并没有将圣人描绘为自天而降的神人。圣人之所以为"圣",是因为他能够为民之师,教民以相生相养之道:伏羲氏之所以为"圣",是因为他能"作结绳而为网罟,以佃以渔"(《周易·系辞下》);神农氏之所以为"圣",是因为他能"作斫木为耜,揉木为耒,耒耨之利以教天下"(《周易·系辞下》)、"尝百草之实,察酸苦之味,教民食谷"(陆贾《新语》);黄帝之所以为"圣",是因为他能"作宫室"(《初学记》卷二十四引《白虎通》)、"造衣裳"(《越绝书》卷八)、"始祀天祭地,所以明天道"(《事物纪原》卷二引《黄帝内传》);大禹之所以为"圣",是因为"禹之王天下也,身执耒臿,以为民先;股无胈,胫不生毛,虽臣虏之劳不苦于此"(《韩非子·五蠹》)、"一馈而十起,一沐而三捉发,以劳天下之民"(《淮南子·泛论训》)。反过来,如果他们没有对社会做出这么大的贡献,他们就不可能成为圣人。换句话说:圣人也是人,只不过是社会贡献较大的人。"帝若皇,其初尽农也"(龚自珍《农宗》)。和"王者之兴受命于天"(《伊川易传》)之类的陈词滥调相比,相去不可以道里计。

就第二点而言:"五四"以来的思想解放运动倡言劳工神圣,英雄史观早已声名狼藉。但纵观人类历史的发展进程,英雄与平民的作用不可偏废。将人类历史上的一切进步归功于一个或几个圣人固然荒唐,完全否定个人对人类文明的贡献同样荒唐。举例来说:蒸汽机、电灯的发明是劳动人民千百年勤劳智慧的结晶,这样的判断从原则上讲绝对正确;但据此否定瓦特、爱迪生的贡献,就未免滑稽。古代典籍中有关圣人"作弓箭"、"作指南车"之类的记载,当代社会诸如诺贝尔奖所表彰的乃至于国家专利局所确认的种种创造发明,又何尝不是如此?

就第三点而言:圣人生养百姓的说法应该批判,劳动者养活管理者的说法同样不符合事实。赵树理发表于1944年的小说《地板》讨论地主养活佃农还是佃农养活地主、地板换来粮食还是劳力换来粮食。结论是:地板什么也不能换,粮食确确实实是劳力换的。用现代经济学的眼光看问题,赵树理讨论的是各种生产要素在资本增值过程中的贡献比率问题。很明显,土地作为物力资本与劳力资本一样参与了资本的增值过程,"地板什么也不能换"的说法不符合事实。从均田制到包产到户,土地从来都是要参与分配的;从当代的高房价到暴力拆迁,土地的价值从来都没有被忽视过。站在现代学术的高度看问题,我们有必要高度警惕权力资本、物力资本、金融资本、智力资本的拥有者借助其强势地位侵夺弱势群体的应得权益,却没有必要自欺欺人地空谈什么谁养活谁的问题。韩愈的社会合作理论用"相生相养"来描绘社会管理者与普通劳动者之间的依存关系,主张每一个社会成员"择其力之可能者行焉","各致其能以相生"(《圬者王承福传》)。人尽其才,物尽其用,这才是社会的和谐之道。

第五节 结　　语

　　归纳上文,我们可以得出这样的结论:除了早已受到批判的英雄史观之外,韩愈的社会思想中还包含有正面的因素:将兴利除弊、防患备害亦即人类的生存需求作为人类社会起源根本动因的社会发生理论;将社会分工视为阶级分化起点的社会分化理论;用"相生相养"来规范人类社会关系的社会合作理论。这些思想,有助于社会的和谐发展。

第九章　君、臣、民的权力分割：
韩愈的政治思想

现代政治的本质就是权力分享，集权与分权是一对永恒的矛盾。从全球化统一大市场的角度讲，现代国家的集约化程度要远远高于号称"普天之下莫非王土"的上古社会；从权力让渡与权力制衡的角度讲，朕即国家的时代一去不返。现存的君主制民主国家，其皇室早已退出了权力角斗场，仅仅保留了民族国家权力象征的地位。可以这样说，政治现代化的过程，就是权力逐步下移分散的过程。个体的权力让渡才是公共权力得以合法存在的基础，应该是现代政治的基本常识。

《尚书·毕命》："道洽政治，泽润生命。"孔传："道至普洽，政化治理，其德泽惠施，乃浸润生民。"政治道德教化的目的，就是造福百姓。立足于百姓的生存状况，考察、评判政府的行政作为，无论是平民韩愈还是官员韩愈，一以贯之，始终不变。韩愈的政治思想，就是在针对朝廷政治措置的评判中体现出来的。政治博弈的最终目的，是权力的分割。处于社会转型时期的中唐，君、臣、民之间的权力分割，在君臣之间，主要表现为君权与相权的博弈、中央与地方的博弈；在政府与百姓之间，主要表现为经济利益的博弈。关于后者，下章集中讨论。本章分君权与相权、集权与分权、暴力与非暴力、道统与治统，讨论君臣之间的权力博弈。

第一节　君权与相权

　　君权与相权的分立,是汉唐三省六部政治体制的核心内容。而侵夺相权,是唐朝的国策,早在立国之初就已经如此,同中书门下三品的设置就是证据。唐初开国立制,三省长官不轻易授人,即便少数元老重臣担任此职,也都是虚衔,同中书门下三品才是职事官。这一制度的正面意义,是有利于提拔青年官员;其负面意义,则是削减相权,强化君权。唐玄宗设立翰林学士,是相权进一步弱化的信号。但玄宗时期的翰林学士还只是词臣,没有参政权,更没有决策权,看看李白就可以知道。自建中四年泾原兵变,翰林学士陆贽从驾幸奉天,一封罪己耸动天下,翰林学士的职权,才正式扩展到草诏权乃至决策权。皇帝私人秘书取代了中书省的法定权力,乃至被称为"内相",可知位高而权重。侵夺相权,唐德宗应该是一个历史的转折点。韩愈对德宗的批评,主要就集中在权力侵夺上。

　　《原道》:"君者,出令者也。君不出令,则失其所以为君。"君君、臣臣、父父、子子(《论语·颜渊》),是孔子倡导的政治观念。韩愈的提法,绝不仅仅是对孔子说法的简单重复。"君者,出令者也",似乎有尊君的倾向。"君不出令,则失其所以为君",则是对君权的限定规范了。对韩愈的上述说法,严复《辟韩》提出了严厉的批评:"嗟乎!君民相资之事,固如是焉已哉?夫苟如是而已,则桀、纣、秦政之治,初何以异于尧、舜、三王?"此后,韩愈之说被诠释为尊君抑民、尊君仇民、尊君诛民,批判的火力一天比一天猛烈。章士钊《辟韩余论》总结严复以下的辟韩态势:"自前清末造,侯官严复著论辟韩,退之在思想上千年不倒之垄断地位开始动荡,随而韩柳对峙之局,韩方每况愈下,以至公历一九四九年人民政权成立,韩之《原道》诛民学说,形成

第九章　君、臣、民的权力分割：韩愈的政治思想

冰与炭之不能两存。"①"尊君"即是鼓吹专制独裁,已经成为学界的共识。

韩愈思想中有非常浓厚的"忠君"乃至"尊君"倾向,这一点恐怕无可讳言。最为今人诟病的,是他的愚忠。《潮州刺史谢上表》"皇帝陛下天地父母"、《拘幽操》"臣罪当诛兮天王圣明",尤其令人恶心。但在家天下的中古时期,将忠君与爱国混为一谈,应该是时代的局限,不必苛责韩愈个人。除此之外,韩愈"君者,出令者也"、"君不出令,则失其所以为君"的说法,至少还有四点含义值得注意:其一,对君权合法性、合理性的思考;其二,强化中央集权;其三,用社会职责规范君权;其四,为君权设定限界。

在严复之后对韩愈口诛笔伐的声讨浪潮中,也有少量不同的声音。其中最引人注目的是吴闿生《古文范》:"专制之世,视君王若帝天,神圣不可犯。而此文独曰'君者出令者也',又曰'不出令则失其所以为君'。则固具有共和之真精神,而毫不带专制时代臣下谄佞之臭味,则韩公之识实已复绝千古矣。"②伦按:"君者出令者也"、"君不出令,则失其所以为君",透露出韩愈对君权合法性、合理性的思考。在此之前,"君权神授",君主的合法性是不容置疑的。韩愈有《对禹问》一篇,柳宗元有《舜禹之事》一篇,就舜、禹传贤、传子的是非得失进行讨论。无论韩、柳本人的结论是什么,也无论这场讨论的背景是什么,问题的提出,就意味着对君权合理性以及君权合法性的质疑。当秦始皇津津乐道于"受命于天"的时候,当汉高祖洋洋自得于"吾业所就孰与仲多"的时候,没有任何人敢于对这种权力的合法性提出质疑。韩、柳以理性的而不是神秘的态度对君权的合法性、合理性进行严肃的理论思考,是一个非常了不起的历史进步。

"尊君"意味着强化中央集权,但集权与专制并不是同一个逻辑层面上的东西。集权、分权是就中央政府与地方政府之间的权力分

---

① 章士钊《柳文指要》,中华书局1971年版,第1629页。
② 《古文范》第一册,第5叶上。

配而言，专制、民主是就统治者与被统治者之间的权力制衡而言。实际上，韩愈的"尊君"，在很大的程度上是针对中唐藩镇割据的现状而发，目的是宣扬大一统的中央集权。所谓"臣不行君之令"，在很大的程度上是指对抗中央的两河藩镇，包括此前的安禄山、史思明、仆固怀恩、李怀光以及此后的吴元济、梁崇义、陈少游、刘辟、李锜等。至于指责韩愈"知有一人而不知有亿兆"，也是没有根据的。在韩愈的心目中，"利民"高于"利国"，已见上文；孔子高于尧舜、孟子功不在禹下，详见下文。即便是中古时期至高无上不容置疑的君权，韩愈也敢于问难。所以，断言韩愈此说"完全是一种专制政策"，是"君权绝对论"，是"尊君抑民之说"①，应该是一个误解。还有必要指出的是：在中国历史上，汉唐三省六部的政治体制，其性质为中央集权。君主专制独裁政体形成于赵宋，强化于朱明，这是史学界的共识。指责韩愈鼓吹专制独裁，是违背常识的。

"君者出令者也"，还可以看作是用社会职责来规范君权。从现代学术的高度来考虑问题：人类社会职业的分工以及随之而来的地位分化，是社会发展的必然规律，自有其历史的合理性。无论千百年以后的人类社会发展为什么制度，但劳动者与管理者的社会分工与地位分化仍然是不可避免的。"君"作为社会的最高监管者，发号施令是他的职权，也是他的责任。现实生活告诉我们：历朝历代大大小小的掌权者最乐于接受的管理方式，是暗箱操作。口含天宪，朕即国家，何等的自由！明确君主的职责，事实上就是一种约束，一种限制，一种规范。那么在韩愈看来，君主的职责是什么？维护国家政令的统一是君主的职责。然而中唐时期，藩镇割据，各自为政。从肃宗、代宗到德宗，但务姑息，政令不通，这算不算"失其所以为君"？维护民族文化传统是君主的职责。然而有唐一代，君主不是佞佛，就是崇

---

① 杨幼炯《中国政治思想史》，商务印书馆1937年版，第222页。傅孟真《论李习之在儒家性论发展中之地位》，《读书通讯》第57期，1943年1月。萧公权《中国政治思想史》，商务印书馆1948年版，第111页。

第九章　君、臣、民的权力分割：韩愈的政治思想

道,民族传统文化的主流儒学道统衰微不振,这算不算"失其所以为君"？寒为之衣,饥为之食,保障百姓的相生相养之道是君主的职责。然而中唐时期,军阀战乱不息,百姓流离失所,这算不算"失其所以为君"？举贤任能,除奸远佞,是君主的职责。然而中唐时期,李辅国、鱼朝恩之类阉宦势倾朝野,裴延龄、李齐运、王绍、李实、韦执谊、韦渠牟之类聚敛之臣大行其道,而刘晏、陆贽等贤臣却难免惨死,这算不算"失其所以为君"？

更重要的是,什么东西不在君主的职权范围之内？"行君之令而致之民",具体的行政管理不在君权之内。君主正如运动场上的裁判,是不能参与场上竞争的。如果回到《原道》一文的创作年代德宗末年,就可以发现,上述对君权的限制绝非无的放矢。德宗侵夺相权,史不绝书。《子产不毁乡校颂》"有君无臣",就是公开指责德宗"不君"。《顺宗实录》卷一:"德宗在位久,稍不假宰相权,而左右得因缘用事。"《顺宗实录》卷四:"德宗在位久,益自揽持机柄,亲治细事,失君人大体,宰相益不得行其事职。"《旧唐书·韦渠牟传》:"陆贽免相后,上躬亲庶政,不复委成宰相。……所狎而取信者裴延龄、李齐运、王绍、李实、韦执谊洎渠牟,皆权倾相府。"唐代君主直接侵夺相权,武则天、唐玄宗已开其端,但规模化、制度化,应该是从德宗开始。除了亲自上阵侵夺相权之外,通过神策中尉控制军队,通过枢密使控制南衙,通过内使诸司控制百司,通过由翰林使控制翰林院,德宗的权力专制是空前的。从这一意义上讲,韩愈对君权进行规范,更值得高度重视。

君主享有"出令"的特权,同时也就承担了相应的义务。韩愈在为君权设立规范的同时,也为君权设定了限界,逾越了这一限界,也就是"失其所以为君"。很明显,在韩愈的思想体系中,这一限界只能是"仁义之道"。在韩愈的笔下,"失其所以为君"者,有桀、纣、周穆王、汉明帝、梁武帝以及宋、齐、梁、陈、元魏诸帝,重点则为秦皇、汉武。《杂说二》:"夏殷周之衰也,诸侯作而战伐日行矣,传数十王而天下不倾者,纪纲存焉耳；秦之王天下也,无分势于诸侯,聚兵而焚之,

传二世而天下倾者,纪纲亡焉耳。"这里的"纪纲",也就是"仁义之道"。《毛颖传》谓"秦真少恩哉",也是据此立论。《谢自然诗》:"余闻古夏后,象物知神奸。山林民可入,魍魉莫逢旃。逶迤不复振,后世恣欺谩。幽明纷杂乱,人鬼更相残。秦皇虽笃好,汉武洪其源。自从二主来,此祸竟连连。木石生怪变,狐狸骋妖患。莫能尽性命,安得更长延。人生处万类,知识最为贤。奈何不自信,反欲从物迁。"秦皇、汉武违背了人类"自信"、"知识"的理性原则,笃信鬼神,妄求长生,结果只能是"木石生怪变,狐狸骋妖患"。对当代君主,韩愈虽然不敢正面指斥,却也没有轻轻放过。《顺宗实录》对德宗的昏庸贪婪一一如实记录,其书"说禁中事太切直","穆宗、文宗两朝累诏史官改修",就是明确的证据。至于宪宗皇帝,其雄才大略,韩愈固然歌颂备至;但谏迎佛骨,义正词严;揭发阉宦,指斥苍天,丝毫不假辞色。

　　韩愈所说的"失其所以为君",也就是孟子所说的"不君"(《万章下》)。然而对于"失其所以为君"者应该如何处置,韩愈只隐晦地说了"则诛",没有作任何具体交代。和孟子的"放桀"、"伐纣""诛一夫"、"易位"、"变置"相比,似乎是大有不如。不过应该注意到:孟子所在的时代是诸侯分立平等竞争的时代,韩愈所在的时代是天下一统君主专制的时代。"放"、"伐"、"诛"、"易位"、"变置"在孟子的时代是一个选择性答案,不一定直接刺激眼前的这一位君主;在韩愈的时代就是唯一的答案,其性质属于大逆不道。所以,指责韩愈"君主失职仅仅失其所以为君,可以不承担任何罪责"①,这"仅仅"二字,未免轻率。实际上,"失其所以为君"绝不是一句轻描淡写的场面话,被悬置起来的潜台词具有什么样的分量,可以说是不言而喻。对当事人而言,"失其所以为君",恐怕不下于晴空霹雳、生死判决。一封《论佛骨表》差一点招来杀身之祸,就是明证。韩愈敢于逆披龙鳞,其胆识、意义不可低估。

----

① 刘泽华《中国古代政治思想史》,南开大学出版社1992年版,第489页。

第二节 集权与分权

集权、分权,指中央政府与地方政府之间的权力分配。这个问题,在理论上是不存在争议的,自孔子提出大一统之后,秦汉以下历代统治者奉集权为至宝,没人敢发出不同的声音。实际上,地方政府本来就应该享有自己的合法权力;二者的权力分配,本来就应该有一个合法的制度与合理的机制。事实上,地方政府固然免不了私下与中央讨价还价,但在台面上,却没人敢公开发出声音,更不用说在理论上理直气壮地申说阐述了。所以,在这个问题上,只有拥护中央集权的声音,听不见支持地方分权的声音,韩愈也不能例外。

在中唐,中央与地方的权力之争,主要表现为朝廷对藩镇尤其是两河藩镇的讨伐与放免。在朝廷内部,主张讨伐称为用兵,主张放免称为消兵;前者被视为维护大一统,后者被视为姑息;用兵的主张大多出自贵族,消兵的主张大多出自庶族;前者大多数属李党,后者大多属牛党。不过,该用兵还是消兵,因时因势,不可以一概而论。简单地视用兵为维护大一统,消兵为姑息,也是不正确的。以元和元年平定西蜀刘辟而言,其实就大有可议。实际上,首先提出都领三川的并不是刘辟,而是刘辟前任韦皋。韦皋自贞元元年领剑南西川节度使,镇蜀二十余年,并无不臣之迹。当时以西蜀独当吐蕃、南诏数十万兵马,确实力不从心。所以韦皋请求都领三川,并非不可理解。事实上,此后南宋川陕四路时分时合,均视交战场形势而定。元代建置行省,也是势所必然。从这一角度考虑,都领三川也有一定的道理。当时藩镇跋扈不臣,主要集中在两河尤其是河北,川蜀并没有背叛的先例和传统。所以事发之后,大臣多主张消兵,惟杜黄裳主张用兵,其理由不在是非而在利弊,"刘辟一狂蹶书生耳,王师鼓行而俘之,兵不血刃"(《旧唐书·杜黄裳传》)。用兵成功,杜黄裳的主张光耀史册,消兵的主张,在史书上就自然湮灭了。在这个问题上,韩愈因时而变,没有固执的主张。平定西蜀,他主张用兵,主要是考虑到"疆内之险,莫过蜀土",蜀中有变,势成心腹之患。再加上"遂劫东川,遂据城阻",刘辟展开军事行动,事情的性质就变了。都领三川可以讨价还价,攻占东川就属于反叛了。淮西一战,从元和十年上《论淮西事宜状》,作《与鄂州柳公绰中丞书》、《再答柳中丞书》,到十二年充彰义军行军司马从裴度平蔡,最后到战斗结束进《平淮西碑》,韩愈都是主要的发动者、参与者。淮西的位置介于河洛、江淮之间,一旦梗阻,确为心腹大患。韩愈的用兵主张,因势因时,合情合理。

对中央与地方的权力之争,韩愈也有过消兵的主张。元和十五年秋冬之间上《黄家贼事宜状》,主张容贷羁縻,是因为主战者裴行立、阳旻"本无远虑深谋,意在邀功求赏",导致"邕容两管因此凋弊,杀伤疾患,十室九空"。长庆二年宣抚镇州,是因为河北自"安史之乱"后,长期自立,服叛无常。加上当时朱克融、王廷凑复乱河朔,南北联手,势成燎原。为打破叛镇联手对抗中央的态势,劝降镇州,势在必行。所以,韩愈主张用兵或消兵,确实是因时因势,绝无党同伐异之嫌。更值得思考的是,同样是解决中央与地方的矛盾,英国人从百年战争、光荣革命中学会了妥协与谈判,从而引导欧洲走上了现代政治的道路。而中国人只认同大一统,只知道"平定藩镇"、"平定叛乱"。从这个角度出发,韩愈主张消兵,并深入虎穴,尝试妥协、谈判,或许是更为明智的选择。

第三节　暴力与非暴力

现代政治理论体系中,不管存在多少争议,非暴力主义已经成为非常重要的一派理论主张。在中国,一千二百年前的韩愈也有过类似的主张。

《元和圣德诗》描写刘辟与其子临刑就戮之状,残酷惨刻,后人颇多非议。或许人们并没有意识到,除了金刚手段之外,韩愈也不缺乏

第九章　君、臣、民的权力分割：韩愈的政治思想

菩萨心肠。实际上，韩愈以博爱之仁作为心性本体，以仁政爱民作为施政方略，仁爱应该是韩愈思想的主流。"为之刑以除其强梗"，其目的仍然是社会的安定、民生的安乐。除此之外，韩愈还有着明确的反暴力主张，值得今人仔细玩味。

《岐山操》："我家于豳，自我先公。伊我承绪，敢有不同。今狄之人，将土我疆。民为我战，谁使死伤？彼岐有岨，我往独处。人莫余追，无思我悲。"周人居豳，至太王古公亶父，狄人来攻。太王不忍百姓为自己而战而死而伤，主动退出，迁往岐山。不为保江山而使用暴力，还有什么别的理由可以使用暴力？

《伯夷颂》："当殷之亡，周之兴。微子贤也，抱祭器而去之；武王、周公圣也，率天下之贤士与天下之诸侯而往攻之。未尝闻有非之者也。彼伯夷、叔齐者，乃独以为不可。……夫岂有求而为哉？信道笃而自知明也。……若伯夷者，特立独行，穷天地亘万世而不顾者也。"武王、周公，儒家以为大圣人；武王伐纣，孟子以为"诛一夫"。而伯夷、叔齐叩马而谏："父死不葬，爰及干戈，可谓孝乎？以臣弑君，可谓仁乎？"商纣暴虐，殷商当亡，伯夷、叔齐对此并无异议。武王、周公哀民若伤，伯夷、叔齐对之并无异议。伯夷、叔齐所反对的，是"以暴易暴"。韩愈此篇之所以"不顾人之是非"力挺伯夷、叔齐，所支持的就是这非暴力主张。这就是说，即便是打天下，即便是武王、周公这样天下公认的大圣人，讨伐天下公认的大暴君商纣，"以暴易暴"也是不行的。既然如此，还有什么别的理由可以使用暴力？

《衢州徐偃王庙碑》："徐与秦俱出柏翳，为嬴姓。国于夏殷周世，咸有大功。秦处西偏，专用武胜。遭世衰，无明天子，遂虎吞诸国为雄。诸国既皆入秦为臣属，秦无所取利，上下相贼害，卒偾其国而沉其宗。徐处得地中，文德为治。及偃王诞当国，益除去刑争末事。凡所以君国子民待四方，一出于仁义。当此之时，周天子穆王无道，……与楚连谋伐徐。徐不忍斗其民，北走彭城武原山下，百姓随而从之万有余家。偃王死，民号其山为徐山，凿石为室，以祠偃王。偃王虽走死失国，民戴其嗣，为君如初。驹王、章禹，祖孙相望。自秦至

今,名公巨人,继迹史书。徐氏十望,其九皆本于偃王。"全篇以秦、徐对比:秦专用武胜,得以统一天下;徐专行仁义,终以失国。秦以惨刻,二世而亡,宗族灭绝;徐以仁厚,子孙繁衍,人才辈出。秦以暴虐,宗庙隳坏,社稷丧亡,祖宗不得血食;徐以善待其民,百姓随而从之万有余家,且凿石为室以祠,世世不替。秦杰以颠,徐由逊绵;秦鬼久饥,徐有庙存。最后的结论是:"天于柏翳之绪非偏有厚薄,施仁与暴之报自然异也。"韩愈宁可认同"诸侯作而战伐日行"但"纪纲存焉"的"夏、殷、周"之末世,以及"不忍斗其民"而"走死失国"的徐偃王;也不认同以暴力统一天下而"纪纲亡焉"的秦始皇(《杂说》)。在藩镇割据、政令不通的中唐政治舞台上,韩愈主张大一统,要求维护中央政府的政令统一。不过,韩愈所主张的大一统是有条件的,这个条件就是"纪纲",也就是仁义之道。韩愈的非暴力主张,其理论基础就是仁义之道。在中国传统的政治文化资源中,儒家主张以德服人,法家主张以力服人。韩愈的非暴力主张,显然是有针对性的。

第四节 道统与治统

道统与治统,其实质是朝廷与知识分子、中产阶层之间的权力分割。《原道》:"由周公而上,上而为君,故其事行;由周公而下,下而为臣,故其说长。"道统的担当者,自周公而上,其身份为君主;自周公而下,其身份为臣下。周公本人虽然不是君主,但实际执掌政权,其身份介于君臣之间。道统担当者身份的变化,必然导致道统性质与内涵的变化。"道莫大乎仁义,教莫正乎礼乐刑政。"(《送浮屠文畅师序》)道统的重心,在内圣与外王,亦即"道"与"教"。后人构建的道统体系,如侧重文武周公,其着眼点必在"教";如侧重周公孔孟,其着眼点必在"道"。钱穆先生曾经非常敏锐地意识到这一差别,其《周程朱子学脉论》云:"汉唐儒志在求善治,即初期宋儒亦如此;而理学家兴,则志在为真儒。志善治,必自孔子上溯之周公;为真儒,乃自孔子下究之孟轲。"历代先王祀统,早在先秦即已初步定型。《礼记·祭法》:"有虞氏禘黄帝而郊喾,祖颛顼而宗尧;夏后氏亦禘黄帝而郊鲧,祖颛顼而宗禹;殷人禘喾而郊冥,祖契而宗汤;周人禘喾而郊稷,祖文王而宗武王。……夫圣王之制祭祀也:法施于民则祀之,以死勤事则祀之,以劳定国则祀之,能御大灾则祀之,能捍大患则祀之。是故厉山氏之有天下也,其子曰农,能殖百谷。夏之衰也,周弃继之,故祀以为稷。共工氏之霸九州也,其子曰后土,能平九州,故祀以为社。帝喾能序星辰以着众,尧能赏均刑法以义终,舜勤众事而野死。鲧鄣鸿水而殛死,禹能修鲧之功。黄帝正名百物,以明民共财,颛顼能修之。契为司徒而民成,冥勤其官而水死,汤以宽治民而除其虐。文王以文治,武王以武功,去民之灾。此皆有功烈于民者也。及夫日月星辰,民所瞻仰也;山林川谷丘陵,民所取财用也。非此族也,不在祀典。"自尧舜禹到商汤文武的祀统,唐初也已经确立。《旧唐书·礼仪四》:"显庆二年六月,礼部尚书许敬宗等奏曰:谨案《礼记·祭法》云:'圣王之制祀也,法施于人则祀之,以死勤事则祀之,以劳定国则祀之,能御大灾则祀之,能捍大患则祀之。'又尧舜禹汤文武有功烈于人,及日月星辰人所瞻仰,非此族也不在祀典。准此,帝王合与日月同例,常加祭享。"以周、孔、孟子尤其是孟子上接尧舜禹汤文武,则为韩愈首发。韩愈构建的道统自尧舜禹汤文武下延至周、孔、孟子,有两大意义值得重视:其一,内圣与外王兼重;其二,学统与治统分立。

    道统代表民族国家的法统,但君主并不是道统当然的担当者、守护人。"由周公而上,上而为君,故其事行;由周公而下,下而为臣,故其说长。"这就意味着:周公以前,即尧、舜、禹、汤、文王、武王的时代,道统的担当者是君主;从周公开始,下及孔子、孟子,道统的担当者不再是君主,而是士人。也就是说,体现民族文化传统的道统已经与体现现实政治权力的治统分离。

    道统既然早与治统分离,那么,二者的关系又该如何呢?《处州孔子庙碑》记孔子祀典:"孔子用王者事,巍然当座,以门人为配。自天子而下,北面跪祭,进退诚敬,礼如亲弟子者。"由此断定"生人以来,未有如孔子者,其贤过于尧舜远者"。尧舜之贤尚且不如孔子,治统岂能高于道统？相反,治统的合法性只能来源于道统。说得更明白一点：道统应该高于治统。铁打的营盘流水的兵,二十四史多至二十四部,而中国仍然是这个中国,就是明确的证据。韩愈的这一思想,实际上来自孟子。孟子主张"民为贵,社稷次之,君为轻"(《尽心下》),主张对"不君"的君主实行"易位"(《万章下》),甚而至于"诛"(《梁惠王下》),就是韩愈此说的先声。以士人作为道统的担当者,庄子的"玄圣"、"素王"(《庄子·天道篇》)已开其端,汉儒则径称孔子为"素王"(《论衡·超奇篇》)。韩愈的思想上接孔、孟,与荀子专重"后王"即当代君主完全不同。

道统与治统的分离具有三个方面的含义：其一,道统的传承世世不绝,具有永恒性。对于民族国家,它是至高无上的存在,不会因为政权的更替而发生变化。其二,君主的权力是有限的,后代的君主要使自己的政权得到合法性,就必须遵循民族国家的法统也就是道统。换言之,君权只能在一定的限度内合法有效①。其三,道统为士人提供了人格独立的依托、精神皈依的家园,在这一意义上,道统已经具有终极关怀的高度。从此以后,人不再是社会的附庸,而是社会的主人。因为他效忠的顶点,是内在的道统,而不是外在的朝廷与君主,相反,君主也必须服从道统。韩愈之所以高度推崇伯夷、徐偃王,原因就在这里。

韩愈的这一思想产生于"安史之乱"以后面临亡国危机的中唐时期,应该是可以理解的。对于这一点,领会得最深刻的往往是同样身处危局的末代士人。比如,文天祥在宋亡之后就面临这样的诱惑："国亡,丞相忠孝尽矣。能改心以事宋者事皇上,将不失为宰相也。"文天祥最终的回答是："孔曰成仁,孟曰取义,惟其义尽,所以仁至。"(《宋史·文天祥传》)这样的忠诚,已经超越了一家一姓的局限,达到

---

① 关于君权有限合法的思想,请参见邓小军《唐代的中国文化宣言》,《孔子研究》1991年第4期,第62页。

了民族国家的高度,仁义之道的高度。明末清初的顾炎武也不得不思考同一个问题。他的答案是:"有亡国,有亡天下,亡国与亡天下奚辨?曰:易姓改号谓之亡国;仁义充塞,而至于率兽食人,人将相食,谓之亡天下。……是故知保天下然后知保其国。保国者,其君其臣,肉食者谋之;保天下者,匹夫之贱与有责焉耳矣。"(《日知录》卷十三)近代学人中,梁济、王国维、陈寅恪,才不愧为儒学道统的担当者、守护人。士人们开始从屈原式的忠诚模式中逐步解脱出来,真正以天下为己任,将民族文化传统的超越性价值置于一家一姓的政权之上,体现了知识分子人格独立与终极关怀的时代高度。

第五节　结　　语

在西方政治学研究领域内,古典政治学致力于研究政府治理的手段,描述政府运作的情况,对国家概念进行界定,并设计权力制衡的运作模式。现代西方政治学一方面注重对国家机构、权力、制度等方面的研究,注意考察社会中各种政治势力的相互关系及其发展规律;同时也将政治人的行为、心理及其背景文化等纳入自己的研究范围。韩愈从君、臣、民之间权力分割的角度理解中唐时期的政治文化,所涉及的君权与相权、集权与分权、暴力与非暴力、道统与治统等问题,既包含对各种政治势力的相互关系及其发展规律的考察,也包含对政治人的行为、心理及其背景文化的思考。其思想高度及理论价值,还需要后人认真评判。

第十章　君、臣、民的利益分配：
韩愈的经济思想

现代国家的税率高于古代国家，这是因为现代国家承载了大量古代国家并不存在的职责与功能。比如，全球化背景下现代城市基础设施以及市政管理系统的建设、交通运输系统及其运载设施的建设、环境保护系统及其基础设施的建设、金融市场以及融资系统系统的建设、统一大市场的建设、国民教育体系的建设、国民医疗保健体系的建设、国家安全以及社会治安系统的建设、社会保障体系的建设，都需要大量的资金投入。中唐时期税收的大幅度上涨，存在一定的必然性与合理性，因为它正好处于中世纪向近现代转型的转折点。唐德宗的经济政策在整个唐朝特别引人瞩目，不仅仅是因为他的高税收，还因为他敲骨吸髓的创造性。举凡现代中国引人瞩目的经济改革措施，大多能在他这里找到发明专利。诸如利改税、消费税、房产税、土特产税、赠与税即遗产税、官商垄断、价格双轨制、进奉、羡余，等等，都是在德宗时期陆续出台的。跟现代国家高税收、高福利不同，唐德宗的税收不是取之于民、用之于民，而是取之于民、用之于君。整个天下的赋税都是皇上个人的本分钱："天下赋税当为三分：一分充干豆，一分充宾客，一分充君之庖厨。"（《旧唐书·裴延龄传》）全国百姓的血汗，三分之一给他家祭祀祖宗，三分之一给他讨好老外，剩下三分之一供他大吃大喝。这是在向近现代国家转型么？身当这样的时代，知识分子理当发出自己的声音。韩愈对官商一体、市

第十章　君、臣、民的利益分配：韩愈的经济思想

场垄断、进奉羡余以及价格双轨制的批评，直接关系到民族国家近现代转型的路径选择这样一个大是大非问题，直到今天仍然有着积极的意义。以下，本文分四个部分讨论韩愈的相关政见：政商一体与政经分立、市场垄断与市场竞争、国税与地税、价格双轨制。

第一节　官商一体与政经分立

正常的现代国家应该有正常的经济秩序，政府负责经济活动的监督与协调，投资人负责生产的组织与管理，劳动者负责用自己的劳动创造财富。上述的三个环节缺一不可：没有政府权力的协调保障，就不可能有统一的市场以及市场的公平竞争环境；没有政府的权力监督，就不可能有统一的产品质量标准和价格流通体系。没有投资人的生产资料投入、流动资金投入、技术及设备投入，没有专业技术人员对生产过程的专业化管理，就不可能有现代化的生产。没有劳动者的辛勤劳动，当然也不可能有现代化的大工业生产。三个社会群体分别用自己的劳动为社会生产做出自己的贡献，同时也赢得了从社会劳动中获取报酬的权利。三个群体都通过自己拥有的资本：权利资本、物力资本、技术资本、人力资本，参与资本增值的过程，同时也都获得了参与国民分配的权利，这就叫资本主义。但是，付出什么才能得到什么，付出多少才能得到多少，三大社会群体的权利都只能保持在自己的疆界之内，不能越位，更不能为所欲为，这就是现代社会的经济秩序。

现代社会的经济利益冲突，在正常情况下主要发生在投资人与劳动者之间。政府担任二者博弈的裁判员，超脱在经济利益之外。资本的本性是利润最大化，没有权力的约束，它会吸干劳动者的全部血汗甚至骨头、毛发。除此之外，偷工减料、假冒伪劣、环境污染、资源破坏、偷税漏税、欺行霸市、坑蒙拐骗、盗窃抢劫，为了一分钱的利益，它不惜洪水滔天。所有这一切，都需要政府约束节制，甚至严厉打

击。在劳动者方面，政府同样担负着重大责任，劳动者的基础教育乃至专业培训、劳动者的权益保障、失业者以及丧失劳动能力的鳏寡孤独的生存保障、重大天灾人祸的救助等，都需要政府的投入。总之，限制强势群体的暴戾恣睢，保障弱势群体的正当权益，离不开政府这个裁判员的公平公正。正因为如此，政府必须超脱在经济利益之外，这就是现代社会政经必须分离最根本的理由。

对于这个问题，韩愈是这样表述的："君者，出令者也；臣者，行君之令而致之民者也；民者，出粟米麻丝，作器皿，通货财，以事其上者也。君不出令，则失其所以为君；臣不行君之令而致之民，则失其所以为臣；民不出粟米麻丝，作器皿，通货财，以事其上；则诛。"上面这一段话，在市场经济的环境下，我们可以作这样的理解：政府职责是为生产活动提供协调与保障，投资人的职责是为生产活动提供生产资料投入、流动资金投入、技术及设备投入以及生产过程的专业化管理，劳动者的职责就是辛勤劳动、创造财富。不能履行自己的职责，就是失其所以为君、失其所以为臣、失其所以为民，就应该受到诛责。在韩愈的时代，君主处于强势地位，所以韩愈的诛责，首先针对君主。

在政治领域表现为专权，在经济领域表现为专利，唐德宗是中唐最为贪婪的皇帝。他最大的贪婪，并不是为人们所熟知的花样翻新的税收，而是内使诸司对国民经济的全面侵蚀。实际上，设置专使主管经济活动，唐玄宗时代已经开始，《资治通鉴》天宝元年："三月，以长安令韦坚为陕郡太守，领江淮租庸转运使。初，宇文融既败亡，利者稍息。及杨慎矜得幸，于是韦坚、王铱之徒竞以利进。百司有利权者，稍稍别置使以领之，旧官充位而已。"杨国忠为度支郎，领十五余使。至宰相，凡领四十余使。其拜相制前衔有出纳、监仓、祠祭、木炭、宫市、管当租庸、铸钱等使，其重心在"利权"，其要害在"旧官充位"，皇帝的私人特使侵夺了政府的合法权利。到德宗时期，专使已大多落入太监之手，专使名目，也多达百数。其中如内庄宅使、五坊使、内园总监栽接等使、染坊使、御厨使、牛羊使、鸡坊使、尚食使、内外尚食知食使、宫市使、木炭使、西北和籴粜使、营田使、陇右群牧使、

第十章　君、臣、民的利益分配：韩愈的经济思想

陕虢群牧使、京畿铸钱使、琼林使、琼林库使、大盈库使、度支使、印纳使、绛州铜冶使、内酒坊使、解县榷盐催勘使、解县榷税使、开漕使、内仓使、毯坊使、内冰井使、内浴堂园覆使、口味库使、市舶使等，均属经济专使，重在"利权"，毋庸置疑。

元和四年至五年，韩愈以都官员外郎分司东都判祠部。《为分司郎官上郑余庆尚书相公启》："分司郎官职事惟祠部为烦且重，愈独判二年，日与宦者为敌，相伺候罪过，恶言詈辞，狼藉公牒，不敢为耻，实虑陷祸。"据《新唐书·百官志一》："祠部郎中、员外郎，各一人，掌祠祀、享祭、天文、漏刻、国忌、庙讳、卜筮、医药、僧尼之事。"这一时期，韩愈"日与宦者为敌，相伺候罪过"。所争执的，无非就是祠部员外郎执掌的这些琐屑的事务。对太监而言，则是具体的经济利益。韩愈与宦官争利，当然不是个人私利，而是国家与百姓的公利。那么当时宦官与国争利、与民争利，情势显而易见。而韩愈"实虑陷祸"，可以看出宦官的强横嚣张，也可以看出韩愈对皇室家奴的态度。

韩愈对皇室与民争利最激烈的反对意见，是在宫市问题上。贞元十九年韩愈初迁监察御史，即上疏极论宫市（《新唐书·韩愈传》），终至被贬阳山。元和八年作《顺宗实录》记载德宗时期的宫市制度："旧事：宫中有要市外物，令官吏主之，与人为市，随给其直。贞元末以宦者为使，抑买人物，稍不如本估。末年不复行文书，置白望数百人于两市并要闹坊，阅人所卖物，但称宫中，即敛手付与，真伪不复可辨，无敢问所从来，其论价之高下者。率用百钱物买人直数千钱物，仍索进奉门户并脚价钱。将物诣市，至有空手而归者。名为宫市，而实夺之。尝有农夫以驴负柴至城卖，遇宦者称宫市取之，才与绢数尺，又就索门户，仍邀以驴送至内。农夫涕泣，以所得绢付之，不肯受，曰：'须汝驴送柴至内。'农夫曰：'我有父母妻子，待此然后食。今以柴与汝，不取直而归，汝尚不肯，我有死而已！'遂殴宦者。街吏擒以闻，诏黜此宦者，而赐农夫绢十匹，然宫市亦不为之改易。"结合白居易的《卖炭翁》，宫市交易的具体细节如在目前：一个宦官带领一伙使户小儿，看中货物，口称宫市，即敛手付与，还要向卖方索取进奉门户钱以

及脚价钱。这样的买卖,和抢劫有什么区别?韩愈对宫市深恶痛绝,其批判的态度始终如一。

从广义的角度看,宫市属于和市的一种。在唐朝前期,政府物资的采购即和市由各职能部门承担,如钩盾署负责采购薪炭即是。金部郎中负责和市、宫市的管理,地方官员如京兆尹、河南少尹乃至长安尉也负有管理之责。上元年间京兆尹黎幹奏开漕渠以保障京城薪炭(《旧唐书》卷十一)、开元中薛矜以长安尉主知宫市(《太平广记》卷三三一),就是地方官协助管理宫市的例证。不过,即使是政府统购,不规范的操作仍然普遍存在。唐高宗《申理冤屈制》曾经申饬过"境内市买,无所畏惮,虚立贱价,抑取贵物"(《全唐文》卷十一)的现象,可见早在初唐,抑价贱买的情况就已经相当严重。太宗年间,司农寺曾经以超出市价几乎一倍的价格收买木橦(《新唐书·孙伏伽传》),这种情况不但绝无仅有,而且同样是不规范的。玄宗天宝十一年,右相杨国忠出任主持宫市事务的宫市使,这是史料上有关宫市使设置的最早记载,此后,这一职务大多由京兆尹、户部侍郎兼任。以宰臣的身份主管宫市,其职责应该是组织协调,而不可能是直接采购或直接管理。换言之,宫市使的职责,应该是协调宫市管理部门如金部与宫市采购部门如钩盾署之间的工作关系。也就是说,宫市使这一职务,一开始就具有市场管理者与政府采购者这样的双重身份。不过作为当朝权臣,宫市使的主要工作,应该是以组织大规模的采造或和市为主,零星的采购,恐怕还难以烦劳这些位高权重的朝廷大员。这一点,应该是早期宫市使与中唐宫市使的显著区别。贞元后期,宫市使这一职务开始由宦官担任。从这一时期开始,史料中大量出现了有关宫市扰民的记载,如贞元十三年张建封谏宫市(《旧唐书·张建封传》)、贞元十四年吴凑谏宫市(《新唐书·吴凑传》)、贞元十七年六月崔善贞谏宫市(《资治通鉴》卷二百三十六)、元和四年白居易作《卖炭翁》苦宫市。顺宗为太子时,亦尝"言宫市之弊"(《旧唐书·王叔文传》),且"将大论宫市事"(《顺宗实录》卷五)。由此看来,中唐宫市使的主要工作,应该是市场采购。这一现象,一方面表明了宫市使职事

第十章 君、臣、民的利益分配：韩愈的经济思想

的转移，另一方面也显示出中唐商品经济的发达。不过，宫市使所特有的市场管理者与政府采购者的双重身份不会有什么变化，而这正是造成中唐宫市扰民的根本原因。宫市使是皇帝的个人特使，政府职能部门没有监管特使的权力，这也是造成宫市使肆无忌惮的重要原因。

韩愈点名批评皇室家奴扰民，五坊使也是其中之一。《顺宗实录》卷二："贞元末，五坊小儿张捕鸟雀于闾里，皆为暴横以取钱物。至有张罗网于门，不许人出入者。或有张井上者，使不得汲水，近之辄曰'汝惊供奉鸟雀'，痛殴之。出钱物求谢，乃去。或相聚饮食于肆，醉饱而去，卖者或不知，就索其直，多被殴詈。或时留蛇一囊为质，曰：'此蛇所以致鸟雀而捕之者，今留付汝，幸善饲之，勿令饥渴。'卖者愧谢求哀，乃携而去。"五坊，雕坊、鹘坊、鹰坊、鹞坊、狗坊，为皇室成员打猎饲养猎鹰、猎犬的官署。五坊小儿，五坊使属下五坊课役户青年男子。唐代使户充役，多由未成年男子充任。白居易笔下的"白衫儿"，韩愈笔下的"白望"，也就是宫市小儿。唐代宦官扰民，"小儿"为其帮凶。这批人无产无业，正是韩愈高度警惕的"民焉而不事其事"者。

宦官的猖獗，宪宗朝尤甚。《唐故朝散大夫商州刺史除名徙封州董府君墓志铭》记载了董溪一段经历："兵诛恒州，改度支郎中，摄御史中丞，为粮料使。兵罢，迁商州刺史。粮料吏有怂争相牵告者，事及于公，因征下御史狱。公不与吏辩，一皆引伏。受垢除名，徙封州，元和六年五月十二日死湘中，年四十九。"这里所隐约透露的，是一个令人恐怖的事实。《旧唐书·宪宗纪上》："（元和四年冬十月）癸未，以神策左军中尉吐突承璀为镇州行营招讨处置等使，以龙武将军赵万敌为神策先锋将，内官宋惟澄、曹进玉、马朝江等为行营馆驿粮料等使。"此次出师以宦官为统帅，朝议抨击至为激烈，宪宗不得不在发命五天之后，改"招讨处置使"为"招讨宣慰使"，即是明证。同样由于朝议的激烈反对，内官担任的粮料使被改换，先改任董溪，再改任皋謇。董溪接替宦官担任此职，无异于虎口夺食。盖中唐时期，神策

军已经成为宦官控制下无所不在同时具有垄断性质的一个巨大的官商利益集团,内官出任粮料使,正是其利益所在,势所必争。董溪、于皋謨成为吐突承璀的眼中钉,应该是意料中事。由于触动了宦官的面包,董溪、于皋謨最终以"干没军资"的罪名被杀。《册府元龟》卷五百十一记载其事云:"于皋謨,宪宗时为行营粮料使,元和六年五月坐犯诸色赃计钱四千二百贯,并前粮料使董溪犯诸色赃,计四千三百贯。又于正额供军市籴钱物数内抽充羡余公廨诸色给用,计钱四万一千三百贯。敕:'于皋謨、董溪等,顷以山东兴师,馈运务重,朕召于内殿,委以使车。诚厉激扬非不诚切,亦谓尽力成务,灭私奉公。而乃肆意贪求,曾无忌惮,擅请时服,干没军资,负恩败法,一至于此。据其罪状,合置极刑。以其尝列班行,皆承门序,弘以好生之泽,免其殊死之辜。是俾投荒,期于勿齿:皋謨除名配流春州,董溪除名配流封州。'其判官崔元受、韦岵、薛巽、王湘等并贬岭外。皋謨、溪行至潭州,并专遣中使赐死。"这一指控,形同儿戏,就《册府元龟》的记载分析,于皋謨"犯诸色赃计钱四千二百贯",然后再加上"前粮料使董溪犯诸色赃",总计也不过"四千三百贯"。那么董溪的赃罪,充其量也不过一百贯。区区百贯的亏空,即便完全属实,在数以巨亿的军费中也不过九牛一毛;对于出身于宰相门第的世家子弟董溪而言,更是不值一提。何况这一亏空的出现,并非偶然。《隋唐五代墓志汇编》河南卷第一册崔雍《唐故鄂州员外司户薛君(巽)墓志铭》载:"元和五年,兵诛恒州,□粮料使董溪。溪素知之,留参幕府,倚以出纳。兵乱,触粮料府,府使与其佐惧逼进去,军食万计,委弃不顾。"威逼粮料府的"盗",正是吐突承璀麾下的"乱兵"。其中蹊跷,一目了然。但就是这样一个莫须有的罪名,流放封州,已嫌过当。当局尚"悔其轻",居然"诏中使半道杀之"(《旧唐书·权德舆传》)。宦官的猖獗,于此可见。这样的世道,还有什么公理可言?权德舆上疏曰:"溪等方山东用兵,干没库财,死不偿责。陛下以流斥太轻,当责臣等缪误,审正其罪,明下诏书,与众同弃,则人人惧法。臣知己事不净,然异时或有此比,要须有司论报,罚一劝百,孰不甘心。"(《新唐书·权德舆传》)

第十章　君、臣、民的利益分配：韩愈的经济思想

辞虽婉转，"要须有司论报，审正其罪"，责之不可谓不严。须知检察部门尚未立案，法庭尚未审理，罪从何来？不能明证其罪，私下处死，这还是一个法治社会吗？董溪当庭，"不与吏辩"，良有以也。"由我者吾，不我者天，斯而以然，其谁使然！"韩愈的矛头直接指向"天"，"其谁使然"一问，明知故问，尤其发人深思。值得注意的是，《送陆畅归江南》"永负湘中坟"，对这一冤案含血愤天。看来不仅仅是因为董溪是他当年的府主董晋的儿子，更大的可能，是时任比部郎中史馆修撰的韩愈本人正在抨击宦官领兵的"朝议"之列。换句话说，董溪大义凛然虎口夺食，其中有韩愈的推动鼓吹，这正是董溪死后韩愈负疚深重的原因。这样看来，在中唐南北司之争的激烈战场上，韩愈介入的程度，比人们想象的要深得多。

归纳上文所述，德宗以后内使诸司身兼市场管理者与市场经营者的双重身份，裁判员直接上场比赛，导致市场监管完全缺位，市场的混乱就必不可免了。宦官主持的官商经济日益规模化、制度化，不但侵夺了农、工、商的经济利益，而且裁判上场，直接破坏了市场秩序。站在现代学术的高度看问题，公平竞争、优胜劣汰机制的建立是人类社会走向近现代的根本保障。权力的垄断必然阻碍民主机制的萌生，市场的垄断必然阻碍科学技术的进步。学术界对南美模式、东南亚模式国家资本主义的要素颇多关注，却很少有人注意到，早在一千二百年前，类似的要素在中唐已经成形。从这个角度看问题，韩愈对太监经济的批判，直到今天仍然有着积极的意义。

第二节　市场垄断与市场竞争

严格禁止市场垄断，是建立公平竞争市场机制的前提和保障。这是现代国家经济秩序的基础，也是政府的职责与义务。商家的欺行霸市必须禁绝，政府对市场的暴力干预，危害尤其严重。对于这样的行为，韩愈是坚决反对的。

长庆二年三月张平叔为户部侍郎,上疏请官自卖盐,可以富国强兵,陈利害十八条。诏下其疏,令公卿详议。张平叔利害十八条,其核心是"自粜官盐,收实估匹段",其要害是使用政府暴力,强行将食盐的生产、采购、运输、销售环节全部收归国有,并借助其垄断地位加价出售,以谋取垄断利润。张平叔的盐政改革,实际上并不是什么新创举,而是千年前的老段子。大凡专制政权,必然实施短缺经济,即最大限度压制国民消费,以此最大限度地保障财政收入。所以,他们往往会盯住人类生存最低限度的生活必需品做文章。春秋齐国管仲首兴盐铁之利,其法以官制食盐为辅、民制食盐为主,官收官运官销,寓税收于官府专卖盐价之中,以增加政府收入。汉武帝实行盐铁官营:募民自筹生产费用煮盐,政府以独家提供生产工具牢盆的形式,间接控制生产环节。产品则由官府统一收购、统一运输、统一销售。唐前期一百五十年,盐铁生产处于自然状态。乾元元年(758年)第五琦初变盐法,"就山海井灶近利之地置监院,游民业盐者为亭户,免杂徭,盗鬻者论以法。尽榷天下盐,斗加时价百钱而出之,为钱一百一十"(《新唐书·食货志四》)。宝应年间,刘晏为盐铁使,在产盐区设置监院,督促盐户自行生产。然后统一收购,并在盐价中加入盐税批发给商人,但允许商人自行运销。盐铁官营的优势是有利于增加政府财政收入,刘晏初任盐铁使时,盐利年收入才四十万缗,到大历末年增至六百余万缗,就是最好的证明。其缺点是:以使户的形式剥夺了劳动者刚刚获得的人身自由,不利于劳动力的自主流动,更不利于劳动者的个性解放;政府控制生产环节,不利于生产要素的随机配置;政府直接控制收购、销售以及定价环节,不利于市场机制的正常发育;更严重的是,在国民生产规模以及技术水准没有大幅度提高的情况下大规模增加财政收入,改变的只能是国民分配比例,其实质是搜刮聚敛。张平叔的盐法则在政府垄断经营的道路上走得更远:第五琦、刘晏将盐税加入盐价之后,还听凭商人运销。张平叔则主张州府差人自粜官盐,而且收实估匹段。这样的盐政,不但背离了人类近现代文明的基本法则即市场经济规律,背离了近现代经济秩序的起

第十章　君、臣、民的利益分配：韩愈的经济思想

码要求即政经分离的要求,背离了近现代文明保障民生的公平原则,而且其具体实施细则,也不具有可操作性。

四月末,韩愈上《论变盐法事宜状》,坚决反对张平叔的盐政改革。针对张平叔所谓"自粜官盐,收实估匹段"之说,韩愈驳斥云:"通计所在百姓贫多富少,除城郭外有见钱籴盐者,十无二三,多用杂物及米谷博易。盐商利归于己,无物不取。或从赊贷升斗,约以时熟填还。用此取济,两得利便。今令州县人吏坐铺自粜,利不关己,罪则加身。不得见钱及头段物,恐失官利,必不敢粜。变法之后,百姓贫者无从得盐而食矣。求利未得,敛怨已多,自然坐失盐利常数。所云获利一倍,臣所未见。"韩愈认为,这两条主张,前者完全不具有可操作性。须知一州一县,方圆数十百里,人口数十百万,政府不可能在每一个小村庄设置官方盐署出售食盐。那么剩下的事情就非常明白了:百姓或者跋涉数十百里去买一小包食盐,因为他没有财力批量采购;或者就干脆淡食,也就是东坡所说的"尔来三月食无盐"。至于"收实估匹段"的主张,则更是竭泽而渔、雪上加霜。须知中唐盐价本来就是天价。天宝、至德间,盐每斗十钱。第五琦一次性地每斗加时价百钱而出之,为钱一百一十,间接税高出货物实价十倍,已经是史无前例了。此后盐价持续上涨,宝应年间刘晏盐法,商人纳绢以代盐利者,每缗加钱二百。贞元初,盐价达到每斗钱三百七十。不过,第五琦的盐价,以"时价"计算,而贞元、元和盐价"多为虚估,率千钱不满百三十而已"(《新唐书·食货志四》)。张平叔要求收实估匹段,那么实际盐价,就远不止"获利一倍"而已。百三十比一千,已经是七点七倍了。这种竭泽而渔的经济政策,只讲效率,不顾公平,最终只能培养出王仙芝、黄巢、朱温等私盐贩子。

韩愈又反驳张平叔"所务至重,须令庙堂宰相充使"之说云:"臣以为若法可行,不假令宰相充使;令不可行,虽宰相为使,无益也。又宰相者,所以临察百司,考其殿最。若自为使,纵有败阙,遣谁举之?此又不可者也。"又反驳张平叔"请以粜盐多少为刺史县令殿最,多者迁转不拘常例,如阙课利,依条科责"之说云:"刺史、县令,职在分忧。

今惟以盐利多少为之升黜,不复考其治行,非唐虞三载考绩黜陟幽明之义也。"在市场经济体制中,政府的本职工作就是监管市场而不是经营市场。政府首脑宰相、刺史、县令亲自充使,将政府直接办成了公司,那么市场监管的职能谁来履行?一旦出现经济纠纷、利益冲突,作为冲突一方的当事人又怎么可能公平裁判?一旦出现重大责任事故或重大环境灾难,作为监管责任人的政府首脑又怎么去惩罚作为公司法人的自己?"遣谁举之"一问,尖锐而深刻,逼得一千二百年以后的我们不得不认真思考。

韩愈又反驳张平叔"请限商人,盐纳官后,不得辄于诸军诸使觅职掌把钱捉店,看守庄硙,以求影庇。请令所在官吏严加防察,如有违犯,应有资财并令纳官,仍牒送府县充所由"之说云:"臣以为盐商纳榷,为官粜盐。子父相承,坐受厚利。比之百姓,实则校优。今既夺其业,又禁不得求觅职事,及为人把钱捉店,看守庄硙,不知何罪,一朝穷蹙之也?若必行此,则富商大贾必生怨恨。或收市重宝,逃入反侧之地,以资寇盗,此又不可不虑也。"这一段辩驳针对中产阶层,很有深思的必要。近现代转型时期,出现了先富起来的一批人。毋庸讳言,这批人的第一桶金大半不太干净,社会舆论对这批人也大多缺乏好感。一旦这些人犯事,往往是人人喊打。不过,平民百姓喊打,大半是仇富;朝廷也喊打,大半是盯上了人家的口袋。王安石变法,六等户一律收税。原来享受免税待遇的一、二等户有钱人固然不能幸免,而本来不用交税的五、六等户穷人同样也没能幸免。但在宣传上,强调的却是打击豪强地主的利益,于是某些穷人的心理也就平衡了,甚而至于产生出某种幸灾乐祸的快感。这种连自己利益所在都看不清楚的人,怎么可能成为合格的现代公民?实际上,羊毛出在羊身上,地主多交了税,地租能不增?资本家多交了税,工资能不降?房地产多交了税,房租能不涨?打黑的板子最终落到谁的身上,还用得着猜吗?韩愈为盐商说话,今人颇多非议。实际上,中产阶层的壮大不但是社会的进步,也有利于朝廷乃至劳动者,毕竟蛋糕大了总比没有蛋糕好。而且这批人一旦落入"穷蹙"的境地,心生怨恨,"逃入

第十章 君、臣、民的利益分配：韩愈的经济思想

反侧之地,以资寇盗",其能量也是可怕的,王仙芝、黄巢、朱温,就证实了韩愈的预言。

幸好,朝廷还没有糊涂到利令智昏的地步,长庆二年五月诏曰:"其盐铁先于淄青、兖、郓等道管内置小铺㕑盐,巡院纳榷,起今年五月一日已后,一切并停。"(《旧唐书·食货志上》)张平叔的盐法改革,算是告一段落,大唐王朝,也由此度过了一场政治危机。

第三节 税收：国税与地税

就中国而言,现代税种大半发端于唐德宗。两税法,就是财产税。榷盐法,就是专卖税。税间架,就是房产税。除陌钱,就是交易税。漆木茶竹麻铁税,就是土产税。而且这些税费有相当一部分如盐税就隐藏在货物价格中,属于间接税,消费者根本不知道自己交了税。应该承认,随着商品经济的发展,商品税、交易税乃至间接税的出现,是符合市场经济规律的。上述税种的出现,在某种程度上体现了中唐商品经济的繁荣,未尝不可以看作是历史的进步。问题是,你收多少？怎么收？正如利改税、费改税一样,制度的设计虽然合理,你却不可以搭车涨价,增加百姓的负担。说得更明白一点,经济改革的制度设计以及价值评判,要害在定量而不是定性。为历代聚敛之臣辩护的所谓学者们最乐于纠缠的,就是喋喋不休地分析变法措施顺应历史趋势、市场规律的进步意义,而绝口不提定量分析。现代学术界有关两税法的争议,大半都停留在纸面上,只看纸上的条文,就得出"唐政府提高市场价格以减轻两税下人民的重负"的结论,完全不考虑生活中的实际情况。

建中四年六月,行税间架、除陌钱法。《旧唐书·卢杞传》记税间架:"凡屋两架为一间,分为三等。上等每间二千,中等一千,下等五百。所由吏秉笔执筹,入人第舍而计之。凡没一间,杖六十,告者赏钱五十贯文。"按：架,量词,两柱之间为一架。《仪礼·少牢馈食礼》

"主人献祝,设席南面,祝拜于席上,坐受。"郑氏注:"室中迫狭。"唐贾公彦疏:"言迫狭者,大夫士庙室皆两下五架。正中曰栋,栋南两架,北亦两架。栋南一架名曰楣,前承檐,以前名曰庪。栋北一架为室,南壁而开户,即是一架之开,广为室,故云迫狭也。"以一栋普通的五柱五檩的小房间为例,两架为一间,一栋就是四间。上等房税八千,中等房税四千,下等房税二千。而且这房子并不是新买的房产,而是百姓世世代代居住的老房子。每年为自己的老房子交两贯到八贯的房产税,这是什么世道!

《旧唐书·卢杞传》又记除陌法:"天下公私给与贸易,率一贯旧算二十,益加算为五十。给与物或两换者,约钱为率算之。市主人、牙子各给印纸,人有买卖,随自署记,翌日合算之。有自贸易不用市牙子者,验其私簿,投状自其有私簿投状。其有隐钱百,没入。二千,杖六十,告者赏钱十千,出于其家。"凡货物交易、货物交换乃至私相赠与,都要交百分之五的交易税,隐瞒交易者,不但钱、货没收,还要追罚赏钱十千给告发者。

《旧唐书·食货下》记建中四年:"竹木茶漆尽税之。茶之有税,肇于此矣。"《新唐书·食货志》:"竹木茶漆,税十之一。……及泾原兵反,大呼长安市中曰:'不夺尔商户僦质,不税尔间架、除陌矣。'于是间架、除陌、竹木茶漆铁之税皆罢。"可见民间的积怨。

除了花样繁多的税收之外,强行借贷,也是德宗搜刮的高招。《旧唐书·卢杞传》记赵赞建中三年行括率:"以为泉货所聚,在于富商,钱出万贯者留万贯为业,有余,官借以给军,冀得五百万贯。上许之,约以罢兵后以公钱还。敕即下,京兆少尹韦祯督责颇峻,长安尉薛萃荷校乘车,搜人财货,意其不实,即行搒棰,人不胜冤痛,或有自缢而死者。京师嚣然,如被贼盗。都计富户田宅奴婢等估,才及八十八万贯。又以僦柜纳质积钱、货贮粟麦等,一切借四分之一,封其柜窖,长安为之罢市,百姓相率千万众邀宰相于道诉之。杞初虽慰谕,后无以遏,即疾驱而归。计僦质与借商,才二百万贯。"按:校,枷。带着刑具闯入民宅,"意其不实,即行搒棰",这哪里是官方在向百姓借

第十章 君、臣、民的利益分配:韩愈的经济思想

钱,纯粹就是土匪抢劫。银行、典当行、仓储、粮库,无一能够幸免。

除了搜刮百姓之外,德宗还没有忘记搜刮各级官员,尤其是肥头大耳的地方官员。即便盐铁属于国税,德宗也敢于巧取豪夺。韩愈对德宗的这类行为持明确的批判态度,《顺宗实录》卷二:"旧盐铁钱物悉入正库,一助经费。其后主此务者,稍以时市珍玩时新物充进献,以求恩泽。其后益甚,岁进钱物,谓之羡余,而经入益少,至贞元末,遂月有献焉,谓之月进。"按:羡者,余也。《诗小雅·十月之交》:"四方有羡。"毛传:"羡,余也。"郑笺:"四方之人尽有余饶。"羡余:相对于"常赋"而云然,谓定额赋税外之盈余也。袁枚《随园随笔》引《周礼地官·小司徒》:"凡起徒役,勿过家一人,以其余为羡。"谓"此后世'羡余'二字之所由始。"至于唐代征籍外田税,当始于开元间宇文融。《旧唐书·食货上》:"开元中,有御史宇文融献策,括籍外剩田。"《新唐书·食货志》作"籍外羡田",并系其事于开元八年。然此尚托名国用者。至"王鉷进计,奋身自为户口色役使,征剥财货,每岁进钱百亿,宝货称是。云非正额租庸,便入百宝大盈库,以供人主宴私赏赐之用"(《旧唐书·食货志上》)。《旧唐书·王鉷传》系其事于天宝四载。此后,税外羡余悉入帝王私囊,"羡余"之实质,乃在于此。天宝八载,杨国忠"贱贸天下义仓,易以布帛,于左藏库列造数百间屋,以示羡余"(《册府元龟》卷五一○)。"十三载以后,安禄山为范阳节度,多有进奉,驼马生口,不旷旬月。"(《通典》卷七)此实藩镇进奉之始也。至德宗朝,其势遂炽。《旧唐书·食货志上》云:"先是,兴元克复京师后,府藏尽虚,诸道初有进奉,以资经费,复时有宣索。其后诸贼既平,朝廷无事,常赋之外,进奉不息。韦皋剑南有'日进',李兼江西有'月进',杜亚扬州,刘赞宣州,王纬、李锜浙西,皆竞为进奉,以固恩泽。贡人之奏,皆曰臣于正税外方圆,亦曰'羡余'。节度使或托言密旨,乘此盗贸官物。诸道有谪罚官吏入其财者,刻禄廪,通津达道者税之,莳蔬艺果者税之,死亡者税之。节度观察交代,或先期税入以为进奉。然十献二三耳,其余没入,不可胜计。此节度使进奉也。其后裴肃为常州刺史,乃鬻货薪炭案牍。百贾之上,皆规利焉。岁余,

又进奉。无几,迁浙东观察使。天下刺史进奉,自肃始也。刘赞死于宣州,严绶为判官,倾军府资用进奉,无几,拜刑部员外郎。天下判官进奉,自绶始也。"故白居易有《重赋》云:"缯帛如山积,丝絮如云屯。号为羡余物,随月献至尊。"韩愈将进奉、羡余录入《实录》,也就将德宗君臣的丑态刻在了历史的耻辱柱上。

在国税与地税之间,在朝廷横征暴敛与百姓哀鸿遍野之间,州县官员处境的艰难,韩愈有着深刻的领会。《赠崔复州序》:"赋有常,而民产无恒。水旱疠疫之不期,民之丰约悬于州县。县令不以言,连帅不以信。民就穷而敛愈急,吾见刺史之难为也!"时于頔为襄州刺史山南东道节度使,复州为山南东道属邑。《旧唐书》本传载于頔"公然聚敛,恣意虐杀,专以凌上威下为务"。时"民就穷而敛愈急",上言连帅,"连帅不以信",则"刺史之难为",也就难以避免了。《送许郢州序》:"为刺史者,恒私于其民,不以实应乎府;为观察使者,恒急于其赋,不以情信乎州。繇是刺史不安其官,观察使不得其政。财已竭而敛不休,人已穷而赋愈急,其不去为盗也亦幸矣!"所谓"为观察使者恒急于其赋,不以情信乎州",就是公开指斥于頔。不过,于頔如此专横却能长期坐镇一方,原因在什么地方?《旧唐书》本传"有人财使远之勤",就透露了其中奥秘。说穿了,于頔只不过就是德宗派驻地方的聚敛工具而已。权力的垄断必然导致经济利益的垄断,这就是中唐的社会现实。

第四节　金融:价格双轨制

中唐虚钱、实钱,虚估、实估的问题,学术界存在两种截然相反的意见:一种意见认为,实估即是同于市价之估,凡高于市价之估,都是虚估;或认为虚估就是省估,即"都省所立价也";或认为实估是当时当地的价格,虚估是上级规定的价格;或认为唐政府为鼓励税户交税,折价时用高于市场的实际价格来折算纳税人所提交的实物,叫虚

第十章 君、臣、民的利益分配：韩愈的经济思想

估。以上几种说法，都认为实估是市场的实际物价，虚估是政府制定的与市易实价不符的高物价。相反的观点认为，虚估并非是指政府制定的高物价，而是起源于虚、实钱，以实钱估价物品为实估，以虚钱估价物品为虚估。虚、实估之间的差价就是虚、实钱之间的差价①。

  本书通过直接考察唐人有关文献得出结论：中唐实施两税法以后，官方法定货币铜钱与市场实际流通货币绢帛之间存在两种不同的兑换率：官方规定的兑换率与市场实际兑换率。前者是固定的，后者则随市场景气而上下浮动。建中之初，绢一匹折钱三千二三百文。贞元十年，绢一匹折钱一千五六百文（陆贽《请两税以布帛为额不计钱数》）。元和十五年，绢一匹价不过八百（李翱《疏改税法》）。换言之，铜钱相对于绢帛的市场价值，贞元年间已经上涨了一倍，元和年间则相当于建中初年的四倍，而官方兑换率始终保持不变。这样，绢帛乃至一切以绢帛为支付手段的货物就有了两种不同的价格，官方价格叫实估，市场价格叫虚估。用现代生活的经验通俗地理解，同一个货物，标价十元。政府向百姓收购，以十元人民币支付；百姓向政府购买，必须支付十美元。老百姓当然是没有美元的，美元都在政府手上，于是老百姓只能将价值十美元的人民币交给政府，以支付十美元货款。这里的美元就是实估，人民币就是虚估。中唐的铜钱就是实估，绢帛就是虚估。标价虽然相同，实际价值却大不相同，这就是价格双轨制。中唐政府收缴赋税，只承认官方价格；百姓却必须用市场价格，高价向政府购买铜钱。具体来说，缴纳十千铜钱的赋税，建中初年只需要付出绢二匹半，贞元年间需要付出五匹，元和年间则需要付出十二匹（李翱《疏改税法》）。反过来，政府对百姓的实际支付如宫市采购，却仍然按官方兑换率折算，十千铜钱折算绢三匹（陆贽《请两税以布帛为额不计钱数》）。说得更明白一点：百姓向政府纳税，一匹绢折算铜钱八百文；政府向百姓采购，一匹绢折算铜钱三千

---

  ① 参见程剑波《六十余年来大陆学者关于唐代虚、实钱与虚、实估问题的研究》，《青海师范大学学报》2014年第2期。

二三百文。白居易《卖炭翁》"半匹红纱一丈绫,系向牛头充炭直"、《新唐书·食货志二》宫市使取物于市"以盐估敝衣绢帛尺寸分裂酬其直",说的就是这种情况。所以,中唐钱重物轻的问题,是政府方面人为制造出来敲骨吸髓的聚敛手段,绝对不是什么"两税法后物价日以跌落,使人民负担沉重,于是唐政府提高市场价格以减轻两税下人民的重负"的德政。

韩愈《钱重物轻状》提出四条意见,以兴利除弊:"一曰在物土贡。夫五谷布帛,农人之所能出也,工人之所能为也。人不能铸钱,而使之卖布帛谷米以输钱于官,是以物愈贱而钱愈贵也。今使出布之乡,租赋悉以布;出绵丝百货之乡,租赋悉以绵丝百货。去京百里悉出草,三百里以粟;五百里之内及河渭可漕入,愿以草粟租赋,悉以听之。则人益丰,钱益轻,谷米布帛益重。"人类历史上的税收制度,经历了劳役地租、实物地租、货币地租三个阶段。唐初的均田制属于田亩税、丁口税,其纳税方式租庸调,则以物土贡为主体,兼用劳役。中唐的两税法属于财产税,其纳税方式则以货币缴纳为主体。应该说,这是一个巨大的历史进步。但在政府垄断了货币发行权同时垄断了物价审定权的前提下,利用价格双轨制任意盘剥百姓就成为必然。即便在一定程度上恢复"物土贡",也未必能保障市场交易的公平,宫市的存在就是最明显的例证。但在货币供应量严重不足的情况下,以物易物不失为解决危机的可行办法,20世纪90年代解决三角债就是类似的思路。

韩愈提的第二条意见:"二曰在塞其隙,无使之泄。禁人无得以铜为器皿,禁铸铜为浮屠、佛像、钟、磬者。蓄铜过若干斤者,铸钱以为他物者,皆罪死不赦。禁钱不得出五岭,五岭买卖一以银。盗以钱出岭及违令以买卖者皆坐死,五岭旧钱听人载出。如此则钱必轻矣。"现代信用货币的信用基础,是发行者必须拥有相应的贵重金属作为等值兑换的保障。所以,批量贵重金属如黄金不得自由通关,也是现代国家的通行惯例。禁钱不得出五岭,就是同样性质的法令。韩愈的这条建议不但切实可行,而且具有高瞻远瞩的预见性。

韩愈提的第三条意见:"三曰更其文贵之,使一当五,而新旧兼用之。凡铸钱千,其费亦千。今铸一而得五,是费钱千而得钱五千,可立多也。"同样重量的铜币,将币面标识的面值提高五倍,币值增长了五倍,所消耗的铜材却没有相应提高,这就是"更其文"的含义。这是金本位货币向信用货币转换的关键一步,现代社会的纸币就由此发展而来。就人类历史发展而言,应该是一个巨大的进步。但信用货币的前提是信用,这个信用的基础,就是等值等额的重金属储备;或者说,货币发行量必须与国民生产总值相匹配。通俗地说,货币面值的提高必须以相应的实物储备为基础,才不至于影响市场交换中的实际购买力。如果货币面值虚高,就会造成通货膨胀。政府在国民生产总值没有增长的情况下加大货币投入,其实质就是用虚高的货币稀释百姓的实际收入。超发货币或者滥发货币,就意味着国民经济的崩溃,元末至正变钞就是最典型的案例。

还有必要指出,信用货币的信用除了取决于等值等额的重金属储备之外,还取决于在实际流通中等值等额的价值实现。同样是一匹绢帛,在百姓手上,它价值铜钱八百文;在政府手上,它价值铜钱三千二三百文,这样的货币制度还有什么信用可言?即便如当代学术界所说的那样将虚估理解为"折价时用高于市场的实际价格来折算纳税人所提交的实物",政府用小斗进大斗出的办法来救济百姓,那也是一种非市场行为,不符合经济规律。这种不合常情、不合常理的行为,其真实动机就值得怀疑,其实际效果更值得怀疑。举凡李悝的平籴法、桑弘羊的平准法、耿寿昌的常平仓、王安石的青苗法、朱熹的社仓法,都以低价售出为标榜。纠察其实,通过低价获利的不是豪强,就是朝廷。以东汉常平仓为例,"外有利民之名,而内实侵刻百姓,豪右因缘为奸,小民不能得其平"(《后汉书·刘般传》)。以德宗常平仓为例,建中三年九月,户部侍郎赵赞"请于两都并江陵、东都、扬、汴、苏、洪等州府各置常平","诸道要都会之所皆置吏阅商人财货,计钱每贯税二十,天下所出竹、木、茶、漆皆十一税之,以充常平本。时国用稍广,常赋不足,所税亦随时而尽,终不能为常平本。"(《旧唐书·

食货下》)以青苗法为例,熙宁二年行青苗法,青苗钱本一千五百万贯石。出息各二分,一半散钱取息,一半减价出粜。九年,各地常平钱物见在数增至三千七百三十九万余贯石匹两,获利者还是政府。以今天的生活经验为例,20世纪八九十年代计划内物资大大低于市场的价格,只是养肥了一伙官倒;计划内车皮大大低于市场的价格,只是培育出刘志军、张曙光等一批贪官;经济适用房大大低于市场的价格,只是便宜了一群房叔、房姐。当其立法之时,未必没有便民、惠民的初衷。后人单凭纸上文件研究我们这个时代,以为这些措施起到了"减轻人民的重负"的作用,就未免可笑了。

韩愈提的第四条意见:"四曰扶其病,使法必立。凡法始立必有病,今使人各输其土物以为租赋,则州县无见钱;州县无见钱而谷米、布帛未重,则用不足。而官吏之禄俸月减其旧三之一,各置铸钱,使新钱一当五者以给之。轻重平乃止。四法用,钱必轻,谷米、布帛必重,百姓必均矣。"百姓各输其土物以为租赋,政府就无从搜刮,地方政府的财政收入也就没了着落。韩愈提供的解决办法,是州县各置铸钱,增加货币投入。须知中唐时期钱重物轻的关键,在于中央政府垄断了货币发行权之后,有意减少了货币投放量,人为地制造钱重物轻的局面,以强化对百姓的搜刮。杨于陵谓"开元中天下铸钱七十余炉,岁盈百万;今才十数炉,岁入十五万而已",原因就在于"昔广铸以资用,今减炉以废功"(《新唐书·食货志》)。"减炉"二字,就透露出其中奥妙。韩愈的办法,不但增加了货币投放量,有利于解决钱荒即通货紧缩,而且大大增强了地方政府在国民经济体系中的比重与实权,完全符合现代国家地方分权的大趋势。

韩愈反对价格双轨制,体现了他同情百姓、关怀民生的民本思想,绝不是反对政府"减轻人民的重负"。大斗进、小斗出公然成为国家的制度,这样的经济秩序,实在是暗无天日。唯其如此,杨于陵、韩愈等人的批评,就更为难能可贵。

第五节　结　语

中唐时期的官商一体、市场垄断、进奉羡余以及价格双轨制,归根结底只有一个目的,就是增加中央政府的财政收入。从荣夷公的"专利"、管子的"利出一孔"、秦始皇的"头会箕敛"、汉武帝的盐铁官卖、唐德宗的两税法,到王安石的"为国理财",阿合马、桑哥的"专卖"、"变钞",张居正的一条鞭,经济改革的目标完全一致。事实上,上述的改革都大幅度提高了中央政府的财政收入,相关史料准确无误,不需要考证。解决政府的财政危机,是历史上所有经济改革的直接动因,本身就具有天然的合法性依据。府库充盈,林积山阜,经济效益也可以证实改革措施的有效性。唯一遗憾的是,上述改革形成的"上下交征利"(《孟子·梁惠王上》)的局面,对民族国家绝非吉兆。

现代国家的税率高于古代国家,本来是历史发展的必然趋势,也是人类社会由中世纪向近现代转型的必然要求。就税收制度的历史发展趋势而言,两税法一改此前的丁税、口税为财产税,除陌钱即消费税,税间架即房产税,税漆木茶竹麻即土特产税,赠与税、遗产税即所得税,官榷即间接税,宫市为政府采购引入了市场机制,内使诸司则创建了庞大的官营企业集团。至于价格双轨制,将货币制度由重金属本位制推向了信用货币的道路。进奉、羡余,正是转移支付的前身。可以说,从制度建设的层面讲,上述的改革,都体现了自然经济向市场经济过渡的必然要求,都具有历史的前瞻性和创造性。而且退一万步讲,轻徭薄赋也不是仁政爱民的唯一手段。对现代国家而言,减少税收有利于藏富于民,通过扩大再生产以增加国民财富;增加税收则有利于聚富于国,通过改善生产环境如安全、交通、金融、流通乃至于教育、文化等环境以推动国民生产的健康发展。所以,增税与减税,都是现代国家调控经济环境的正常手段。不过,虽然都是正常的经济调控手段,选择增税还是减税,却不能为所欲为,有两大要素必须在考虑之列：其一，执政成本的合理性。其二，百姓的承受能力。在一个有限 GDP 的国民经济体系中，并非政府的一切开销都具有天然的合理性。至少，裴延龄的干豆、宾客、庖厨三分论就没有任何合理性依据。在这样的背景下，杨炎"量出为入"的性质就需要重新审视了。至于百姓的承受能力，具体的量化研究或许还有待落实，但相对的参照体系却是现成的：自春秋至晚清，十一而税并非是孟子的理想，而是两千年的惯例。而这个惯例也不是来源于孟子的规定，而应该是社会经济随机调节的必然结果。总而言之一句话：增税与减税，只能以推动国民经济健康发展为唯一的出发点；以满足政府乃至皇室的财政需求为出发点，本身就是一个错误。政府的财政需求与百姓的承受能力，二者之间是否能够相对平衡，是检验一切经济改革合法性与合理性的试金石。

如果只考虑经济效益不考虑社会效益，或者只看纸面条文不看实际民生，那么我们可以说，中唐的经济改革，是人类历史上了不起的巨大进步。不过，如果我们在津津乐道于经济效益、社会动员能力、集中财力办大事的同时，也回过头去兼顾一下社会效益和实际民生的话，我们也许会发现，这样的经济效益也是需要付出代价的。这个代价，就是民心、民意。事实上，历代改革家的智商、学识乃至道德、人品，大都没有问题，他们提供的改革蓝图，无论在现实层面还是历史层面，其合法性、合理性都能自圆其说，中唐的改革也是如此。但历代的改革少见成功的先例，反而屡屡成为亡国的先兆，其原因值得深思。概括起来说，有三个因素值得考虑：其一，改革的设计与改革的实施存在巨大差距，顶层改革合情合理，下层实施难免变形。考察历代改革，这一现象屡见不鲜，已经不需要举例说明了。其二，改革的制度设计方向符合现实的需求乃至历史发展的正确走向，但搭车涨价的财政增幅超越了经济成长的实际增幅，也超越了百姓的承受能力，西周、秦、隋、宋、元、明的覆亡就是最明显的例证。其三，只讲效益不讲公平的改革，涣散了人心，摧毁了国家、民族、社会的凝聚力。近亿人口、百万大军的两宋对抗不了金、蒙的八万铁骑，上亿人口、明朝官兵加上李闯、张献忠两百万大军对抗不了八旗子弟,难道不值得认真思考?我们敬重文天祥、史可法为国效忠,屡败屡起,百折不挠。却很少有人想过,他们为什么屡起屡败。国家的权力来源于百姓的权利让渡,失去了民心的政权同时也就丧失了社会整合、社会动员的能力。这就是为什么亚当·斯密在撰著《国民财富的性质和原因研究》之前一定要先著《道德情操论》、韩愈在讨论礼乐刑政修道之教以前一定要先讨论仁义之道的真正原因。百姓的生存需求才是国家、社会得以存在的合法性前提,也是一切经济改革合理、合法的前提,这是任何经济学理论都无法回避的最最基本的立足点。

第十一章　传道、授业、解惑：
　　　　韩愈的教育思想

　　早在贞元十二年任汴州观察推官时，韩愈就已经主持汴州乡试，《进士策问十三首》即是证明，时年二十九岁。十五年秋任徐州节度推官，四门助教欧阳詹率其徒伏阙下举韩愈为博士。十七年冬得授四门博士，正式成为国子监教官。二十一年任江陵法曹参军，仍然参与乡试工作，《送陈彤秀才书》即是证明。元和元年六月，召拜权知国子博士。三年，改真博士。七年二月六日，自职方员外郎贬国子博士。十五年九月二十二日，自袁州刺史召为国子祭酒，时年五十三岁。韩愈一生的职场光阴有一半以上献给了教育事业，他具有丰富的教学经验，也具有独特的教育思想。

　　《进士策问第十二首》："古之学者必有师，所以通其业，成就其道德者也。"成就其道德，就是自我实现，就是健全人格的培养。以"成就其道德"为目标，集中体现了韩愈的教育思想。《师说》："师者，所以传道、受业、解惑也。"曾国藩《求阙斋读书录》卷八："传道谓修己治人之道，授业谓古文六艺之业，解惑谓解此二者之惑。韩公一生学道好文，二者兼营，故往往并言之。"以下从学习目的、教育方法、为师之道三个方面讨论韩愈的教育思想，第一章侧重于修己治人之道，第二章侧重于古文六艺之业，第三章侧重于解此二者之惑。

第十一章 传道、授业、解惑:韩愈的教育思想

第一节 传道:传修己治人之道

教育与学习,是同一个问题的两个不同侧面:对学生而言是学习,对教师而言是教育;对个体而言是学习,对社会而言是教育。

学习的目的,首先是为了个体的自我完善与自我实现。在这个基础上,才谈得上履行社会责任与义务。为己与为人,是辩证统一的关系。

学习的目的是为了自己,这一判断始见于孔子。《论语·宪问》:"子曰:古之学者为己,今之学者为人也。"孔安国注:"为己,履道而行之也。为人,徒能言之也。"皇侃义疏:"古人所学,己未善,故学先王之道,欲以自己行之,成己而已也。今之世学非复为补己之行阙,正是图能胜人,欲为人言己之美,非为己行不足也。"《新序》:"齐王问墨子曰:'古之学者为己,今之学者为人,何如?'对曰:'古之学者,得一善言以附己;今之学者,得一善言以悦人。'"(虞世南《北堂书钞》卷八十三引)范晔《后汉书·桓荣传》:"孔子曰:古之学者为己,今之学者为人。为人者,凭誉以显物;为己者,因心以会道。"颜之推《颜氏家训》卷上:"古之学者为己,以补不足也。今之学者为人,但能说之也。古之学者为人,行道以利世也。今之学者为己,修身以求进也。"欧阳詹《上郑相公书》:"某尝读《论语》,得孔子曰:'古之学者为己,今之学者为人。'伤时之学者不由所学,矜所学也。"

对这段文字,韩愈、李翱有自己独特的理解。《论语笔解》卷二:"韩曰:'为己者,谓以身率天下也。为人者,谓假他人之学以检其身也。孔云"徒能言之",是不能行之,失其旨矣。'李曰:'孟子云"尧舜性之",是天人兼通者也。"汤武身之",是为己者也。"五伯假之",是为人者也。'"韩、李的理解不同于前人的地方,是将"为己"之学理解为"以身率天下",将"为人"之学理解为"假他人之学以检其身",二者同样都属于自身的身心修养问题。可见韩愈教育思想的核心,是个

体的身心修养。用现代学术思维来理解，教育的终极目标，不是知识的灌输与技能的培训，而是健全人格的培养。要培养个体的健全人格，就只能以"己"为出发点，对"己"痛加磨砺。

1. 反身而诚，立身为本

《省试颜子不贰过论》："夫圣人抱诚明之正性，根中庸之至德。苟发诸中、形诸外者，不由思虑，莫匪规矩。不善之心无自入焉，可择之行无自加焉。故惟圣人无过。所谓过者，非谓发于行，彰于言，人皆谓之过而后为过也，生于其心则为过矣。故颜子之过，此类也。不贰者，盖能止之于始萌，绝之于未形，不贰之于言行也。《中庸》曰：'自诚明谓之性，自明诚谓之教。'自诚明者，不勉而中，不思而得，从容中道，圣人也，无过者也。自明诚者，择善而固执之者也。不勉则不中，不思则不得，不贰过者也。"这一段文字，讲圣人无过、贤人不贰过，均出于"性"、根于"德"。圣人无过，是因为"不由思虑，莫匪规矩"；贤人不贰过，是因为"能止之于始萌，绝之于未形，不贰之于言行"。也就是说，人的一言一行都能植根于自己的"正性"、"至德"，就能够不犯错误，成为一个完美的个体。换言之，一个人要想成为完美的个体，或者说自我实现，首要的条件，就是涵养自己的"正性"、"至德"。

涵养情性的途径，是"反身而诚"。上天赋予人类以天地的灵明之气，而要实现上天的禀赋，成为一个纯粹的人，也就是"践形"，只有反省自己，反躬自问，才能认识自己。《孟子·尽心上》："孟子曰：万物皆备于我矣，反身而诚，乐莫大焉。"何晏集解："诚者，实也。反自思其身所施行，能皆实而无虚。"邢昺疏："能反己思之以诚，不为物之丧己，是有得于内矣。"《答侯生问论语书》："圣人践形之说，孟子详于其书，当终始究之。若'万物皆备于我，反身而诚'是也。苟有伪焉，则万物不备矣。践形之道无他，诚是也。足下谓贤者不能践形，非也。贤者非不能践形，能而不备耳。形言其备也，所谓具体而微是也。'充实之谓美，充实而有光辉之谓大。'充实则具体，未大则微；故或去圣一间，或得其一体，皆践形而未备者。唯反身而诚，则能践形之备者耳。"

"反身而诚"的操作程序,韩愈将其归结于《大学》之道。《礼记·大学》:"大学之道,在明明德,在亲民,在止于至善。知止而后有定,定而后能静,静而后能安,安而后能虑,虑而后能得。物有本末,事有终始,知所先后,则近道矣。"郑玄注:"明明德,谓显明其至德也。止,犹自处也。得,谓得事之宜也。"《原道》倡导"诚意"、"正心"、"修身",都着眼于自身的行为检讨与心性体认,这就是"为己",也就是人的立身之本。

2. 存养正性,本乎斯文

《原道》陈述先王之教:"夫所谓先王之教者何也?博爱之谓仁,行而宜之之谓义,由是而之焉之谓道,足乎己无待于外之谓德。其文:《诗》、《书》、《易》、《春秋》;其法:礼、乐、刑、政;其民:士、农、工、贾;其位:君臣、父子、师友、宾主、昆弟、夫妇;其服:丝、麻;其居:宫室;其食:粟米、蔬果、鱼肉。其为道易明,而其为教易行也。是故以之为己,则顺而祥;以之为人,则爱而公;以之为心,则和而平;以之为天下国家,无所处而不当。"这就是儒家传统的政治道德教化,"诚意"、"正心"、"修身"的前提,是人本身具备"博爱"的天性。"反身而诚"所要体悟蕴涵的,正是自己的"正性"、"至德"。但是,人虽然具备这样美好的天性,却未必都能够"践形",未必都能够实现自己的"大"与"美"。《孟子·离娄下》:"人之所以异于禽兽者几希,庶民去之,君子存之。"赵岐注:"几希,无几也,知义与不知义之间耳。众民去义,君子存义也。"《孟子·告子上》:"孟子曰:牛山之木尝美矣,以其郊于大国也,斧斤伐之,可以为美乎?……虽存乎人者,岂无仁义之心哉?其所以放其良心者,亦犹斧斤之于木也。旦旦而伐之,可以为美乎?……故苟得其养,无物不长;苟失其养,无物不消。孔子曰:操则存,舍则亡。出入无时,莫知其乡。惟心之谓与!"赵岐注:"诚得其养,若雨露于草木,法度于仁义,何有不长也?诚失其养,若斧斤牛羊之消,草木利欲之消,仁义何有不尽也?孔子曰:持之则在,纵之则亡,莫知其乡。乡,犹里,以喻居也。独心为若是也。章指言秉心持正,使邪不干,犹止斧斤不伐牛山。山则木茂,人则称仁也。"所以,人不但需要认识自己的"正性"、"至德",还要能存养这个"正性"、"至德"。韩愈的存养之道,就是"养气"。

《答李翊书》:"将蕲至于古之立言者,则无望其速成,无诱于势利。养其根而俟其实,加其膏而希其光。根之茂者其实遂,膏之沃者其光晔。仁义之人,其言蔼如也。……虽然,不可以不养也。行之乎仁义之途,游之乎《诗》、《书》之源,无迷其途,无绝其源,终吾身而已矣。"韩愈的养气之法,"行之乎仁义之途"、"养其根而俟其实",最终达到"仁义之人,其言蔼如"的境界。养气之说,发自孟子。《孟子·公孙丑上》:"我知言,我善养吾浩然之气。"孟子之气,"配义与道"、"至大至刚",集天地正气于一体。所谓养气,即涵养德行情性。魏文帝曹丕以气论文,谓"文以气为主",气有清浊,才有巧拙,虽在父兄,不能以移子弟。所谓养气,即涵养气质材性。韩愈的气,合孟子、曹丕二者为一,既包括德行情性,也包括气质材性。既"行之乎仁义之途,"、"养其根而俟其实",又"游之乎《诗》、《书》之源"、"加其膏而希其光";既陶冶情性,又咏涵文辞;文道一体,"仁义之人",自然也就"其言蔼如"了。

韩愈始终将"文"与"道"视为一体。"修其辞以明其道"(《谏臣论》)、"愈之志在古道,又甚好其言辞"(《答陈生书》)、"所能言者皆古之道"(《答尉迟生书》)、"愈之为古文,岂独取其句读不类于今者耶?思古人而不得见,学古道则欲兼通其辞。通其辞者,本志乎古道者也"(《题欧阳生哀辞后》)。所以他的养气,既包括涵养德行情性,又包括涵养气质材性,这是韩愈养气说最独特的地方。宋人尤其是朱熹往往指责韩愈重文轻道,他们并未意识到,韩愈的"文",并不是指一般的文辞,而是特指志道之文。《太原王公神道碑铭》:"生人之治,本乎斯文。有事其末,而忘其源,切近昧陋,道由是堙。"此处"斯文",狭义地理解,即指志道之文;推而广之,应指先王之道。《论语·子罕》:"文王既没,文不在兹乎?天之将丧斯文也,后死者不得与于斯文也;天之未丧斯文,匡人其如予何。"孔安国、马融、何晏解"斯文"为

"此文"亦即"文王之文"。何晏《集解》:"孔安国曰:'兹,此也。言文王虽已没,其文见在此。此,自谓其身也。文王既没,故孔子自谓后死也。言天将丧此文者,本不当使我知之。今使我知,未欲丧之。'马融曰:'如予何者,犹言奈我何也。天之未丧此文也,则我当传之。匡人欲奈我何,言其不能违天而害己也。'"皇侃解"此文"为"文章",《义疏》云:"兹,此也。孔子自此已也。言昔文王圣德,有文章以教化天下也。文王今既没,则文章宜须人传。传文章者非我而谁?故云'文王既没,文不在兹乎',言此我当传之也。云'天之将丧'云云者,既云传文在我,故更说我不可杀之意也。斯文,即文王之文章也。"班固将"此文"指实为儒家六经,《汉书·叙传下》:"武功既抗,亦迪斯文,宪章六学,统壹圣真。"以"道"拟"斯文",并尊之为"生民"之"本"、"源",始见韩文。赵德《昌黎文录序》:"昌黎公圣人之徒欤?其文高出,与古之遗文不相上下。所履之道,则尧、舜、禹、汤、文、武、周、孔、孟轲、杨雄所授受服行之实也,固已不杂其传。由佛及聃、庄、杨之言不得干其思、入其文也。是以光于今、大于后,金石爊铄,斯文粲然,德、行、道、学、文庶几乎古。"看来,赵德真正读懂了"斯文"。宋人论学首重"斯文",当即肇源于此。

　　从现代学术的高度看问题,韩愈的养气说自有其特殊价值。逻辑的分割有助于人们更深刻地认识现象,但现象本身浑然一体,是不可分割的,所以真、善、美不可分割。自然科学求真,社会科学求善,人文科学求美。从求知、求学的角度讲,真、善、美缺一不可。就逻辑的分割而言,"道"意味着理性精神,"文"意味着人文精神。工具理性固然重要,价值理性同样重要。但人们往往重视前者而轻视后者,在这种情况下,人文精神的教育就尤其重要了。文学教育的功能是陶冶情性,培养审美意识与审美能力。懂得分辨美丑,才懂得什么是羞耻、是非、荣辱、敬畏、气节、操守,看得清文明的指向、人类的未来。人的现代化,其标志是个性解放、人格独立、精神自由,人格品类的高下取决于精神素质的优劣,而精神素质的培养属于人文科学的范畴。这就是为什么欧洲的启蒙思潮发端于文艺复兴,中唐的儒学复兴表现为古文运动的原因；人类文明的航船之所以需要人文科学家掌握航向，原因亦在于此。20世纪80年代特重美育，或许就是对此前教育缺陷的某种弥补。从这一意义上讲，韩愈倡导的"斯文"，也可以看作是审美教育。

3. 化性起伪，知所措履

《荀子·劝学篇》："君子之学也，入乎耳，箸乎心，布乎四体，形乎动静。"杨倞注："所谓古之学者为己，入乎耳，箸乎心，谓闻则志而不忘也。布乎四体，谓有威仪润身也。形乎动静，谓知所措履也。"又云："古之学者为己，今之学者为人。君子之学也，以美其身。小人之学也，以为禽犊。"杨倞注："禽犊，馈献之物也。"荀子以为人性恶，主张化性起伪，所以《荀子》全书以《劝学篇》置于首位，可见荀子对教育的重视。

韩愈的教育思想，除了接受孔子的"为己"，孟子的"存养"以外，也接受了荀子的"化性起伪"。《原性》："上之性，就学而愈明；下之性，畏威而寡罪。是故上者可学，而下者可制也。"《论语笔解·阳货篇》释"性相近也习相远也"、"惟上智与下愚不移"云："上文云'性相近'，是人可以习而上下也。此文云'上下不移'，是人不可习而迁也。二义相反，先儒莫究其义。吾谓上篇（《季氏篇》）云：'生而知之上也，学而知之次也，困而学之，又其次也，困而不学，民斯为下矣。'与此篇二义兼明焉。"按韩愈的理解，解决"相近"与"不移"之间的矛盾，必须将《阳货篇》的两段文字与《季氏篇》这段文字结合起来才能够"兼明"。换言之，《季氏篇》的这段文字是解答"相近"与"不移"的一把钥匙。也就是说，所谓"移"与"不移"，其关键在于"学"与"不学"。"困而后学"尚且可移，何况"学而知之"者？至于"困而不学"者，其品不移，也在情理之中。这样看来，韩愈所谓的"不移"，也是有条件的。说得更明白一点，所谓"不移"，就是指"困而不学"者，身陷困境仍然不肯学习，他又怎么可能"移"？当然，如果他愿意学习了，他就成为"困而后学"的人，仍然是可以"移"的。人是否能够向善自新，取决于他自己是否愿意学习。"移"与"不移"，"足乎己无待于外"。化性起伪的手段就是学习,学习的目的就是改造自己的心性,提高自身的素质。这样看来,存养正性与化性起伪,是"为己"之学的一体两面,二者相反而相成,共同构建起儒家"为己"之学的教育思想体系。

4. 结语

通过"反身而诚",体认到"万物皆备于我",认识自己的"正性"、"至德",有助于学者唤醒自我,建立自信;化性起伪,有助于学者认清自我的本来面貌,明确自己的社会责任,改造自我、完善自我。人完成了自我实现,也就具备了独立之人格、自由之思想。韩愈笔下的伯夷、叔齐、张巡、许远、王仲舒、侯高、王适、李愿、王承福、张道士、释大颠,柳宗元笔下的郭橐驼、宋清、杨潜等,都是这样的人物。归根结底一句话,"为己"之学,培养的就是这种特立独行的人格境界。从人类文明进程的角度看问题,人类文明的进步史,就是劳动者的身心逐步得到解放的历史。上古社会的劳动是强制性劳动,中古社会的劳动是自觉性劳动,近现代社会的劳动是创造性劳动。很明显,只有个性解放、人格独立、精神自由的人,才具有独立思考能力,才能进行创造性劳动。只有这样的人,才有资格成为现代人;只有由这样的个体组成的社会,才有可能完成华夏文明的近现代转型,建成真正的现代社会。"为己"不但是个体的需求,也是时代的要求。教育的出发点在这里,教育的结穴点仍然在这里。

第二节 授业:授古文六艺之业

从教育者的角度讲,传道,就是传修己治人之道;授业,就是授古文六艺之业。从受教育者的角度讲,学道,就是学习尧、舜、禹、汤、文、武、周公、孔子、孟子、荀子、杨雄之道;学文,就是学习尧、舜、禹、汤、文、武、周公、孔子、孟子、荀子、杨雄之文。所谓"非三代两汉之书不敢观",所指即在于此。

《答李翊书》介绍自己求学二十余年的学习方法:"始者非三代两

汉之书不敢观,非圣人之志不敢存。处若忘,行若遗,俨乎其若思,茫乎其若迷。当其取于心而注于手也,惟陈言之务去,戛戛乎其难哉!其观于人也,不知其非笑之为非笑。如是者亦有年,犹不改,然后识古书之正伪,与虽正而不至焉者,昭昭然白黑分矣。而务去之,乃徐有得也。当其取于心而注于手也,汩汩然来矣。其观于人也,笑之则以为喜,誉之则以为忧,以其犹有人之说者存也。如是者亦有年,然后浩乎其沛然矣。吾又惧其杂也,迎而距之,平心而察之,其皆醇也,然后肆焉。虽然,不可以不养也。行之乎仁义之途,游之乎《诗》、《书》之源,无迷其途,无绝其源,终吾身而已矣。"

这段文字将自己二十余年的学习分为三个阶段:初学阶段,"处若忘,行若遗,俨乎其若思,茫乎其若迷",这是读书的状态;"当其取于心而注于手也,惟陈言之务去"这是写作的状态,"其观于人也,不知其非笑之为非笑也",这是对待批评的态度。学有所得阶段,"识古书之正伪,与虽正而不至焉",这是读书的状态;"当其取于心而注于手也,汩汩然来矣",这是写作的状态,"其观于人也,笑之则以为喜,誉之则以为忧,以其犹有人之说者存也",这是对待批评的态度。学成阶段,"行之乎仁义之途,游之乎《诗》、《书》之源",这是读书的状态;"浩乎其沛然矣",这是写作的状态;"吾又惧其杂也,迎而距之,平心而察之,其皆醇也,然后肆焉",这是自我批评的态度。最后的结论是"无迷其途,无绝其源,终吾身而已矣"。初学、小成、学成三个阶段,读书、写作、批评三种状态,呈现了韩愈本人求学之道由浅入深的全过程。在这里,韩愈介绍自己怎么读书,怎么写作,怎么批评和对待批评,也就是在教学生怎么读书,怎么写作,怎么批评和对待批评。韩愈的教育方法,可以由此窥见。

1. 读书方法

韩愈无书不读,《答侯继书》称:"仆少好学问,自五经之外,百氏之书,未有闻而不求,得而不观者。然其所志,惟在其意义所归。至于礼乐之名数,阴阳、土地、星辰、方药之书,未尝一得其门户。……今幸不为归所用,无朝夕役役之劳,将试学焉。"《毛颖传》:"自结绳之

第十一章 传道、授业、解惑：韩愈的教育思想

代以及秦事，无不纂录。阴阳、卜筮、占相、医方、族氏、山经、地志、字书、图画，九流百家天人之书，及至浮屠老子外国之说，皆所详悉。又通于当代之务，官府簿书，市井货钱注记，惟上所使。"亦夫子自道。现存韩文中，儒学之外，诸子百家、经史子集，无所不包，可见其读书广泛。韩学取资的对象，不但包括儒家的孔、孟、荀、杨，甚至包括管、商、列、老、庄、晏、墨、吕乃至李斯、杨朱。但韩愈读书有自己的方向，"行之乎仁义之途，游之乎《诗》、《书》之源"即是；有自己的原则，"非三代两汉之书不敢观，非圣人之志不敢存"即是。这一方向，这一原则，终其一生，"无迷其途，无绝其源"，这就是韩愈的读书方法。

韩愈多次谈及自己的读书方法，"古之学者，惟义之问"（《答陈生师锡书》），"种学绩文，以蓄其有，泓涵演迤，日大以肆"（《蓝田县丞厅壁记》），"读书以为学，缵言以为文，非夸多而斗靡也。盖学所以为道，文所以为理耳"（《送陈彤秀才书》）。《进学解》描绘自己读书的状态："口不绝吟于六艺之文，手不停披于百家之编。……抵排异端，攘斥佛老；补苴罅漏，张皇幽眇；寻坠绪之茫茫，独旁搜而远绍。……上规姚姒，浑浑无涯；《周诰》、《殷盘》，佶屈聱牙；《春秋》谨严，《左氏》浮夸；《易》奇而法，《诗》正而葩；下逮《庄》、《骚》，太史所录，子云、相如，同工异曲。"归纳上文，可以看出韩愈读书的几个特点：学文即是学道，学道即是学文，文不离道，道不离文，文道始终一体，是韩愈读书的第一个特点。为学、为文，学所以为道，文所以为理。"理"，即"治"，唐人避高宗讳改字。学文、学道，最终都是为了治国平天下，也就是《原道》"正心而诚意者，将以有为"，是韩愈读书的第二个特点。《读荀子》介绍自己的读书心得："始吾读孟轲书，然后知孔子之道尊。……晚得杨雄书，益尊信孟氏，因雄书而孟氏益尊。"通过读书明确了自己人生的方向。"孟轲好辩，孔道以明"、"荀卿守正，大论是弘"（《进学解》）。自己的榜样，就是孟子、荀子、杨雄。《进学解》"学虽勤而不繇其统"，要求进德修业讲求"学统"，也就是尧、舜、禹、汤、文、武、周公直到孔、孟、荀、杨为代表的中国学术文化传统。这是韩愈读书的第三个特点。韩愈虽然是在介绍自己的读书方法，但介绍的对

象多是自己的学生,所以韩愈的读书方法,也就是他的教育方法。

2. 创作原则

韩愈讲自己的写作方法,最明白的是《上宰相书》"约六经之旨而成文"。不过这是韩愈一生宗旨,类似表述甚多,现存韩文即是标本,毋庸细谈。韩愈对创作的要求,最值得注意的,是"陈言务去"、"词必己出"、"不平则鸣",其实质是文艺的独创性。坚持作者的自我意识、独特个性,追求个性化的创作道路,是韩愈终其一生的艺术追求,同时也是作为教师的韩愈对学生提出的要求。

"陈言务去"、"词必己出"是韩愈创作的基本原则,现存七百多篇韩文就是标本。韩愈的师友如柳宗元、孟郊、樊宗师等,都是实践这一原则的典范。韩愈也用这一原则来要求学生,所以这一原则也就成为韩愈的教学方法。《答李翊书》介绍自己第一阶段的写作方法,就是"惟陈言之务去",可知韩愈很早就已经明确了坚持独创性的创作原则。《答刘岩夫书》:"足下家中,百物皆赖而用也。然其所珍爱者,必非常物。夫君子之于文,岂异于是乎?今后进之为文,能深探而力取之,以古圣贤人为法者,虽未必皆是,要若有司马相如、太史公、刘向、杨雄之徒出,必自于此,不于循常之徒也。若圣人之道不用文则已,用则必尚其能者。能者非他,能自树立,不因循者是也。"树立,所树所立,谓自我建树。司马迁《报任少卿书》:"特以为智穷罪极,不能自免,卒就死耳。何也?素所自树立使然也。"司马迁的"树立",既包括事业的建树,也包括人格的建树。《后汉书·陈蕃传》):"桓灵之世,若陈蕃之徒,咸能树立风声。"陈蕃的"树立",主要指名望、声誉。韩愈《太原王公墓志铭》:"公所为文章无世俗气,其所树立,殆不可学。"王仲舒的"树立",兼指人格境界与文章品格。"能自树立不因循",先有独立人格而后才有独立思考,而后才有反映自己独特个性的独特文风。这就是韩愈对学生提出的要求。

"不平则鸣"是韩愈指导创作的又一项基本原则。《送孟东野序》:"大凡物不得其平则鸣。草木之无声,风挠之鸣;水之无声,风荡之鸣。其跃也或激之,其趋也或梗之,其沸也或炙之。金石之无声,

第十一章 传道、授业、解惑：韩愈的教育思想

或击之鸣。人之于言也亦然，有不得已者而后言。其歌也有思，其哭也有怀。凡出乎口而为声者，其皆有弗平者乎！乐也者，郁于中而泄于外者也，择其善鸣者而假之鸣。金、石、丝、竹、匏、土、革、木，八者，物之善鸣者也。维天之于时也亦然，择其善鸣者而假之鸣。是故以鸟鸣春，以雷鸣夏，以虫鸣秋，以风鸣冬。四时之相推敚，其必有不得其平者乎！其于人也亦然：人声之精者为言，文辞之于言，又其精也，尤择其善鸣者而假之鸣。"韩愈的"不平则鸣"，前人往往理解为愤激不平，以为"自鸣其不幸"可以称为不平，"鸣国家之盛"则难以称为不平。实际上，平有静义，故词有平静；平有凡义，故词有平凡。就本篇而言，挠之、荡之、激之、梗之、击之、推敚，均就动静而言，则"不平"云者，谓"郁于中而泄于外"，即情动于中而形于言；此外，善鸣者声大而远、荒唐其辞，其下者清以浮、数以急、淫以哀、弛以肆、乱杂而无章，均就文辞精粗而言，则"平"与"不平"的差别，在于凡庸与不凡。归纳起来，韩愈的"不平"，指不平静、不平凡。前者要求"歌也有思"、"哭也有怀"，重在作品的真情至性；后者追求"人声之精者"、"文辞之精者"，重在作品的艺术独创性。

3. 批评标准

《答李翊书》介绍自己第二阶段尚不成熟的批评观，"其观于人也，笑之则以为喜，誉之则以为忧，以其犹有人之说者存也"，以他人笑誉为喜为忧，他人之说犹存心中，还没能真正达到自信、自立的境界。也就是《伯夷颂》所说的"一凡人誉之，则自以为有余；一凡人沮之，则自以为不足"。可知他所追求的批评观，就是绝世独立、特立独行。《答李翊书》介绍自己成熟阶段的批评观："吾又惧其杂也，迎而距之，平心而察之，其皆醇也，然后肆焉。"师心自是，自尊自信，这才是具有独立品格、独立人格、独立自我的现代人。上帝死了，我的事情我做主，就是个性解放的自由人。

韩愈对诗文创作的批评，一概以独创性为衡量的标准。他评价自己的文字，"不专一能，怪怪奇奇"（《送穷文》）。他向往这样的诗歌创作："我愿生两翅，捕逐出八荒。精诚忽交通，百怪入我肠。刺手拔鲸

牙,举瓢酌天浆。腾身跨汗漫,不着织女襄。"(《调张籍》)韩愈对他人文字的批评,同样以独创性为衡量的标准。《南阳樊绍述墓志铭》说樊宗师的创作"必出于己,不袭蹈前人一言一句",赞赏樊宗师的文字"其富若生蓄,万物必具,海含地负,放恣横从,无所统纪"。他称赞孟郊的诗"横空盘硬语,妥帖力排奡。敷柔肆纡余,奋猛卷海潦。荣华肖天秀,捷疾愈响报"(《荐士》),称赞张署的诗"险语破鬼胆,高词媲皇坟"(《醉赠张秘书》),称赞贾岛的诗"蛟龙弄角牙,造次欲手揽。众鬼囚大幽,下觑袭玄窨。天阳熙四海,注视首不颔。鲸鹏相摩窣,两举快一啖。"(《送无本师归范阳》)。其着眼点,都在于独特的个性风格。

  对于为学为文,韩愈最尖锐的批评,是缺乏个性、独创性,尤其反对"因循"、"相袭",乃至"剽贼"。《南阳樊绍述墓志铭》:"惟古于词必己出,降而不能乃剽贼,后皆指前公相袭。"对抄袭剽窃行为痛心疾首。他之所以鄙薄魏晋以下文字"其声清以浮,其节数以急,其辞淫以哀,其志弛以肆。其为言也,乱杂而无章"(《送孟东野序》),也是因为"从汉迄今用一律"(《南阳樊绍述墓志铭》),缺乏自己的独特个性。他在这里所主张的,不仅仅是文学艺术的独创性原则,也体现了人类社会进入近现代历史阶段之后对创造性劳动实施知识权保护的必然要求。可以这样说,人类进入近现代时期以后,创造性劳动成为时代的主流,也成为个人乃至国家生存发展的生命线。所以,有两条游戏规则至高无上:反托拉斯法,是为了保障公平竞争的市场环境,以此鼓励劳动者的创新积极性、保障创造性劳动产品的市场竞争力;知识产权保护法,是为了防止对创造性劳动的抄袭剽窃,以此保障创造性劳动的正当权益。这两条游戏规则,在韩愈的思想中都有所体现。而这两条市场法则底线在现实生活中的被漠视,让人不得不佩服韩愈的先见之明。

第十一章　传道、授业、解惑：韩愈的教育思想

第三节　解惑：师生的职责、义务及其相互关系

解惑的主要内容就是师生相处之道，它要解决的，是传道、授业的主体学校、老师、学生的职责、义务及其相互关系。韩愈的职场生涯大半消耗在教育部门，所以他对为师之道有深刻的理解。以下从师资的选择、学校与教师的职责与义务、师生关系三个方面展开讨论。

1. 师资的选择

长庆元年，韩愈担任国子祭酒，成为教育部门的最高领导者。他上任之后的第一件事，就是改革国子监学官的选拔标准及程序。《国子监论新注学官牒》："准今年敕文：委国子祭酒选择有经艺堪训导生徒者以充学官。近年吏部所注，多循资叙，不考艺能，至今生徒不自劝励。伏请非专通经传，博涉坟史，及进士五经诸色登科人，不以比拟。"从牒文看，组织部门的选拔，只考虑资叙，即官阶级别高低、候补时间长短，而不考察专业艺能，以致直接影响了生徒的学习积极性。韩愈的改革直截了当：专业审查，"专通经传，博涉坟史"；资历审查，"进士五经诸色登科"。同时规定，不符合上述标准者，不得再依循旧章，比照类例进拟职务。这次改革的效果非常明显，韩愈清除了那些论资排辈的旧官僚，"奏儒生为学官，日使会讲"，将国子监办成了会聚学者、生徒公开讲学的大论坛。"生徒多奔走听闻，皆喜曰：韩公来为祭酒，国子监不寂寞矣！"（李翱《韩公行状》）。

韩愈师资选择的标准明确而坚定，他曾举荐赵德为潮州衙推句当州学，其理由是"赵德秀才沈雅专静，颇通经，有文章，能知先王之道，论说且排异端而宗孔氏，可以为师"（《潮州请置乡校牒》）。他曾举荐张籍为国子监博士，其理由是"学有师法，文多古风。沈默静退，介然自守。声华行实，光映儒林"（《举荐张籍状》）。通经、有文章、能知先王之道、排异端、宗孔氏、学有师法、文多古风，这是韩愈的择师的业

务标准;沈雅专静、沈默静退、介然自守,这是韩愈的择师的人品标准。除此之外,贵、贱、长、少,官阶资历,在所不论。《师说》云:"生乎吾前,其闻道也固先乎吾,吾从而师之;生乎吾后,其闻道也亦先乎吾,吾从而师之。吾师道也,夫庸知其年之先后生于吾乎?是故无贵无贱,无长无少,道之所存,师之所存也。"这样的标准,即便放在一千二百年以后的今天,也不失为开明。

2. 学校与教师的职责与义务

保障每一个公民同等地享有受教育的权利,这是现代教育的职责与义务。类似的思想,在古代表现为"有教无类"。《论语·卫灵公》:"子曰:有教无类。"马融注:"言人在见教,无有种类。"皇侃义疏:"人乃有贵贱,同宜资教,不可以其种类庶鄙而不教之也。教之则善,本无类也。"但在等级社会中,国子监历来都是官学,只有官员子弟才有资格进入,而且等级森严,不可逾越。按《唐六典》:"国子馆学生三百人,皆取文武三品已上及国公子孙从三品已上曾孙补充;太学馆学生五百人,皆取五品已上及郡县公子孙从三品已上曾孙补充;四门馆学生五百人,皆取七品已上及侯伯子男子补充。"长庆元年韩愈为国子祭酒,乃上《请复国子监生徒状》,请求破格录取:"其太学馆量许取常参官八品已上子弟充,其四门馆亦量许取无资荫有才业人充。"太学馆的门坎由"五品已上"降至"八品已上",四门馆的门坎则由"七品已上"降至"无资荫有才业"者。"无资荫"即是平民,这样的破格,力度不小。对儒家有教无类的优良传统,应该是一个回归。除此之外,韩愈本人对求学之士不设门坎。韩门弟子中,出身平民者比比皆是,就是韩愈实践有教无类的证据。

除了国家最高学府国子监之外,地方州县学校也是重要的教育机构。但一些边远地区,学校的设置长期缺位,普通民众难以得到受教育的机会。韩愈来到潮州,发现"此州学废日久,进士明经,百十年间,不闻有业成贡于王庭试于有司者"(《潮州请置乡校牒》),于是为潮州设置乡校,并捐出个人薪俸设立专项基金,为学生解决生活费用。按唐代制度,各级学校的生员,全家免除赋税。这样一来,解决

第十一章 传道、授业、解惑：韩愈的教育思想

了学生的生活费用，就为贫困子弟的学习提供了必要的保障。韩愈的这些作为，有利于普通民众的受教育权利。为教育设立专项基金，也值得教育史大书特书。

在唐代，敢于抗颜为师，这是作为教师应该承受的第一个压力、第一项职责。由春秋战国百家争鸣，至两汉经学昌明，尊师重教，蔚然成风。而魏晋以下，浸至唐代，敢于为师，则需要有大智慧、大勇气。柳宗元《答韦中立论师道书》："由魏晋氏以下，人益不事师。今之世不闻有师，有辄哗笑之，以为狂人。独韩愈奋不顾流俗，犯笑侮收召后学，作《师说》，因抗颜而为师。世果群怪聚骂，指目牵引，而增与为言词。愈以是得狂名。"事实上，早在贞元十四年韩愈为汴州观察推官主持汴州乡试时，张籍、李翱就已经成为韩门弟子。《与冯宿论文书》："近李翱从仆学文，颇有所得。……有张籍者，年长于翱，而亦学于仆。"坦然承认师弟关系，确实需要勇气。其后韩愈屡任教职，大批生徒入门受教，但社会压力依旧，所以才有《师说》之作。即便是在韩愈贬官期间，也还有不少学生慕名投奔，如欧弘、欧册、刘师命等。元和十五年秋作《与孟简尚书书》，犹云"籍、湜辈虽屡指教，不知果能不叛去否"。所以唐李肇《唐国史补》卷下云："韩愈引致后进，为求科第，多有投书请教者，时人谓之韩门弟子。"《新唐书·韩愈传》云："愈性明锐，不诡随。与人交，始终不少变，成就后进士往往知名。经愈指授，皆称韩门弟子。"韩愈一生，好为人师，始终不变，可谓忠于职守。

传道、授业，是教师的本职工作，也是教师最主要的职责。《进学解》就像一堂公开课，可以看出韩愈对本职工作尽职尽责的态度。老师上堂之初，首先端正学生的学习态度："业精于勤，荒于嬉；行成于思，毁于随。方今圣贤相逢，治具毕张，拔去凶邪，登崇俊良。占小善者率以录，名一艺者无不庸。爬罗剔抉，刮垢磨光。盖有幸而获选，孰云多而不扬？诸生业患不能精，无患有司之不明；行患不能成，无患有司之不公。"其中"业精于勤，荒于嬉；行成于思，毁于随"十四个字，有的放矢，针对年轻人大多随心所欲、贪图逸乐的毛病，提出

"勤"、"思"二字,主张学习要勤奋、深思,可谓渡世金箴。以下四个"患"字,主要针对年轻人愤世嫉俗的毛病。世间不平太多,非吾辈书生可了。走进教室,就应该解脱外界干扰,平心静气,才能进入学习的状态。培养良好的学习习惯、学习风气,是教师调教学生最重要的第一步,当过班主任的老师对此一定有自己的领会。韩愈组织教学内行、得体,不愧是教学经验丰富的老教师。

以下开始课堂教学,也就是"传修己治人之道"、"授古文六艺之业":"口不绝吟于六艺之文,手不停披于百家之编,记事者必提其要,纂言者必钩其玄。贪多务得,细大不捐,焚膏油以继晷,恒兀兀以穷年。"这是讲读书的方法。"抵排异端,攘斥佛老;补苴罅漏,张皇幽眇。寻坠绪之茫茫,独旁搜而远绍。障百川而东之,回狂澜于既倒",这是讲义理之学。"沉浸酞郁,含英咀华;作为文章,其书满家。上规姚姒,浑浑无涯;《周诰》、《殷盘》,佶屈聱牙,《春秋》谨严,《左氏》浮夸;《易》奇而法,《诗》正而葩;下逮《庄》、《骚》,太史所录,子云、相如,同工异曲",这是讲文章之学。"孟轲好辩,孔道以明。辙环天下,卒老于行。荀卿守正,大论是弘。逃谗于楚,废死兰陵。是二儒者,吐辞为经,举足为法,绝类离伦,优入圣域",这是讲儒家学问的归宿,为学生指出向上一路。一堂公开课,传道、授业浑然一体,最典型地体现了韩愈的教育思想。

传道、授业之外,解惑也是教师的一大职责。韩愈对学生的提问,有问必答。《答刘岩夫》:"先进之于后辈,苟见其至,宁可以不答其意邪?"而且回答学生的提问,都是尽心尽意,实话实说,《送陈密序》称"愈敢不吐情实",应属实情。韩集中回答学生的书信,如《送权秀才序》、《答胡直均书》、《答李师锡秀才书》、《答李翊书》、《重答李翊书》、《送陈密序》、《送牛堪登第序》、《赠张童子序》、《送何坚序》、《送王含秀才序》、《送孟管秀才序》、《送陈彤秀才书》、《送王埙秀才序》、《送区册序》等,均娓娓翼翼,不厌其烦,循循善诱,绸缪周至,为师为长的风范,让人信任,令人感动。

3. 师生关系

第十一章 传道、授业、解惑：韩愈的教育思想

师生关系中，一个基本的原则是尊师重教。尊重教师，首先是学校领导要尊重教师。李翱《韩公行状》记韩愈"入迁国子祭酒，有直讲能说《礼》而陋容，学官多豪族子，摈之不得共食。公命吏曰：召直讲来，与祭酒共食。学官由此不敢贱直讲"。教育部长能尊重一个普通教师，给学生带了一个好头。

学生尊重教师，首先要有学习的需求。魏晋以下，师道浸微，为改变这一现状，韩愈劝学，可谓苦口婆心。贞元十四年作《进士策问十三首·第十二首》："古之学者必有师，所以通其业，成就其道德也。由汉氏已来，师道日微，然犹时有授经传业者。及于今，则无闻矣。德行若颜回，言语若子贡，政事若子路，文学若子游，犹且有师。非独如此，虽孔子亦有师，问礼于老聃，问乐于苌弘是也。今之人不及孔子、颜回远矣，而且无师。"贞元十八年作《师说》，还是在劝导："古之圣人，其出人也远矣，犹且从师而问焉；今之众人，其下圣人也亦远矣，而耻学于师。"除了劝导之外，他自己也以身作则，抗颜为师。效果应该是明显的，韩门弟子的存在就是证据。至宋、明以下，师弟聚众讲学，学院、学派蔚然成风，韩愈的倡导，不能说没有作用。

识别人才，是教师的一大职责，也是师生交往的重要内容。《杂说四首》之二发挥伯乐相马的传说，以讨论发现人才、使用人才的历史经验，应该是有感而发。韩愈一生推荐选拔人才不遗余力，贞元十八年《与祠部陆参员外荐士书》推荐的侯喜、侯云长、刘述古、韦群玉、沈杞、张苰、尉迟汾、李绅、张后余、李翊等，五年之内，均得登第，一时传为美谈。《容斋四笔》卷五"韩文公荐士"条："唐世科举之柄颛付之主司，仍不糊名。又有交朋之厚者为之助，谓之通榜。故其取人也，畏于讥议，多公而审。亦有胁于权势，或挠于亲故，或累于子弟，皆常情所不能免者。若贤者临之则不然，未引试之前，其去取高下，固已定于胸中矣。……贞元十八年，权德舆主文，陆傪员外通榜。韩文公荐十人于傪，权公凡三榜共放六人，余不出五年内皆捷。……陆傪在贞元间时名最著，韩公敬重之，其《行难》一篇为傪作也。……其不负公议而采人望，盖与陆宣公同。韩公与书时方为四门博士，居百寮

底,殊不以其荐为犯分。……以是观之,韩之留意人士可见也。"

对于师生关系,韩愈主张互教互学、教学相长。《师说》:"孔子师郯子、苌弘、师襄、老聃。郯子之徒,其贤不及孔子。是故弟子不必不如师,师不必贤于弟子。闻道有先后,术业有专攻,如是而已。"孔子学鼓琴于师襄子,问礼于老聃,访乐于苌弘,问官名于郯子。是因为这些人在专业上各有所长。他在某些专业领域是学生,反过来又可以在自己擅长的领域成为别人的老师。这样,师生完全可以成为朋友。韩门师弟子之间,"无贵无贱,无长无少,道之所存,师之所存"。韩门内部,师友之间可以相互诘难反驳,张籍给韩愈的两封信、《进学解》学生对老师的调侃,可以看出韩门师友之间的氛围。即便是在课堂上,师生之间也充满了幽默欢笑,"讲评孜孜,以磨诸生,恐不完美,游以诙笑啸歌,使皆醉义忘归"(皇甫湜《韩文公墓铭》)。后人往往以李翱、张籍等人视韩愈为"兄"为"友"否定他们韩门弟子的身份,完全没有理解韩门亦师亦友的师生关系。

在韩愈看来,老师与学生应该是志同道合的战友。《送何坚序》云:"吾为博士,坚为生,生与博士为同道。"这个"道",当然就是仁义之途、先王之道。韩愈的笔下,师生关系的典范,应该是阳城师生。贞元十五年,太学生薛约以议论时政得罪,将徙连州,行前临时居住在国子司业阳城家,被有关部门发现。阳城让办案人员坐在门外,与薛约饮酒诀别,涕泣送之郊外。德宗闻之,以为阳城党护罪人,贬阳城为道州刺史。太学生鲁郡李傥、庐江何蕃等百六十人投业奔走,稽首阙下,叫阍吁天,请求恢复阳城的职务,被办案人员阻止,疏不得上(《顺宗实录》),部分学生被捕。一连数日,学生们北向如初。行至延喜门,阳城派人追夺了学生们进献朝廷的请愿奏章,并拦住道路,劝学生们退去。(柳宗元《国子司业阳城遗爱碣》)阳城对学生的爱护、学生对阳城的爱戴,堪称师生道义相许、生死与共的典范。观其慷慨赴义,匍匐相救,可歌可泣,感人至深。韩愈为此作《子产不毁乡校颂》一篇,正面表达了对阳城师生的支持;又专门为这场运动的领袖人物作了《何蕃传》,以表达自己的支持态度;又在《顺宗实录》里详细

第十一章 传道、授业、解惑：韩愈的教育思想

记载这场学生运动，谴责朝廷的作为；同时在《欧阳生哀辞》留下"会监有狱"四字，为当局镇压学生运动留下了案底。柳宗元《国子司业阳城遗爱碣》、《与太学诸生喜诣阙留阳城司业书》，也记载了这场运动的不少细节，并正面肯定了阳城师生的大义凛然。身为教育部门最高首长，国子司业阳城的作为，无愧于教师的职责。韩、柳对阳城师生的表彰，也体现了他们自己的教育理念。

第四节 结　　语

归纳上文可以得出这样的结论：在韩愈看来，教育的立足点是"为己"，而不是"为人"；教育的目的不是知识的灌输、技能的培训，而是人格的培养：反身而诚，立身为本；存养正性，本乎斯文；化性起伪，知所措履。通过"反身而诚"，体认"万物皆备于我"，认识自己的"正性"、"至德"，唤醒自我，建立自信；化性起伪，认清自我的本来面貌，明确自己的社会责任，改造自我、完善自我。完成了自我实现，才能具备独立之人格、自由之思想，才谈得上履行社会责任与义务。为己与为人，才能辩证统一。以此为基础，才能传修己治人之道，授古文六艺之业，才能明确师生的职责、义务，正确地应对师生关系。这样的教育思想，即便是放在一千二百年以后的今天，也不失为开明。

第十二章　文道一体：韩愈的文学思想

韩愈的文学思想，上文讨论"陈言务去"、"词必己出"、"不平则鸣"、"养气"等问题时已经有所涉及。除此之外，如《荆潭唱和诗序》"和平之音淡薄，而愁思之声要妙，欢愉之辞难工，而穷苦之言易好"、《上兵部李巽侍郎书》"舒忧娱悲"、《送孟东野序》"自鸣其不幸"、《答刘岩夫书》"师其意，不师其辞"等，都有比较丰富的理论内涵。不过，韩愈文学思想的核心问题，是文道关系问题。

文道关系理论探讨文学艺术的本体问题，在中国古代文艺理论系统中处于核心地位。在唐宋古文运动的历史进程中，文道关系理论的变迁直接左右着创作的走向，同时，它自身的理论内涵也通过不断的变迁得以丰富、深化与发展。对这一问题，唐宋文人有着非常丰富的理论表述，诸如明道、传道、贯道、体道、宏道、载道等等，其内涵错杂繁复，很值得现代学界认真地加以梳理辨析。然而若干年来，学术界深入讨论这一问题的文章并不多见。究其原因，郭绍虞先生在这一领域的杰出研究已经成为横亘在现代学人面前难以逾越的一座高峰，可能是最合理的解释。早在20世纪20年代，郭先生就已经以"贯道"、"载道"区分唐宋文道关系理论，见1927年《东方》廿五卷一期《文学观念与其含义之变迁》。其后《中国文学批评史》以道学家的文论、政治家的文论、文学家的文论区分宋代文道关系理论诸流派，视野开阔，辨析精微，唐宋文道关系理论由此得以定型。后人的研究，大多在郭先生的基础上拾遗补阙，演绎诠释。

第十二章　文道一体：韩愈的文学思想

本文认为，郭先生的理论虽然博大精深，但也还存在有待推进的广阔空间。比如：以"贯道"概括唐人主要是韩愈的文道关系理论，实际上并不准确。韩愈只讲"明道"，从来不讲"贯道"。李汉《昌黎先生文集序》虽然讲"文者贯道之器"，但"贯道"二字的内涵，李汉本人并没有进行过具体阐释。隋末王通曾经界定过"贯道"的内涵，其说追求"上明三纲"、"下达五常"（《中说·天地篇》），与宋代道学家的"载道"较为接近，和韩愈的"明道"还有相当的距离。其次，有关文道关系理论三家分途说的理论渊源，还可以追溯到宋人乃至唐人。梁肃《补阙李君前集序》："文之作，上所以发扬道德，正性命之纪；次所以财成典礼，厚人伦之义；又其次所以昭显义类，立天下之中。"已经将文道关系一分为三。胡瑗以"有体有用有文"解说文道关系（《五朝名臣言行录》卷十之二"安定先生"条），预示了宋人理论兴趣的分流。此后道学家、文学家、政治家各自道其所道，或肆力功利，或尊崇道体，或激扬文字。陈善《扪虱新话》正式揭示了三家分道扬镳的理论轨迹："荆公以经术，东坡以议论，程氏以性理。三者要各立门户，不相蹈袭。"郭先生的理论，应该有以上诸家的影响。

对郭先生文道关系理论的实质性推进，可以有以下三个方面的思考：首先，"贯道"一说虽然有王通的倡导、李汉的推扬，但无论理论高度还是历史影响，都远远不及韩愈、柳宗元的"明道"，选择"贯道"概括唐代文道关系理论，不如选择"明道"；其次，"明道"、"载道"的理论性质及其内涵外延，也需要进一步辨析；此外，宋代三家理论的异同及其与韩、柳的关系，也还需要更深入的思考。本文认为：唐人的"明道"与宋人的"载道"是相互联系同时又有着重大差异的两个不同的理论命题。从现代语言哲学的高度看问题，"明道"追求语言与思维的统一性，"载道"强调语言承载思想的工具性。韩、柳与宋代三家的不同价值取向，在理论形态上表现出三大差异：韩、柳内圣与外王并重，宋代政治家则以外王消解内圣；韩、柳坚持文道一元，宋代道学家则分离文道、重道轻文；韩、柳追求超越文道的艺术境界，宋代文学家则将这一超越异化为形式主义的句法律度。以下，本文将逐一梳理上述的几个问题。

第一节　明道与载道

韩、柳主张"明道",宋人主张"载道",其差别本来是很明显的。但后人往往把二者混为一谈。比如,乾隆《题宋版五百家注昌黎文集》:"载道惟文语不磨,齐昌黎者更伊何。"就把"载道"硬栽在韩愈头上。谭正璧《中国文学史大纲》称:"韩愈倡'文以载道'之说,视'文'只为哲学家发表他思想的工具,意义既偏狭,而又显然忽视了'文'的本身的特长。于是真正的文学作品,如唐之传奇,宋之词令,元、明戏曲,明、清小说,均为纯正的学者所歧视,而都不能在当时有所立足。韩愈真是中国文学史上的大罪人啊!"此外,直称韩文"载道"者,如罗根泽《中国文学批评史》、侯外庐《中国思想通史》、游国恩《中国文学史》等,影响甚大。某些专门致力于韩愈研究的学者也难免此病,如罗联添《韩愈研究》就辟有专篇讨论韩愈"载道的文学观"。直至今天,以"载道"评说韩愈文道关系理论者仍然不在少数。

对于文道关系,韩愈主张"修其辞以明其道"(《谏臣论》),柳宗元主张"文者以明道"(《答韦中立论师道书》),李翱也明确主张文章"明圣人之道"(《答泗州开元寺僧澄观书》)。明者,彰显也。这就是说:文辞的功能,是彰显真理。从语言哲学的角度考虑:文与道的关系,是语言和思维的关系。语言是思维的物质基础,思维是语言的运动过程,没有任何思维能脱离语言(这里指广义的语言)而存在。在语言哲学的诸多流派中,这是语言思维统一论的观点。正如西方现代语言学的奠基人洪堡特所说:"语言是构成思想的器官,智力活动与语言是一个不可分割的整体。"[①]在这一意义上,文道本属一体,不存

[①] 威廉·冯·洪堡特著,姚小平译《论人类语言结构的差异及对人类精神发展的影响》,商务印书馆1997年版,第63页。

第十二章 文道一体:韩愈的文学思想

在孰先孰后、孰本孰末的问题。事实上,韩、柳也正是这样认识的:"愈之志在古道,又甚好其言辞"(《答陈生书》),这是因道而及文;"愈之为古文,岂独取其句读不类于今者耶?思古人而不得见,学古道则欲兼通其辞。通其辞者,本志乎古道者也"(《题欧阳生哀辞后》),这是因文而及道;"所能言者皆古之道"(《答尉迟生书》),文道本来就是一体。柳宗元全面分析二者的关系:"圣人之言,期以明道,学者务求诸道而遗其辞。辞之传于世者,必由于书,道假辞而明,辞假书而传,要之之道而已耳。道之及,及乎物而已耳,斯取道之内者也。今世因贵辞而矜书,粉泽以为工,遒密以为能,不亦外乎?"(《报崔黯秀才论为文书》)无论是"求诸道而遗其辞",还是"贵辞而矜书",都不是正确的态度。"言期以明道"、"道假辞而明",二者互相依存,不可分离。事实上,韩愈的《五原》、《进学解》、《师说》、《谏佛骨表》,柳宗元的《封建论》、《平淮西雅》等,就是文道一体的典范之作。魏了翁称道韩愈:"刊落陈言,执六经之文以绳削天下之不吾合者。《原道》一书,汪洋大肆;《佛骨》一表,生意凛凛。正声劲气巍然,三代令王之法且逊之。"(《唐文为一王法论》)尊之为"一王之法",对韩愈"明道"的内涵,领会最为深刻。

宋人特别爱谈文道关系,这一理论兴趣源于韩、柳的影响,是非常明显的。不过,宋人论及文道关系,用"明道"者少,用"载道"者多。即如谈"明道"者,如范仲淹"明虚无之理者谓之明道"(《赋林衡鉴序》),也更接近宋代道学家的"载道",而与韩、柳的"明道"不同。载者,承载、装载也。这就是说:文辞的作用,是承载思想。从语言哲学的角度考虑:道与文的关系,是思想与表述思想的语言的关系。思想才是本质,语言只不过是承载本质的工具。换言之,语言、思想是两种不同的存在,而且语言承载思想的能力极为有限。在语言哲学的诸多流派中,这是工具论的观点。把这一命题推演到极端:语言不但不能承载思想,甚而成为思想的桎梏。周敦颐所谓"文所以载道也。轮辕饰而人弗庸,徒饰也,况虚车乎。文辞,艺也;道德,实也"(《通书·文辞》),将语言比喻为载物的大车,将文辞比喻为大车上的雕绘,将思想比喻为车上装载的货物。很明显,只有货物(道德)才是有意义的东西,大车(语言)只是临时使用的工具,大车上的雕绘(文辞)更是毫无价值的装饰品。它的实质,是文道二元,与韩、柳文道一元的理论有着质的区别。它的必然归宿,是"作文害道",并最终取消"文"的存在意义。

中国古代虽然没有系统的语言哲学理论,但并不缺乏类似统一论或工具论的思想。《易系辞》所谓"圣人立象以尽意"、"系辞焉以尽其言",肯定"象"可以尽"意","辞"可以尽"言";《诗大序》"诗者志之所之也,在心为志,发言为诗,情动于中而形于言",承认"诗"即是"志";杨雄肯定言为心声,书为心画(《法言·问神》);都具有语言思维统一论的倾向。魏晋玄学的主要论题之一是言意之辨。欧阳建《言尽意论》肯定"言"、"理"不二,如影随形。北齐刘昼的说法则较为辩证:"言以绎理,理为言本;名以订实,实为名源。有理无言,则理不可明;有实无名,则实不可辨。理由言明,而言非理也;实由名辨,而名非实也。今信言而弃理,非得理者也;信名而略实,非得实者也。故明者课言以寻理,不遗理而著言;执名以责实,不弃实而存名。然则言理兼通,而名实俱正。"(《刘子·审名》)虽然以"理"为本,以"言"为从,但承认"言理"可以"兼通"、"名实"可以"俱正",仍然属于语言思维统一论的范畴。

至于语言工具论的观点,古代文献中似乎更为丰富。老子就说过:"道可道,非常道;名可名,非常名。"真正的大道是不可言传的。《庄子·齐物论》:"天地与我并生,而万物与我为一。既已为一矣,且得有言乎?既已谓之一矣,且得无言乎?一与言为二,二与一为三。自此以往,巧历不能得,而况其凡乎。"庄子的"一"即是宇宙的本体,"言"本来就是"一"的组成部分,自然有存在的理由(且得无言乎);但既然已经"为一",又有什么必要分离"为二"(且得有言乎)?"一与言为二",二者又怎么可能统一?"荃者所以在鱼,得鱼而忘荃;蹄者所以在兔,得兔而忘蹄;言者所以在意,得意而忘言",语言只不过是传达意义的工具,就成了顺理成章的结论。在儒家方面,《易系辞》"书不尽言,言不尽意",认识到语言与思想之间,并不存在必然的统一关系。荀子也认为:"名无固实,约之以命实,约定俗成谓之实名。"那么名、实之间,也不存在必然的联系。陆机"恒患意不称物,文不逮意",已经注意到语言表述思想的局限性。魏晋玄谈的言意之辩中,王弼进一步推出了"得意忘言"的主张,其说重意轻言,甚至取消语言存在的必要性,可以视为宋代道学家"作文害道"说的先驱。

在西方语言哲学的领域内,同样存在两种针锋相对的不同意见。赫拉克利特认为:"词是大自然创造的。"他的学生克拉底鲁认为:"每一个事物,大自然都赋予它一个专门的名字,就像把专门的知觉赋予每一个被感知的物体一样。"这是语言思维统一论的观点①。与此相反,德谟克利特则认为:名称是根据习惯规定的,所以是不正确的,并引用了四条证据来加以证明②,这就比较接近工具论的观点。苏格拉底以为:"一个聪明人是不会说没有意义的话的。"③这是说:语言必然有自己的意义。同时,"若是一个人对于某一种技艺没有知识,他对于那种语言和作为,就不能做正确的判断了"。这是说:没有正确的知识与判断,就没有正确的语言。这可以被看作是西方哲学中的"辞以尽言"论。与此相反,智者派却认为:"我们告诉别人时用的是语言,而语言并不是给予的东西和存在的东西。所以我们告诉别人的并不是存在的东西,而是语言,语言是异于给予的东西的。"④高尔吉亚论自然的三个原则是:"第一个是:无物存在;第二个是:如果有某物存在,这个东西也是人无法认识的;第三个是:即令这个东西可以

---

① 以上引文,转引自柯杜霍夫《普通语言学》,外语教学与研究出版社1987年版,第9页。

② 《古希腊罗马哲学》:"德谟克利特在肯定文字有一种约定俗成的性质时,用四个论证来加以证明:(一)不同的事物可以用同一名称来指称;(二)不同的名字可以用在同一事物上;(三)改变名字;四、没有名字。因此,名称有约定俗成的而不是自然的性质。"商务印书馆1982年版,第106—107页。

③ 《西方哲学原著选读》,商务印书馆1981年版,第55页;《柏拉图文艺对话集》,人民文学出版社1963年版,第14页。

④ 《西方哲学原著选读》,商务印书馆1981年版,第57页。

被认识,也无法把他说出来告诉别人。"①这可以被看作是西方哲学中的"言不尽意"论。亚里士多德认为:语言与事物是可以统一的,只要其描述或陈述符合客观事物的性质、状态或关系。与此相反,在柏拉图的哲学系统中,语言只不过是"命名"(naming)而已。尽管"名字的本分是表达本质",但归根结底,它仍然是工具,"名字是教育的工具,它是教师的工具,就像梭子是织工的工具一样"②。20世纪西方语言哲学诸多流派中,海德格尔认定"文学以命名的方式把握真理","语言凭借给存在物的首次命名,第一次将存在物带入语词和显象,这一命名才指明了存在物源于其存在并达到其存在"③。美国结构主义语言学家萨丕尔认为:语言是可以随手把思维包装起来的胶囊,语言决定思维乃至先于思维。布龙菲尔德甚至认为:人并没有"思想",所谓"思想",只不过是一种语言形式,一种无声的语言。莱布尼茨、洛克、罗素等也都特别强调意义与指称的统一。另一方面,索绪尔认为:语言符号连接的不是事物和名称,而是概念和音响形象,索绪尔称之为"能指"、"所指"。而"能指"与"所指"的联系是约定俗成的、任意的。换言之,语言与思想之间,不存在任何内在的必然联系。后期的维特根斯坦、奎因等也特别强调意义与指称的区别,现代符号学对意义的消解,更将工具论的思路推向了极端。

综上所述可以发现,在语言哲学的领域内,"明道"、"载道"是两个性质不同甚至尖锐对立的理论命题,二者不可混为一谈。古今中外不少学者对这一问题给予了极大的关注,表明这一论题具有极高的理论含量。从现代学术的高度对这一论题进行梳理辨析,是完全必要的。

---

① 《古希腊罗马哲学》,第138页。
② 以上引文,转引自周昌忠《西方现代语言哲学》,上海人民出版社1992年版,第10页。
③ [德]海德格尔《诗·思·语言》,文化艺术出版社1991年版,第69页。

第十二章 文道一体:韩愈的文学思想

第二节 内圣与外王

"明道"坚持内圣与外王的统一。"载道"诸说中,政治家以外王消解内圣。他们将"文"严格地限制在礼乐刑政的范围内,然后将"辞"从"文"中割裂出去甚至对立起来,从而根本取消了文辞、文章、文学乃至文明的存在价值。

韩、柳的"明道"来源于刘勰《文心雕龙·原道》"道沿圣以垂文,圣因文而明道",如果进一步追讨,刘勰的《原道》还可以追溯到《淮南子·原道》。不过,《淮南子》所原之道是自然之道,其着眼点在人文与自然的关系;刘勰所原之道是圣人之道,其着眼点在人文与社会的关系;韩愈所原之道虽然也可以包容自然之道和圣人之道,但其价值指向乃是仁义之道,而且这"仁义之道"并非外在的道德训条,而是"足乎己无待于外"的内在的道德理性,其着眼点在人文与自我的关系。

正因为韩愈的"道"乃是内在的道德理性,所以,韩愈的文道关系理论,具有明显的内省倾向。对韩愈而言,立言的根本在于立身:"将蕲至于古之立言者,则无望其速成,无诱于势利。养其根而俟其实,加其膏而希其光。根之茂者其实遂,膏之沃者其光晔,仁义之人,其言蔼如也。"求学的根本在于养气:"气,水也;言,浮物也,水大而物之浮者大小毕浮。气之与言犹是也,气盛,则言之短长与声之高下者皆宜。"(《答李翊书》)作文的根本在于"慎实":"夫所谓文者,必有诸其中,是故君子慎其实。实之美恶,其发也不掩。本深而末茂,形大而声宏,行峻而言厉,心醇而气和;昭晰者无疑,优游者有余,体不备不可以为成人,辞不足不可以为成文。"(《答尉迟生书》)创作的目的,在于"舒忧娱悲"(《上兵部李侍郎书》)、"自鸣不幸"(《送孟东野序》)。表现为文章,"仁义存乎内"(《答陈生书》),"郁于中而泄于外"(《送孟东野序》)。柳宗元主张"取道之内",反对"贵辞而矜书,粉泽以为工,遒密以为能"(《报崔黯秀才书》),正是韩愈同道。

韩愈的"道"虽然是内在的道德理性,但他从来没有轻视过这种道德理性的现实社会功用:韩愈"正心诚意"的目的,是"将以有为",与"外天下国家"而一味内省的佛、道二家截然不同(《原道》);"学所以为道,文所以为理"(《进士策问十三首》),"理"者"治"也,求学作文的目的,正在于社会的教化政治;其论三代之政,着眼于"适于时,救其弊"(《送陈秀才彤序》);其推原道体,则首重相生相养之道。由现实社会功用出发,韩愈尤其反感当时只重文章声律而忽视"化俗"、"安边"等实际社会功用的进士科考试(《二宰相书》)。柳宗元直接以"辅时及物"为道(《答吴武陵论非国语书》),其道论的现实功利色彩,比韩愈更为浓厚。总而言之一句话:韩、柳的文道关系理论虽然首重"内圣",但从来也没有轻视过"外王"。值得注意的是,与韩、柳同时的吕温这样区分"文"的品类:"若乃夫以刚克,妻以柔立,父慈而教,子孝而箴,此室家之文也;君以仁使臣,臣以义事君,予违汝弼,献可替否,此朝廷之文也;三公论道,六卿分职,九流异趣,百揆同归,此官司之文也;宽则人慢,纠之以猛,猛则人残,施之以宽,宽以济猛,猛以济宽,此刑政之文也;乐胜则流,遏之以礼,礼胜则离,和之以乐,与时消息,因俗变通,此教化之文也。"(《人文化成论》)除了"室家之文"、"朝廷之文"、"官司之文"、"刑政之文"、"教化之文"之外,其他的"文"已经失去了存在的余地。此后宋代政治家以礼乐教化论文,此说已开其先声。

宋代是一个社会矛盾异常尖锐的时代,各种改革此起彼伏,现实功利的倾向比唐代更为极端。吕陶《策问》云:"经者所以载道,而道者适治之路也。士之穷经探道而有志于从政者,岂区区章句而已乎?必能推明圣奥而适于用也。"陈襄《答刘太博启》:"文者载道之舟。事之在文,如舟之载物,必将以利乎济也。"王珪《宋庠授河阳三城节度使制》:"文章载道,该古今治乱之原。"所谓"道者适治之路"、"将以利乎济"、"该古今治乱之原",将"载道"直接导向政治教化领域,正是政治家现实功利主义的口吻。李觏则明确地将"文"限定在"治物之器"

第十二章 文道一体：韩愈的文学思想

的范围内。《上李舍人书》云："文者岂徒笔札章句而已，诚治物之器焉。其大则核礼之序，宣乐之和，缮政典，饰刑书。上之为史，则枯乱者惧；下之为诗，则失德者戒。发而为诏诰，则国体明而官守备；列而为奏议，则阙政修而民隐露。周还委曲，非文曷济？禹益稷皋陶之《谟》，咄之《诰》，尹之《训》，周公之制作，咸曰兴国家，靖生民矣。"与吕温之说同调。

不过，李覯的"治物之器"还可以包容"诗史诏诰奏议"等具体的章句文辞，再推进一步，"辞"就只能被驱赶出"文"之外了。司马光严格区分"文"与"辞"的不同性质："然则古之所谓文者，乃所谓礼乐之文，升降进退之容，弦歌雅颂之声，非今之所谓文也。今之所谓文者，古之辞也。"(《答孔文仲司户书》)王安石则判定："治教政令，圣人之所谓文也。"(《与祖择之书》)"所谓辞者，犹器之有刻镂绘画也"；而文辞这个东西，"诚使巧且华，不必适用；诚使适用，亦不必巧且华"。(《上人书》)这样，政治家通过区分"文"、"辞"，实际上已经取消了"辞"的存在价值。而且即便是作为政治工具的"文"，也还有先后本末之分。"书之策，引而被之天下之民，一也。圣人之于道也，盖心得之，作而为治教政令也，则有本末先后。"(《与祖择之书》)具体说来，"引而被之天下之民"为本，"书之策"为末。从实用主义的原则出发，王安石特别推崇王通，主张以汉代"诸生试家法"、"文吏课笺奏"的制度选拔人才，"所谓文吏者，不徒苟尚文辞而已，必也通古今，习礼法，天文人事，政教更张，然后施之职事，则以详平政体，有大议论，使以古今参之是也；所谓诸生者，不独取训习句读而已，必也习典礼，明制度，臣主威仪，时政沿袭，然后施之职事，则以缘饰治道，有大议论，则以经术断之是也"(《取材》)。由此出发，王安石猛烈批评以文辞取士的考试制度，断言只有经师、法官才是有用的文人，只有礼法、律令才是有用的文章。按王安石的理解，这才是王通"文贯乎道"的真正内涵。由此出发，王安石"疑(韩、柳)二子者徒语人以其辞耳，作文之本意不如是其已也"(《上人书》)。评韩文云："纷纷易尽百年身，举世何人识道真。力去陈言夸末俗，可怜无补费精神。"(《韩子》)王安石对韩、柳批评的出发点,正是政治家极端功利主义的文道关系理论。

由此推进一步,王安石的好友王令有"《诗》非法言"与"孔子弟子不为诗"之说,从孔子"以《鸱鸮》之诗为知道"的判断中反向引申出"其它有不及道者"的结论,并由此将《诗》分为"得圣人之道者"与"不合于圣人者"两大类,从而部分否定了《诗经》。王令最后的结论是:"存《诗》所以载道,而不作今世之诗,未必不为道也。"(《答吕吉甫书》)最终否定了诗歌的存在价值。政治家重道轻文,最终走向彻底否定文辞的极端道路,"外王"完全消解了"内圣",这是"载道"说剥离文道有机联系的必然归宿。

第三节　一元与二元

"明道"说坚持文道一体,属于一元论哲学;"载道"说分离文道、重道轻文,属于二元论哲学。具体说来,道学家用自己预设的狭隘的伦理之"道"取代了博大混沌的自然之道。他们的"道"至正纯善,不能容受丰富多彩的"文"。"文"、"道"二元,也就不可避免了。

如前所述,韩愈的文道关系理论强调文道一体:"通其辞者,本志乎古道者也。"(《题欧阳生哀辞后》)"自五经之外,百氏之书未有闻而不求、得而不观者。然其所志,惟在其意义所归。"(《答侯继书》)"一言一句","必出入仁义"(《南阳樊绍述墓志铭》)。文与道的关系,是语言和思维的关系。语言是思维的物质基础,思维不能脱离语言而存在。从这个意义上讲,文道一元,文道一体。今人常用的"文道合一",仍然是未达一间,因为文、道本来就是一体,并不是什么合二而一的东西。

宋人重道轻文的文道关系理论,宋初就已经露出端倪,柳开推崇韩愈,在"行圣人之道"(《昌黎集后序》)的方面,至于文章,除了"用于世者"之外,只不过是道之筌蹄,完全没有存在的价值:"文章为道之筌也,筌可妄作乎?筌之不良,获斯失矣。女恶容之厚于德,不恶德

第十二章　文道一体：韩愈的文学思想

之厚于容也；文恶辞之华于理，不恶理之华于辞也。"(《上王学士第三书》)"文"为"道"之筌，文道二元的观念已经呼之欲出。正式确立文道二元分立理论的，是北宋周敦颐的"载道"说。其说以大车与车上所载货物比喻文道关系，结论是："不知务道德而第以文辞为能者，艺焉而已。"(《通书·文辞》)二程倡言道外无文云："人见六经，便以为圣人亦作文。不知圣人亦摅发胸中所蕴自成文耳，所谓有德者必有言也。"又云："游夏亦何尝秉笔学为词章也？且如观乎天文以察时变，观乎人文以化成天下，此岂词章之文也。"并由此断言："作文害道。"因为"凡为文不专意则不工。若专意则志局于此。又安能与天地同其大也？《书》云：'玩物丧志。'为文亦玩物也"。干脆取消了文的存在价值。甚至批评杜甫云："如今言能诗无如杜甫，如云：'穿花蛱蝶深深见，点水蜻蜓款款飞。'如此闲言语道出做甚！"(《二程遗书》卷十八)连历代被推尊为"一饭不忘君"的杜诗都被贬为"闲言语"，天下之"文"还有几篇有资格"载道"？朱熹甚至因为作诗而产生负罪感："顷以多言害道，绝不作诗。两日读《大学·诚意章》有感，至日之朝，起书此以自箴，盖不得已而有言云。"(《晦庵先生朱文公文集》卷二)"文"不能"载道"乃至"害道"，这样的文道关系理论又怎么可能是一体一元的理论？

　　道学家的"道"是他们自己预设的至正至善的道德理性，而且和韩愈"足乎己无待于外"的内在理性不同，程、朱的道德理性是先天的外在客体，是高踞于现实世界之上的宇宙本体。但现实世界纷繁复杂的现象并不总是至正至善，所以，在为实际事物寻求终极依据的时候，道学家不得不在"理"之外引入"气"的概念，为兼有善恶的"物"提供一个本体依据。因为"气"有清浊，所以"物"有善恶。在道学家的理论系统中，"理"为形上，"气"为形下；"理"为体，"气"为用；"理"为本，"气"为末。而且"理"在"气"先，道学家的"理气论"似乎是标准的"理一元论"。但实际上，道学家的形上之"理"却包容不了形下之"气"，因为"理"只能至正纯善，而"气"却兼有善恶。在现实生活中，美好事物可以通过其所禀赋的"清气"在至正纯善的"理"中寻求到自己的终极依据,而邪恶事物的本体依据却只能追溯到"浊气"。换言之,世间万物的终极本体不得不区分为二元:众善本于"理",众恶源于"气"。与此相同,道学家的人生论,不得不区分为"心"、"性"二元;道学家的人性论,不得不区分为"天地之性"与"气质之性"。尽管道学家无一不公开标榜自己本体论系统的"理一元"或"气一元"性质,但究其实质,周、张、程、朱的理气论、心性论和性情论,都很难摆脱二元论哲学的嫌疑。①

就文道关系而言,道学家以道为体、以文为用,重道轻文,将"道"抬举到绝对存在的高度。表面上看,似乎是彻底的文道一元论。但实际上,在这文道一元的表象之下,却隐藏着文道二元的实质。在这一方面,最为典型的是朱熹的理论。朱熹批判欧、苏之道云:"东坡之言曰:'吾所谓文,必与道俱。'则是文自文而道自道,待作文时旋去讨个道来入放里面,此是它大病处。"②表面上看,朱熹反对苏轼"文"、"道"分列,似乎是在坚持文道一元。但实际上,朱熹对东坡"文自文而道自道"的指责,并不符合欧、苏的原意,因为欧、苏尽管"文"、"道"并列,但此"文"却"必与道俱"。一个"必"字,明确无误地限定了"文"、"道"不可分离的性质。也就是说:"文"与"道"尽管从理论上可以分割为两个并列的概念,但它只是同一个存在物的两个不同的逻辑层面,并不是两个互不相关乃至互相对立的存在。恰恰相反,真正将"文"、"道"对立起来的,正是道学家自己。朱熹批判李汉"文者贯

---

① 关于周、张、程、朱理气论、心性论、人性论的二元论倾向,请参见周予同《朱熹》第三章《朱熹与哲学》,商务印书馆 1929 年版;冯友兰《中国哲学史》下册第十二章《张横渠及二程》,商务印书馆 1934 年版;钱穆《中国思想史》第三十五章《朱晦庵》,台北学生书局 1995 年版;张岱年《中国哲学大纲》第一部分第一篇第五章《理气论》,第二部分第二篇第四章《性两元论与性一元论》,中国社会科学出版社 1982 年版;侯外庐《中国思想通史》第四卷上册第十一章第三节《张载的二元论及其陷入唯心论的途径》,第四节《关洛异同的争辩和张载的二元论》,人民出版社 1959 年版;刘述先《朱熹的思想究竟是一元论还是二元论》,武夷山朱熹研究中心编《朱子学新论》,上海三联出版社 1991 年版。

② 黎靖德《朱子语类》卷一三九,《朱子全书》第十八册,第 4314 页。

道之器"说:"这文皆是从道中流出,岂有文反能贯道之理?文是文,道是道,文只如吃饭时下饭耳。若以文贯道,却是把本为末,以末为本,可乎?"表面上看,朱熹是主张文道一体、文本道末,但实际上,朱熹对李汉的批判,本身就建立在歪曲原文的基础之上。李汉所谓"文者贯道之器","文"处于"器"的地位。"道"与"文"的关系,也就是道与器、本与末、体与用的关系。这里的"贯",是贯注、充盈的意思。所谓"文者贯道之器",是将"文"视为贯充着"道"的形下之"器"。换言之,"道"是本体,"文"只是本体的外化形式,原文表述明白无误。朱熹有意将"贯"曲解为"贯串",这样,"道"不再是充贯于"文"并与"文"不可分离的形上本体,而变成了贯串在文章中的点缀品。这样的文道关系理论虽然确有"把本为末"、"以末为本"之弊,但并不符合李汉的原意,而是朱熹强加给李汉的东西。而真正"把本为末"、"以末为本"的,恐怕正是朱熹自己。在朱熹的眼里,"文是文,道是道,文只如吃饭时下饭耳"。这里的"下饭",又作"嗄饭",为宋元俗语,指吃饭时佐餐的菜肴。一篇文章犹如一道大餐,"道"是主食,"文"则是点缀其间的菜肴。和周敦颐的"虚车"、"徒饰"一样,"文"只是点缀道体自身的外在装饰品,而不是道体自身的外化形态。所以,朱熹所谓"文是文,道是道"的实质,正是他所指责的"文自文而道自道"。他的"文"与"道"性质不同、地位不同,其价值当然也不可同日而语。二者之间,并不存在道、器或体、用之间所应有的一元一体、相通相贯的等值等价关系,是一目了然的。

朱熹正面标榜的文道关系理论是:"道者文之根本,文者道之枝叶。惟其根本乎道,所以发之于文皆道也。三代圣贤文章皆从此心写出,文便是道。"这样的说法,近乎传统的"有德者必有言"、"文便是道",文道一元。问题实质在于:"圣贤文章",道学家可以承认其"根本乎道";周、张、程、朱的著述,道学家也自诩其"根本乎道"。但除此之外,数以千计的文人,数以万计的文章,能被道学家承认为"根本乎道"的又有多少?这一大批不能"根本乎道"的文章,其本体依据又在哪里?所以,朱熹不得不在"载道之文"以外,设置一类"不载道之文"

(《朱子语类》卷九十四)。而这"不载道之文"既不能"根本乎道",那么"文"的形上本体,事实上就已经被区分为二元了。试看朱熹评论历代文章:"孟轲氏没,圣学失传,天下之士背本趋末,不求知道养德以充其内,而汲汲乎徒以文章为事业。然在战国之时,若申、商、孙、吴之术,苏、张、范、蔡之辩,列御寇、庄周、荀况之言,屈平之赋,以至秦汉之间韩非、李斯、陆生、贾傅、董相、史迁、刘向、班固,下至严安、徐乐之流,犹皆先有其实,而后托之于言。唯其无本,而不能一出于道,是以君子犹或羞之。及至宋玉、相如、王褒、杨雄之徒,则一以浮华为尚,而无实之可言矣。雄之《太元》、《法言》,盖亦《长杨》、《校猎》之流,而粗变其音节,初非实为明道讲学而作也。东京以降,讫于隋唐,数百年间愈下愈衰,则其去道益远,而无实之文亦无足论。韩愈氏出,始觉其陋,慨然号于一世,欲去陈言以追诗书六艺之作,而其弊精神糜岁月,又有甚于前世诸人之所为者。"(《读唐志》)除此之外,《家语》"不纯";《孔丛子》"鄙陋之甚,理既不足取,而词亦不足观";《管子》"杂"、"卑"、"陋";《国语》"文字多有重迭无义理处";《荀子》"粗"、"难看"、"分明不识道理"、"全是申、韩";"商鞅、韩非得老子所以轻天下者,是以敢为残忍而无疑";杨雄"只是走入老、庄巢窟"、"全是黄、老";贾谊"杂"、"本是战国纵横之学";王通"平生好自夸大"、"其议论本原处亦只自老、庄中来"、"可惜不曾向上透一着,于大体处有所欠阙";李白"莽荡"、"疏脱"、"没头脑";杜诗"无意思,大部小部无万数,益得人甚事?"至于本朝人物,欧公失之"浅",曾巩"专一进谀辞",荆公、坡公"学皆不正",荆公"其术足以杀人","二苏之学得于佛老","苏文害正道甚于老佛","子由不作声,却险"、"可畏"、"文字煞有害处"(《朱子语类》)。在朱熹眼里,举凡天下能文之士,大多不能"根本乎道"乃至"害道",他们的文章,也只能是"无本"、"不能一出于道"的"不载道之文"。这样,古往今来的文章被朱熹区分为两大类别:"根本乎道"的"载道之文"与"不合于道"的"不载道之文"。前者文道一体,后者却"无本",不能在至正纯善的道体中寻觅到相应的本体论依据。大量的"文"被排斥在"道"之外,这些"文"不再是"道"的

第十二章 文道一体:韩愈的文学思想

外化显现而是"道"的对立物,"文"、"道"被割裂乃至被对立起来,这就是道学家文道关系理论的二元论实质。

朱熹一方面将古今文人的大量创作排斥在道体之外,另一方面却又公开宣扬道外无文:"道外有物,固不足以为道;且文而无理,又安足以为文乎?盖道无适而不存者也。"(《与汪尚书》)再推进一步:"夫文与道果同耶?异耶?若道外有物,则为文者可以肆意妄言,而无害于道;惟夫道外无物,则言而一有不合于道者,则于道为有害。"(《答吕伯恭》)倡言"道外无物"、"道外无文",表面上是彻底的文道一元论,但实际上,这里的"道外无物"的提法,只能将"不合于道"乃至"于道为有害"的"言"排斥于至正纯善的大道之外,却无法抹杀其存在。而"不载道之文"大量存在本身就与"道外无物"的判断自相矛盾。更为自相矛盾的是:朱熹对某些被他自己斥为"不合于道"的作家乃至于"于道为有害"文章却又情不自禁地有所偏爱,这就在事实上形成了"文"、"道"分离互不相关的二元批评格局。如前所述,朱熹对韩、柳、欧、苏、曾、王颇多贬词,但论及其文,又语多赞叹:"东坡文字明快。老苏文雄浑,尽有好处。如欧公、曾南丰、韩昌黎之文,岂可不看?柳文虽不全好,亦当择。"(《朱子语类》卷一三九)"文字到欧、曾、苏,道理到二程,方是畅。"(《朱子语类》卷一三〇)两宋文人中,朱熹抨击最为尖刻的是三苏父子尤其是苏轼。但朱熹的抨击主要集中在"道"的方面,对其"文"却佩服得五体投地。"老苏之文高,只议论乖角。""议论虽不是,然文字亦明白洞达。"(《朱子语类》卷一三九)"坡文不可以道理并全篇看,但当看其大者。"又评价苏辙《古史序》:"此等议论极好,程、张以后文人无有及之者。"(《朱子语类》卷一三〇)《黄州州学二程先生祠记》评价流寓黄州的宋代人物,其中包括王禹偁、韩琦和二程:"议论气节卓荦奇伟尤足以惊动世俗之耳目,则又皆莫若苏公之为盛也。"又说:"东坡善议论,有气节。""东坡解经,莫教说着处直是好。盖是他笔力过人,发明得分外精神。""东坡天资高明,其议论文词自有人不到处。"(《朱子语类》卷一三〇)他曾经自述其阅读东坡作品时内心深处的矛盾:"苏氏文辞伟丽,近世无匹,若欲作文，自不妨模范。但其词意矜豪谲诡，亦有非知道君子所欲闻。是以平时每读之虽未尝不喜，然既喜未尝不厌，往往不能终帙而罢。非故欲绝之也，理势自然，盖不可晓。"(《答程允夫》)此外，朱熹在具体的作品评论中也往往"文"、"道"分别论列，如"东坡《欧阳公文集叙》只恁地文章尽好，但要说道理，便看不得"。又抨击曾巩《移沧州过阙上殿札子》"力为诿说"，同时又承认"其文极妙"。对孙之翰《唐论》，一方面批评其"大纲不正"、"理不及《唐鉴》"，另一方面又承认其"切于事情"、"精练，说利害如身处亲历之"。(《朱子语类》卷一三九)文道分离，完全忘记了自己"道外无物"的主张。

　　道学家文道关系理论的二元论性质，郭绍虞先生实际上已经有所揭示："二程论文，始以为有德者必有言，不要致力于文。一方面歧文与道为二，而以为学文则害道；一方面又合文与道为一，而以为明道即能文。"①执此以考察道学家的文论，就可以看出其内在的矛盾：既然主张"道外无文"，文即是道，就不应该将"言"划分为"合于道者"、"不合于道者"。否则，这"不合于道者"、"于道为有害"的"文"，岂不正好成为道外有物的证据了吗？所以，"载道说"将"文"作为"道"的承载工具，实质上是"文"、"道"二元并立论；"文只如吃饭时下饭"，以"道"为主食，以"文"为菜肴，实质上是"文"、"道"二元本末分立论；"作文害道"的实质，则是"文"、"道"二元对立论。尽管道学家口口声声批评文学家"文自文而道自道"，但真正"裂道与文以为两物"的，正是道学家自己。

第四节　超越与异化

　　"明道说"追求超越文道的艺术境界，宋人则将这一超越推向极端，艺术的追求异化为形式主义的句法律度，"文"最终消解了"道"。

---

① 郭绍虞《中国文学批评史》，上海古籍出版社1979年版，第181页。

第十二章 文道一体：韩愈的文学思想

韩愈曾自述其读书作文的目的："读书以为学，缵言以为文，非以夸多而斗靡也。"(《送陈秀才彤序》)"为学"、"为文"本身并不是目的，目的是完成对"文"、"道"的超越。《答李翊书》具体记述自己多年求学作文的过程："始者，非三代两汉之书不敢观，非圣人之志不敢存，处若忘，行若遗，俨乎其若思，茫乎其若迷。当其取于心而注于手也，惟陈言之务去，戛戛乎其难哉！其观于人，不知其非笑之为非笑也。如是者亦有年，犹不改，然后识古书之正伪，与虽正而不至焉者，昭昭然白黑分矣。而务去之，乃徐有得也。当其取于心而注于手也，汩汩然来矣。其观于人也，笑之则以为喜，誉之则以为忧，以其犹有人之说者存也。如是者亦有年，然后浩乎其沛然矣。吾又惧其杂也，迎而距之，平心而察之，其皆醇也，然后肆焉。"这"沛然"、"皆醇"随心所欲的状态，已经跨越了学养、文章的分野，达到了艺术超越的境界。《进学解》进一步描绘这种"闳其中而肆其外"的艺术境界："沉浸酞郁，含英咀华；作为文章，其书满家。上规姚姒，浑浑无涯；《周诰》、《殷盘》，佶屈聱牙；《春秋》谨严，《左氏》浮夸；《易》奇而法，《诗》正而葩；下逮《庄》、《骚》，太史所录，子云、相如，同工异曲。"文道一体，才能开创出艺术超越的道路。文学家与思想家完美地融为一体，这才是韩愈的最高追求。韩门弟子中，孙樵对这一点领会最深，其《与友人论文书》云："古今所谓文者，辞必高然后为奇，意必深然后为工，焕然如日月之经天也，炳然如虎豹之异犬羊也。是故以之明道，则显而微，以之扬名，则久而传。"《与王霖秀才》具体描绘了这种得道的境界："譬玉川子《月蚀诗》、杨司城《华山赋》、韩吏部《进学解》、冯常侍《清河壁记》，莫不拔地倚天，句句欲活。读之如赤手捕长蛇，不施控骑生马，急不得暇，莫可捉搦。"对韩愈所追求的艺术超越的境界颇有会心。

宋代文人中，欧、苏一系比较忠实于韩文原意，坚持文道一元。欧阳修云："学者当师经，师经必先求其意，意得则心定，心定则道纯，道纯则充于中者实，中充实则发为文者辉光，施于事者果毅。"(《答祖择之书》)欧公之道为"充于中者"，与"足乎己无待于外"的韩愈之道一样，是一个自在自足的内在系统。"其充于中者足而后发乎外者大以光"(《与乐秀才第一书》)、"道胜者文不难而自至"(《答吴充秀才书》),也就是修辞以明道。对欧公而言,"道"为中,"文"为外,二者是一个统一体的两个层面,这就是"我所谓文必与道俱"(《祭欧阳文忠公文》)的真实涵义。正因为如此,欧公所谓"文章丽矣,言语工矣,无异草木荣华之飘风,鸟兽好音之过耳"(《送徐无党南归序》),目的是批评单纯追求文辞华美的形式主义倾向,不同于道学家的"作文害道";欧公反对"弃百事不关于心"(《答吴充秀才书》),目的是批评文士溺于文辞的倾向,也不同于政治家的"实用不必巧且华"(王安石《上人书》)。苏洵"取《论语》、《孟子》、韩子及其他圣人贤人之文而兀然端坐,终日以读之者七八年矣。方其始也,入其中而惶然,博观于其外而骇然以惊;及其久也,读之益精,而其胸中豁然以明,若人之言固当然者,然犹未敢自出其言也;时既久,胸中之言日益多,不能自制,试出而书之,已而再三读之,浑浑乎觉其来之易矣"(《上欧阳内翰第一书》)。东坡"为文者,非能为之为工,乃不能不为之为工也。山川之有云雾,草木之有华实,充满勃郁而见于外,夫虽欲无有,其可得耶!"(《南行前集叙》)充于中,发于外,文道一元,道德修养与艺术修养本来就是一体。

对超越文道的艺术境界,苏洵以风水相遭自然成文来比喻。这风水相遭所形成的"文","非水之文也,非风之文也,二物者非能为文,而不能不为文也,物之相使而文出于其间也"。一句话,这里的"文",既不是风之文,也不是水之文,而是超越于风水之上的"天下之至文"(《仲兄字文甫说》),也就是自然之文。苏轼认为:"求物之妙,如系风捕影,能使是物了然于心者,盖千万人而不一遇也。而况能使了然于口与手者乎?是之谓辞达。辞至于能达,则文不可胜用矣。"(《答谢民师书》)这里的"辞达",就是语言与思维高度融汇的艺术境界。晁补之《题陶渊明诗后》引东坡语:"陶渊明意不在诗,诗以寄其意耳。'采菊东篱下,悠然望南山。'则既采菊,又望山,尽意于此,无余蕴矣,非渊明意也。'采菊东篱下,悠然见南山。'则本自采菊,无意望山,适举首而见之,故悠然忘情,趣闲而累远。此未可于文字精粗间求之。"

第十二章　文道一体：韩愈的文学思想

得意忘言，正是对文字的超越。杨万里《颐庵诗稿序》再推进一步："夫诗何为者也？尚其词而已矣。曰：善诗者去词。然则尚其意而已矣。曰：善诗者去意。然则去词去意，则诗安在乎？曰：去词去意，而诗有在矣。"去词去意，才能完成艺术对文、道的最终超越。

艺术超越再向前推进一步，就难免文道分裂。东坡尤其是苏门弟子虽然高度地推崇韩愈的"文"，对韩愈的"道"却颇多微词。以东坡为例，他一方面推崇韩愈"文起八代之衰"（《潮州韩文公庙碑》），同时又鄙薄"韩愈之于圣人之道，盖亦知好其名矣，而未能乐其实"（《韩愈论》）。苏辙也批评说："愈之学，朝夕从事于仁义、礼智、刑名、度数之间，自形而上者，愈所不知也。"张耒更是直截了当地说："韩退之以为文人则有余，以为知道则不足。"（《韩愈论》）除此之外，东坡《杨雄论》，苏辙《诗病五事》，张舜民对《原道》的批评，秦观对《元和圣德诗》的批评，张耒对《孔子庙碑》的批评，也大多着眼在道术的方面。不过，对"道"的批评并不影响对"文"的推崇。晁补之评价战国文章，就直言"虽义理皆亡，而文章可喜"（《海陵集序》）。秦观将古今文章区分为六大类别："先王之时，一道德，同风俗，士大夫无意于为文，故六艺之文，事词相称，始终本末，如出一人之手。后世道术为天下裂，士大夫始有意于为文。"以下分五门论述周衰以来历代文章："探道德之理，述性命之情，发天人之奥，明死生之变，此论理之文，如列御寇、庄周之所作是也；别白黑阴阳，要其归宿，决其嫌疑，此论事之文，如苏秦、张仪之所作是也；考同异，次旧闻，不虚美，不隐恶，人以为实录，此叙事之文，如司马迁、班固之作是也；原本山川，极命草木，比物属事，骇耳目，变心意，此托词之文，如屈原、宋玉之作是也；钩列、庄之微，挟苏、张之辩，撼班、马之实，猎屈、宋之英，本之以《诗》《书》，折之以孔氏，此成体之文，韩愈之所作是也。"（《韩愈论》）上述六类文章中，只有六艺之文能够做到"事词相称"、文道一体，其余五类都是"道术分裂"、文道分离的产物。值得注意的是，秦观对这五类文章并没有丝毫歧视，对"成体之文"，甚至推崇备至。这表明，苏门弟子的文道观以文为本，与前人重道轻文的观念有着质的区别。对韩"文"的高度评价和对韩"道"的轻视,正是以"道术分裂"为基础。苏门人士对韩愈文道两端截然不同的评价,透露出隐藏在他们内心深处的真实的文道观:文道之间并没有实质性的联系,道术的不足,不影响文章的超卓。这样的观点,同韩愈的"慎实"、"有诸其中"、"气盛言宜"以及欧阳修的"道胜文至"已经有了相当的距离。朱熹攻击东坡的"吾所谓文必与道俱",是"是文自文而道自道",就苏门文道分立各自评价的思路而言,朱熹的批评也不是毫无道理。

将上述观念推演到极端,则是"文""道"体用、本末关系的倒置。苏门之中,老苏这样描述文道关系:"大凡文之用四:事以实之,词以章之,道以通之,法以检之。"(《史论上》)在这里,"道"与"事"、"词"、"法"并列为文章的"四用"之一,"文"为体,"道"为用,二者的本末关系完全颠倒过来。张耒转述东坡之说云:"文以意为车,意以文为马。理强意乃胜,气盛文如驾。"(《与友人论文因以诗投之》)在这里,"文意"只不过是承载"文章"的"车","文气"只不过是推动"文章"的"马"。无论是"文意"还是"文气",都统一在"文章"的物质外壳之内。"文"为"体","意"、"气"为用,至为明显。晁补之也将文章的要素区分为四端:"凡文章之不可无者有四:一曰体,二曰志,三曰气,四曰韵。"这里的"体",指"述之以事,本之以道,考其理之所在,辨其义之所宜,卑高巨细包括并载而无所遗,左右上下各若有职而不乱者"(《答赵士舞德茂宣义论宏词书》)。"文体"本之以道,是"道"的外化形态与物质外壳。而这"体"与"志"、"气"、"韵"并列,只不过是"文章"的四大要素之一。"道"从属于"文",明白无误。吕本中《学道》云:"道苟明于心,如马得坚车。养以岁月久,自然登坦途。""道"如车,"心"如马,其立意与东坡、张耒如出一辙。值得注意的是,苏洵以"道"为用,东坡、张耒、吕本中以"车"喻"道",都将"道"视为承载"文"的工具。"文"为"体","道"为"用",这一观念与西方现代语言哲学颇为接近,但与唐宋时期道本文末的文道观相比,却颇有颠覆性。这一观念表现在创作理论上,就必然重文而轻道。张耒虽然也说"学文之端急于明理",但他的"明理"与道学家不同:"夫文何为而设也?知理

第十二章　文道一体：韩愈的文学思想

者不能言,世之能言者多矣,而文者独传。岂独传哉？因其能文也而言益工,因其言工而理益明,是以圣人贵之。"(《答李推官书》)在这里,"知理者不能言",不能流传,也就不能实现自己的价值；只有能文者,"言益工"、"理益明",才是最珍贵的。吕本中有诗云："稍知有诗味,复恐道相妨。"(《试院中作》)他也和朱熹一样担心"诗"、"道"相妨,但与朱熹不同,他担心的是"道"妨"诗",而不是"诗"妨"道"。

重文轻道的观念有可能发展为单纯注重文辞技巧的唯美主义倾向,对于这一点,宋代文人实际上是有所警惕的。苏舜钦就曾经说过："道之消,德生焉；德之薄,文生焉；文之弊,词生焉；词之削,诡辩生焉。辩之生也害词,词之生也害文,文之生也害道德。"(《上孙冲谏议书》)从文道关系的角度批判重文轻道的倾向。事实上,三苏及其弟子尤其是黄、陈门下确乎更为注重对艺术技巧的追求。东坡、颍滨、山谷、后山、张耒、洪觉范已多耽"句法",黄、陈、洪又多溺"句眼"。此外,山谷执着于"无一字无来处"、"以故为新,以俗为雅"、"灵丹一粒点铁成金"、"夺胎"、"换骨",后山则致力于"立格"、"命意"、"用事"。后山评杜诗云："《冬日谒玄元皇帝庙》诗叙述功德,反复外意,事核而理长,《阆中歌》辞致峭丽,语脉新奇,句清而体好,兹非立格之妙乎？《江汉》诗言乾坤之大,腐儒无所寄其身,《缚鸡行》言鸡虫得失,不如两忘而寓于道,兹非命意之深乎？《赠蔡希鲁》诗云：'身轻一鸟过',力在一'过'字,《徐步》诗云：'蕊粉上蜂须',功在一'上'字,兹非用字之精乎？学者体其格,高其意,炼其字,则自然有合矣。"(《珊瑚钩诗话》)其兴趣集中在"辞致"、"语脉"、"句格"、"字意"。黄、陈影响下形成的江西诗派,锻字炼句,拗折尖新,津津乐道于"诗日进而道日远"(《紫薇诗话》)。韩愈开创的文道一体的艺术超越之路,最终被异化为诗律诗格之学。至于明清以下如桐城派的"义法"、"神理气味格律声色"等等,虽然也打出了"文以载道"之类的招牌,和韩愈的"明道"已经风马牛不相及了。

朱熹曾经评论韩愈及其门弟子："今读其书,则其出于谄谀戏豫放浪而无实者自不为少,若夫所原之道,则亦徒能言其大体,而未见其有探讨服行之效。使其言之为文者皆必由是以出也,故其论古人,则又直以屈原、孟轲、马迁、相如、杨雄为一等,而犹不及于董、贾;其论当世之弊,则但以词不己出,而遂有神徂圣伏之叹。至于其徒之论,亦但以剽掠僭窃为文之病,大振颓风,教人自为为韩之功。则其师生之间,传受之际,盖未免裂道与文以为两物,而于其轻重缓急本末宾主之分,又未免于倒悬而逆置之也。"(《读唐志》)朱熹对韩愈的指责未必准确,但用来批评那些窃其影响的后世末流,却不无道理。换句话说:在超越的道路上再多走一步,那就是异化了。

第五节 结 语

韩、柳倡言"明道",其文道本属一体;宋人阐扬韩学,道学家重"体",政治家重"用",文学家重"文",各执一偏,遂成"载道"之说。寖至现代,韩愈在哲学界被视为儒学复兴运动的开创者,在文学界则被视为古文运动的领头羊。其实对韩愈本人而言,思想系统的转换必然伴随着话语系统的转换,复兴儒学与革新文体本来就是一回事。关于这一点,同样置身于思想语言系统更新潮流中的周作人理解最为深刻:"文学这事物本合文字与思想两者而成。表现思想的文字不良,固然足以阻碍文学的发达;若思想本质不良,徒有文字,又有什么用处呢?"他认为,五四白话文运动发生的真正原因,正是五四思想革新运动的内在诉求:"我们反对古文,大半原是为他晦涩难懂,养成国民笼统的心思,使得表现力与理解力都不发达;但另一方面,实又因为他内中的思想荒谬,于人有害的缘故。这宗儒道合成的不自然的思想寄寓在古文中间,几千年来根深蒂固,没有经过廓清,所以这荒谬的思想与晦涩的古文几乎已融合为一,不能分离。"说得更明白一点:从"三纲五常"、"忠孝节义"到博爱、平等、自由、民主、人权,没有话语系统的转换,就没有思想系统的转换。"文学革命上,文字改革是第一步，思想改革是第二步。"①五四白话文运动不是五四思想革新运动的工具，而是思想革新运动的本根和本体。用周作人的眼光去观照韩、柳的"明道"，可以认为：中唐时期的古文运动不是儒学复兴运动的工具，而正是儒学复兴运动本身。这样的理解，或许更符合韩、柳的原意。对韩愈的"明道"，宋代三家在不同的层面上有所深化，同时也在不同的程度上有所消解。南宋时期江西诗派的渐行渐远，古文运动的无形消亡，都应该从这个角度去理解。

现代西方哲学界普遍认为，人类对世界的探究经历了三个阶段：本体论阶段、认识论阶段、语言哲学阶段。上古哲学关注的焦点是客观世界的形上本体，近代哲学则更为关注主客体关系，探究人类对客观世界的认识能力及其界限。到了19世纪末20世纪初，认识论问题被归结为语言问题，哲学不是理论，而是对思想进行逻辑阐释的语言分析与语言批判过程。以此为坐标系观照唐宋古文运动，并进而观照五四白话文运动，对唐宋文道关系理论从"明道"到"载道"的历史演变进程，或许会有新的认识。

---

① 周作人《谈虎集·思想革命》，河北教育出版社2002年版，第7—9页。

第十三章 道统:民族文化传统

韩愈道统观念的实质是民族文化传统,其中包括民族国家观念、民族文化观念、民族传统观念。和宋明新儒学形上本体的"道统"以及现代新儒学意识形态的"道统"性质不同,不宜混为一谈。

此处特别标举"韩愈的道统观念"而不是广义的道统观念,目的是强调韩愈道统观念与宋明新儒学以及现代新儒学的区别:宋明新儒学的道统被抽象为具有宗教色彩的形上本体,现代新儒学的道统被演绎为具有政治色彩的意识形态,韩愈的道统,则仅仅是民族文化传统。它没有宗教哲学的玄奥,也没有经院哲学的繁琐。对经院哲学家而言,它甚至连"哲学"二字也未必承担得了。它所试图揭示的,只不过是作为中国人面对外来文化挑战时所应有的生活态度而已。

和中唐时期相似,处于社会转型阶段的当代中国同样地面临着思想文化体系重建的问题,同样地迫切需要从传统文化中发掘有价值的文化资源。韩愈的道统观念流行千年,其中必然有合理的成分可以为当代文化建设所取资。但五四以后受程朱理学的牵连,1949年以后受现代新儒学的牵连,韩愈的道统观念至今没有得到认真的清理,这是非常可惜的。

天宝十四载(755)爆发的"安史之乱"使大唐王朝由极盛的巅峰跌落下来,寖至中唐,"安史之乱"虽然在形式上已经平定,社会的危机却更为深重。到德宗年间,两河藩镇的割据已成定局,内地诸镇也日渐纵恣,其间称王者五,称帝者二,袭夺攻掠,自称留后、节度者更

第十三章 道统:民族文化传统

是数不胜数。在这期间,随着边镇兵力向内战战场的转移,周边异族政权的侵凌也日益猖獗,吐蕃、回纥连年入侵,连南诏、安南也纷扰不息。广德元年(763)吐蕃攻占长安,代宗出奔,建中四年(783)泾原镇兵作乱长安,德宗出奔,就是中唐时代内忧外患最集中的体现。

面临世道人心的全面崩溃,中唐社会迫切需有一种重建社会的凝聚力量,韩愈的道统观念也就这样应运而生。韩愈道统观念的实质,就是为"安史之乱"以后面临民族危亡的华夏民族树立起一面民族文化认同的旗帜。具体说来,它包括三个层面:民族国家的观念、民族文化的观念、民族传统的观念。

第一节 民族国家的观念

韩愈倡言道统,首严华夷之辨。华夏文化与胡夷文化最根本的区别,是它们截然对立的民族国家观念。

亨廷顿《文明的冲突》把政治忠诚分为三个层次:狭义的忠诚,即对家庭、部族和部落的忠诚;对民族国家的忠诚;广义的忠诚,即对语言、宗教、文化的忠诚。亨廷顿认为,现代西方的忠诚强度曲线呈倒U字形,"民族国家是政治忠诚的顶点,较狭义的忠诚从属于它并被归于对民族国家的忠诚。超越了民族国家的群体——语言或宗教社会群体,或者文明,对忠诚和义务的要求则不那么强烈"。和西方正好相反,在伊斯兰的忠诚曲线中,中段是个空缺,"在整个伊斯兰世界,小集团和大信仰,即部落和伊斯兰信仰,一直是忠诚和义务的中心,而民族国家则一直不太重要"。沿着这一观念推延到极端,"伊斯兰世界这个概念预先假定了民族国家的非法性"。至于形成这一独特观念的原因,亨廷顿追溯了历史:"在中亚,历史上国家认同并不存在,忠诚是对部落、部族和扩大的家庭而言,而不是对国家。"①

亨廷顿对伊斯兰文化特征的解剖是否符合伊斯兰世界的历史与现状,这里不打算讨论。需要指出的是:在中国历史的范围内,上述文化现象正好是各游牧民族共同具有的文化特性。换言之,对家庭以及扩大的家庭:部落、部族的忠诚,对神以及神、人的沟通者宗教的忠诚,是游牧这种特定的生产方式的产物。具体说来,游牧部落逐水草而迁徙,部落、部族是社会结构中唯一的稳定因素,而"国家"则较为抽象,甚至会随着行踪的飘忽而朝秦暮楚。同时,水草是上天的赐予,不属于任何个人。所以,游牧民族较为忽略土地疆界以及由此扩展而来的民族国家的概念,实在是非常自然的。同样的,以民族国家为政治忠诚的顶点,则正好是农业民族所共有的文化特性。具体说来,农业民族生存的基础是土地,所以,土地的所有权以及由此扩展而来的国家疆界的观念具有不可侵犯的神圣意义。农业民族以家庭、宗族为社会的基层单位,长期生活在同一块土地上,从家庭、宗族向上延伸到国家,社会结构长期保持着稳定的状态,所以,对民族国家的忠诚也就是对家庭、宗族忠诚的顶点,这是农业社会稳定的基础。

执此以观照中唐社会,情况就非常清楚了:以藩镇割据的形式所表现出来的社会危机,其实质不是中央与地方的权力冲突,也不是汉族与异族的民族冲突,而是两种生产方式的冲突,两种文化形态的冲突。具体说来,承认还是不承认大一统的民族国家至高无上的地位,是华夏文化与已经胡化了的河朔文化最根本的冲突,也是中央集权与藩镇割据最根本的冲突。

从严格的意义上讲,"安史之乱"是一场地方藩镇反对中央政府的军事叛变,其性质属于内战。但叛军的主要成员均非汉人,也是一个显而易见的事实:安禄山胡人,史思明突厥人,其部将亦大多出身

---

① [美]塞缪尔·亨廷顿《文明的冲突与世界秩序的重建·伊斯兰:没有凝聚力的意识》,新华出版社 2002 年版,第 189—192 页。

第十三章　道统：民族文化传统

于胡、奚、契丹、突厥、回纥、高丽。天宝十四载二月，安禄山又有计划地以蕃将三十二人代汉将(《资治通鉴》卷二一七)，表明了叛军方面明确的民族意识。再进一步考察，北方诸镇的戍卒实际上也大多来自于游牧民族。盖初唐太宗、高宗、武后年间用兵漠北，迁诸胡于河曲，企图以改造游牧部落为农业民族的方式永久性地消除来自北方的威胁。但内迁诸部不乐农耕，六胡州随迁随叛，时人早已指为"祸胎"(《旧唐书·王晙传》)。至玄宗年间，府兵制逐渐为团结兵制度所取代，内迁诸胡长于骑射，乐于戍边，所以，十镇戍卒多为胡人，沿边诸镇逐渐胡化，实在是一个必然的趋势。《旧唐书·地理志》记河朔诸州的胡化趋势："自燕以下十七州，皆东北蕃降胡散诸处幽州、营州界内，以州名羁縻之，无所役属。安禄山之乱，一切驱之为寇，遂扰中原。至德之后，入据河朔。"再加上"李林甫嫌儒臣以战功进，尊宠间己，乃请颛用蕃将"(《新唐书·安禄山传》)，又人为地加剧了这一趋势。到天宝十四载安禄山发动叛变前夕，范阳、平卢、河东三镇已经完成了军队的非汉族化。所以，尽管安禄山、史思明在叛乱之前的身份属于地方藩镇，但安史叛军对河洛的入侵与中国历史上延绵千年的猃狁、匈奴、鲜卑、突厥、契丹等游牧部落对农业民族的侵扰并没有实质性的差别。

正因为安史叛军的非汉族性质十分引人注目，所以兵火方兴，时人就迫不及待地揭示出这场战争的民族性质。如李白《赠武十七谔》"狄犬吠清洛，天津成塞垣"即作于天宝十四载十二月洛阳陷落之前，《古风》之十九"俯视洛阳川，茫茫走胡兵"、《扶风豪士歌》"洛阳三月飞胡沙"、《猛虎行》"窜身南国避胡尘"，即作于洛阳沦陷之后、长安失守之前。如果说李白的诗歌只能代表民间的舆论，那么，封常清对玄宗的奏对应该能透露官方对这场战事的定性。天宝十四载十一月常清谒玄宗于华清宫，奏对中称安禄山为"凶胡"、"逆胡"，十二月常清兵败，临刑上遗表，称叛军为"逆胡"、"羯胡"。(《旧唐书·封常清传》)不过，或许是碍于参与平叛的主力部队朔方、河西等镇将士如哥舒翰、高仙芝、李光弼等同样大多出身于非汉族，或许是出于华夏民族天下国家的传统观念,玄宗颁发的官方诏敕中,总是回避这一性质。《亲征安禄山诏》称叛军为"凶逆",《命皇太子监国诏》称之为"凶险"、"叛逆"。直到肃宗即位,才有意识地强调叛军的异族性质,其《即位大赦文》称"羯胡",《遣巡抚使敕》称"羯贼",《宣慰西京官吏敕》称"逆胡",《御丹凤门大赦制》称"夷羯",《乾元元年南郊赦文》称"孽胡"。肃宗的意图非常明显:在国家面临生死存亡的危急关头,救亡图存的民族情绪比忠君思想更容易调动民众的抗战热情。从此以后,官方将这场战争定性为抵抗外族侵略的民族保卫战,为中唐民族思潮的抬头奠定了基础。

"安史之乱"以中央政府承认两河藩镇的割据宣告结束,民族生存的危机并没有真正缓解。寖至中唐,两河叛镇仍然以胡人为主体:史宪诚、李宝臣为奚族,王武俊为契丹,王廷凑、李茂勋为回纥,李怀仙为柳城胡,李正己为高丽。甚至连中央直属部队的叛将也大多有异族背景:仆固怀恩为铁勒人,李怀光为靺鞨人。更值得注意的是,这一地区的汉人也出现了明显的胡化趋势,两河叛镇中,同样活跃着他们的身影:李忠臣幽州蓟人,田承嗣平州卢龙人,李希烈燕州辽西人,朱泚、朱滔幽州昌平人,陈少游博州博平人,刘玄佐、李万荣滑州匡城人,吴少诚幽州潞人,吴少阳沧州清池人。归正朝廷的田承嗣曾经描述河朔地区的胡化:"自天宝已还,幽陵肇乱,山东奥壤,悉化戎墟,外抚车马,内怀枭獍,官封代袭,刑赏自专。"至于河朔汉人的胡化,则缘于"家本边塞","驱驰戎马之乡,不睹朝廷之礼"(《旧唐书·田弘正传》)。《新唐书·藩镇传》云:"安、史乱天下,至肃宗大难略平,君臣皆幸安,故瓜分河北地,付授叛将,护养孽萌,以成祸根。乱人乘之,遂擅署吏,以赋税自私,不朝献于廷。效战国,肱髀相依,以土地传子孙,胁百姓,加锯其颈,利怵逆污,遂使其人自视由羌狄然。一寇死,一贼生,讫唐亡百余年,卒不为王土。"及至中唐,藩镇抗命的局势已经愈演愈烈:建中元年(780),刘文喜据泾州叛;建中二年(781)五月,田悦、李正己、李惟岳连兵拒命;建中二年六月,梁崇义据襄阳叛;建中三年(782)二月,王武俊、朱滔违命,建中三年(782)十一

第十三章　道统:民族文化传统

月朱滔自称冀王,田悦称魏王,王武俊称赵王,李纳称齐王;十二月,李希烈称天下都元帅、太尉、建兴王。建中四年(783)十月,朱泚自称大秦皇帝,兴元元年(784)李希烈自称大楚皇帝。民族国家的观念,在胡化的两河地区早已荡然无存。

面对民族生存的深重危机,韩愈倡言道统,首严华夷之辨,就不难理解了。陈寅恪《论韩愈》分六门讨论韩愈的道统观念,其一为"申明夷夏之大防",其说云:"唐代古文运动一事,实由安史之乱及藩镇割据之局所引起。安史为西胡杂种,藩镇又是胡族或胡化之汉人,故当时特出之文士自觉或不自觉,其意识中无不具有远则周之四夷交侵,近则晋之五胡乱华之印象,'尊王攘夷'所以为古文运动中心之思想也。"换言之,韩愈的"尊王攘夷",目的在于强化民族国家观念,以应对"安史之乱"以后分崩离析的民族分裂的危机。

第二节　民族文化的观念

韩愈道统观念强化民族文化观念,是中唐时期两种不同的民族文化激烈冲突的产物。边土"悉化戎墟",边民"自视由羌狄"的现象必然促使人们思考:"安史之乱"所昭示的民族分裂的危机,不在于民族血缘的差异,而在于民族文化的冲突。

不过,中唐时期的"尊王攘夷",目的是维护国家的统一,侧重点在大一统的民族文化传统,而不在"非我族类,其心必异"民族歧视。中唐时期所说的"夷狄",并不特指胡夷的血统,而是指已经胡化的两河文化。关于这一点,最典型的例证,是淮西吴元济。从血统上讲,吴元济是不折不扣的汉族人。但他长于河北,早已胡化,与制造动乱分裂的河北叛镇没有区别,所以权德舆《留镇将士加置二千人状》直接称之为"淮夷",宪宗诏敕《授程异工部侍郎同平章事制》、柳宗元《平淮夷雅》、段文昌《平淮西碑》等也都这样称呼。如果说"淮夷"这一称谓还有借用周公平淮的旧典成分在内的话,那么,韩愈《送张道士序》用"羌夷",《晚秋郾城夜会联句》用"小夷"指称淮西叛镇,就进一步指明了其胡夷属性,只不过这里强调的不是胡夷血统,而是胡夷文化。

和吴元济属于同类情况的,还有梁崇义、陈少游、刘辟、李锜等。梁崇义,京兆长安人。本市井商贾,后为羽林射生事来瑱于襄阳。来瑱被诛,梁崇义为乱兵拥立,得为山南东道节度使,遂与河北诸镇勾结拒命。陈少游博州博平人,幼习老庄,以崇文生登进士第。后为淮南节度使,趁乱夺两税财赋,并厚结李纳,送款李希烈。刘辟进士及第,宏词登科,本士族子弟。为剑南节度使韦皋支度副使,趁韦皋卒,自立为留后,又求都领三川,并出兵取东川,公然拒命。李锜则为唐宗室子弟,以荫入仕,为润州刺史兼盐铁使。元和二年起兵拒命,谋据江南。特别值得注意的是:李锜谋叛,"图久安计,乃益募兵,选善射者为一屯,号'挽硬随身',以胡、奚杂类虬须者为一将,号'蕃落健儿'"。(《新唐书·李锜传》)刘辟被俘,也自称受制于"五院子弟"(《新唐书·刘辟传》)。事实上,中晚唐乃至五代藩镇受制于乱兵的事例屡见不鲜:田悦、史宪诚谋归朝廷,被乱军所杀;刘总请代,军中"拥留不得进,总杀首谋者十人,以节付张皋,夜间道去"(《新唐书·刘总传》);田弘正主动归顺朝廷,最终被乱兵屠戮(《新唐书·田弘正传》);田布不能阻止众军"行河朔旧事",被逼自杀(《新唐书·田布传》);吴元济也曾经"奉表请束身北阙下",为部下所阻,未能成行(《新唐书·吴元济传》);就是大逆不道的朱泚、姚令言,也是被泾原叛军逼上贼船的(《新唐书·朱泚传》)。由此可以看出,造成两河藩镇乃至内地诸镇叛乱割据的根本原因,不应该简单地归结于少数将领的个人权力欲望,而应该归结于漠视民族国家观念,热衷于"行河朔旧事",也就是仿效安禄山、史思明割据分裂的胡夷文化。

从这一角度来理解《原道》"诸侯用夷礼则夷之,夷而进于中国则中国之",就可以发现:对孔子的春秋笔法,韩愈不是在作简单的历史知识介绍,而是将其强化为现实的民族文化价值判断的根本准则。在韩愈的文章里,出身于河北叛镇的田弘正、李惟简、杨燕奇、乌重

第十三章 道统:民族文化传统

胤、张茂昭、程执恭等人受到褒扬,而出身于南方汉族的李锜、刘辟等人却屡遭贬斥,就是这一标准的具体体现。这里不妨简略地分析一下田弘正等人的情况:

田弘正,卢龙人,世为魏博诸将,其祖延恽为田承嗣季父,其家族应属安史叛军主力。但其父廷玠劝田悦禀守朝廷法度不从,谢病不出,郁愤而卒。弘正复于元和七年以六州归顺朝廷,为河北叛镇树立了一个榜样。其后参与平定吴元济、李师道,多有战功。韩愈为作《唐魏博节度观察使沂国公先庙碑铭》,褒扬其"奉我天明"、"来复邦经",对田弘正效命朝廷的耿耿忠心给予高度评价。

李惟简,奚人,其父张忠志为安禄山假子,亦为安史叛军主力。但韩愈所肯定的是:安史乱平,忠志能以恒、赵等六州归顺;及其兄惟岳叛,惟简能奉母自归京师;后德宗出奔奉天,惟简斩关而出,得及行在;帝徙山南,惟简又以三十骑扈从。韩愈为作《凤翔陇州节度使李公墓志铭》,褒奖其"孝由忠立"、"以节自发"。

杨燕奇之父文诲天宝中为平卢衙前兵马使,掌诸蕃互市,安史乱时,文诲正当为安禄山部属。然而一旦乱起,即秉父命率诸将校子弟间道趋阙。此后追随田神功、刘玄佐,平刘展、下河北、纳李勉、破希烈、执李乃,从军四十余年,为朝廷披坚执锐,攻牢保危。韩愈为作《清边郡王杨燕奇碑文》,称其"不畏义死,不荣幸生"、"事君无疑行,其事上无间言",给予高度评价。

乌重胤,张掖人,世以武功为名将家。父承玭、伯父承恩,开元中管平卢先锋军,亦安禄山部属。安史乱起,说降史思明,后思明复叛,承玭、承恩谋杀之,事泄族夷,承玭独走免。重胤为昭义牙门都将,元和五年诏讨王承宗,昭义节度使卢从史密与贼通。镇州行营招讨使吐突承璀与重胤谋,缚从史于帐下。是日,重胤戒严,潞军无敢动者。韩愈为作《唐河阳军节度使乌公先庙碑铭》,颂扬其"为艰为瘁"、"危不弃义"。

张茂昭,奚人。其父张孝忠为安禄山帐下勇将,叛军陷河洛,孝忠常为前锋。后属成德李宝臣,宝臣死,孝忠以定州归朝廷,擢成德节度使。孝忠卒,茂昭为义武军留后,贞元九年,领节度使,贞元二十年冬十月入朝。顺宗立,进同中书门下平章事,复遣之镇,元和元年九月再次入朝。五年春,会诸道兵讨王承宗,九月,请举族入朝。冬十月甲午,检校太尉,兼中书令、河中尹,充河中晋绛慈隰节度使。冬十二月戊寅,自河中入朝。张茂昭一生三度入朝,表明了他对朝廷的一片忠忱,所以《顺宗实录》卷一特为表彰其事:"己酉,易定节度使张茂昭可同中书门下平章事,余如故。河北节度自至德已来不常朝觐,前年冬,茂昭来朝未还,故宠之。"

程日华,定州安喜人,其父元皓为安禄山部下定州刺史。日华为张孝忠牙将,后为沧州刺史。建中三年,日华以沧州归朝廷,德宗特为设镇,拜横海节度使。程日华以沧州拒朱滔、王武俊,且遣使入阙,其后怀直、执恭又相继入朝。是横海一镇,始终忠于朝廷,故《顺宗实录》卷四特地载明:"永贞元年七月癸巳,横海军节度使程怀信卒,以其子副使执恭为横海军节度使。"这里"以"字的主语,即指朝廷。盖安史乱后,两河藩镇强悍,继命自专,不出朝命。所以韩愈修《实录》,特表而出之,以见程执恭承袭父业,有朝廷明令,与诸镇矫命自立者不同。这也是韩愈尊崇中央集权,反对藩镇割据的春秋笔法。

从上述的例证可以看得很清楚:在韩愈的笔下,"诸侯用夷礼则夷之,夷而进于中国则中国之",已经具有中唐的时代特色。这里所说的"夷",不在于血缘,而在于文化。"尊王攘夷"的目的,就是要确立大一统的民族国家至高无上的权威。承认这一原则的就是华夏文化,不承认这一原则的就是胡夷文化。

第三节 民族传统的观念

韩愈道统观念对传统权威的呼唤,首先意味着对现实社会的否定。中唐是一个礼崩乐坏的时代,除了内忧外患之外,朝廷自身的表现也确实令人沮丧:肃宗、代宗、德宗,一个比一个昏庸,一个比一个

第十三章 道统：民族文化传统

贪婪；当朝的权臣同样令人失望：刘晏、杨炎，才干有余，而器识不足，聚敛有术，而致治无方；元载、卢杞、裴延龄，昏佞相济，荼毒天下；李辅国、程元振、鱼朝恩，阉宦擅权，一个比一个跋扈，一个比一个残暴。朝廷上昏下佞，中央政府的权威早已荡然无存。正如广德元年（763）吐蕃攻陷长安之后柳伉上《请诛程元振疏》所说：

> 犬戎数万之师，犯关度陇，历秦渭，牧邠泾，曾不血刃，直至城阙，馆谷向有三载，绵地数逾千里，谋臣不为陛下陈一言，武士不为陛下效一战，各携卒伍，剽劫闾阎，污辱宫闱，烧焚陵寝者，何故？此将帅之心叛陛下也；自朝义东灭，回纥北归，陛下以为智力所能，神明所赞，委权近贵，失意元勋，日引月长，浸成大祸，陛下侍臣载路，多士盈庭，竟无一人折槛牵裾，犯颜回虑，至使北捐汾浦，西失秦川者，何故？此公卿之心叛陛下也。陛下出城之日，銮驾未动，京师百姓劫夺府库，城外百姓更相杀戮者，何故？此三辅之心叛陛下也；自九月二十八日闻有警急，十月一日下诏征兵，至今凡四十日矣，天下兵一人不至，何故？此四海之心叛陛下也。

文中特别值得注意的是四个"心"字："将帅之心"、"公卿之心"、"三辅之心"、"四海之心"，朝廷已经彻底地丧失了人心。

如果说代宗的昏庸贪婪导致了人心丧失的话，德宗的昏庸贪婪又超过乃父不知多少倍。盐铁官卖之外，又新增税间架、除陌钱以及漆木竹麻等诸多特产税；国税之外，地方岁贡"羡余"由"月进"而至于"日进"。卢杞、裴延龄、赵赞等人花样翻新地敲骨吸髓，德宗照单全收，一个个加官晋爵；陆贽要求"均节赋税恤百姓"（《均节赋税恤百姓》）、"务散发而收其兆庶之心"（《奉天请罢琼林大盈二库状》），却最终被贬死荒裔。《旧唐书·德宗纪》评价德宗："出车云扰，命将星繁，罄国用不足以馈军，竭民力未闻于破贼。"《新唐书·德宗纪》评价说："德宗猜忌刻薄，以强明自任，耻见屈于正论，而忘受欺于奸谀。"可见公道自在人心。就连某些热衷于为他辩护的现代史学家也不得不承认:"他显然决心永远再不让自己限于经费拮据的困境,所以决不计较取得经费的方式。"①所谓"不计较方式",说得明白一点,也就是不择手段。归根结底一句话:德宗眼里只有"钱"。国家大事千头万绪,他关心的只有一个"钱"字;仁义道德、民意人心,都是不切实用的迂腐之论。殊不知纪纲一旦隳坏,底线一旦突破,堂堂的大唐天子,也不过是一条丧家之犬。费尽心机搜刮而来的财物珍宝,尽管在百宝大盈库中堆积如山,这时候再想保有,其可得乎?建中四年的泾原兵变应该是最好的教训。陆贽之所以念念不忘"兆庶之心",韩愈之所以念念不忘"仁义之道",原因即在于此。事实上,德宗皇帝不择手段地搜刮聚敛,已经远远突破了维系社会正常存在的道德底线。更可怕的是,德宗君臣的丑恶行径还被蒙上了一面堂皇冠冕的大旗:富国强兵,维护国家大一统。不但当时的满朝文武大多以"事功"自旌自诩,自我辩护,就连一千二百年以后的史学家也乐于为他开脱:"当恢复中央权力的奠基人宪宗在805年登上皇位时,宪宗的的确确发现:他采取强有力的政策所需要的制度手段以及财政、军事资源基本上已经具备。这应该归功于德宗不事声张和坚持不懈的努力。"②韩愈倡扬仁政爱民的孔孟道统,正是对充斥于中唐思想界的这种极端功利主义思潮的否定与批判。

"安史之乱"的爆发揭示了民族国家的生存危机,凸现了民族文化的衰微。对传统的呼唤,也意味着对民族文化延续传承的历史责任的呼唤。在韩愈眼里,这一历史责任的承担者,正是延绵千年的孔孟道统。传统本来就是一种规范,一种权威,一种认同感与归属感,韩愈的道统观念强化民族传统观念,正是希望通过民族文化延续传承的历史责任,来唤醒中唐这个迷惘时代的民族认同感,并由此确立

---

① [英]崔瑞德《剑桥中国隋唐史》,中国社会科学出版社1990年版,第511页。
② 《剑桥中国隋唐史》,第513—514页。

第十三章 道统:民族文化传统

自己的历史权威性。在传统文化的三大板块中,"外天下国家"的佛家文化,"小国寡民"的道家文化都不可能提供这样的资源,能够提供这一资源的,只有坚持大一统的儒家文化。这就是为什么韩愈反复强调其道统的渊源:"己之道乃夫子、孟轲、杨雄所传之道","尧以是传之舜,舜以是传之禹,禹以是传之汤,汤以是传之文、武、周公,文、武、周公传之孔子,孔子传之孟轲"(《原道》),"书之于册,中国之人世守之"(《送浮屠文畅师序》)。

不过,在尧、舜、禹、汤下至孔孟的道统体系中,韩愈最重视的还是孔子。《处州孔子庙碑》记载孔子的祭仪:"孔子用王者事,巍然当座,以门人为配,自天子而下,北面跪祭,进退诚敬,礼如亲弟子者。"结论是:"所谓生人以来,未有如孔子者,其贤过于尧舜远者,此其效欤!"孔子的地位超过尧舜,其着眼点正在于文化而不在事功;同样是"不得位而得常祀",但句龙与弃"皆不如孔子之盛",其原因在于"句龙、弃以功,孔子以德"(《处州孔子庙碑》),其着眼点也在于文化而不在事功。所以韩愈明确地将道统的传承分为两个历史阶段:"由周公而上,上而为君,故其事行;由周公而下,下而为臣,故其说长。"(《原道》)周公和孔子都不是国君,都没有"行道"的资格。但成王年幼,周公代行国政,仍然处于"行道"的地位,孔子就只能传述"其说"了。不过,在韩愈的心目中,传述"其说"的孔子"其贤过于尧舜",这表明:民族文化延续传承的历史责任,其重要性要远远超过一家一姓政权的延续。韩愈的这一思想,应该和"安史之乱"对大唐政权所造成的强烈冲击有一定的关系。换言之:在国家政权面临倾覆的危急时刻,民族文化的延续就会成为民族忠诚的最后底线。正如明末遗老顾炎武所说:"有亡国,有亡天下,亡国与亡天下奚辨?曰:易姓改号谓之亡国;仁义充塞,而至于率兽食人,人将相食,谓之亡天下。"(《日知录》卷十三)在面临民族危亡的中唐时期,对孔孟仁义之道的呼唤,也就是对民族文化延续传承的历史责任的呼唤。

韩愈的道统观念特别强化传统的观念,还意味着对现实的某种超越:重德轻力,意味着对功利的超越;"本志乎古道"(《题哀辞后》)意味着对世俗的超越;"修先王之道",意味着对后王之法的超越;正心诚意、修齐治平,意味着对"欲治其心而外天下国家"的"夷狄之法"超越;"将蕲至于古之立言者"(《答李翊书》),意味着对时文的超越;"歌风雅之古辞"(《上巳日燕太学听弹琴诗序》)意味着对"夷狄之新声"的超越;"古之学者惟义之问"(《答陈生师锡书》),意味着对"速化之术"的超越;"古之君子积道藏德,遁其光而不曜"(《答窦存亮秀才书》),意味着对"通时事"、"钓爵位"的超越;"古之君子,其责己也重以周,其待人也轻以约"(《原毁》),意味着对"怠与忌"的超越;"古之言通者通于道义"(《通解》),意味着对"今之言通者通于私曲"的超越。归根结底一句话:韩愈高扬"先王之教"、"古人之道",正是为陷于现实功利的泥潭从而导致肉欲横流的中唐社会指出一条向上之路。从这个意义上讲,韩愈强化传统的目的在于超越现实功利,具有道德理想主义的色彩。民族文化传统也由此得以升华,完成了对现实功利的批判超越。

具有超越意义的民族文化传统,又为陷于信仰危机的华夏文明提供了一个精神皈依的家园。事实上,韩愈对传统权威的要求,来源于华夏文明源远流长的祖先崇拜。《论语·子罕》、《孟子·尽心下》对先王之教的要求,人们早已耳熟能详。《原道》正面陈述道统的性质、内涵和文化渊源:"夫所谓先王之教者何也?博爱之谓仁,行而宜之之谓义,由是而之焉之谓道,足乎己无待于外之谓德。其文《诗》、《书》、《易》、《春秋》,其法礼、乐、刑、政,其民士、农、工、贾,其位君臣、父子、师友、宾主、昆弟、夫妇,其服丝麻,其居宫室,其食粟米、果蔬、鱼肉,其为道易明,而其为教易行也。是故以之为己,则顺而祥;以之为人,则爱而公;以之为心,则和而平;以之为天下国家,无所处而不当。是故生则得其情,死则尽其常,郊焉而天神假,庙焉而人鬼飨。"(《原道》)所谓"郊焉"、"庙焉",就就明确无误地揭示了这一性质。而"生则得其情,死则尽其常",又透露出韩愈悲天悯人的终极关怀。从这一意义上讲,韩愈的好言"天命",也未必能简单地斥为迷信。盖韩愈所谓"天命",或指物质世界之必然,如"物坏,虫由之生;

元气阴阳之坏,人由之生"(《天说》);或指社会历史之当然,如"惟君子得祸为不幸,而小人得祸为恒;君子得福为恒,而小人得福为幸"(《与卫中行书》)。对人类而言,"天命"是无法捉摸也无法抗拒的。有时候,它似乎完全顺从人心民意,"积善积恶,殃庆自各以其类至"(《与孟简尚书书》);有时候,它似乎又故意和人捣蛋,"贤者恒不遇,不贤者比肩青紫;贤者恒无以自存,不贤者志满气得;贤者虽得卑位则旋而死,不贤者或至眉寿"(《与崔群书》)。所以韩愈也只好叹息:"未知夫天竟如何?命竟如何?由人乎哉?不由人乎哉?"(《上考宏词崔虞部书》)这无可捉摸又无法对抗的"天命",其实质是"社会政治伦理方面的某种不可抗拒的必然性",是"社会政治伦理方面的最高依据和根本原理"①。正是对"天命"的戒惧,为肉欲横流的俗世红尘保留了一个政令法律之上的终极道德法庭、工具理性之外的价值理性准则、现实功利之外的精神皈依家园。韩愈道统观念赋予民族文化传统的超越意义,也正在于此。

第四节 道统学说的理论渊源

韩愈虽然没有使用"道统"一词,但其文化传承统绪的观念是非常明确的。《进学解》"学虽勤而不由其统",就揭示了进德修业的"学统"。

追溯"道统"的理论渊源到"祖述尧舜,宪章文武"(《礼记·中庸》)以及《孟子·尽心下》:"由尧舜至于汤五百有余岁,若禹、皋陶则见而知之,若汤则闻而知之;由汤至于文王五百有余岁,若伊尹、莱朱则见而知之,若文王则闻而知之;由文王至于孔子五百有余岁,若太公望、散宜生则见而知之,若孔子则闻而知之。由孔子而来至于今百

---

① 任继愈《中国哲学发展史·先秦卷》,人民出版社1983年版,第124、126页。

有余岁,去圣人之世若此其未远也,近圣人之居若此其甚也。然而无有乎尔,则亦无有乎尔!"是学术界常见的思路,也是可以成立的。自陈寅恪先生《论韩愈》谓"退之道统之说表面上虽由《孟子》卒章所启发,实际上乃因禅宗教外别传之说所造成"之后,韩愈模仿印度佛教法统、祖统建立道统的说法风靡一时,其说尚需考虑。实际上,印度文化的主要特征,就是其时间维度的淡薄,一部《佛本行经》就是最好的证明。华夏文明以祖先崇拜为文化根基,宗庙之礼,昭穆之序,三千年未曾断绝,学术文化传承统绪的观念应该来源于此。纪玄冰《先王崇拜与道统观念的内部联系》①、高明士《隋唐庙学制度的成立与道统的关系》②都对此义有所揭示。可以断言,禅宗的法统说正是佛学中国化的产物。其实,陈寅恪先生本人对此表述得非常清楚:"华夏学术最重传授源流,盖非此不足以征信于人,观两汉经学传授之记载,即可知也。南北朝之旧禅学已采用《阿育王经传》等书,伪作《付法藏因缘传》,已证明其学说之传授。"③这里的"伪作"二字,已判明法统之说并非印度佛教旧物,而是模仿"华夏学术"、"两汉经学"的产物。梳理道统说理论渊源,这一点不容含混。

第五节　韩愈道统思想的形成

　　清李光地《榕村语录》:"韩文公二十来岁数传道,多一扬雄;三十岁作《送文畅序》,又少一孟子,都是识见未定。到四十岁作《原道》,便斩钉截铁云:'轲之死不得其传。'卓有定见矣。至与《孟尚书书》乃是晚年之作,端提出孟子,以为功不在禹下,而自己几幸续在后,荀、扬半字不提起,学识精进如此。"(《榕村语录》卷十九)李氏的结论是

---

① 《中国传统思想之检讨》,中华书局1948年版。
② 《唐代研究论集》第一辑,新文丰出版公司1992年版。
③ 《金明馆丛稿初编》,上海古籍出版社1980年版,第285页。

第十三章 道统:民族文化传统

否准确,尚待考察。但注意到韩愈道统思想的形成发展存在一个循序渐进的过程,则颇有见地。本文认为,韩愈的思想演变以阳山、潮州为分界线,可以区分为三个阶段:贬谪阳山以前为道统思想的酝酿形成阶段,阳山之贬以后为道统思想的成熟确立阶段,潮州之贬以后为道统思想的发展完善阶段。三个阶段的标志性作品,是《送浮屠文畅师序》、《原道》、《与孟尚书书》。

考察韩愈道统观念的来源,有一篇文章值得特别注意,那就是其兄韩会的《文衡》。其说云:"文之大者统三才,理万物;其次叙损益,助教化;其次陈善恶,备劝戒。始伏羲,尽孔门,从斯道矣。后之学者日离于本,或浮或诞,或僻或放,甚者以靡以逾,以荡以溺,其词巧淫,其音轻促。噫!启奸导邪,流风薄义,斯为甚。而汉魏以还,君以之命臣,父以之命子。论其始,则经制之道,老、庄离之;比讽之文,屈、宋离之;纪述之体,迁、固败之。学者知文章之在道德五常,知文章之作以君臣父子,简而不华,婉而无为,夫如是,则圣人之情可思而渐也。"按韩会的说法,"始伏羲,尽孔门",文章不离正道;"汉魏以还",渐趋荡溺巧淫、轻促奸邪。儒学道统始于伏羲成于孔子坏于汉魏六朝的大致框架,已经初步勾勒出来了。值得注意的是,韩会的儒学统绪,"始伏羲,尽孔门",还没有孟、荀的位置;"汉魏以还"则全盘否定,当然也不会有杨雄的位置。

从早年求学到贞元十九年遭贬,是韩愈道统思想的形成阶段,其中贞元十二年佐汴以后尤为活跃。《此日足可惜》:"孔丘殁已远,仁义路久荒。纷纷百家起,诡怪相披猖。长老守所闻,后生习为常。少知诚难得,纯粹古已亡。"就颇有《文衡》的影子。不过,韩愈的视野远较其兄开阔,《读墨子》称"孔子必用墨子,墨子必用孔子,不相用,不足为孔、墨",《读仪礼》称"百氏杂家尚有可取"。诸如列、老、庄、晏乃至李斯、杨朱,都在一定的程度上得到过韩愈的肯定。佐汴期间所作《进士策问》云:"所贵乎道者,不以其便于人而得于己乎?当周之衰,管夷吾以其君霸,九合诸侯,一匡天下,戎狄以微,京师以尊,四海之内,无不受其赐者,天下诸侯奔走其政令之不暇,而谁与为敌?此岂非便于人而得于己乎？秦用商君之法，人以富，国以强，诸侯不敢抗，及七君，而天下为秦。使天下为秦者，商君也。而后代之称道者，咸羞言管、商氏，何哉？庸非求其名而不责其实欤？"正面褒扬商君、管仲，尤其值得注意。贞元十二年张籍上书韩愈，称"顷承论于执事，尝以为世俗陵靡，不及古昔，盖圣人之道废弛之所为也。宣尼没后，杨朱墨翟恢诡异说，干惑人听。孟子作书而正之，圣人之道复存于世。秦氏灭学，汉重以黄老之术教人，使人寖惑。杨雄作《法言》而辩之，圣人之道犹明。及汉衰末，西域浮屠之法入于中国，中国之人世世译而广之。黄老之术相沿而炽，天下之言善者，唯二者而已矣"。又云："自杨子云作《法言》，至今近千载，莫有言圣人之道者，言之者惟执事焉耳。习俗者闻之，多怪而不信，徒推为訾，终无裨于教也。执事聪明，文章与孟轲、杨雄相若，盍为一书以兴存圣人之道，使时之人、后之人知其去绝异学之所为乎？"可见在此之前，韩愈的道统思想已经基本成形，并且已经在同道间有所流传。同年韩愈作《重答张籍书》，明确宣称："己之道乃夫子、孟轲、杨雄所传之道也。"《读荀》一文将孟子、杨雄并列为"存而醇者"，可见孔、孟、杨前后相承，是这一时期韩愈儒学传承统绪的基本构架。即便是宋代理学家视若仇雠的荀子，韩愈虽然批评其"大醇小疵"、"时若不粹"，但仍然置之于"轲、雄之间"，将他作为"圣人之徒"、"老师大儒"看待。这一点值得特别注意。到贞元十九年作《送浮屠文畅师序》，韩愈进一步将这一统绪上溯至唐尧："尧以是传之舜，舜以是传之禹，禹以是传之汤，汤以是传之文、武，文、武以是传之周公、孔子，书之于册，中国之人世守之。"所谓"世守之"，谓儒学道统代代相传，其中当然不排斥荀、杨。至此，由尧舜至荀杨，儒学传承统绪的建设正式完成。尤其重要的是，道统思想的两大内涵"道莫大乎仁义，教莫正乎礼乐刑政"得以明确标举，道统思想的基本构成，已经接近成熟。

从贞元十九年阳山之贬到元和十四年（819）潮州之贬，是韩愈道统思想成熟确立的阶段。其道统思想成熟的标志，是五《原》尤其是《原道》的创作。和一年前所作的《送浮屠文畅师序》相比，《原道》的

第十三章 道统:民族文化传统

理论高度已经有了质的飞跃:首先,标举"博爱之谓仁,行而宜之之谓义,由是而之焉之谓道,足乎己无待于外之谓德",将"博爱之仁"提升为人类的本质属性,选择价值理性而不是工具理性作为中国思想文化系统的价值本体,为道统确立了自己的形上依据。其次,通过揭示人类社会相生相养之道,明确百姓最起码的生存需求与礼乐刑政之间的本末关系,为儒学道统确立了自己的践履方向。以上两点,正是"道莫大乎仁义,教莫正乎礼乐刑政"的深化与发展。再向前推进一步,《原道》在形下的日用践履与形上的心性修养之间构建了一座沟通的桥梁,这就是大学之道:"古之欲明明德于天下者,先治其国。欲治其国者,先齐其家。欲齐其家者,先修其身。欲修其身者,先正其心。欲正其心者,先诚其意。"从"正心"、"诚意"到"治国"、"平天下",个体的自我实现与群体的社会责任,完美地结合到了一起。《礼记·大学》云:"天命之谓性,率性之谓道,修道之谓教。"《大学》流传千年,群儒莫窥其奥。《原道》首次将"性"、"道"、"教"有机地结合为一体,将儒家的内圣与外王贯通为一体,为儒家心性之学的进一步深化开辟了先路,其理论价值不可低估。除此之外,《原道》特别突出孟子的地位:"尧以是传之舜,舜以是传之禹,禹以是传之汤,汤以是传之文、武周公,文、武、周公传之孔子,孔子传之孟轲。"进而贬抑荀况、扬雄:"荀与扬也,择焉而不精,语焉而不详。"这与《送浮屠文畅师序》已经有了明显的差别。这一差别,同样有着重要的意义。(详下文)

元和十四年贬谪潮州以后,是韩愈道统思想的发展完善阶段。在这一阶段,韩愈的道统思想已经由理性的思考转变为人生信仰、终极关怀。元和十五年(820)所作《与孟尚书书》正面陈述自己上承孟子兴灭继绝的担当精神与献身精神:"释老之害,过于杨、墨。韩愈之贤不及孟子。孟子不能救之于未亡之前,而韩愈乃欲全之于已坏之后。呜呼!其亦不量其力,且见其身之危,莫之救以死也!虽然,使其道由愈而粗传,虽灭死万万无恨。天地鬼神,临之在上,质之在傍。"韩愈所主动担当的,既包括时局的危难,也包括华夏民族生存发展的历史重任:"夫杨、墨行,正道废,且将数百年,以至于秦,卒灭先王之法,烧除其经,坑杀学士,天下遂大乱。及秦灭,汉兴且百年,尚未知修明先王之道。其后始除挟书之律,稍求亡书,招学士,经虽少得,尚皆残缺,十亡二三。故学士多老死,新者不见全经,不能尽知先王之事,各以所见为守,分离乖隔,不合不公,二帝三王群圣人之道于是大坏。后之学者无所寻逐,以至于今泯泯也。"也正因为如此,韩愈对自己构建的儒学传承统绪进行了更为严格的审视。在这一阶段,韩愈进一步抬高孟子的地位,《与孟尚书书》"推尊孟氏,以为功不在禹下"。将孟子抬高到大禹之上,远远超过了时人的认识高度。而孟子之后,"杨、墨行,正道废",汉兴之后,"圣人之道大坏","以至于今泯泯"。处于这一时段之内的荀、杨是否还能保持"圣人之徒"、"老师大儒"的地位,就值得重新考虑了。"孟子不能救之于未亡之前,而韩愈乃欲全之于已坏之后",韩愈毅然以兴灭继绝为己任,所"兴"所"继"的是孟子而不是荀、杨,也是明确无误的。果然,韩愈晚年修订《原道》,持论更为严峻。此前赵德《文录》录存的"轲之死,不绝其传焉",被修改为"轲之死,不得其传焉"。一字之差,天壤之别。"不绝其传"强调儒学统绪的源远流长,荀、杨虽然"择焉而不精,语焉而不详",但毕竟还是"圣人之徒"、"老师大儒";"不得其传"则强化儒学道统的神圣性、纯洁性,荀、杨已经被排斥在道统之外。此后宋明理学家持论更为苛刻,实际上也有韩愈此语的影响。

第六节 "道统"一词的原始著作权

"道统"一词的原始著作权,宋元明清以下多如牛毛的《道统传》、《渊源录》一致归之于朱熹。众口一词,标榜攀附,丑态百出。直至清乾嘉年间,钱大昕才算是做了一点考证:"'道统'二字始见于李元纲《圣门事业图》,其第一图曰《传道正统》以明道、伊川承孟子。其书成于乾道壬辰(1172),与朱文公同时。"(《十驾斋养新录》卷十八)

钱大昕的考证并不严谨,"传道正统"并不能等同于"道统","与

第十三章 道统:民族文化传统

朱文公同时"的说法也未免含混。就现存文献考察,朱熹提及"道统"二字者计十处,其中《晦庵先生朱文公文集》卷三十六《答陆子静(六)》作于淳熙十六年,卷六十一《答曾景建(一)》作于庆元二年[①],卷七十六《中庸章句序》署作"淳熙己酉(十六年)春三月戊申",卷八十《邵州州学濂溪先生祠记》署作"绍熙癸丑冬十月庚申",卷八十四《书濂溪光风霁月亭》署作"淳熙八年岁在辛丑夏四月六日",卷八十六《沧洲精舍告先圣文》署作"绍熙五年岁次甲寅十有二月丁巳朔十有三日己巳",卷九十九《知南康榜文》署作"淳熙六年四月"。其中最早者为淳熙六年(1179),晚于李元纲是可以肯定的。

稍加考察就可以发现,"道统"一词的原始著作权不属于朱熹,证据非常充分。"道"、"统"二字联用,始见于中唐李华《三贤论》:"元(结)之志行,当以道统天下。"此"统"字为动词,与后代"道统"中"统"为"统绪"作名词不同。北宋黄裳《鄂州白云阁记》:"方今圣人以道统有天下。"用法与李华相同。但北宋李若水《上何右丞书》:"艺祖以勇智之资,不世出之才,祛迷援溺,整皇纲于既纷,续道统于已绝。"此处"道统",与后人使用的"道统"结构、词性、语义完全相同,只是所指侧重在政统一面,与特指儒学传承统绪的"道统"微有差异。南宋高宗绍兴年间,"道统"用以指称儒学传承统绪已经相当普遍。如刘才邵《乞颁圣学下太学札子》:"唐虞三代之盛,见于诗书之所传,率由此道。其后去圣既远,无所折衷,异论肆行,而道统益微。"刘才邵卒于绍兴二十七年(1157)。李流谦《上张和公书》:"至于承列圣之道统,振千载之绝学,中和之功,皇极之用,位天地而育万物者,盖未可以笔舌授而传闻得也。"李流谦卒于淳熙三年(1176)。范处义《诗补传》:"历观古之帝王道统之传。"此后采用"道统"一词者日见其伙,其中不少与朱熹时代相当,如曾丰《赠别曲江贡士李安之五羊相访》:"缅焉洙泗间,道统相受授。"范成大《丙午东宫寿诗》:"道统家传正,炎图国

[①] 陈来《朱子书信编年考证》,上海人民出版社 1989 年版,第 288 页、第 412 页。

本强。"陆游《君子非好异》："惟其有辞受,百世尊道统。"陆游《严州到任谢王丞相启》："孟韩道统,伊吕王功。"陈造《石湖生日致语》："挈提道统,退之得孟氏之传;秉执国钧,晋公乃汾阳之比。"孙应时《祭象山陆先生文》："昔道统之承承,百圣俨其合节。防洙泗之无师,已参差而异说。矧千载之坠绪,亲左提而右挈。"张栻《答胡广仲》："欲请足下本六经、《语》、《孟》遗意,将前所举十四圣人概为作传,系以道统之传,而以国朝濂溪河南横渠诸先生附焉。"此外,魏天应编选林子长笺解《论学绳尺》、叶适《习学记言》也多用"道统"一语。南宋学者中,特别值得注意的是吕祖谦。吕祖谦有《东莱书说》一部,其中提及"道统"一语者计三处："道统在身,欲遗百王之范"、"道统在身,不得不为武王陈《洪范》"、"武王盖灼见圣学之无穷也,大抵尧舜禹汤文武相传之道统则一"①。《东莱书说》成书时间虽不可确知,但祖谦卒于淳熙八年,其倡言"道统",应该早于朱熹。东莱门人于淳熙八年所作《祭文》,亦多以"道统"推尊其师,如郑唐卿云："先生之学,道统正传。"邵浩云："道统传千载,儒风振一时。"赵煜云："道统谁传授,源流易失真。"(《东莱集附录》卷三)可见一时舆论。考虑到东莱与朱熹之间的密切交往,如果我们判断朱熹采用"道统"一词受到过东莱的影响,应该是一个合理的推测。

---

① 时澜《增修东莱书说·洪范》,影文渊阁四库全书本,卷十七,第 2 叶上、第 2 叶下、第 3 叶上。按:东莱原书十三卷,时澜据门人所记语录增补为三十五卷。但所增仍为东莱之说,且经东莱审定。《增修东莱书说·原序》："东莱夫子讲道于金华,首撼是书之蕴。门人宝之,片言只字,退而识录。见者恐后,亟以板行,家藏人诵,不可禁御。夫子谓俚辞闲之,繁乱复杂,义其隐乎,修而定之。澜执经左右,面承修定之旨。"《四库提要》引吴师道语："成公辑《书说》,澜以平昔所闻纂成之。"黄伦《尚书精义》卷二十八亦引末条作"吕氏曰",见影文渊阁四库全书本,第 17 叶下。可见以上文字出于东莱,应无疑问。

第七节 结　语

　　笔者一向坚持一个基本的判断：以"安史之乱"为标志，中国社会开始由中世纪向近现代转型。由于中唐开始的社会转型过程直到今天仍然没有完成，这就使得宋元明清直至近现代的思想文化建设面临着同样的任务。宋明理学以及现代新儒学之所以不约而同地选中道统作为自己的旗帜，正是出于危机时刻民族文化认同的内在需求。宋学之所以不得不接着韩学说，现代新儒学之所以不得不接着宋学说，其原因即在于此。

　　将中唐确定为中国社会由中世纪向近现代转型的起点，是当代史学界的主流意见，其代表作是冯友兰《韩愈李翱在中国哲学史中之地位》、陈寅恪《论韩愈》、谢和耐的《中国社会史》和费正清的《中国：传统与变迁》。从这一视角出发，在思想文化系统演变的研究中将中唐至近现代作为一个有机的整体进行考察，有助于探索中唐以下直至近现代始终在社会转型过程中艰难跋涉的中华民族文化精神的基本走向。从这一意义上讲，韩学是宋学的起点，也是华夏民族思想文化系统由中世纪向近现代转型的起点。系统剖析韩愈的思想文化体系的内涵结构、理论特征及价值指向，进而明确韩学在宋学乃至现代新儒学发生、发展历程中的作用、地位和影响，并最终将韩学、宋学和现代新儒学贯为一体，以展现一千二百年间民族文化精神的动态轨迹，对考察当代学术文化思潮的渊源及其走向，具有正本清源的作用。

第十四章　韩学的学术渊源:孟子

韩学的学术渊源异常广泛,这是因为韩愈读书本来就极其宽泛,《答侯继书》称"礼乐之名数,阴阳、土地、星辰、方药之书",《毛颖传》称"阴阳、卜筮、占相、医方、族氏、山经、地志、字书、图画、九流百家天人之书、浮屠老子外国之说、官府簿书、市井货钱注记",均在其中。韩学取资的对象,不但包括儒家的孔、孟、荀、杨,甚至包括九流百家的管、商、列、老、庄、晏、墨、吕乃至李斯、杨朱。宋人讥其驳杂,也不是没有道理的。不过,韩学的主流仍然是儒学,尤其是《论》、《孟》、《中庸》、《大学》以及荀子、杨雄之学。而韩愈思想的精髓,是选择孟子而不是荀子作为儒学正统。《送王秀才序》明确宣称:"求观圣人之道必自孟子始。"这一选择,决定了韩学的根本走向,也决定了此后华夏文明近现代转型的根本走向。

第一节　韩愈尊孟与中晚唐尊孟思潮

唐代以前,孟子的地位并不高。由汉至唐,孟子不过是诸子之一,其在儒门的地位还远在颜渊之下。自从韩愈推尊孟氏之后,孟子才开始受到学界乃至朝廷的重视。北宋熙宁四年《孟子》由"子"升"经",元丰六年封"邹国公",元丰七年从祀孔庙,元至顺元年封"邹国亚圣公",明嘉靖九年封"亚圣","孔孟之道"才正式取代"周孔之道"。

第十四章　韩学的学术渊源：孟子

在汉代经学系统中，《孟子》仅属传记。虽然汉文帝时曾一度设立博士，但武帝时即被废置（赵岐《孟子题辞》）。汉代真正高度推崇孟子的，也不过就是盐铁会议上的贤良文学之士以及杨雄、赵岐而已。唐前为《孟子》作注者，自杨雄《孟子注》(《宋史·艺文志》)以下，有程曾《孟子章句》(《后汉书·儒林传》)、郑玄《孟子注》七卷(《隋书·经籍志》)、刘熙《孟子注》七卷(《隋书·经籍志》)、綦毋邃《孟子注》(《隋书·经籍志》)、高诱《正孟子章句》(高诱《吕氏春秋序》)和赵岐《孟子注》十四卷(《隋书·经籍志》)。完整流传到今天的，仅赵岐一书。唐初魏征多次征引《孟子》，长孙无忌《进五经正义表》"姬孔荀孟"并称，意味着孟子开始被政界注意；开元年间陆善经《注孟子》七卷，大历年间张镒著《孟子音义》三卷(《新唐书·艺文志》)，意味着孟子开始被学界注意。宝应二年礼部侍郎杨绾上疏，请以《论语》、《孝经》、《孟子》兼为一经以贡士(《新唐书·选举志》)，可以视为中唐尊孟的先声。但真正从学理的高度辨析《孟子》的理论价值，从学统的高度肯定孟子的历史地位，韩愈应该是千古第一人。

韩愈诗文中称道孟子者三十六，称道仁义者二十四。贞元十一年作《答崔立之书》，称孟子为"古之豪杰之士"；贞元十五年作《此日足可惜》，称"孔丘殁已远，仁义路久荒"；贞元十七年作《送孟东野序》，称孟子为"以道鸣者"；贞元二十年作《原道》，确定孟子为儒学正统；元和八年作《进学解》，称"孟轲好辩，孔道以明"；元和十五年作《与孟尚书书》，正面表白自己接续孔孟万死不辞的担当精神与献身精神："使其道由愈而粗传，虽灭死万万无恨。天地鬼神，临之在上，质之在傍。"《读荀》自陈其终生服膺孟子的心路历程："始吾读孟轲书，然后知孔子之道尊。晚得杨雄书，益尊信孟氏。"其"推尊孟氏，以为功不在禹下"(《与孟尚书书》)，将孟子抬高到大禹之上，远远超过了时人的认识高度。不过，韩愈推尊孟子，并不是盲目崇拜，而是精心选择的结果。《送王秀才序》云："孟轲师子思，子思之学盖出曾子。自孔子没，群弟子莫不有书，独孟轲氏之传得其宗，故吾少而乐观焉。"其中"独孟轲氏之传得其宗"一语，值得特别注意。韩愈浸润于诸子百家,儒家各派之外,更广泛撷取各家精华,甚至不回避诸如列、老、管、晏乃至商君、李斯、杨朱等,韩学由此被后人视为"驳杂"。韩愈能够从众多的学派中拈出当时并不显眼的孟子,并判断只有孟子之学传承了儒学正宗,其识力非同小可。

　　自贞元、元和之后,尊崇孟子者日渐增多,其中大多有韩愈的影响在内。如贞元年间张籍《与韩愈书》称道孟子兴灭继绝的历史功绩:"宣尼殁后,杨朱墨翟恢诡异说,干惑人听。孟轲作书而正之,圣人之道复存于世。"元和年间刘轲著《翼孟》三卷(《宋史·艺文志》),杨倞《注荀子序》,谓周孔事业,"孟轲阐其前,荀卿振其后"。李翱称道孟子者二十五,称道仁义者一十八。其《复性书》以为《中庸》孟子所传,其融会《大学》、《中庸》为一体以说人性,影响后人尤为显著。皇甫湜《孟子荀子言性论》以为孟、荀人性论"殊趋而一致,异派而同源",但"孟子之心以人性皆如尧舜,未至者斯勉矣;荀卿之言以人之性皆如桀跖,则不及者斯怠矣。《书》曰惟人最灵,《记》曰人生而静,感于物而动,则轲之言合经为多益,故为尤乎。"晚唐文人中,皮日休的尊孟尤为引人注目。其《请孟子为学科书》云:"孟子之文,粲若经传。天惜其道,不烬于秦。自汉氏得之,常置博士,以专其学。故其文继乎六艺,光乎百氏,真圣人之微旨也。"推崇《孟子》"继乎六艺"、"粲若经传",正是韩愈同调。

　　韩愈高度推尊孟子,时人亦以孟子比拟韩愈:早在贞元十二年韩愈二十九参佐汴州期间,张籍已推崇其"聪明文章与孟轲、杨雄相若"(《与韩愈书》)。贞元十七年,陆参甚至称道韩愈"孟轲不如"(《行难》)。至长庆初年赵德编纂《昌黎文录》,其序言推崇韩愈"所履之道,则尧、舜、禹、汤、文、武、周、孔、孟轲、杨雄所授受服行之实"。林简言《上韩吏部书》亦以孟轲、杨雄比韩愈:"去夫子千有余载,孟轲、杨雄死。今得圣人之旨,能传说圣人之道,阁下耳。今人睎阁下之门,孟轲、杨雄之门也。"皮日休《原化》直奏以韩愈当孟子:"古者杨墨塞路,孟子辞而辟之,廓如也。故有周孔必有杨墨,要在有孟子而已矣。今西域之教岳其基而溟其源,乱于杨墨也甚矣。如是为士则孰

第十四章 韩学的学术渊源:孟子

有孟子哉?千世之后独有一昌黎先生,露臂瞋视,诟之于千百人内。其言虽行,其道不胜。苟轩裳之士,世世有昌黎先生,则吾以为孟子矣。"《请韩文公配飨太学书》正式请求朝廷配飨韩愈于二十一贤之列,其文曰:"今有人身行圣人之道,口吐圣人之言,行如颜闵,文若游夏,死不得配食于夫子之侧,吾又不知尊先圣之道也。夫孟子、荀卿,翼传孔道,以至于文中子。文中子之末,降及贞观、开元,其传者醨,其继者浅,或引刑名以为文,或援纵横以为理,或作词赋以为雅。文中之道旷百祀而得室授者,唯昌黎文公之文。蹴杨墨于不毛之地,蹂释老于无人之境,故得孔道巍然而自正。夫今之文千百十之作,释其卷,观其词,无不裨造化,补时政,繄公之力也。"这篇文章厕韩愈于二十一贤之列,系天下文化于韩愈一身,非常值得注意。更值得注意的是:这篇文章所揭示的儒学传承统绪中,孔、孟、荀、杨以下,首次纳入了文中子。皮子所构建的孔、孟、荀、杨、王、韩为代表的儒学道统,对宋初儒学产生了重大影响。宋代自柳开、孙复、石介以下,欧阳修、苏轼乃至张载、二程,都高度推崇孟子。王安石对孟子尤为崇敬:"时乎杨、墨,已不然者,孟轲氏而已;时乎释、老,已不然者,韩愈氏而已。如孟、韩者,可谓术素修而志素定也。"(《送孙正之序》)《孟子》由"子"升为"经"以及孟子被封爵"邹国公",都缘于王安石的推动。凡此,都可以看出韩愈尊孟的巨大影响。

第二节 韩愈对孟子思想的继承与发展

对韩愈而言,宗尚孟学乃是有意识的主动选择。其正面表彰孟子"宗孔氏,崇仁义,贵王贱霸"(《与孟尚书书》),即是韩愈倡扬孟学的主旋律。除此之外,韩愈还多方位地、全面地继承发展了孟子的思想。

所谓"宗孔氏",是指孟子尊崇孔子为民族文化正统,并由此构建起传统文化的传承统绪。孟子推崇孔子为"集大成"(《公孙丑上》)

者,谓"自有生民以来未有孔子也"(《公孙丑上》),对孔子的尊崇可以说是前无古人。孟子自称"圣人之徒"(《滕文公下》),明确表示"所愿则学孔子"(《公孙丑上》)。他希望自己也能像孔子一样,成为尧、舜、禹、汤、文、武、周公所开创的民族文化传统的担当者与继承人:"由尧舜至于汤五百有余岁,若禹、皋陶则见而知之,若汤则闻而知之;由汤至于文王五百有余岁,若伊尹、莱朱则见而知之,若文王则闻而知之;由文王至于孔子五百有余岁,若太公望、散宜生则见而知之,若孔子则闻而知之。"(《尽心下》)他明确地表示:"昔者禹抑洪水而天下平,周公兼夷狄驱猛兽而百姓宁,孔子成《春秋》而乱臣贼子惧。《诗》云:'戎狄是膺,荆舒是惩,则莫我敢承。'无父无君,是周公所膺也。我亦欲正人心,息邪说,距诐行,放淫辞,以承三圣者。"(《滕文公下》)孟子通过孔子上溯尧舜的学术道路,奠定了儒学学统的基本规模。韩愈"读孟轲之书然后知孔子之道尊"(《读荀》),韩愈所尊崇的"孔子之道",即是孟子构建的儒学道统。具体说来:孟子以为尧、舜、禹、汤到文王、孔子,前后相知;韩愈以为尧、舜、禹、汤、文、武、周、孔,一脉相传。二者有关儒学学统的构建高度一致。中唐时期是中国社会由中世纪向近现代转型的起点,处于人类文明历史进程三岔路口的华夏文明面临着根本道路的选择。面临六朝以下儒学的衰微以及佛老的猖獗,韩愈"宗孔氏"的实质是辟佛老。和孟子辟杨墨一样,其最终目标,是重建儒学传统在民族文化体系中的主体地位。在儒学传承统绪的道路选择上,韩愈选择孔孟的仁义之途而不是荀韩的功利之途作为华夏文明的价值取向,为华夏文明的健康发展指明了正确的方向。

所谓"崇仁义",指孟子人性本善的心性本体理论,以及与此相联系的仁政爱民的社会经济主张。韩愈正面陈述的人性论是"性三品"(《原性》)。但"性三品"只是韩愈人性论的理论外壳,其人性理论的实质,是孟子的性善论。具体说来,孟子以仁、义、礼、智四德作为人性的内涵构成:"君子所性,仁义礼知根于心。"(《尽心下》)韩愈增入一个"信"字,变"四德"为"五常"。"四德"、"五常"都属于道德理性,

第十四章 韩学的学术渊源:孟子

是人类区别于动物的本质属性。也就是说,孟子、韩愈所定义的人性,都是指人不同于动物的特殊性,这正是孟、韩人性理论性质相通的根本所在。建立在人性本善基础上的社会经济理论必然具有仁政爱民的倾向。作为朝廷官吏,韩愈最关心的,是普通百姓最起码的生存需求。所以,他高度同情"弃子逐妻以求口食,拆屋伐树以纳税钱,寒馁道途,毙踣沟壑"(《论天旱人饥状》)的普通百姓,严厉抨击"财已竭而敛不休,人已穷而赋愈急"(《送许郢州志雍序》)的地方官吏。他敢于逆批龙鳞,上《论天旱人饥状》、《论佛骨表》抨击弊政;也敢于正面批评敲骨吸髓、竭泽而渔的宫市以及盐铁官卖政策。凡此种种,都和孟子轻徭薄赋、仁政爱民的社会经济主张一脉相承。

所谓"贵王贱霸",包括对王道政治的肯定和霸道政治的否定。王道政治与霸道政治的本质区别,是以德服人还是以力服人。《孟子·公孙丑下》:"以力假仁者霸,霸必有大国;以德行仁者王,王不待大。汤以七十里,文王以百里。以力服人者,非心服也,力不赡也;以德服人者,中心悦而诚服也。"在藩镇割据、政令不通的中唐政治舞台上,韩愈主张大一统,要求维护中央政府的政令统一。不过,韩愈所主张的大一统是有条件的,这个条件就是"纪纲",也就是仁义之道。由此出发,韩愈宁可认同"诸侯作而战伐日行"但"纪纲存焉"的"夏、殷、周"之末世,以及"不忍斗其民"而"走死失国"的徐偃王;也不认同以暴力统一天下而"纪纲亡焉"的秦始皇(《杂说》)。这种态度的内在基础,正是孟子"贵王贱霸"的主张。落实到中唐的政治现实,韩愈的主张实际上包括两方面的内容:其一,反对藩镇割据对大一统的民族国家的分裂与破坏,《潮州刺史谢上表》对此有明确表述:"自天宝之后,政治少懈,文致未优,武克不刚。孽臣奸隶,蠹居棋处,摇毒自防,外顺内悖,父死子代,以祖以孙,如古诸侯。自擅其地,不贡不朝,六七十年。"其二,反对中唐以两河藩镇为代表的骄兵悍将血腥凶残的暴力倾向。中唐军人的凶残暴虐史不绝书,韩愈本人也曾经亲身领教过:贞元十五年韩愈供职于汴州董晋幕府,二月乙酉汴州军乱,杀行军司马知留后事陆长源及节度判官孟叔度、丘颖等,军人脔而食之。(《旧唐书·德宗纪》)军乱之前四日韩愈刚刚离汴,由此得以幸免。贞元十六年韩愈供职于徐州张建封幕府,五月壬子徐州军乱,杀判官权知留后事郑通诚及杨德宗、段伯熊、吉遂、曲澄、张秀等。(《旧唐书·张建封传》)韩愈以居于下邳,侥幸得免。元和年间韩愈参与平定淮西,吴元济部将李祏降乌重胤,"其妻遂为贼束缚在树,脔而食之"(《旧唐书·列女传》)。长庆年间韩愈宣抚镇州,亲入虎口,九死一生。其间乱兵杀节度使田弘正并家属参佐将吏等三百余口(《旧唐书·田弘正传》),又杀深州将校臧平以下将吏一百八十余人,并尽屠牛元翼家族(《旧唐书·王廷凑传》)。尤其值得注意的是:此类血腥屠杀的真正主导者并非藩镇上层将领,而是下层士兵。如果将思路再拓展一步,可以发现:中唐自顺宗以下帝位更替的主导者是宦官,而宦官主导的皇帝"选举"绝大多数伴随着阴谋与血腥;中唐以下诸镇节度使尤其是两河镇将更替的主导者是士兵尤其是牙兵,而士兵主导的镇将"选举"绝大多数伴随着暴力与血腥。如果联系到晚唐五代以下愈演愈烈的流血政变与流血兵变,韩愈"贵王贱霸"的非暴力倾向,就更加值得注意了。站在现代学术的高度看问题,晚唐五代的宦官专权与乱兵主政,意味着贱民阶层开始走上政治舞台的中心位置。就市民社会取代门阀制度、平民阶层取代贵族阶层的社会发展趋势而言,未尝没有正面的意义。但多数人的暴政绝对不可能导向民主。在中世纪向近现代转型的历史进程中,民主与民粹意味着截然不同的价值指向。中晚唐下至五代的贱民专政事实上就是多数人的暴政。与雅各布宾专政一样,恐怖与血腥绝对不可能将人类社会导向进步与文明,这才是"贵王贱霸"的时代意义。

除此之外,韩愈还对孟子思想有多方面的继承与发展。在"践形"、"反身而诚"的基础上开启儒学的践履途径,就是韩愈对孟子思想的重要推进,也对此后的宋明道学产生了重要影响。孟子有"践形"之说:"形色,天性也。惟圣人然后可以践形。"赵岐注:"形,谓君子体貌尊严也。……践,履居之也。……圣人内外文明,然能以正道履居此美形。"具体说来:"君子所性,仁义礼智根于心。其生色也,睟

第十四章 韩学的学术渊源：孟子

然见于面,盎于背,施于四体。"(《孟子·尽心上》)这段话的意思,也就是孔子所说的"有德者必有言"(《论语·宪问》)、孟子所说的"充实之谓美"(《尽心下》)、赵岐所说的"内外文明"。转换为现代语言,也就是内在德性的外化。孟子又谈"求仁之术"云:"万物皆备于我矣,反身而诚,乐莫大焉。"赵岐注:"物,事也。我,身也。……诚者,实也。反自思其身所施行能皆实而无虚,则乐莫大焉。"孙奭疏:"孟子言人之生也,万物皆备足于我矣。但能反己,思之以诚,不为物之丧己,是有得于内矣。有得于内,则为乐亦莫大焉。以其外物为乐,则所乐在物,不在于我,故为乐也小;以内为乐,则所乐在己不在物,其为乐也大。"这段话的意思,是讲人类对道德理性的追求,当求之于内,而无待于外。盖良知良能,天之所与,反身而诚,非由外铄。站在现代学术的高度看问题:天地大宇宙,人身小宇宙。二者同质同构,相通相贯。既然万物皆备于我,那么反而求诸己,"诚身"即是"明善"(《离娄上》)。转换为现代语言:这是一种自我意识高度强化之后专注内省的修养方法。韩愈将孟子的"践形"与"反身而诚"结合起来,发展出自己的践履思想。《答侯生问论语书》以孟子"反身而诚"诠释"践形"云:"践形之道无它,诚是也。足下谓贤者不能践形,非也。贤者非不能践形,能不备耳。形,言其备也,所谓具体而微是也。充实之谓美,充实而有光辉之谓大。充实则具体,未大则微。故或去圣一间,或得其一体,皆践形而未备者。唯反身而诚,则能践形之备者耳。"这里的"充实",也就是《原道》的"正心"、"诚意";这里的"光辉",也就是《原道》的"修"、"齐"、"治"、"平"。通过"反身而诚"的途径达到"践形而备"的目的,也就是《原道》的"正心"、"诚意","将以有为"。韩愈的践履之道,兼"内省"与"外化"而言之,兼"内圣"与"外王"而言之。既不同于公开"外国家天下"从而"灭其天常"的佛、老,也不同于"惟天常"从而实质上"外国家天下"的程、朱,更不同于惟国家、蔑天常的王安石、蔡京。《省试颜子不贰过论》更明确地表述这一意旨:"夫圣人抱诚明之正性,根中庸之正德。苟发诸中形诸外者,不由思虑,莫匪规矩,不善之心无自入焉。可择之行,无自加焉。"这"发诸中形诸外"者,并不仅限于"思虑",也包括了行动。内外贯通,知行合一,不但对孟子思想有重大推进,也为儒学开启了合内圣与外王为一体的践履道路。朱熹曾讥刺韩愈云:"《原道》中说得仁义道德煞好,但是他不去践履玩味,故见得不精微细密。"(《朱子语类》卷一百三十七)朱熹所谓的践履,注重的是"玩味",追求的是"精微细密"。和韩愈的"践形而备"相比较,其实践品格的缺位是毋庸讳言的。

以民族文化传承人自居的担当精神与献身精神,显然也来自孟子。孟子自称:"如欲平治天下,当今之世,舍我其谁也!"(《公孙丑下》)韩愈《重答张籍书》:"天不欲使兹人有知乎,则吾之命不可期;如使兹人有知乎,非我其谁哉!"《与孟简尚书书》甚至于指天誓地:"释老之害过于杨墨,韩愈之贤不及孟子。孟子不能救之于未亡之前,而韩愈乃欲全之于已坏之后。呜呼!其亦不量其力,且见其身之危莫之救以死也。虽然,使其道由愈而粗传,虽灭死万万无恨。天地鬼神,临之在上,质之在傍。"二者对民族文化的担当精神高度一致。

由于时代相去上千年,韩愈与孟子的思想也存在若干差异。其中最引人注目的,是二者有关君臣关系与君民关系的认识大不相同。《孟子·离娄下》:"君之视臣如手足,则臣视君如腹心;君之视臣如犬马,则臣视君如国人;君之视臣如土芥,则臣视君如寇雠。"臣下对君主还保留有一份相对的独立与人格的尊严。而韩愈的"臣罪当诛兮天王圣明"(《拘幽操》),则难免愚忠的嫌疑。《孟子·尽心下》:"民为贵,社稷次之,君为轻。是故得乎丘民而为天子,得乎天子为诸侯,得乎诸侯为大夫。诸侯危社稷则变置;牺牲既成,粢盛既洁,祭祀以时,然而旱干水溢,则变置社稷。"以百姓为国家的根本,而君主则不妨"变置"乃至"放"、"伐"、"诛"、"易位"。韩愈《原道》"君者出令者也,臣者行君之令而致之民者也,民者出粟米麻丝作器皿通货财以事其上者也",则被后人判定为"尊君抑民之说","实背孟而近荀"①。站在现代学术的高度看问题,韩愈思想的民主程度似乎不如孟子。不

---

① 萧公权《中国政治思想史》,商务印书馆1948年版,第111页。

第十四章 韩学的学术渊源：孟子

过还应该看到：孟子生活在诸侯林立的战国时期，韩愈生活在中央集权的中唐时期。事实上，在中央集权的两千年里，除了造反之外，没有任何人敢于公开要求变置社稷、放伐君主。这是时代的局限，以此苛求韩愈是不公平的。

第三节　唐宋时期的非孟思潮

韩愈尊孟的历史意义，从反面考察可能会更为清晰。事实上，历代非议孟子者不在少数。战国有荀子《非十二子》，东汉有王充《论衡·刺孟篇》，中唐有李景俭《孟子评》、柳宗元《天爵论》，宋代则有李觏《常语》、司马光《疑孟》、郑叔友《艺圃折衷》、苏轼《论语说》、《子思论》、苏辙《孟子解》、《疑孟》、陈次公《述常语》、傅野《述常语》、刘敞《明舜》、张俞《论韩愈称孟子之功不在禹下》、刘道原《资治通鉴外纪》、晁说之《奏审皇太子读孟子》、《儒言》、何涉《删孟》、冯休《删孟子》、李耆《楚泽丛语》、黄次伋《评孟》、叶适《习学纪言序目》等。古代非孟的顶峰，应该是朱元璋诏罢孔庙配享及删削《孟子》文字。值得注意的是：朱元璋所非议的，正好是今人特别看重的民贵君轻以及放伐变置等学说。独裁者的恐惧，从反面证实了孟子思想的价值。

对孟子的质疑，首先集中在孟子人性本善的理论。孟子认为，上天赋予人类的特殊秉性是"仁义忠信"，由此构成孟子人性本善理论的形上依据。《孟子·告子上》："有天爵者，有人爵者。仁义忠信，乐善不倦，此天爵也；公卿大夫，此人爵也。"赵岐注："天爵以德，人爵以禄。"柳宗元则以"明"与"志"取代"仁义忠信"，将人性的本质特征界定为聪明才智与进取精神。其《天爵论》云："仁义忠信，先儒名以为天爵，未之尽也。夫天之贵斯人也，则付刚健纯粹于其躬。倬为至灵，大者圣神，其次贤能，所谓贵也。刚健之气钟于人也为志，得之者运行而可大，悠久而不息，拳拳于得善，孜孜于嗜学，则志者其一端耳；纯粹之气注于人也为明，得之者爽达而先觉，鉴照而无隐，盹盹于独见,渊渊于默识,则明者又其一端耳。明离为天之用,恒久为天之道,举斯二者,人伦之要尽是焉。故善言天爵者,不必在道德忠信,明与志而已矣。"很明显,柳宗元的人性论标举的是人类作为动物所必然具备的生存竞争的本能,其理论渊源于荀子,应无疑问。

司马光则以人类本性"善、恶兼有"质疑孟子,其《善恶混辨》云:"孟子以为人性善,其不善者外物诱之也;荀子以为人性恶,其善者圣人教之也。是皆得其一偏而遗其大体也。夫性者,人之所受于天以生者也,善与恶必兼有之。是故虽圣人不能无恶,虽愚人不能无善,其所受多少之间则殊矣。善至多而恶至少则为圣人,恶至多而善至少则为愚人,善恶相半则为中人。圣人之恶不能胜其善,愚人之善不能胜其恶。不胜,则从而亡矣。故曰:惟上智与下愚不移。"其《疑孟》云:"《孟子》云:'人无有不善。'此孟子之言失也。丹朱、商均自幼及长,所日见者尧舜也,不能移其恶,岂人之性无不善乎?"司马光的主张实质上就是人之性善恶相混,其理论渊源于杨雄,至为明显。

苏轼、苏辙则以人性无所谓善恶质疑孟子,东坡《孟子辩》云:"子曰:'性相近也,习相远也。'子曰:'惟上智与下愚不移。'性可乱而不可灭,可灭,非性也。人之叛其性至于桀纣盗跖极矣,然其恶必自其所喜怒。其所不喜怒,未尝为恶也。故木之性上,水之性下。木抑之可使轮囷下属,抑之者穷,未尝不上也;水激之可使瀵涌上达,激之者穷,未尝不下也。此孟子之所见也。孟子有见于性而离于善。易曰:'一阴一阳之谓道,继之者善也,成之者性也。'成道者性。而善继之耳,非性也。性如阴阳,善如万物。物无非阴阳者,而以万物为阴阳则不可。故阴阳者,视之不见,听之不闻,而非无也。今以其非无即有而命之,则凡有者皆物矣,非阴阳也。故天一为水,而水非天一也;地二为火,而火非地二也;人性为善,而善非性也。使性而可以谓之善,则孔子言之矣。苟可以谓之善,亦可以谓之恶。故荀卿之所谓性恶者,盖生于孟子;而杨雄之所谓善恶混者,盖生于二子也。性其不可以善恶命之。故孔子之言,曰'性相近也,习相远也'而已。"按东坡的看法,"性"属形上,"善恶"属形下。形下之"物"虽然出自形上,但

第十四章 韩学的学术渊源：孟子

不能等同于形上，正如万物出自阴阳但不能等同于阴阳一样。苏辙进一步指出：现实生活中，人性善端固然是客观存在，人性恶端又何尝能视而不见？但无论是善端还是恶端，都只是出于"性"的"事"，都不能等同于"性"本身。《孟子解》云："孟子道性善曰：'无恻隐之心，非人也；无羞恶之心，非人也；无辞让之心，非人也；无是非之心，非人也。恻隐之心，仁之端也；羞恶之心，义之端也；辞让之心，礼之端也；是非之心，智之端也。'人信有是四端矣。然而有恻隐之心而已乎？盖亦有忍人之心矣；有羞恶之心而已乎？盖亦有无耻之心矣；有辞让之心而已乎？盖亦有争夺之心矣；有是非之心而已乎？盖亦有蔽惑之心矣。忍人之心，不仁之端也；无耻之心，不义之端也；争夺之心，不礼之端也；蔽惑之心，不智之端也。是八者未知其孰为主也，均出于性而已。非性也，性之所有事也。今孟子则别之曰：此四者，性也；彼四者，非性也。以告于人而欲其信之，难矣。"二苏主张的实质是人性无善无恶，其理论渊源，显然出自告子。

上述诸家的学说都能对传统的人性理论有所推进，但他们同样受到了韩愈的影响，也是显而易见的。实际上，韩愈虽然选择孟子人性本善的理论作为自己人性理论的价值本体，选择董仲舒的"性三品"作为自己人性理论的物质外壳，但他的人性理论事实上融汇了四家人性论的理论精华，同时又有所改造有所深化。所以，柳宗元渊源于荀子的"明"、"志"理论，韩愈在《天之说》、《原毁》中已经有非常精到的表述。至于司马光渊源于杨雄的人之性善恶混以及二苏渊源于告子的人性无善无恶的理论，韩愈采用人性、人格体用分级的方法加以区分，事实上已经融为一体。

孟子贵王道而不尊天子，是后人非议孟子的热点问题。李觏《常语》云："孟子者，名学孔子而实背之者也，焉得传？敢问何谓也？曰：孔子之道，君君臣臣也；孟子之道，人皆可以为君也。天下无王霸，言伪而辩者不杀，诸子得以行其意，孙、吴之智，苏、张之诈，孟子之仁义，其原不同，其所以乱天下一也。"置"君君臣臣"于"仁义"之上。《常语》又云："孟子者，五霸之罪人也。五霸率诸侯事天子，孟子劝诸侯为天子。苟有人性者，必知其逆顺耳矣。孟子当周显王时，其后尚且百年而秦并之。呜呼！忍人也，其视周室如无有也。"以"孟子劝诸侯为天子"为大逆不道。陈次公《述常语》明确揭示其主旨，以为孟子之说，"是教诸侯以仁政叛天子者也。……孟既唱之，学者和之：刘歆以诗书助王莽，荀文若说曹操以王伯，乃孟之一体耳"。所以，宁可放弃王道、仁政，也不可放弃尊君："天下无孟子则可，不可以无六经；无王道则可，不可以无天子。"（《邵氏闻见后录》）其实，李觏责备孟子不尊周室，事实上很难成立。因为在战国时期，所谓东周公、西周公只不过是秦国的附庸，早已不是什么天下共主。在这个时代倡言尊周室，无异于搞笑，所以朱熹讥刺其"不知时措之宜"（《读虞隐之尊孟辨》）。司马光《疑孟》则以孔子尊君责孟子不尊君："孔子圣人也，定哀庸君也。然定哀召孔子，孔子不俟驾而行。过位，色勃如也，足躩如也。过虚位且不敢不恭，况召之有不往而他适乎？孟子学孔子者也，其道岂异乎？夫君臣之义，人之大伦也。孟子之德孰与周公？其齿之长孰与周公之于成王？成王幼，周公负之以朝诸侯；及长而归政，北面稽首畏事之与事文武无异也。岂得云：彼有爵，我有德齿，可慢彼哉。"甚至以为即便是暴君，也不可以放伐易位："人臣之义，谏于君而不听，去之可也，死之可也。若之何以其贵戚之故，敢易位而处也？孟子之言过矣。君有大过无若纣，纣之卿士莫若王子比干、箕子、微子之亲且贵也。微子去之，箕子为之奴，比干谏而死。孔子曰：'商有三仁焉。'夫以纣之过大而三子之贤，犹且不敢易位也。况过不及纣而贤不及三子者乎？必也，使后世有贵戚之臣谏其君而不听，遂废而代之。曰：'吾用孟子之言也，非篡也。'义也其可乎？或曰：'孟子之志，欲以惧齐王也。'是又不然。齐王若闻孟子之言而惧，则将愈忌恶其贵戚，闻谏而诛之；贵戚闻孟子之言，又将起而蹈之。则孟子之言不足以格骄君之非，而适足以为篡乱之资也。其可乎？"尊君居然尊到了桀、纣之流，司马光的荒唐，可以说是无以复加。更荒唐的则是郑叔友《艺圃折衷》："《春秋》书王，存周也。孔子曰：'如有用我者，吾其为东周乎。'此仲尼之本心也。孟轲非周民乎？履周之地，食

第十四章　韩学的学术渊源：孟子

周之粟，常有无周之心。学仲尼而叛之者也。周德之不竞，亦已甚矣，然其虚位犹拱而存也。使当时有能倡威文之举，则文武成康之业庸可庶几乎？为轲者徒以口舌求合，自媒利禄，盍亦使务是而已乎。奈何今日说梁惠，明日说齐宣，说梁襄，说滕文，皆唆之使之为汤武之为。此轲之贼心也。譬父病亟，虽使商臣为子，未有不望其生者。如之何其直置诸不救之地哉！轲忍人也，辨士也，仪秦之雄也。其资薄，其性慧，其行轻，其说如流，其应如响，岂君子长者之言哉！其自免于苏张范蔡申韩李斯之党者，挟仲尼以欺天下也。使数子者皆咈其素，矫其习，窃仁义两字以借口，是亦孟轲而已矣。要之，战国纵横捭阖之士皆发冢之人，而轲能以诗礼也。是故孟轲诵仁义，犹老录公之诵法也。老录公诵法，卖法者也；轲诵仁义，卖仁义者也。安得为仲尼之徒欤？"事实上，孟子的政治思想以民本为基础。行王道者得民心，得民心者得天下，"易位"以及"劝诸侯为天子"的实质即在于此。李觏、司马光、郑叔友只讲"君为臣纲"，不讲"民为邦本"。其君权至上的思想狭隘偏执，比之孟子固然是历史的倒退，即便是比之韩愈也还大有不如。孟、韩与宋人的差别，正好反映了诸侯分离时期、中央集权时期、君主独裁时期政治宽松程度以及思想自由程度的差异。

重"义"轻"利"的义利观，也是后人非议孟子的一个焦点。李觏以义利兼重反对重"义"轻"利"。《原文》云："孟子谓'何必曰利'，激也，焉有仁义而不利者乎？其书数称汤武将以七十里、百里而王天下，利岂小哉？孔子七十，所欲不逾矩，非无欲也。于诗则道男女之时，容貌之美，悲感念望，以见一国之风，其顺人也至矣。学者大抵雷同，古之所是则谓之是，古之所非则谓之非，诘其所以是非之状，或不能知。古人之言岂一端而已矣？夫子于管仲三归，具官则小之，合诸侯正天下则仁之，不以过掩功也。韩愈有取于墨翟、庄周，而学者乃疑。噫！夫二子皆妄言耶？"其《叙陈公燮字》云："古之言王道者，是亦先其大者也；后之执王道者，是以轻药石，贱糗糒，病饿且不救者也。"按李觏的说法，"义"的实质即是"利"，"焉有仁义而不利者乎"。

所以，孔子、韩愈都不讳言功利。空谈王道而"轻药石"、"贱糗糒"，必然"病饿且不救"。东坡则认为，"义"、"利"不当轻重。一方面，"义"与"利"均为天之所命，无所谓轻重，其差别仅在与可求与不可求。《论语说》云："子曰：'富而可求也，虽执鞭之士吾亦为之；如不可求，从吾所好。'凡物之可求者，求而得，不求则不得也。仁义未有不求而得者，亦未有求而不得者，是以知其可求也。故曰：'仁远乎哉？我欲仁，斯仁至矣。'富贵有求而不得者，有不求而得者，是以知其不可求也。故曰：'富而可求也，虽执鞭之士吾亦为之；如不可求，从吾所好。'圣人之于利，未尝有意于求也，岂问其可不可哉？然将直告之以不求，则人犹有可得之心，特迫于圣人而止耳。夫迫于圣人而止，则其止也将有时而作矣，故告之以不可求者曰：'使其可求，虽吾亦将求之。'以为高其闬闳，固其肩鐊，不如开门发箧而示之无有也。而孟子曰：'食色性也，有命焉，君子不谓性也；仁义命也，有性焉，君子不谓命也。'君子之教人将以其实，何不谓之有？夫以食色为性，则是可以求得也，而君子禁之；以仁义为命，则是不可以求得也，而君子强之。禁其可求者，强其不可求者，天下其孰能从之？故仁义之可求，富贵之不可求，理之诚然者也。如以可为不可，以不可为可，虽圣人不能。"按东坡的说法：仁义是上天赐予人类的特殊禀赋，"未有不求而得者，亦未有求而不得者"，所以，"义"是可求之物；富贵、贫贱是上天赐予个人的不同命运，"有求而不得者，有不求而得者"，所以，"利"是不可求之物。"义"、"利"本身虽然无所谓轻重，但求"义"还是求"利"，则有君子、小人高下之别。另一方面，相对于"食"、"色"而言，"礼"、"信"不可选择也不必选择。《论语说》云："孟子较礼食之轻重。礼重而食轻则去食，食重而礼轻则去礼，惟色亦然。而孔子去食存信，曰'自古皆有死，民无信不立'，不复较其轻重，何也？曰：'礼、信之于食、色，如五谷之不杀人。'今有问者曰：'吾恐五谷杀人，欲禁之，如何？'必答曰：'吾宁食五谷而死，不禁也。'此孔子去食存信之论也。今答曰：'择其杀人者禁之，其不杀人者勿禁也。'五谷安有杀人者哉？此孟子礼食轻重之论也。礼，所以使人得妻也。废礼而失妻者皆是，

第十四章 韩学的学术渊源:孟子

缘礼而不得妻者,天下未尝有也。信,所以使人得食也。弃信而失食者皆是,缘信而不得食者,天下未尝有也。今立法不从天下之所同,而从其所未尝有。以开去取之门,使人以为礼有时而可去也,则将各以其私意权之,其轻重岂复有定物?从孟子之说,则礼废无日矣。"按东坡的说法:"礼"、"信"于"食""色",有利而无害,"五谷安有杀人者哉"。既然如此,"礼"、"信"就成为无条件的必然选择,而"较礼食之轻重"就成为毫无意义的伪命题。实际上,东坡的观点,是更为彻底的重"义"轻"利",已经达到了惟"义"而斥"利"的程度。和孟、韩相比较,其非功利的色彩更为浓厚,反而与程、朱较为接近。

孟子贵王贱霸,是后人争议不休的又一个焦点。《孟子·尽心上》:"孟子曰:尧舜性之也,汤武身之也,五霸假之也。"赵岐注:"性之,性好仁,自然也。身之,体之行仁,视之若身也。假之,假仁以正诸侯也。"孟子以为,尧、舜、禹、汤、文、武、周公之所以为王道,是因为他们躬行仁义;春秋五霸之所以为霸道,是因为他们假借仁义之名而无仁义之实。李觏兼取王霸,所以《叙陈公燮字》云:"孔子谓'微管仲,吾其被发左衽',而(孟子)曰'无道桓、文之事者',过也。"《常语》又云:"或曰:'仲尼之徒无道桓文之事者',吾子何为与之?曰:'衣裳之会十有一',《春秋》也,非仲尼修乎?《木瓜》卫风也,非仲尼删乎?'正而不谲',《鲁语》也,非仲尼言乎?仲尼亟言之,其徒虽不道,无歉也。呜呼!霸者岂易与哉!使齐桓能有终,管仲能不侈,则文王、太公何恶焉诗!"以孔子赞管仲驳孟子轻桓文。司马光也认为,五霸虽然"强焉而已",但同样是"仁"的躬行者。《疑孟》云:"所谓性之者,天与之也;身之者,亲行之也;假之者,外有之而内实亡也。尧、舜、汤、武之于仁义也,皆性得而身行之也;五霸则强焉而已。夫仁,所以治国家而服诸侯也,皇帝王霸皆用之。顾其所以殊者,大小高下远近多寡之间耳。假者,文具而实不从之谓也。文具而实不从,其国家且不可保,况于霸乎?"认为王霸皆用仁义、王道,所不同的只是程度高下而已,这是司马光的判断。其说王霸并重,与孟子、韩愈相比,已经相去甚远。李觏还认为:行王道未必能得天下,孟子之言未免迂阔。

《常语》云："孟子之言，诸侯实不听之也，谓迂阔者乎！曰：迂阔有之矣，亦足惮也。孟子谓诸侯能以取天下矣，位卿大夫岂不能取一国哉？为其君不亦难乎！然滕文公尝行孟子之道矣，故许行、陈相目之曰仁政曰圣人。其后寂寂，不闻滕侯之得天下也，孟子之言固无验也。"苏辙则认为：不行仁政、王道，也未必不能得天下。《孟子解》云："孟子曰：'不仁而得国者有之矣，不仁而得天下未之有也。'孟子之为是言也，则未见司马懿、杨坚也。不仁而得天下也，何损于仁？仁而不得天下也，何益于不仁？得国之与得天下也何以为异？君子之所恃以胜不仁者，上不愧乎天，下不愧乎人，而得失非吾之所知也。"有关王霸之争的议论纷纭，反映了社会转型时期不同社会阶层价值取向的差异，非常值得注意。

第四节　结　　语

孔子之后，儒分为八，但真正影响后人的只有孟、荀两派。孟、荀虽然同为儒学大师，但其思想内核却截然不同：前者主性善，后者主性恶；前者重内圣，后者重外王；前者主王道，后者主霸道；前者崇尚德治，后者崇尚礼治乃至法制。二者的区别，用孟子的话来说，就是"以德服人"与"以力服人"（《公孙丑上》）；用刘禹锡的话来说，就是"人之道在法制，其用在是非；天之道在生植，其用在强弱"（《天论上》）；用马克斯·韦伯的话来说，就是"价值理性"与"工具理性"。尽管孟、荀的理论各有道理，各有短长，也各有用处，但其价值指向也是明确无误的：性善指向民主，性恶指向专制。韩愈选择孟子作为儒学正统，选择的就是这样一个根本方向。从这一意义上讲，所谓道统，也就是一个民族文化价值系统。这一选择，适应了人类社会由中世纪转向近现代的文明走向，也体现了中华民族以仁爱为本的传统精神。在这面透视镜面前，每一个人都不得不亮出自己的本相：韩愈与刘、柳、陆、王与程、朱，司马光、苏轼与王安石，张君劢与丁文江，章太炎与严复，梁漱溟、熊十力与冯友兰，无论贴什么标签，涂什么色彩，都屏蔽不了自己那一架骨骼。

　　选择孟子而不是荀子作为儒学传承统绪的正宗，其根本性质是选择价值理性而不是工具理性作为中国近现代思想文化系统的价值本体。至于朱熹模仿禅宗的木棉袈裟，生造出一个什么"十六字心法"作为儒学道统的传法秘诀，未免强作解事；今人又人为地将《大学》、《中庸》对立起来，以此区分儒学的正宗、别子。说似一物即不中，将一个日变日新、生生不息的民族文化价值系统指定为几句话或者几部书，恐怕最终只能落得个徒劳而无功。鸳鸯绣了从教看，莫把金针度与人。与其如此，倒不如学学韩愈，粗疏一点好。

第十五章　韩学的时空背景

以下三节的讨论将在这样一个基础上展开:摩尔根将迄今为止的人类社会发展区分为三个阶段:奴隶社会、封建社会、资本主义社会。(《古代社会》)社会发展的原始推动力是生产力的发展,其标志则是人自身的解放。与此相对应,中国社会的发展可以区分为上古社会、中古社会、近现代社会三个阶段。中国社会由中世纪向近现代转型的起点在中唐,这是当代史学界的主流性意见,冯友兰《韩愈李翱在中国哲学史中之地位》、陈寅恪《论韩愈》、谢和耐《中国社会史》、费正清《中国:传统与变迁》都秉持这样的见解。出现在这一时期的韩愈的学统——学术文化传统(宋明以后称为道统),是民族文化的一面旗帜。它顺应了社会转型对民族文化提出的系统更新的历史诉求,同时集中体现了外来文明冲击下民族国家的生存诉求、近现代转型时期民族社会的秩序诉求以及在二者的双重挤压下民族文化的价值诉求。宋、元、明、清以来的民族文化的发展演变,在很大程度上体现为道统思想的发展演变。

人类历史上现有的国家形态大致可以区分为三类:上古时期的宗教国家,其效忠的顶点是上帝、天帝;中古时期的王朝国家,其效忠的顶点是君主;近现代的民族国家,其效忠的顶点是民族文化。在中华民族社会发展的历史进程中,民族国家的观念,萌生在由中世纪向近现代转型的中唐时期。

民族国家(nation-state)不是民族(nation)、国家(state)的简单迭

第十五章　韩学的时空背景

加，而是对二者的超越。由王朝国家观念向民族国家观念的转变有赖于三个基本观念的更新：传统民族观念、传统国家观念、传统的大一统观念的更新。这里所说的"传统民族观念"，是指中世纪以血缘种性为标志的民族观念；这里所说的"传统国家观念"，是指中世纪以忠于君主为标志的国家观念；这里所说的"传统的大一统观念"，是指中世纪基于"王者受命"（《公羊传》隐公元年徐彦疏）、"溥天之下，莫非王土，率土之滨，莫非王臣"（《诗·小雅·北山》）的大一统观念。安史之乱，正是促使上述三大观念发生根本性转变的触媒。而韩愈的学统，就是上述观念发生转变的标志。

第一节　外来文明冲击下民族国家的生存危机

安史之乱带给人们最主要的思考，是有关政权合法性的思考。上文谈到，由于安史叛军的非汉族性质十分引人注目，肃宗即位以后，有意识地强调叛军的异族性质，以救亡图存的民族情绪调动民众的抗战热情，将平叛战争定性为抵抗外族侵略的民族保卫战，为中唐民族思潮的抬头奠定了基础。不过，拿安、史的血统做文章并非无懈可击，因为李唐王族本身就具有突厥血统。其实，历来统治中国的，没几个是真正的中原本土居民。舜，东夷之人也（见《孟子·离娄下》）。夏后氏与匈奴同族（见《史记·匈奴列传》）。殷商亦出自东夷，观箕子封于朝鲜可知（见《史记·宋微子世家》）。文王，西夷之人也（见《孟子·离娄下》）。秦，西戎之国。楚、汉，南蛮之国。司马复姓，可知非汉人。五胡，亦非汉人。隋杨、李唐，都具有突厥血统。华夏民族之所以历经丧乱而幸存下来，靠的不是血统，而是文化。

从"非我族类，其心必异"（《左传》成公四年）到"诸侯用夷礼则夷之，夷而进于中国则中国之"（《原道》），韩愈的道统思想选择礼仪文化而不是血缘种姓作为华夷之辨的具体标准，体现了民族国家观念对传统民族观念的超越。通过对皇权、君权合法性的思考，确立政道分离、道统高于治统的根本原则,体现了民族国家观念对传统国家观念的超越。传统的国家观念,君权神授,朕即国家。《原道》则将兴利除弊、防患备害亦即人类的生存需求作为人类社会起源的根本动因,用社会分工解释阶级、阶层的地位分化,并以此确立民族国家的权力合法性。不仅如此,人类文明的发展与进步,同样以百姓的生存需求为出发点:"人之仰而生者在谷帛。谷帛既丰,无饥寒之患,然后可以行之于仁义之途。"(《进士策问十三首》)这就是韩愈对民族国家救亡图存之道的思考。

《原道》叙述道统的传承统绪:"由周公而上,上而为君,故其事行;由周公而下,下而为臣,故其说长。"这就是说,周公以前,即尧、舜、禹、汤、文王、武王的时代,道统的承担者是君主;从周公开始,下及孔子、孟子,道统的承担者不再是君主,而是士人。也就是说,体现民族文化传统的道统已经与体现现实政治权力的治统分离。道统既然早与治统分离,那么,二者的关系又该如何呢?韩愈《处州孔子庙碑》推崇孔子:"孔子用王者事,巍然当座,以门人为配,自天子而下,北面跪祭,进退诚敬,礼如亲弟子者!……生人以来,未有如孔子者,其贤过于尧舜远者。"尧舜尚且不及孔子,治统又岂能高于道统?

民族国家最重要的特征,是中央集权的强化,其目的在于政令的统一、市场的统一、法制的统一。《维基百科》这样描述现代民族国家的基本特征:"较之其前身,民族国家一般更加中央化,其公共管理比较一致。地方特征服从民族特征,一般地方管理机构服从中央政府。"回到中唐,韩愈道统思想主张大一统——强化中央集权,正好体现了民族国家的必然诉求。有必要指出,现代学术界往往把中央集权等同于专制独裁,应该是一个误解。集权、分权是就中央政府与地方政府之间的权力分配而言,专制、民主是就统治者与被统治者之间的权力制衡而言,二者并不是同一个逻辑层面上的东西。当然,高度集中的权力也存在将民族国家导向种族主义、国家主义的危险,纳粹主义、法西斯主义给德意志民族国家带来的深重灾难就是最为惨痛的历史教训。所以,集权政体需要有效的监督约束与正确的价值导向。就中唐的形势而言,"安史之乱"以后,藩镇割据,政令不通,战乱不息,大唐王朝日趋衰颓,面临亡国的危机。就历史的趋势而言,日益活跃的商品经济也需要有统一的市场、统一的法制。韩愈主张大一统,但这里的大一统是有条件的,这个条件就是"纪纲",也就是仁义之道。由此出发,韩愈坚决否定了以暴力统一天下同时以暴力管理天下从而"纪纲亡焉"的暴秦;与此相对应,韩愈宁可肯定"诸侯作而战伐日行"但"纪纲存焉"的"夏、殷、周"之末世(《杂说二》),以及"不忍斗其民"而"走死失国"的徐偃王(《衢州徐偃王庙碑》)。和后人无原则地吹捧"大一统"相比较,韩愈大一统思想的前提,是文明进步的价值指向,这是尤为可贵的。

亨廷顿《文明的冲突》在"引论"中开宗明义地交待其书的立论基础:当一个文明面临冲突与挑战的时候,"文化认同对于大多数人来说是最有意义的东西",而文化认同的标志则是"旗帜"。用这一观点去观照一千二百年前的中唐社会,可以发现,韩愈的"道统",正是安史之乱以后面临危亡的华夏民族文化认同的旗帜。这面旗帜,为身处在民族危亡之际的爱国志士提供了最高的也是最后的效忠对象——民族文化。只要民族文化还在,这个民族就不会灭亡;相反,民族文化毁灭了,即便这个民族的肉体个人还没有灭绝,但这个民族已经灭亡了。犹太文明可以视为前者的代表,古埃及文明、古巴比伦文明、古印度文明、玛雅文明可以视为后者的代表。纵观迄今为止六千多年的人类文明史,成千上万的民族消失了,成百上千的民族顽强地存活到了今天。其间的差别,就在于他们的民族文化是否有机会薪火相传。而民族文化的延续传承,取决于其自身生生不息、日变日新的能力。道统,与时俱进、不断更新的民族文化传统,其价值与意义即在于此。

第二节 近现代社会转型时期民族社会的秩序危机

人类历史上现有的社会形态大致可以区分为三类:上古时期的神

权社会,其社会管理的最高权威,是巫师、占卜、神迹所传达的上天的意志;中古时期的皇权社会,其社会管理的最高权威,是君主的意志以及身份等级制度所体现的道德礼仪;近现代的民权社会,其社会管理的最高权威,是个人的权利与义务。在华夏文明社会发展的历史进程中,个体权利与义务的观念,萌生在由中世纪向近现代转型的中唐时期。具体说来,中世纪至高无上的"三纲"——君君臣臣父父子子的身份等级制度,在韩愈的道统体系中被更新为君、臣、民之间相生相养,权利与义务相互约束的社会契约关系。

中唐社会秩序的破坏,首要的责任人是朝廷、君主。藩镇割据,各自为政,从肃宗、代宗到德宗,但务姑息,国家政令形同虚设;君主不是佞佛,就是崇道,民族传统文化的主流儒学道统衰微不振;战乱不息,百姓流离失所,生养之道,毫无保障;李辅国、鱼朝恩之类阉宦势倾朝野,裴延龄、李齐运、王绍、李实、韦执谊、韦渠牟之类聚敛之臣大行其道,而刘晏、陆贽等贤臣却难免惨死,君主举贤任能、除奸远佞的职责荡然无存;月进、日进、税间架、税漆木茶竹麻、除陌钱、宫市、官榷,德宗的巧取豪夺,花样翻新,竭泽而渔。所以,《顺宗实录》、《论变盐法事宜状》等篇对德宗君权的规范,对德宗弊政的抨击,正是对社会正常秩序的呼唤。

就百姓的职责而言,"民者,出粟米麻丝,作器皿,通货财,以事其上者也","民不出粟米麻丝,作器皿,通货财,以事其上,则诛"。(韩愈《原道》)可以理解为韩愈对臣民职权与义务的问责。吴闿生《古文范》云:"退之此语颇为新学少年所丛诟。实则今世之法,凡为国民,皆负有纳税之义务。背此义务,故国法之所不容。于退之之说无异也。"就权利与义务而言,农"出粟米麻丝",工"作器皿",商"通货财",有谋求经济利益的权利,也有纳税的义务。四民各司其职,各事其事,人尽其才,物尽其用,"择其力之可能者行焉","各致其能以相生"(《圬者王承福传》),这才是社会的和谐之道。违背了自己的义务,就应该受到责罚。回到中唐,当时社会的最大危险,就在于"民焉而不事其事"。《原道》所谓"民不出粟米麻丝,作器皿,通货财以事其上"

者，主要是指佛、老二家。韩愈对佛、老的担忧包括两个方面："古之教者处其一，今之教者处其三；农之家一，而食粟之家六；工之家一，而用器之家六；贾之家一，而资焉之家六。"(《原道》)在政治方面，佛老的猖獗侵害了民族文化的主体地位；在经济方面，不纳赋税的寺院经济影响了国家的财政收入。这种不正常的社会现象发展下去，百姓固然不免"穷且盗也"，社会也难以逃脱全面崩溃的噩运。

君主与百姓各自有着自己的社会贡献，二者相生相养，其权益都应该受到保护，也都应该有所制约。单方面地强调圣人生养百姓，或者劳动者养活管理者，都是不符合事实的。问题的关键在于：在要求百姓履行职责的同时，政府方面能够真正承担起保护弱势集团经济权益的社会责任。韩愈的道统思想继承儒家传统的仁政爱民的政治倾向，关心普通百姓最起码的生存需求。他高度同情"弃子逐妻以求口食，拆屋伐树以纳税钱，寒馁道途，毙踣沟壑"(《御史台上论天旱人饥状》)的普通百姓，严厉抨击"财已竭而敛不休，人已穷而赋愈急"(《送许郢州志雍序》)的地方官吏。他敢于逆批龙鳞，上《论天旱人饥状》、《论佛骨表》抨击弊政；也敢于正面批评敲骨吸髓、竭泽而渔的宫市以及盐铁官卖政策。凡此种种，都和孔、孟轻徭薄赋、仁政爱民的社会经济主张一脉相承。考察南、北美洲近现代转型时期民族社会的秩序构建可以发现：限制还是放纵强势集团的权力扩张，重视还是蔑视弱势集团的权益保护，将决定民族社会秩序构建的价值走向，并将最终决定民族国家的兴衰存亡。韩愈对君、民双方权利与义务的约束与诛责，为华夏文明近现代转型时期民族社会的秩序构建指明了正确的方向。

第三节　外来文明冲击与近现代社会转型双重挤压下民族文化的价值危机

中唐时期的道统集中体现了外来文明入侵和社会转型阵痛的双

重挑战下民族文化的价值诉求。由于中唐开始的社会转型过程迄今仍然没有最后完成,这就使得宋元明清直至近现代的思想文化建设面临同样的任务。唯其如此,当代民族文化建设最重要的目标,就是为全球化与现代化双重挤压下的民族文化寻求自己的价值皈依。

　　人类历史上现有的思想文化形态大致可以区分为三类:上古时期的自然哲学,其关注的焦点是天人关系;中古时期的伦理哲学,其关注的焦点是人与社会的关系;近现代的心性哲学,其关注的焦点是自我的存在与完善。与此相对应,中国古代哲学形成了三大本体理论:以老、庄为代表的道本体论,以荀、韩为代表的礼本体论,以陆、王为代表的心本体论。韩愈标举以治国平天下为目的的心性哲学,成为"宋明新儒家之先河"①。其"性体道用"的心性本体理论,显示了近现代哲学思维由自然哲学、伦理哲学向心性哲学的转移,对民族文化的近现代转型产生了重要影响。

　　心性本体理论的确立,具有三方面的意义。其一,人类哲学思维的发展规律,是由外及内,由表及里,由大宇宙而小宇宙。上古时期,人类智力水平低下,在严酷暴虐的大自然面前,人类显得是那样的孱弱、无助。他们的生存希望全部依赖于神(大自然)的恩惠,神的意志就是他们的生存依据。所以,上古哲学的关注焦点是天人关系,其认识对象主要集中在客观物质世界。中古时期,随着知识水平的提高,人类对物质世界的客观规律有了一定程度的了解,神的阴影开始隐退,组织起来的人类开始向大自然索取自己的生存权利,人的主体意识开始萌生。所以,中古哲学的关注焦点是人与社会的关系,其认识对象主要集中在现实社会的伦理道德和礼仪制度。近现代时期,随着科学技术的进步,人类逐步从物质世界和现实社会的羁绊中解脱出来,有了更大的自由,更多的自信。所以,近现代哲学的关注焦点开始转向宇宙间最神秘、最复杂的生物——人类自我,其认识对象主

---

　　① 冯友兰《韩愈李翱在中国哲学史中之地位》,《清华周刊》第37卷9—11期,1932年5月,第3页。

第十五章 韩学的时空背景

要集中在人性善恶、心性修养的理论思考以及社会践履,并由此认识生命的价值与意义,实践自己的终极关怀。相对于道本体论、礼本体论,心性本体理论的出现,标志着人类的认识能力达到了更高的层次。其二,人类文明的全部历史,就是人类不断争取解放的历史。上古社会虽然血腥残暴,奴隶主无偿占有奴隶的全部劳动成果,但相对于像猪、羊一样被宰杀作为食物的原始社会,奴隶制度毕竟体现了人的地位的提高。中古时期,人类从神的阴影下解放出来,成为社会的主人。但在这一时期,个体的人还没能得到真正的解放,每个人都只不过是庞大的社会机器上一颗小小的螺丝钉,以社会的需求为自己的需求,以社会的是非为自己的是非,以社会的美丑为自己的美丑。到了近现代时期,个体的人才最终从社会的阴影下解放出来,成为自己的主人,这才是人类的最终的解放,学界称之为个性解放。实际上,人的解放也就是生产力的解放。中古时期,奴隶获得了人身的自由、迁徙的自由,更重要的,是获得了自主劳动和享有自己劳动成果的自由。田园牧歌的雍容潇洒,就来源于人身的解放。近现代时期,技术的日新月异、资本的快速增值、社会的文明进步,都有赖于人心的解放。重复性劳动只能实现社会平均劳动,创造性劳动才能实现超额价值,这是现代生产和传统生产的根本区别。创造性劳动只能依托于创造性思维,而创造性思维的前提是人格独立、个性解放。工业革命只能出现在启蒙运动之后,原因即在于此。由人身的解放到人心的解放,意味着人类的主体地位达到了全新的高度。其三,面对社会近现代转型的时代诉求,每一个民族国家都面临着两条道路的选择:民主还是专制、合作还是斗争、公平还是效率、民生主义还是国家主义。这一切又从根本上取决于民族文化的价值判断:人性本善还是人性本恶、博爱还是仇恨、极端还是合宜。人类历史上发生的两次世界大战都起源于德国,应该不是偶然的。康德、黑格尔、叔本华、马克思、尼采、弗洛伊德、爱因斯坦,其理论主张各有千秋,其人性理论的价值取向却相对统一。性善指向民主,性恶指向专制,文化环境催生了希特勒。韩愈选择"博爱之仁"作为华夏文明的价值本体,选择的就是这样一个根本方向。从这一意义上讲,所谓道统,也就是一个民族文化价值系统。宋、元、明、清以来道统思想的发展演变错综复杂、歧说纷出,但从司马光、文天祥、刘宗周、顾炎武、黄宗羲到章太炎、梁济、王国维、陈寅恪,仁义之道始终没有泯灭。唯仁者乃有勇,这才是民族的脊梁、民族的希望。

第四节　结　　语

民族文化是国家——民族文化共同体的遗传基因。基因退化或变异,只能在基因层面上予以修补和完善,肌体层面的手术切除或器官移植不可能解决基因病变。从这个意义上讲,"中体西用"和"西体中用"都无异于逃避,更勿论"全盘西化"了。中国的现代化进程无论怎样曲折与艰难,都只能立足于华夏文明的自我更新。没有捷径,不能跨越,更不可能现成地"拿来"。正如梁启超所说:"吾不患外国学术思想之不输入,吾惟患本国学术思想之不发明。"①事实上,华夏文明包容和吸收外来文化的能力早就接受过历史的检验,佛学的中国化就是无可辩驳的事实。那些侈言中西文化天然对立、不可兼容的说法,是没有根据的。至于近代以来全盘否定传统文化,从"汉字不亡,中国必亡"到"河殇",已经不是文化革新,而是文化革命了。"中体西用"、"全盘西化"无论怎么"化",毕竟还承认中国文化这个本体的存在。文化革命以黄色文明的陨落为前提,其实质不是手术切除或器官移植,而是文化殖民,类似当年的雅利安文化殖民印度、欧洲文化殖民南北美。皮之不存,毛将焉附?毁灭民族文化就是毁灭民族国家,都德《最后的一课》揭示的就是这样一个泣血的真理。

另一方面,欧美现代民族国家的文化基因——基督教文化,同样

---

①　梁启超《论中国学术思想变迁之大势·总论》,《饮冰室文集之七》,中华书局影印本,第3页。

第十五章 韩学的时空背景

经历过一次又一次的系统更新,并非生来就具备现代形态。从"旧约"系统到"新约"系统再到"新教"系统,西方文化的更新历程同样漫长而艰难。同样被西方列强用炮舰轰开大门的日本,与大清同时选派了大批留学生取经欧洲。大清留学生专攻船炮,日本留学生兼习文理,从而引发了著名的俾斯麦预言①。俾斯麦预言是否准确姑且不论,现代化的根本目标是人的现代化而不是物的现代化,没有人的现代化,就不会有社会的现代化,更不会有科学技术的现代化,应该成为一个尽人皆知的常识。

---

① 梁启超《论变法不知本原之害》引俾斯麦语:"三十年后,日本其兴,中国其弱乎?日人之游欧洲者,讨论学业,讲求官制,归而行之;中人之游欧洲者,询某厂船炮之利,某厂价值之廉,购而用之。强弱之原,其在此乎?"《饮冰室文集》第一册,中华书局1936年版,第8页。

第十六章　韩学的历史地位及其影响

有关韩学的历史地位及其影响,陈寅恪先生的总结是:"唐代之史可分前后两期,前期结束南北朝相承之旧局面,后期开启赵宋以降之新局面,关于政治社会经济者如此,关于文化学术者亦莫不如此。退之者,唐代文化学术史上承先启后转旧为新关捩点之人物也。"① 应该是不刊之论。本文从三个方面讨论韩学的历史地位及其影响:韩门师友弟子、宋代的韩学、元明清以下的韩学。

第一节　韩门师友弟子

有关"韩门弟子"的问题,自中唐李肇《唐国史补》发端,宋人多有论列,直到今天,仍然是学术界争议不断的热门话题。争议的焦点,是李翱、张籍、皇甫湜等人究竟是不是韩愈的弟子。其实,对韩愈而言,学问深浅、年龄大小本来就不是判别师生关系的必要条件,《师说》所云,"无贵无贱,无长无少,道之所存,师之所存"、"吾师道也,夫庸知其年之先后生于吾乎",早就明白交代了自己的观点。而且在实际生活中,比韩愈大两岁的张籍向韩愈学习文章之道,韩文中明白无

---

① 陈寅恪《论韩愈》,《金明馆丛稿初编》,生活·读书·新知三联书店 2001 年版,第 332 页。

第十六章 韩学的历史地位及其影响

误地将其视为弟子;韩愈向比自己大一岁的殷侑学习公羊之学,对其执弟子之礼甚恭;对于比年长自己十九岁的窦牟,"始以师视公,而终以兄事焉"(《唐故国子司业窦公墓志铭》)。韩门的师长弟子,韩愈一律视为朋友,其相互关系,都在师友之间。后人无视韩愈本人的意见,纠结于李翱的水平高还是韩愈的水平高、张籍的年龄大还是韩愈的年龄大,实际上没有任何意义。有关这个话题,真正有意义的,是"韩门"本身:在中唐学术界,是不是存在一个以韩愈为领袖,有着共同的学术话题、学术关怀、学术活动,同时得到了一定程度的社会认同的学术群体。如果是,那么这样的学术群体得以产生的现实条件以及历史原因是什么?在华夏文明的历史进程中,出现这样的学术群体具有什么样的意义?对华夏民族文化此后的发展演变具有什么样的影响?这一些,才是真正有意义的论题。而要展开这样的讨论,其前提就是对韩门师友弟子的存在状况进行实证考察,这就是本文的撰著宗旨。

1. 有关韩门弟子的记载与争议

在讨论这个话题之前,有必要首先界定一下什么是师生关系。在唐代,有两种官方认可的师生关系:其一,国子监、州学、县学教授与生员之间属于正式的师生关系,此为授业之师。其二,乡试、省试、吏部特科考试的主考官员与考生构成师生关系,此为座师。除此之外,仰慕某位学者的专长特地投奔求学,如初唐罗宪以《文选》授徒、中唐啖助以《春秋》授徒等,属于民间师生关系。中唐情况则有所不同,除了以上三种师生关系之外,以共同的学术追求形成的师友群体开始出现,"后学之士到仆门,日或数十人,仆不敢虚其来意,有长必出之,有不至必慹之"(柳宗元《报袁君陈秀才避师名书》)、"来者则接之,举城士大夫莫不皆然"(韩愈《答刘岩夫书》),"韩门"就是这样一个学术共同体。

韩门弟子的提法出自后人,并非韩愈自我标榜。唐李肇《唐国史补》卷下:"韩愈引致后进,为求科第,多有投书请益者,时人谓之韩门弟子。愈后官高,不复为也。"李肇,唐人,其书录开元至长庆事(《唐国史补自序》），则"韩门弟子"标目，或许在韩愈生前已经出现。五代王定保《唐摭言》卷四"师友"条："韩文公名播天下，李翱、张籍皆升朝籍，北面师之。故愈《答崔立之书》曰：'近有李翱、张籍者从予学文。'翱《与陆参员外书》亦曰：'韩退之之文，非兹世之文也，古之文也。其人非兹世之人，古之人也。'后愈自潮州量移宜春郡，郡人黄颇师愈为文，亦振大名。颇常睹卢肇为碑版，则唾之而去。案《实录》，愈与人交，其有沦谢，皆能恤其孤，复为毕婚嫁，如孟东野、张籍之类是也。"《新唐书·韩愈传》："愈性明锐，不诡随。与人交，始终不少变，成就后进士往往知名。经愈指授，皆称韩门弟子。……至其徒李翱、李汉、皇甫湜从而效之，遽不及远甚。从愈游者，若孟郊、张籍，亦皆自名于时。"《卢仝传》："时又有贾岛、刘叉，皆韩门弟子。"此后梅尧臣《别后寄永叔》置"孟卢张贾"于"韩公门"，宋欧阳修《集古录》称"柳宗元"为"韩门之罪人"，吕夏卿《唐书直笔》称"李翱、皇甫湜、张籍、侯喜、贾岛、李贺，文公之高弟"，尹焞《答邓居之》称"籍、湜辈"为"韩门生"，洪迈《容斋随笔》称"皇甫湜、李翱"为"韩门弟子"。宋王楙《野客丛书》卷五"翱湜待退之之异"条对此说提出质疑："唐史谓李翱、皇甫湜游韩门，而刘贡父、石林、容斋亦皆谓韩门弟子。仆观退之固尝曰：'李翱从仆学文，颇有所得。'明知其即退之也。然翱《答退之书》曰：'如兄颇亦好贤，如兄得志。'《祭退之文》曰：'兄作汴州，我还自徐，始得交游，视我无能，待我以友。'又《与陆参书》曰'我友韩愈'。《荐所知于张徐州书》曰'昌黎韩愈'，是待退之以同辈，而不以师礼事之。"归纳唐宋人的提法，《唐国史补》、《新唐书》、吕夏卿、尹焞、郑獬、洪迈等称"韩门弟子"，《唐摭言》称"师友"，石介、梅尧臣、欧阳修称"韩公门"、"韩门"。至于其门派形成的原因，《唐国史补》指为"求科第"、"投书请益"；《唐摭言》以为"韩文公名播天下"、其弟子"师愈为文"；《新唐书》则以为"经愈指授"、"成就后进士往往知名"。此后"韩门弟子"之说流走天下，上述的差别，一般就予以忽略了。今人讨论其事者，如钱基博《韩愈志》记"韩友四子"李观、欧阳詹、柳宗元、樊宗师，又记韩门弟子张籍、李翱、皇甫湜、沈亚之、孙樵、孟郊、贾岛、卢仝、刘

第十六章　韩学的历史地位及其影响

叉、李贺十人。张清华《韩愈大传》记"韩愈四友"孟郊、李观、樊宗师、欧阳詹,又记韩门弟子张籍、李翱、皇甫湜、沈亚之、贾岛、李贺、卢仝、刘叉八人。刘海峰《韩门弟子与中唐科举》记韩门弟子李翱、张籍、皇甫湜、卢仝、贾岛、刘叉、侯喜、侯云长、刘述古、韦群玉、沈杞、张弘、尉迟汾、李绅、张后余、李翊、韦纾、李贺、李蟠、李汉、沈亚之、程昔范、窦存亮、杨敬之、李师锡、陈商、胡直钧、刘正夫、陈密、牛堪、何坚、王含、孟管、陈彤、王埙、区册三十七人。近期论文中,也有质疑韩门弟子的文章,但均未超出王楙《野客丛书》的视角,可以无论。

　　韩门的凝聚力来自什么地方?如《唐国史补》所言,应该来自"为求科第"、"投书请益",这一说法并非凭空虚造。韩愈一生推荐选拔人才不遗余力,贞元十八年《与祠部陆参员外荐士书》推荐侯喜等十人,五年之内,均得登第,投奔韩愈者络绎不绝,这应该是原因之一。不过,韩愈的荐拔并非是无条件的,李翱《答韩侍郎书》称:"如兄者颇亦好贤,必须甚有文辞,兼能附己,顺我之欲,则汲汲孜孜,无所忧惜,引拔之矣。如或力不足,则分食以食之,无不至矣。"那么韩愈荐拔人才的条件至少有三条:"有文辞"、"附己"、"顺我之欲"。说得更明白一点,应该是志同道合。韩愈之所以赏识张籍,是因为"念昔未知子,孟君自南方。自矜有所得,言子有文章"、"孔丘殁已远,仁义路久荒。纷纷百家起,诡怪相披猖。长老守所闻,后生习为常。少知诚难得,纯粹固已亡。譬彼植园木,有根易为长"。其余如侯喜"以其耕之暇,读书而为文"、"文章学西汉而为";侯云长"为人淳重方实,可任以事。其文与喜相上下";刘述古"其文长于为诗,文丽而思深"、"诗无与为比"、"其为人温良诚信,无邪佞诈妄之心。强志而婉容,和平而有立。其趋事静以敏,著美名而负屈称";韦群玉"其文有可取者"、"其为人贤而有材,志刚而气和,乐于荐贤为善。其在家无子弟之过,居京兆之侧,遇事辄争,不从其令而从其义"(《与祠部陆参员外荐士书》)。可以认为,韩门的凝聚力,来自师生共同的理想与追求,用韩愈自己的说法,即是"同道"(《送何坚序》),亦即同趋仁义之途、先王之道。所以,韩门的性质,是学术共同体。这样的师生关系,与此前存在的师生关系完全不同,宋、明以后私家学术的繁荣,才是韩门的嫡传。

综合上文,有四大要素构成韩门师友弟子关系:其一,从国子监到州学、县学,教授与生员之间属于正式的师生关系。其二,乡试、省试、吏部特科考试的主考官员与考生构成师生关系;同科进士,则构成同年关系。其三,"指授"、"为文"者;其中又可以细分为诗友、文友、学业之友。其四,科场荐拔后进的推荐者与被推荐者;推而广之,又可以归纳为事业之友。以下按上述的思路,梳理韩门师友弟子于次。其中相互交叉、相互重迭者不在少数,以下分类,亦著其大略而已。

2. 韩门师长

在韩愈成长过程中,凡在学业、事业方面直接指导过韩愈或对韩愈产生过指导性影响的人物,本文称为韩门师长。《旧唐书·韩愈传》:"大历、贞元之间,文字多尚古学,效杨雄、董仲舒之述作,而独孤及、梁肃最称渊奥,儒林推重。愈从其徒游,锐意钻仰,欲自振于一代。洎举进士,投文于公卿间,故相郑余庆颇为之延誉,由是知名于时。"列韩门师长三人。钱基博《韩愈志》述韩愈"古文渊源",列萧颖士、李华、贾至、元结、独孤及、梁肃六人。实际上,对韩愈学术思想产生过重要影响的,不仅限于上述数人,今简要梳理于次:韩仲卿、韩云卿、李阳冰、李复之、韩择木、韩会、韩弇,属于韩氏家族师长;陆贽、陆参、梁肃、权德舆等人,属于科场师长;李华、萧颖士、贾至、元结、独孤及、萧存、梁肃、窦牟、窦庠、归登、殷侑等人,属于学业师长;董晋、马燧、张建封、阳城、郑余庆、李吉甫、权德舆、裴均等人,属于职场师长。韩门师长,至少应该有以上三十人。在这些师长中,对韩愈影响最直接的,有以下几位:

独孤及(725—777),字至之,河南洛阳人。天宝十三年,以洞晓玄经对策高第,解褐拜华阴尉。上元初,授左金吾兵曹掌都统江淮节度书记。未几以左拾遗召,迁太常博士,迁尚书礼部员外郎,受诏考第吏部。(崔佑甫《唐故常州刺史独孤公神道碑铭并序》)历濠、舒二州刺史,加检校司封郎中,赐金紫,徙常州。大历十二年四月壬寅晦,

第十六章　韩学的历史地位及其影响　　　　　　　　　　　　269

暴疾薨于位（梁肃《朝散大夫使持节常州诸军事守常州刺史赐紫金鱼袋独孤公行状》），卒年五十三（崔佑甫《唐故常州刺史独孤公神道碑铭并序》），谥曰宪。独孤及为唐代古文复兴运动先驱，尤喜鉴拔后进，如梁肃、高参、崔元翰、陈京、唐次、齐抗皆师事之。韩愈出梁肃门下，《郡斋读书志》卷四上"独孤及毗陵集二十卷"条称"韩愈师其为文"。韩愈为独孤及之子独孤郁作《唐故秘书少监赠绛州刺史独孤府君墓志铭》，可见其渊源。今韩文中化用独孤及语颇不少见，如《郓州溪堂诗》"剥肤椎髓"，即从独孤及《陈政疏》"贫人羸饿就役，剥肤及髓"化出。《送何坚序》"生与博士为同道"，即从独孤及《唐故朝散大夫颍川郡长史赠秘书监河南独孤公灵表》"与朋友交，非同道不苟合"化出。《石鼎联句诗序》"道士奋髯曰"，即从独孤及《虎邱夜宴序》'奋髯屡舞而叹'化出。《祭李氏二十九娘子文》"竟谁主尸"，即从独孤及《观海》"谁尸造化功，凿此天地源"化出。《与孟简尚书书》"昭布森列"，即从独孤及《山谷寺觉寂塔禅门第三祖镜智禅师塔碑阴文》"嗣为之碑，森列净土"化出。可知韩文取法独孤及，并非虚言。

韩会（738—779），两《唐书》无传，今钩稽其生平如次：韩会，河阳人。永泰中与崔造、卢东美、张正则为友，皆侨居上元，好谈经济之略。尝以王佐自许，时人号为四夔。（《旧唐书·崔造传》）会为夔头，而善歌妙绝。（《唐国史补》卷下）善清言，有文章，名最高。然以故多谤（柳宗元《先君石表阴先友记》）。浙西观察使李栖筠荐之（王铚《韩会传》），累官起居舍人。大历十二年四月癸未，坐元载党贬韶州刺史。（《旧唐书·代宗纪》）十四年卒于韶州（《复志赋》），年四十二（李翱《韩公行状》）。指授韩愈为文者，首推其宗兄韩会。其《文衡》勾勒文章正道，"始伏羲尽孔门"，鄙薄"汉魏以还"，对韩愈构建道统，影响尤为明显。

梁肃（753—793），字敬之，一字宽中。祖籍安定乌氏（《直斋书录解题》卷十六），世居陆浑。建中元年文辞清丽科及第（《唐会要》卷七十六），擢太子校书郎。萧复荐其材，授右拾遗修史，以太夫人羸老有沉痼之疾，辞不应召。其后淮南节度使吏部尚书京兆杜公表为殿中侍御史内供奉,管书记之任。贞元五年,以监察御史征还台,非其所好。(崔元翰《右补阙翰林学士梁君墓志》)同年,转右补阙(《李泌传》)。贞元七年充翰林学士,兼皇太子侍读守本官兼史馆修撰。(丁居晦《重修承旨学士壁记》)九年十一月六日卒,享年四十一。诏赠礼部郎中(《右补阙翰林学士梁君墓志》)。《唐摭言》卷七"知己":"贞元中,李元宾、韩愈、李绛、崔群同年进士。先是,四君子定交久矣,共游梁补阙之门。"韩愈《与祠部陆参员外荐士书》:"往者陆相公司贡士,考文章甚详。愈时亦幸在得中,而未知陆之得人也。其后一二年,所与及第者皆赫然有声。原其所以,亦由梁补阙肃、王郎中础佐之。"知陆贽主贡举,梁肃、王础为通榜。则韩愈于梁肃,不仅"从其徒游",且有荐拔之恩。梁肃又首与韩会变体为古文章,则韩愈古文渊源,亦有取于梁肃。

陆贽(754—805),字敬舆,苏州嘉兴人。年十八登进士第,以博学宏词登科,授华州郑县尉。又以书判拔萃,选授渭南县主簿。迁监察御史,召为翰林学士,转祠部员外郎。建中四年朱泚谋逆,从驾幸奉天,十二月乙丑,转考功郎中,依前充职。二月从幸梁州,转谏议大夫,依前充学士。兴元元年六月癸丑,为司封郎中知制诰。德宗还京,十二月辛卯,自谏议大夫为中书舍人,学士如故。(《旧唐书·德宗纪上》)俄丁母忧,免丧,六年二月丙戌,以中书舍人权知兵部侍郎,依前充学士。七年八月丙申,罢学士,正拜兵部侍郎知贡举。八年四月乙未,为中书侍郎同中书门下平章事。十年十二月壬戌,贬太子宾客,罢知政事。十一年四月壬戌,贬忠州别驾。(《旧唐书·德宗纪下》)顺宗即位,征还,诏未至而贽卒,时年五十二。陆贽为韩愈座师,《与祠部陆参员外荐士书》:"往者陆相公司贡士,考文章甚详。愈时亦幸在得中,而未知陆之得人也。其后一二年,所与及第者皆赫然有声。原其所以,亦由梁补阙肃、王郎中础佐之。"《祭虞部张员外季友文》:"往在贞元,俱从宾荐。司我明试,时维邦彦。"《顺宗实录》为陆贽作传,均正面评价陆贽。又表彰阳城,即侧面评价陆贽。谨守节操,注重民生,是陆贽留给弟子的最宝贵的遗产。至于文章一道,韩

第十六章 韩学的历史地位及其影响

文中《送郑权尚书序》"简节而疏目",即从陆贽《平朱泚后车驾还京大赦制》"今年正月一日赦书节目有所未行者,所司并举而行之"化出。《祭薛中丞文》"亟践班行",即用陆贽《请许台省长官举荐属吏状》"议其资望,既不愧于班行"。《唐故朝散大夫商州刺史除名徙封州董府君墓志铭》"其囊箧细碎",即用陆贽《均节赋税恤百姓第一条》"有藏于襟怀囊箧"。《唐故司徒兼侍中中书令赠太尉许国公神道碑铭》"官无宿储",即用陆贽《祭大禹庙文》"邦无宿储,野有饿莩"。《国子监论新注学官牒》"不以比拟",即用陆贽《再奏量移官状》"都比拟量移,及别追用"。

归登(754—820),字冲之。大历七年举孝廉高第,补四门助教。贞元元年九月登贤良方正直言极谏科(《唐会要》卷七十六)。自美原尉拜右拾遗。转右补阙,起居舍人。迁兵部员外郎、充皇子侍读,寻加史馆修撰。顺宗初,超拜给事中。迁工部侍郎,元和四年十月癸巳,为东宫及诸王侍读。改左常侍,转兵部侍郎,兼判国子祭酒事。十四年六月庚申,自户部侍郎迁工部尚书。(《旧唐书·宪宗纪上》)元和十五年六月己丑卒(《旧唐书·穆宗纪》),年六十七,赠太子太保。《科斗书后记》:"来京师为四门博士,识归公。归公好古书,能通之。愈曰:'古书得据依,盖可讲。'因进其所有书属归氏。"事在贞元十七、八年期间,时归登为兵部员外郎、充皇子侍读。知韩愈学科斗书,始从李服之,后从归登。

权德舆(759—818),字载之,天水略阳人。韩洄黜陟河南,辟为从事,试秘书省校书郎。贞元初,江西观察使李兼表为判官,再迁监察御史。八年正月,除太常博士。六月,改左补阙。(《举人自代状》)九年,上疏弹裴延龄。十年,迁起居舍人。岁中,兼知制诰。转驾部员外郎、司勋郎中,职如旧,迁中书舍人。十七年冬,以本官知礼部贡举。十八年,真拜礼部侍郎。二十一年六月,转户部侍郎。元和初,历兵部、吏部侍郎。坐郎吏误用官阙,改太子宾客。元和三年,复为兵部。四年五月,迁太常卿。五年九月丙寅,拜礼部尚书同中书门下平章事。(《旧唐书·宪宗纪上》)八年正月辛未,守礼部尚书,罢知政事。七月癸丑,以吏部尚书留守东都。九年十月,复拜太常。十年,转刑部尚书。十一年十月丁巳,检校吏部尚书兼兴元尹充山南西道节度使。十三年八月戊寅卒(《旧唐书·宪宗纪下》),年六十。赠左仆射,谥曰文。韩愈有《唐故相权公墓碑》:"荐士于公者,其言可信,不以其人布衣不用;即不可信,虽大官势人交言,一不以缀意。"贞元十八年,韩愈推荐侯喜等十人,五年之内,均得登第,见《与祠部陆参员外荐士书》。所言"不以其人布衣不用",即指此,可见二者渊源。铭文云:"行世祖之,文世师之。流连六宫,出入屏毗。无党无雠,举世莫疵。"韩愈于文、行二端均以权德舆为师范,其言出于至诚,绝非虚言。

殷侑(767—838),陈郡人。贞元末以五经登第。尝为沧州行军司马、天德军都防御判官承奉郎试大理评事兼监察御史。元和十一年,韩愈荐为太常博士。(韩愈《冬荐官殷侑状》)十二年,迁尚书虞部员外郎兼侍御史,副宗正少卿李孝诚宣谕回鹘(韩愈《送殷侑员外使回鹘序》)。十三年,衔命招谕王承宗,迁谏议大夫。长庆三年,出为桂管观察使。(《太平寰宇记》卷一百六十二)宝历元年三月辛未,检校右散骑常侍洪州刺史,转江西观察使。(《旧唐书·敬宗纪》)宝历二年十二月壬戌,入为卫尉卿。太和三年八月癸丑,加检校工部尚书沧齐德观察使(《旧唐书·文宗纪上》),以功加检校吏部尚书。六年,入为刑部尚书。二月甲子朔,检校吏部尚书郓州刺史兼御史大夫充天平军节度郓曹濮观察等使,寻就加检校右仆射。九年正月己卯代还,授刑部尚书。七月戊辰,检校右仆射,复为天平军节度使。开成元年复召为刑部尚书。其年六月辛卯,检校左仆射,出为襄州刺史山南东道节度使。二年三月甲申,以病求代,以太子宾客分司东都。十一月壬戌,复检校右仆射,出为忠武节度陈许蔡观察等使。三年七月壬戌卒于镇(《旧唐书·文宗纪下》),时年七十二,赠司空。韩愈《答殷侍御书》:"前者蒙示《新注公羊春秋》,又闻口授指略。私心喜幸,恨遭逢之晚,愿尽传其学。"知韩愈曾学《公羊春秋》于殷侑。书云:"侻矜其拘缀不得走请,务道之传而赐辱临。执经座下,获卒所闻,是

第十六章　韩学的历史地位及其影响

为大幸。……如遂蒙开释,章分句断,其心晓然,直使序所注,挂名经端,自托不腐,其又奚辞?将惟先生所以命。"殷侑虽年长于韩愈仅一岁,而韩愈执弟子之礼甚恭。知"吾师道也,夫庸知其年之先后生于吾乎",绝非虚语。韩愈又有《冬荐官殷侑状》、《送殷侑员外使回鹘序》,可见二者关系亦在师友之间。

3. 韩门学友

韩愈交游中,凡与韩愈年辈相近者,本文统称为韩门学友。韩门学友,又可以细分为同年、诗友、文章之友、学业之友、事业之友。

(1) 同年

洪兴祖《韩子年谱》:"《唐科名记》云:'贞元八年,陆贽主司,试《明水赋》、《御沟新柳诗》,其人贾稜、陈羽、欧阳詹、李博、李观、冯宿、王涯、张季友、齐孝若、刘遵古、许季同、侯继、穆贽、韩愈、李绛、温商、庾承宣、员结、胡谅、崔群、邢册、裴光辅、万挡。'是年一榜多天下孤隽伟杰之士,号龙虎榜。"考察韩门学友,首推韩愈同年。韩愈同年二十三人中,与韩愈在职场、文坛发生过交集的有以下十七位:陈羽、欧阳詹、李观、裴度、冯宿、李博、王涯、张季友、刘遵古、许季同、侯继、李绛、庾承宣、胡谅、崔群、邢册、裴光辅。此外,张童子贞元八年举明经,"愈与童子俱陆公之门人"(《赠张童子序》),亦属同年。韩愈同年与韩门发生交集者,计十八位。今梳理其重要者于次:

欧阳詹(757—801),字行周,泉州晋江人。大历十二年,与蔡明浚、罗山甫等隐居潘湖。(欧阳詹《与王式书》)建中年间常衮为福建诸州观察使,亲与之为客主之礼,观游燕飨必召与之。贞元二年入京(欧阳詹《怀忠赋》),贞元四年始应礼部试,五试方售(欧阳詹《上郑相公书》),贞元八年进士登第(韩愈《欧阳生哀辞》)。四试于吏部,始授四门助教。(《上郑相公书》)十五年冬,以四门助教举韩愈为博士,不果。(《欧阳生哀辞》)十七年春末仍在世(欧阳詹《徐十八晦落第》),夏秋之间卒(《欧阳生哀辞》),享年四十五岁。韩文有《欧阳生哀辞并序》,韩诗《驽骥》,唐本云赠欧阳詹。欧阳詹有《答韩十八驽骥吟》。其《自明诚论》"自性达物曰诚,自学达诚曰明",是中唐最早讨论《中庸》的文章之一,尤其值得注意。

李观(766—794),字符宾,祖籍陇西,世居苏州。(李观《代李图南上苏州韦使君论戴察书》)贞元八年登进士第,次年举博学宏辞,得太子校书郎。(方崧卿《韩子年谱增考》引《科第录》)贞元十年卒于京师,年二十九。(韩愈《李元宾墓铭》)韩集中有《北极一首赠李观》、《李元宾墓铭》、《瘗破砚铭》、《重云一首李观疾赠之》,涉及李观者,有《答李图南秀才书》、《送孟东野序》。《答李图南秀才书》:"元宾行峻洁清,其中狭隘不能包容。"《送孟东野序》以李观为唐之善鸣者,评价甚高。后人以之与韩愈并列,以为"元宾尚于辞,故辞胜其理;退之尚于质,故理胜其辞"(陆希声《李元宾文编序》),可见其地位。

冯宿(767—836),字拱之,祖籍冀州长乐,世居婺州东阳。贞元八年登进士第,徐州节度张建封表为试太常寺奉礼郎充节度巡官。建封卒,其子愔称留后,表留为留后判官、试金吾兵曹。以危邦是戒,祈归江东。从浙东观察使贾全府辟,授大理评事。愔恨其去己,奏贬泉州司户。征为监察御史(王起《冯公神道碑铭》)。历太常博士,转虞部、都官二员外郎。元和十二年从裴度东征,为彰义军节度判官。淮西平,拜比部郎中。韩愈论佛骨,时宰疑宿草疏,出为歙州刺史。入为刑部郎中,十五年,权判考功。长庆元年,以本官知制诰。二年,转兵部郎中依前充职。二月丙戌,检校左庶子充山南东道节度副使权知襄州军府事。(《旧唐书·穆宗纪》)曰朝,拜中书舍人,转太常少卿。敬宗即位,出为华州刺史,以避讳不拜,改左散骑常侍兼集贤殿学士充考制策官。太和二年十月己卯,拜河南尹。(《旧唐书·文宗纪上》)四年十二月丙寅,入为工部侍郎。六年,迁刑部侍郎,迁兵部侍郎。九年,出为剑南东川节度使,检校礼部尚书。开成元年十二月辛亥卒(《旧唐书·文宗纪下》),年七十。赠吏部尚书,谥曰懿。冯宿于韩愈为事业同道,元和十二年平定淮西,韩愈为行军司马,冯宿为节度判官。韩愈论佛骨,时宰疑宿草疏,出为歙州刺史。(《旧唐书·冯宿传》)可见二者关系。韩集中有《答冯宿书》、《与冯宿论文书》、《郾城晚饮赠副使马侍郎冯宿李宗闵二员外》。

第十六章 韩学的历史地位及其影响

崔群(772—832),字敦诗,清河武城人。贞元八年登进士第(柳宗元《送崔群序》韩醇注)。十年十二月,登贤良方正能直言极谏科(《唐会要》卷七十六),授秘书省校书郎,累迁右补阙。元和二年十一月六日自左补阙充翰林学士,三年四月二十八日加库部员外郎(丁居晦《重修承旨学士壁记》),六年二月四日加库部郎中知制诰,七年四月二十九日迁中书舍人(元稹《承旨学士院记》)。九年六月二十六日迁礼部侍郎(《重修承旨学士壁记》)。十年,转户部侍郎(韩愈《除崔群户部侍郎制》)。十二年七月丙辰,拜中书侍郎同中书门下平章事。十四年十二月乙卯,出为湖南观察都团练使。(《旧唐书·宪宗纪下》)十五年穆宗即位,征拜吏部侍郎。九月己酉,拜御史大夫。丙寅,授检校兵部尚书兼徐州刺史武宁军节度徐泗濠观察等使。长庆二年三月癸丑,为其副使王智兴所逐,四月癸未,授秘书监分司东都。(《旧唐书·穆宗纪》)未几,改华州刺史兼御史大夫。三年,为宣州刺史歙池等州都团练观察等使。(《唐故江南西道都团练副使侍御史内供奉荥阳郑府君(高)合祔墓志铭并序》)太和元年正月戊寅,征拜兵部尚书。三年二月辛亥,改检校吏部尚书江陵尹荆南节度观察使。(《旧唐书·文宗纪上》)四年三月甲辰,入为检校右仆射兼太常卿。五年十月甲寅,拜检校左仆射兼吏部尚书。六年八月辛酉卒(《旧唐书·文宗纪下》),年六十一,册赠司空。崔群为韩愈早年友好,韩愈上表谏迎佛骨,宪宗大怒,将抵以死,得裴度、崔群力救始免。(《新唐书》本传)韩集中涉及崔群者有《与崔群书》、《游青龙寺赠崔群补阙》、《除崔群户部侍郎制》、《送杨仪之支使归湖南序》、《题哀辞后》等。

(2)诗友

在唐代,诗歌既是抒情言志的手段,也是社会交往的工具。本文所谓的诗友,指通过诗歌酬唱赠答结交的朋友。今以《唐五代人交往诗索引》为基础,对现存韩诗进行统计:韩愈现存诗歌三百三十八首,其中涉及人物一百二十三人。此外,他人诗歌涉及韩愈者二十六人。综合考较,与韩愈相互酬唱赠答者六十五人,这批人可以视为韩愈诗友。以下分别梳理其不同情况于次:

第一类,酬赠双方作品俱存者十九人:王建、王涯、贾岛、张贾、张建封、张署、张籍、裴度、武元衡、孟郊、孟简、卢仝、窦庠、窦牟、韦执中、韩湘、欧阳詹、白居易、刘禹锡。

第二类,相互酬赠但一方作品不存者二十三人:席夔、张贾、张彻、张蒙、卢汀、崔立之、崔邠、崔少府、皇甫湜、吴丹、归登、侯喜、李正封、李逢吉、樊宗师、杜元颖、胡证、柳宗元、马总、刘伯刍、钱徽、郑余庆、元稹。

第三类,韩愈赠诗其人能诗但未见酬答者十五人:唐衢、广宣、诸葛觉、王仲舒、于頔、崔群、李程、李宗闵、李观、杨凭、杨凝、杨嗣复、陆畅、陈羽、郑澣。

第四类,赠诗韩愈但未见酬答者六人:张祜、鲍溶、李贺、姚合、权德舆、刘叉。

第五类,与韩愈联句者五人,删除重复得一人:李翱。

上述诗友中,最重要的是孟郊、卢仝、皇甫湜、张籍、贾岛。其中孟郊、卢仝、皇甫湜、贾岛传其险怪生涩,皇甫湜、张籍传其文从字顺。

在韩愈诗友中,孟郊居于首位。就现存作品而言,韩赠孟八首,孟赠韩十首,韩孟联句十三首。不但相互唱和酬赠数量最多,而且相互影响最大,相互评价也最高。韩愈《江汉一首答孟郊》陈述彼此志向:"苟能行忠信,可以居夷蛮。嗟余与亓子,此义每所敦。"《荐士》就文道两端高度评价孟郊:"有穷者孟郊,受材实雄骜。冥观洞古今,象外逐幽好。横空盘硬语,妥帖力排奡。敷柔肆纡余,奋猛卷海潦。荣华肖天秀,捷疾逾响报。行身践规矩,甘辱耻媚灶。孟轲分邪正,眸子看瞭眊。杳然粹而清,可以镇浮躁。"评价其诗者有《送孟东野序》:"东野始以其诗鸣,其高出魏晋,不懈而及于古,其他浸淫乎汉氏矣。"《孟先生诗》:"孟郊江海士,古貌又古心。尝读古人书,谓言古犹今。作诗三百首,冥默咸池音。"《贞曜先生墓志铭》:"及其为诗,刿目鉥心,刃迎缕解,钩章棘句,掐擢胃肾,神施鬼设,间见层出。"《答孟郊》许其"文字觑天巧"。《醉留东野》以李杜自比:"昔年因读李白杜甫诗,长恨二人不相从。吾与东野生并世,如何复蹑二子踪?东野不得官,白首夸龙钟。韩子稍奸黠,自惭青蒿倚长松。低头拜东野,愿得终始如驱驰。东野不回头,有如寸筳撞巨钟。吾愿身为云,东野变为龙。四方上下逐东野,虽有别离无由逢。"可谓对孟郊佩服得五体投地。孟郊《严河南》评价韩愈诗作:"赤令风骨峭,语言清霜寒。不必用雄威,见者毛发攒。"风骨、语言并称,一"峭"一"寒",深中肯綮。

韩愈《寄卢仝》云:"先生事业不可量,惟用法律自绳己。春秋三传束高阁,独抱遗经究终始。"前二句推崇其人品,后二句推崇其学风。盖弃传疏而径求经文本义,正好符合韩愈本人的经学追求,《论语笔解》即是显证。卢仝有《月蚀诗》,其句式不循常格,用字尤其生僻险怪。韩愈《月蚀诗效玉川子作》一首,化豪放不羁为法度森严,而拗折生峭、怪怪奇奇,二者浑然一体。

韩愈有《陆浑山火和皇甫湜用其韵》、《寄皇甫湜》、《读皇甫湜公安园池诗书其后二首》,皇甫湜《陆浑山火》、《公安园池诗》失传。韩愈《陆浑山火和皇甫湜用其韵》,樊汝霖注:"从公学文者多矣,惟李习之得公之正,持正得公之奇。持正尝语人曰:《书》之文不奇,《易》可为奇矣,岂碍理伤圣乎?如'龙战于野,其血玄黄'、'见豕负涂,载鬼一车'、'突如其来如'、'焚如,死如,弃如',何等语也!公此诗'黑螭'、'五龙'、'九鲲'等语,其与《易》'龙战于野'何异?大抵持正文尚奇怪,公之此诗亦以效其体也。"后人称其"奇涩之尤"(宋员兴宗)、"造语险怪"(明瞿佑《归田诗话》),则皇甫湜原诗应接近孟郊。但皇甫湜现存诗三首,《出世篇》、《题浯溪石》文字平实,《石佛谷》"鸟迹巧均分,龙骸极癯瘠。枯松间槎枿,猛兽恣腾掷。蛞蝓虫食纵,悬垂露凝滴"一段文字,虽用字稍显生涩,亦非《陆浑山火》之比。其子皇甫松之诗,则平易流畅,接近张籍。综合考校,皇甫湜之诗,应在孟、张之间。

韩愈有赠张籍诗十九首,张籍有赠韩愈诗七首,又有联句一首。韩、张交往的基础,是孔孟仁义之道,二人往还四书,叙述分明,《此日足可惜一首赠张籍》亦揭示此旨:"孔丘殁已远,仁义路久荒。纷纷百家起,诡怪相披猖。长老守所闻,后生习为常。少知诚难得,纯粹古已亡。譬彼植园木,有根易为长。"《调张籍》推崇李杜文章"徒观斧凿痕,不睹治水航。想当施手时,巨刃磨天扬。垠崖划崩豁,乾坤摆雷硠",又自述其志云"我愿生两翅,捕逐出八荒。精诚忽交通,百怪入我肠。刺手拔鲸牙,举瓢酌天浆。腾身跨汗漫,不著织女襄",诗末云"乞君飞霞佩,与我高颉颃",此即韩、张诗诀。《醉赠张秘书》评价张籍诗风:"张籍学古淡,轩鹤避鸡群。"韩门诗风,张籍传古淡一派,至为明白。

韩愈有赠贾岛诗二首,贾岛有赠韩愈诗五首。韩愈《赠贾岛》:"孟郊死葬北邙山,从此风云得暂闲。天恐文章浑断绝,更生贾岛著人间。"则韩门诗人中,韩愈视贾岛为孟郊传人。《送无本师归范阳》描述贾岛诗风:"无本于为文,身大不及胆。吾尝示之难,勇往无不敢。蛟龙弄角牙,造次欲手揽。众鬼囚大幽,下觑袭玄窨。天阳熙四海,注视首不颔。鲸鹏相摩窣,两举快一啖。夫岂能必然,固已谢黯黮。狂词肆滂葩,低昂见舒惨。奸穷怪变得,往往造平淡。蜂蝉碎锦缬,绿池披菡萏。芝英擢荒蓁,孤翮起连菼。"

(3)文章之友

以文会友、以文交友,"慕回、路二子之相请赠与处"(《赠张童子序》),是为文友。以下梳理韩文中涉及的文章之友于次:

以文识人:李别,见《爱直赠李君房别》、《赠别序》。浑瑊,见《河中府连理木颂》。董晋,见《汴州东西水门记》。王仲舒,见《燕喜亭记》、《新修滕王阁记》。张建封、许孟容、杜兼、李博,见《徐泗豪三州节度掌书记厅壁记》。马燧,见《猫相乳说》。何蕃,见《何蕃传》。吕医,见《答吕医山人书》。齐暤,见《送齐暤下第序》。杨仪之、李博、崔群,见《送杨仪之支使归湖南序》。卢虔,见《与汝州卢郎中论荐侯喜状》。张童子,见《赠张童子序》。陆参,见《与祠部陆参员外荐士书》。袁滋、樊宗师,见《与袁滋相公书》。牛堪,见《送牛堪登第序》。何坚、阳城、杨凭,见《送何坚序》。计二十四人。

以文辩理:陆参,见《行难》。谈生,见《杂说四首》之三。李蟠,见《师说》。张建封,见《贺徐州张建封仆射白兔书》、《上张仆射第二

第十六章　韩学的历史地位及其影响

书》。李贺,见《讳辩》。郑细、李吉甫、裴垍,见《释言》。赵憬、贾耽、卢迈,见《上宰相书》、《后十九日复上书》、《后二十九日复上书》。于頔,见《上于襄阳书》。崔群,见《与崔群书》。冯宿,见《答冯宿书》。卫中行,见《与卫中行书》。邢君牙,见《与凤翔邢尚书书》。李绅,见《京尹不台参答友人书》。计十七人。

以文问学:崔立之,见《答崔立之书》。李翊,见《答李翊书》、《重答李翊书》。杨敬之,见《答杨子书》。陈师锡,见《答陈生师锡书》。殷侑,见《答殷侍御书》。陈密,见《送陈密序》。侯喜,见《答侯生问论语书》。林简言,见《上韩吏部书》。施士丐,见《施先生墓铭》。王含,见《送王含秀才序》。计十人。

以文明志:侯继,见《答侯继书》。崔立之,见《答崔立之书》。李逊,见《代张籍与浙东观察李中丞书》。李翱,见《答李翱书》。张建封,见《上张建封仆射书》。陈京,见《与陈京给事书》。韦舍人,见《应科目时与韦舍人书》。李愿,见《送李愿归盘谷序》。计十人。

以文议政:董晋,见《守戒》。崔斯立,见《蓝田县丞厅壁记》。马总,见《郓州溪堂诗并序》。阳城,见《谏臣论》。郑余庆,见《为分司郎官上郑余庆尚书相公启》、《为河南令上留守郑相公启》。田弘正,见《魏博节度观察使沂国公先庙碑铭》。柳公绰,见《与鄂州柳公绰中丞书》、《再答柳中丞书》。李绛,见《与华州李尚书书》。陆参,见《送陆歙州参序并诗》。许仲舆,见《送许郢州序》。窦平,见《送窦平从事序》。董邵南,见《送董邵南游河北序》。崔复州,见《赠崔复州序》。计十三人。

以文谈艺:独孤申叔、赵侍御,见《画记》。高闲,见《送高闲上人序》。王易简,见杜牧《池州造刻漏记》。计四人。

以文议礼:郑余庆、李程,见《改葬服议》。陈京,见《禘祫议》。李秘,见《与李秘问小功不税书》。计四人。

以文论道:张籍,见《答张籍书》、《重答张籍书》。孟郊,见《与孟东野书》。李巽,见《上兵部李巽侍郎书》。孟简,见《与孟简尚书书》。王埙,见《送王埙秀才序》。李繁,见《处州孔子庙碑》。文畅,见《送浮屠文畅师序》。计七人。

以文论史：张籍、李翰，见《张中丞传后叙》。元稹，见《答元微之侍御书》。刘轲，见《答刘秀才论史书》。计四人。

以文论文：尉迟汾，见《答尉迟生书》。胡直钧，见《答胡直钧书》。窦存亮，见《答窦存亮秀才书》。李翊，见《答李翊书》。于顿，见《至邓州北寄上襄阳于顿相公书》。刘岩夫，见《答刘岩夫书》。李图南，见《答李图南秀才书》。陈师锡，见《答陈生师锡书》。樊宗师，见《南阳樊绍述墓志铭》、《与袁滋相公书》。冯宿，见《与冯宿论文书》。陈商，见《答陈商书》。刘伉，见《题哀辞后》。牛僧孺，见李珏《故丞相太子少师赠太尉牛公神道碑铭并序》。计十三人。

以文论诗：孟郊，见《送孟东野序》、《贞曜先生墓志铭》。裴均、杨凭，见《荆潭唱和诗序》。李巽，见《上兵部李巽侍郎书》。韦处厚，见《开州韦处厚侍讲盛山十二诗序》。许经邦，见权德舆《左武卫胄曹许君集序》。计六人。

（4）学业之友

韩愈于韩云卿学文辞，于韩择木学八分，于梁肃学古文，于韩会学文统，从施士丐研讨毛诗、《左传》，从殷侑研讨《公羊》，从归登研讨科斗书，从李服之研讨李阳冰篆书，此韩愈学业师承；于刘轲谈史，于刘师服谈诗，于何坚谈道，于李贺辩讳，于贺拔恕谈科斗书，于窦存亮、尉迟汾、胡直钧、刘岩夫谈文章，于胡直钧讲礼、释友，于侯喜谈《论语》，此韩愈授业弟子；与张籍讨论儒学传承，与李翱共注《论语》，与卢仝讨论《春秋》，与柳宗元、刘禹锡讨论天人之际，与孟郊论诗，与樊宗师、皇甫湜论文，与大颠谈理论道，此友朋问学；凡此，皆为学业之友。韩愈学业之友，以李翱、柳宗元最为重要。

李翱自贞元十二年初识韩愈于汴州（《祭吏部韩侍郎文》），至长庆四年韩愈去世，二者相交近三十年。李翱娶韩愈亡兄韩弇之女，于韩愈为侄婿。李翱曾从韩愈学文，又曾荐韩愈于张建封（《荐所知于徐州张仆射书》）。李翱推崇韩愈云："我友韩愈，非兹世之文，古之文也；非兹世之人，古之人也。其词与其意适，则孟轲既没，亦不见有过

第十六章　韩学的历史地位及其影响

于斯者。"(《与陆参书》)韩愈则评价李翱"有道而甚文"(《故贝州司法参军李君墓志铭》)。对韩、李双方而言,这已经是最高评价了。就文章一道而言,韩、李皆好古文而志于古道,韩愈《题哀辞后》"愈之为古文,岂独取其句读不类于今者耶?思古人而不得见,学古道则欲兼通其辞,通其辞者,本志乎古道者也",李翱《寄从弟正辞书》"能到古人者,则仁义之辞也";韩、李皆沿道以垂文,韩愈云"将蕲至于古之立言者,则无望其速成,无诱于势利。养其根而俟其实,加其膏而希其光。根之茂者其实遂,膏之沃者其光晔,仁义之人,其言蔼如也"(《答李翊书》),李翱云"夫性于仁义者,未见其无文也;有文而能到者,吾未见其不力于仁义也。由仁义而后文者,性也;由文而后仁义者,习也。犹诚明之必相依尔"(《寄从弟正辞书》);韩愈于文辞,"惟陈言之务去"(《答李翊书》)、"师其意不师其辞"(《答刘岩夫书》),李翱则主张"创意造言,皆不相师"(《答朱载言书》);韩愈以为文章"无难易,惟其是而已矣"(《答刘岩夫书》),要求"文从字顺各识职"(《南阳樊绍述墓志铭》);李翱则批评时人文章云"尚异者则曰:文章辞句,奇险而已;其好理者则曰:文章叙意,苟通而已;其溺于时者则曰:文章必当对;其病于时者则曰:文章不当对;其爱难者则曰:文章宜深不当易;其爱易者则曰:文章宜通不当难"(《答朱载言书》)。可以这样认为,韩门文章由李翱而下传宋人,成平易流畅一派,至欧、苏而发扬光大。就义理之学而言,韩、李相交,本在于志同道合。韩愈《原道》弘扬儒学道统:"尧以是传之舜,舜以是传之禹,禹以是传之汤,汤以是传之文、武、周公,文、武、周公传之孔子,孔子传之孟轲。"李翱同样弘扬道统:"昔者圣人以之传于颜子。子思,仲尼之孙,得其祖之道,述《中庸》四十七篇,以传于孟轲。"(《复性书上》)韩愈有《佛骨表》,李翱有《去佛斋并序》、《与本使杨尚书请停修寺观钱状》、《再请停率修寺观钱状》,共同反对佛教;韩愈有《原性》,李翱有《复性书》,共同讨论性情关系;韩愈有《省试颜子不贰过论》、《答侯生问论语书》,李翱有《复性书上》,共同讨论《中庸》的诚明之性;韩愈《原道》引《大学》正心诚意以致修齐治平,李翱《复性书中》则释《大学》"致知在格物"云:"物者,万物也。格者,来也,至也。物至之时,其心昭昭然明辨焉。而不应于物者,是致知也,是知之至也。知至故意诚,意诚故心正,心正故身修,身修而家齐,家齐而国治,国治而天下平,此所以能参天地者也",共同弘扬《大学》之道;韩愈有《孟子注》,李翱亦有《孟子注》,见《文献通考·经籍考》"四注孟子"条;韩愈、李翱又同作《论语注》,共同开启了疑传宗经的经学新传统。可以这样认为,韩门义理之学,由李翱而下传宋人,道统学说、《大学》、《中庸》、《论》、《孟》心性之学,经明道"识仁"、象山"尊德性"而发扬光大。

韩、柳本世交,韩愈宗兄韩会与宗元父柳镇为友,见柳宗元《先君石表阴先友记》;柳宗元去世前,又托孤于韩愈,见《祭柳子厚文》;可见二者交情。韩、柳集中,相同题材的文章为数不少,绝非偶然。韩有《天之说》,柳有《天说》;韩有《平淮西碑》,柳有《平淮西雅》;韩有《张中丞传叙》,柳有《段太尉逸事状》、《唐故特进赠开府仪同三司扬州大都督南府君睢阳庙碑》;韩有《师说》,柳有《师友箴》、《答韦中立论师道书》、《答严厚舆论师道书》;韩有《杂说四首之三》,柳有《观八骏图说》;韩有《对禹问》,柳有《舜禹之事》;韩有《鹖冠子》,柳有《辩鹖冠子》;韩有《复雠状》,柳有《驳复雠议》;韩有《送穷文》,柳有《乞巧文》、《愈膏肓疾赋》;韩有《论语笔解》,柳有《论语辩》;韩有《圬者王承福传》,柳有《梓人传》、《种树郭橐驼传》、《梓人传》;韩有《通说》,柳有《故御史周君碣》;韩有《答刘秀才论史书》,柳有《与韩愈论史官书》;韩有《进学解》,柳有《起废答》;韩有《读仪礼》、《读荀子》、《读墨子》,柳有《辨列子》、《辩文子》、《辩鬼谷子》、《辩晏子春秋》、《辩亢仓子》;韩有《处州孔子庙碑》,柳有《道州文宣王庙碑》、《柳州文宣王新修庙碑》;韩有《黄陵庙碑》,柳有《湘源二妃庙碑》;韩有《南海神庙碑》,柳有《终南山祠堂碑》、《太白山祠堂碑》;韩有《伯夷颂》,柳有《箕子碑》;韩有《闵己赋》,柳有《闵生赋》;韩有《复志赋》,柳有《惩咎赋》。对于二者的差异,后人或以为其"各有所酷嗜"(宋罗大经《鹤林玉露》),或以为其"阳若更誉而阴相矛盾"(王十朋《策问》),或以为"古人作文多欲相角"(明孙矿《居业次编》),或以之定韩柳文优劣(清陶元藻《与蔡芳三论韩柳文优劣书》)。至文革发展为"韩柳之争",将其诠释为思想斗争乃至路线斗争。其实,韩、柳成批地选择相同题材进行创作,共同对现实问题进行独立的思考,正好反映了他们志同道合的学友关系。而对同一问题有不同看法,本来就是正常的结果,也是个性化创作的必然要求。如果二者的看法完全一致,黄茅白苇,还有存在的必要吗?用阴谋论或阶级斗争理论来诠释韩、柳之间的友朋问学,没有任何意义。

(5) 事业之友

中唐是唐代政争、党争最为激烈的时期,从元载、刘晏到牛、李党争,很少有人能置身事外。有关中唐党争的焦点,学术界大多归结为三个层面:庶族与士族之争,削藩与姑息之争,南北司之争。本文以为,隐藏在上述争议之中的还有更本质的争议,这就是社会转型背景下不同利益集团之间的权力之争与利益之争。韩愈出身庶族,其宗兄韩会很早就介入了属于庶族的元载集团,其门下弟子及朋友也大多属于庶族的牛党;但韩愈和不少属于士族的官僚如李吉甫、武元衡等保持着良好的关系,与裴度更是终生不渝的战友。可以这样认为,在中唐的政争方面,韩愈对事不对人,没有太明显的党同伐异的习气。以下区分不同时期,考察韩愈在不同政治事件中的政治态度,以勾稽韩愈的政治盟友。

贞元十二年至贞元十六年,韩愈初入职场,担任汴州节度使董晋观察推官、徐州节度使张建封节度推官。汴州使府陆长源、孟叔度、丘颖等,徐州使府郑通诚、段伯熊、李藩、冯宿等为其同僚。以上诸人,应该是这一时期韩愈的事业之友。计九人。

贞元十七年至贞元二十一年,韩愈自四门博士、监察御史贬阳山令,量移江陵法曹参军。韩愈遭贬,是因为得罪了已经形成势力的二王集团,同时遭贬的张署、李方叔(《唐故河南县令张君墓志铭》),同期遭贬的张正买、王仲舒、刘伯刍、裴茝、常仲孺、吕洞(《顺宗实录》卷五)自然成为韩愈的盟友;与此同时,这一挫折为此后韩愈与士族官员裴均、李吉甫、武元衡的交往提供了机会,也为韩愈周旋于士族、庶族两大集团之间的政治态度奠定了基础。以上诸人,应该是这一时期韩愈的事业之友。计十一人。

宪宗元和元年至元和十年,这是韩愈政治生涯逐步走向成功的十年。对平定西蜀刘辟,韩愈表明了自己尊崇中央集权、反对藩镇割据的政治态度,杜黄裳、武元衡等为其盟友。自权知国子博士分教东都,改都官员外郎分司东都判祠部,为河南县令,韩愈"日与宦者为敌,相伺候罪过",表明了反对宦官专权的政治态度,郑余庆为其盟友。期间元和四年兵诛恒州,反对吐突承璀为镇州行营招讨处置等使,内官宋惟澄、曹进玉、马朝江等为行营馆驿粮料等使,董溪、于皋謩为其盟友。此后入为尚书职方员外郎、贬国子博士。再自尚书比部郎中、史馆修撰,为考功郎中、依前史馆修撰,考功郎中知制诰。修撰《顺宗实录》,韦处厚、李吉甫、沈传师、宇文籍等为其同事。以上诸人,应该是这一时期韩愈的事业之友。计九人。

元和十年至元和十三年,韩愈直接介入了政治漩涡的中心平蔡之争并取得成功。在争议中,韩愈自中书舍人降太子右庶子,再以兼御史中丞充彰义军行军司马,从裴度平蔡,蔡平为刑部侍郎。这一时期政坛的主要争议就是平蔡,主张用兵的武元衡、裴度、李绛、马总、韩弘、柳公绰、沈亚之、柏耆、张道士自然是韩愈的盟友,实际参与平蔡的李正封、冯宿、李宗闵、张贾等,也应该是这一时期韩愈的事业之友。计十三人。

元和十四年至元和十五年,以上表谏迎佛骨贬潮州刺史,量移袁州刺史,召为国子祭酒。时间虽然只有一年半,大起大落的经历,给了韩愈更大的考验。谏迎佛骨,裴度、崔群、冯宿、简师(皇甫湜《送简师序》)等为其同道。上《论钱重物轻状》,杨于陵等为其同道。以上诸人,应该是这一时期韩愈的事业之友。计五人。

元和十五年至敬宗长庆四年,上《黄家贼事宜状》、《应所在典贴良人男女状》,孔戣为其同道(《唐故正议大夫尚书左丞孔公墓志铭》)。宣抚镇州,裴度、吴丹等为其同道。上《论变盐法事宜状》,韦处厚为其同道。以上诸人,应该是这一时期韩愈的事业之友。计

4. 韩门弟子

宋人眼中的韩门弟子，《新唐书》认定李翱、李汉、皇甫湜、卢仝、贾岛、刘叉，吕夏卿《唐书直笔》认定李翱、皇甫湜、张籍、侯喜、贾岛、李贺，尹焞《答祁居之》认定张籍、皇甫湜。洪迈《容斋随笔》认定皇甫湜、李翱。计敏夫《唐诗纪事》认定皇甫湜。《后村诗话》认定李翱、张籍、皇甫湜。今据韩文现存线索，按上文讨论唐代师生关系的四大要素考虑，确定以下六十九人为韩门弟子：

韩氏子弟：韩昶（符郎）、韩佶（州仇）、韩约、老成、韩爽、韩湘、韩滂、李汉、蒋系（《韩文公墓志铭》）、张彻（《唐故幽州节度判官赠给事中清河张君墓志铭》）、韩纬、韩绾、韩绲、韩绮、韩纨（韩昶《自为墓志铭并序》）、李赆（《连山燕喜亭后记》）、阿买（《醉赠张秘书》），计十七人。

乡试生员：张籍（汴州）、权秀才（汴州）、李础（汴州）、董邵南（徐州）、孟管（江陵）、陈彤（江陵）、王埙（不详）、袁生（京兆，见符载《送袁校书归秘书省序》），计八人。

授业弟子：何坚、陈密、牛堪、王含、李图南、陈师锡、胡直钧、何蕃（四门博士）、刘师服、路鹄、刘轲、陈商（国子博士），计十二人。

问学弟子：李翱（《与冯宿论文书》）、皇甫湜（《与孟简尚书书》）、侯喜（《祭主簿侯喜文》）、卢仝、贾岛（《新唐书》）、李贺（《唐书直笔》）、窦存亮（《答窦存亮秀才书》）、刘岩夫（《答刘岩夫书》）、扬之罘（《招扬之罘》）、杨敬之（《答杨子书》）、李蟠（《师说》）、沈亚之（《送韩北渚赴江西序》）、赵德（《潮州请置乡校》）、卢肇（林韫《拨镫序》）、黄颇（《唐摭言》卷四），计十五人。

游从弟子：贺拔恕（《科斗书后记》）、唐衢（《旧唐书》本传）、区册（《送区册序》）、区弘（《送区弘南归诗》）、刘师命（《刘生诗》）、刘叉（李商隐《纪事·齐鲁二生·刘叉》），计六人。

科场荐举：侯喜、侯云长、刘述古、韦群玉、沈杞、张苰、尉迟汾、李绅、张后余、李翊（《与祠部陆参员外荐士书》）、程昔范（《因话录》卷三),计十一人。

　　韩愈本人将哪些人视为自己的门人？贞元十四年所作《与冯宿论文书》："近李翱从仆学文,颇有所得。有张籍者,年长于翱,而亦学于仆。"元和十五年秋作《与孟简尚书书》云："籍、湜辈虽屡指教,不知果能不叛去否。"看来,在韩愈眼里,李翱、张籍、皇甫湜都是自己的门人。《此日足可惜一首赠张籍》："我友二三子,宦游在西京。东野窥禹穴,李翱观涛江。萧条千万里,会何安可逢。淮之水舒舒,楚山直丛丛。子又舍我去,我怀焉所穷。"看来韩愈同时又将这些人视为自己的朋友。

　　韩门弟子是否承认自己的门人身份？在这个问题上,表现得最干脆的是李汉。李汉《昌黎先生集序》自称"门人陇西李汉",称韩愈为"先生"。《礼记·玉藻》："童子无事,则立主人之北南面,见先生,从人而入。"孔颖达疏："先生,师也。"看来韩愈、李汉的师生关系是明确无误的。其次是赵德,《文录序》云："私曰《文录》,实以师氏为请教依归之所云。"直称"师氏",确凿无疑。再看李翱,李翱于称谓颇有讲究。《答朱载言书》："古之人相接有等,轻重有仪,列于经传,皆可详引。如师之于门人则名之,于朋友则字而不名。称之于师,则虽朋友亦名之。"《李文公集》六称"韩愈",如《与陆参书》"我友韩愈"、《荐所知于徐州张仆射书》"昌黎韩愈"皆是。又《论语笔解》七称"退之"、《李文公集》五称"退之",如《论语笔解》"三经一原也,退之得之矣"、《答皇甫湜书》"韩退之所谓'诛奸谀于既死,发潜德之幽光'"皆是。又《李文公集》十称"兄",见《祭吏部韩侍郎文》。另一方面,韩集八称"李翱",如《送孟东野序》"从吾游者,李翱、张籍其尤也"、《送李翱》、《答李翱书》皆是。又《论语笔解》二称"习之",如"习之可谓究极圣人之奥矣"、"习之深乎哉"皆是。韩集一称"习之",《与孟东野书》"李习之娶吾亡兄之女"是矣。又《答韩侍郎书》引"还示"云"于贤者汲汲,惟公与不材耳",则韩愈称为李翱"公",此亦尊称。就相互称谓而言,韩、李应该是互为师弟。张籍、皇甫湜是否视韩愈为老师？就张籍而言,贞元十四年韩愈为汴州观察推官主持汴州乡试,张籍得首荐。唐李肇《唐国史补》卷下记进士科："得第谓之前进士,互相推敬谓之先辈,俱捷谓之同年,有司谓之座主。"按当时的习俗,韩愈应该是张籍的座主。张籍《祭韩吏部诗》："公领试士司,首荐到上京。一来遂登科,不见苦贡场。"看来张籍也是认账的。就彼此称谓而言,《张司业集》二见"韩愈",均为篇题,《与韩愈书》称之为"执事",《寄韩愈诗》称之为"君子"。此篇题当为张洎编集时所拟,非张籍诗文原貌。另一方面,韩集"张籍"二十二见,如《醉赠张秘书》"张籍学古淡"、《科斗书后记》"张籍令进士贺拔恕写以留愈"皆是,未见称"文昌"者。看来,韩愈是认定张籍这个学生了。就皇甫湜而言,皇甫湜称"退之"者三见,如《答李生第三书》"韩退之复张籍书曰"。又称"刑部侍郎昌黎韩愈"一次,见《送简师序》。《韩文公墓志》:"昌黎韩先生既以疾免吏部侍郎,书谕湜曰。"谕,教谕、教导、吩咐,上对下之词。张九龄《论教皇太子状》:"若亲近细人,不闻教谕。"《韩文公墓志》称"先生"者十四,《韩文公神道碑》称"先生"者二十三,《祭吏部韩侍郎文》称"先生"者四,恭敬之态,如在目前,可知学生是认可这位先生的。孙樵自承其传授渊源,"樵尝得为文真诀于来无择,来无择得之于皇甫持正,皇甫持正得之于韩吏部退之"(《与王霖秀才书》),这个传承统绪当然也来自皇甫湜本人。另一方面,韩集四称"皇甫湜",如《讳辩》"皇甫湜曰"、《陆浑山火和皇甫湜用其韵》皆是,未见称"持正"者。看来,韩愈是认定皇甫湜这个学生了。由此看来,韩愈与李汉、李翱、张籍、皇甫湜的师生关系是可以成立的。如果考虑到韩门内部"无贵无贱,无长无少,道之所存,师之所存"、"弟子不必不如师,师不必贤于弟子"的传统,韩门师弟之间亦师亦友,王楙所怀疑的种种矛盾,也就冰消瓦解了。归纳起来说,"韩门弟子"的指称虽然出自后人,但韩门内部存在师生关系,是无可置疑的。

5. 韩门后学

韩门弟子以下,是否存在韩门再传、三传弟子?以下对此稍加钩稽。

韩门文章之学传皇甫湜。韩愈临终前书谕湜曰:"死能令我躬所以不随世磨灭者,惟子以为嘱。"(《韩文公墓志》)应该不是客套话。能够证实这一传承统绪的,是孙樵《与王霖秀才书》:"樵尝得为文真诀于来无择,来无择得之于皇甫持正,皇甫持正得之于韩吏部退之。"来鹄,即来无择。可知韩愈的文章之学传皇甫湜,皇甫湜传来鹄,来鹄传孙樵。这一条线索,至少传了三代。

韩门学友樊宗师传刘纵,见《唐故检校尚书左仆射右龙武统军刘公墓志铭》。

韩门诗学下传张籍。张籍之派,朱庆余一人亲授其旨,及门项斯,沿而下则有任藩、陈标、章孝标、司空图等。参见元方回《瀛奎律髓》。

韩门诗学通过孟郊又传贾岛、刘言史(《与孟郊洛北野泉上煎茶》)、马异(《答卢仝结交诗》、《送皇甫湜赴举》)、刘叉(《答孟东野》、《自古无长生劝姚合酒》)。贾岛之派,有姚合、李洞、方干等。参见元方回《瀛奎律髓》。

韩门书法、文字之学传卢肇。林韫《拨镫序》:"韫咸通末为州刑掾,时庐陵卢肇罢南浦太守,归宜春。公之文翰,故海内知名。韫窃慕小学,因师于卢公子弟安期。岁余,卢公忽相谓曰:'子学吾书,但求其力尔,殊不知用笔之方不在于力。用于力,笔死矣。虚掌实指,指不入掌,东西上下,何所阂焉。常人云:永字八法,乃点画尔。拘于一字,何异守株。《翰林禁经》云:笔贵饶左,书尚迟钝,此君臣之道也。大凡点画,不在拘于长短远近,但勿遏其势,俾令筋骨相连,意在笔前,然后作字,若平直相似,状如算子,此画尔,非书法也。吾昔受教于韩吏部,其法曰拨镫。今将授子,子勿妄传,擫、拖、捻、拽是也。诀尽于此,子其旨而味乎。'"卢肇、卢安期、林韫,至少也传承了三代。

6. 韩门续传

中晚唐以下,学韩者为数甚多,但其师门渊源难以究诘,凡此之类,本文统称为韩门续传。就现有文献考察,晚唐五代有意学韩者,至少包括杜牧、李商隐、皮日休、陆龟蒙、司空图、孙郃、牛希济、黄滔、黄璞、陆希声、沈颜等十一位。其中最重要的,是杜牧、李商隐、皮日

第十六章 韩学的历史地位及其影响

休三位。

《新唐书·文艺传序》:"大历、贞元间,美才辈出,擩哜道真,涵泳圣涯。于是韩愈倡之,柳宗元、李翱、皇甫湜等和之,排逐百家,法度森严,抵轹晋魏,上轧汉周,唐之文完然为一王法,此其极也。若侍从酬奉则李峤、宋之问、沈佺期、王维,制册则常衮、杨炎、陆贽、权德舆、王仲舒、李德裕,言诗则杜甫、李白、元稹、白居易、刘禹锡,谲怪则李贺、杜牧、李商隐,皆卓然以所长为一世冠。"以李贺、杜牧、李商隐上承韩、柳文统,可谓卓识。盖韩、柳古文的本质是个性化,李贺、杜牧、李商隐谲怪绚丽的行文风格,正是韩、柳个性化创作的嫡传。从这一意义上讲,三十六体不是对韩、柳古文的反动,而恰恰是韩、柳古文精神在骈文领域的扩充与发展。今人以古文、骈文为界,将杜牧、李商隐的骈文成就作为韩、柳古文运动失败的证据,实在是皮相之见。

杜牧曾参佐韩门学友沈传师、牛僧孺幕府,又曾从韩门学友王易简学刻漏,与韩门颇多瓜葛。其诗文风格接近韩愈、李贺,其思想义理尤近韩愈。《书处州韩吏部孔子庙碑阴》高度推崇孔、孟、韩愈。《三子言性辩》尊荀,《杭州新造南亭子记》辟佛,《阿房宫赋》批秦,《答庄充书》论文章以意为主、以气为辅,均上承韩愈。从某种意义上讲,也可以算得上韩门的再传弟子。

李商隐五岁从其叔父学习古文,其叔父"年十八,能通五经,咸著别疏,遗略章句,总会指归。注撰之暇,联为赋论歌诗,味醇道正,词古义奥。自弱冠至于梦奠,未尝一为今体诗"(《请卢尚书撰故处士姑臧李某志文状》)。所以商隐"十六能著《才论》、《圣论》,以古文出诸公间"(《樊南甲集序》)。虽然后来以骈文名家,却自认"非平生所尊尚,不足为名"(《樊南乙集序》)。不过,对古文他同样也有所非议,《上崔华州书》云:"始闻长老言:学道必求古,为文必有师法。常悒悒不快。退自思曰:夫所谓道,岂古所谓周公、孔子者独能邪?盖愚与周、孔俱身之耳。以是有行道,不系今古,直挥笔为文,不能攘取经史,讳忌时世。百经万书,异品殊流,又岂能意分出其下哉?"《容州经略使元结文集后序》:"论者徒曰次山不师孔氏为非,呜呼!孔氏于道德仁义外有何物？百千万年圣贤相随于涂中耳。次山之书曰：'三皇用真而耻圣，五帝用圣而耻明，三王用明而耻察。'嗟嗟！此书可以无乎？孔氏固圣矣，次山安在其必师之邪？"批评的矛头，直指韩愈"已之道乃夫子、孟轲、杨雄所传之道也"（《重答张籍书》）。此外，《断非圣人事》针对《原道》，《让非贤人事》针对《通解》，似乎对韩愈颇多不满。其实情况并非如此，李商隐所表现出的批判精神，正是韩门嫡传。"安在其必师"，即韩愈"世无孔子不当在弟子之列"（《答吕毉山人书》）。至于李商隐对韩愈本人的评价，一篇《韩碑》已一览无余。其《李贺小传》、《纪事·齐鲁二生·刘叉》、《上崔华州书》、《别令狐拾遗书》、《与陶进士书》等篇直接蒙受韩文影响，学界也早有论列。

皮日休是晚唐第一个鼓吹儒学道统的学者。《请孟子为学科书》、《请韩文公配飨太学书》明确要求朝廷承认孟子、韩愈在儒学传承统绪中的正宗地位，《文中子碑》在孟、韩之间增加一个王通，使得儒学道统更为充实。《十原》放《五原》，以"穷大圣之始性，根古人之终义，穷理尽性，通幽洞微"为皈依，《原化》以昌黎先生当孟子，《请孟子为学科书》请命有司去庄列之书，以孟子为主，均与韩愈一脉相承。皮日休补苴的儒学道统，至北宋柳开、穆修、石介、欧阳修得以发扬光大，尤其值得注意。

7. 韩门出现的时空背景及其历史影响

还应该指出，韩门的出现，并非是偶然的现象。无论是学术界还是创作界，学术流派或者文学流派的出现，均以思想或创作的个性化为前提。而在中国历史进程中，中唐正是由中世纪向近现代转型的关捩点。这一转型的物质文化标志，是城市化进程的加速；而其思想文化标志，则是人们终极关怀的转移。上古时期，人们关注的焦点是人与自然的关系；中古社会时期，人们关注的焦点是人与社会的关系；近现代时期，人们更多地关注自我的存在与完善、自我意识的觉醒、自由个性的张扬。中唐思想界、创作界的个性化潮流，反映的正是时代的潮流。在学术界，除韩门之外，最引人注目的，是陆质以下的公羊学派；在文学界，除了韩柳古文、韩孟诗派之外，元白的新乐府也自成一体。《唐国史补》卷下:"元和已后,为文笔则学奇诡于韩愈,学苦涩于樊宗师。歌行则学流荡于张籍,诗草则学矫激于孟郊,学浅切于白居易,学淫靡于元稹。俱名为元和体。"比较准确地把握了当时学术界、创作界的个性化潮流。唐末张为《诗人主客图》:"若主人门下处其客者,以法度一则也。"以下以白居易为广大教化主,以孟云卿为高古奥逸主,以李益为清奇雅正主,以孟郊为清奇僻苦主,以鲍溶为博容宏拔主,以武元衡为瑰奇美丽主;各派又分上入室、入室、升堂、及门,以下录入中唐诗人七十八人(《唐诗纪事》卷六十五引)。无论他们对流派的划分是否准确,但流派意识已经出现,则是无可否认的事实。这一现象,对思想史、文学史的研究具有重要意义,不可等闲视之。可以这样认为,中唐以前的文学创作大多以题材、风格区分流派,如边塞诗派、田园诗派等,属于类型化而非个性化流派,还不是真正意义上的文学流派;思想史层面的流派亦大略如是。真正意义上的学术流派、文学流派,应该有公认的领袖人物为旗帜,共同的思想倾向、创作追求为纲领,群体的创作活动为标志,相对稳定的群体活动时空环境为组织形式。有了上述的这一切,还需要有一定程度的社会认同,才算得上真正的流派。符合这些条件的学术流派、文学流派,大约要到北宋中期才有可能出现,这就是我们今天所认知的学术共同体。无论是韩门还是中唐公羊学派,都还达不到这样的高度。所以上文所说的"韩门学术共同体",充其量只能算是学术共同体的雏形。即便如此,韩门的出现,为宋代学术的繁荣开辟了先路,其意义仍然不可低估。

第二节 宋代的韩学

韩学是宋代的显学。宋人对韩学的接受,奠定了宋学的基础;宋人对韩学的怀疑与批判,推动了宋学自身理论思维的成熟与理论系统的完善。从某种意义上讲,韩学即是宋学。宋代学术文化建设的历史资源中,最引人注目的是杜甫与韩愈的作品,所谓千家注杜、五百家注韩,可以想见其繁盛。不过,杜甫的影响主要集中在文学艺术尤其是诗歌的领域内,韩愈的影响范围则要广泛得多:道学、古文运动、宋诗的兴起与发展,都直接蒙受着韩学的影响。

作为中国古代封建社会的最后一个阶段,作为中古社会向近现代社会转变的过渡形态,宋代社会的政治、经济、思想、文化体制都呈现出与汉唐时期不同的风貌:传统史学界特别注意它作为封建体制最后阶段的集权主义特征,当代史学界则更为注意它作为前资本主义时期所特有的商品经济、城市化趋势和市民文化的特征。本文立论的前提是:在中国社会发展的历史进程中,由中世纪向近现代转换的枢纽是"安史之乱"。上述集权化、商品化、城市化、市民化的社会发展趋势,其历史起点正是中唐。韩学之所以成为宋学的源头,宋学之所以不得不接着韩学说,原因即在于此。

早在宋代,韩学就已经被视为专门之学。二程称之为"韩子之学"(《二程遗书》卷六),邵博称之为"韩氏学"(《邵氏闻见后录》卷十四),朱熹称之为"韩公之学"(《昌黎先生集考异》卷五)。"韩"、"学"二字连为一词以指代韩愈之学,则始见于南宋中期郑清之《安晚堂诗集》卷十《再和(糟蚴蚵送茸芷)且答索饮语》:"剩拟新芻问杨字,先赋南烹仰韩学。"这表明,早在宋代,韩学就已经发育成熟。

韩学在宋代具有极其特殊的地位,宋代韩学空前兴盛,韩文风行天下,"学者非韩不学"(欧阳修《书旧本韩文后》)。现代学术界也早已认定韩愈为"宋明新儒家之先河"①,宋学的源头正是韩学②。韩愈的学说奠定了宋学的基础:具体说来,韩愈倡导的儒学道统通过道学得以发扬光大;韩愈倡导的古文通过欧、苏、曾、王得以蔚为大国;韩愈议论化、散文化的诗风,则通过欧、苏、黄、陈发展为宋诗的主流。

---

① 冯友兰《韩愈李翱在中国哲学史中之地位》,《清华周刊》第37卷9—11期,1932年5月,第3页。

② 钱穆《宋学的兴起》,《宋明理学概述》,台湾学生书局1977年版,第2页。

第十六章 韩学的历史地位及其影响

从上述意义上考虑,宋学即是韩学;宋人对韩学接受与传播的过程,也就是宋学兴起、演变和发展的过程,从这一意义上考虑,韩学即是宋学。宋学与宋代的韩学具有共生的关系,研究韩学及其在宋代的流播,对深入理解宋学乃至近现代学术文化思潮的性质及其发生、发展,具有正本清源的作用。

宋人对韩学的接受与传播,大致可以分为三个阶段:宋初上承晚唐五代,韩学晦而不显,但少数有识之士却大声疾呼,宣传韩学,韩学由此绵延不绝。至北宋中期,韩学开始成为宋代显学,元丰七年(1084)诏封韩愈为昌黎伯,陪祀孔庙,韩学的地位达到了历史的顶峰。这是宋人对韩学从宣传到接受的阶段,其特点是全盘接受,崇拜有余,批判不足。第二个阶段从北宋中期开始,到南宋中期结束。在这个阶段,宋人对韩学从怀疑到批判,韩学的理论内涵得以深化,韩学的主要命题也得以成熟完善。南宋中期以后,具体说来是朱熹去世以后,韩学没有再出现重大进展,韩愈的影响也开始淡化,这是宋代韩学发展的第三个阶段。不难发现,宋学的发展正好与这一进程同步:北宋中期以前,是宋学兴起与发展的时期;北宋中期到南宋中期,是宋学成熟的时期;南宋中期以后,宋学的生命力开始衰退。可以这样认为:对韩学的接受,奠定了宋学的基础;对韩学的怀疑与批判,推动了宋学自身理论思维的成熟与理论系统的完善。

从学科门类的角度考虑,宋代的韩学可以划分为三大板块:文学艺术领域、思想文化领域、历史文献领域。在这三大领域中,由于学术思想和学术方法的差异,无一例外都存在不同的学术派别,对韩学的认识与评价也各不相同。这种差异,既成就了韩学的丰厚,也成就了宋学的多彩多姿。不过,尽管这三大领域中各大流派的发展进程各不相同,但他们同样都经历了从全盘接受到怀疑批判的完整过程,显示了韩学对宋学影响的广度与深度。

以下分别梳理各大领域韩学发展的大致线索,以展示宋代韩学的总体面貌。

1. 文学艺术领域韩学的接受与传播

中晚唐下及五代，围绕韩愈文学思想及文学成就，已经有过不少的讨论。肯定的意见如高从士、孟郊、刘禹锡、柳宗元、皇甫湜、沈亚之、李汉、孙樵、司空图、黄滔、牛希济等，批评的意见如裴度、张籍、皇甫湜、孙樵、罗隐以及《旧唐书》等，都涉及了不少重要的理论问题。

北宋初年文风浮靡，韩文不受重视，但仍有不少作家宣扬韩文，如孙光宪、田锡、柳开、王禹偁、孙何、孙抃等，其中影响最大的是王禹偁。王禹偁和柳开一样，更注重道统中"行道"的一面，但他对古文创作本身也有着足够的重视。虽然也主张"远师六经，近师吏部"，但反对一味追求"句之难道"、"义之难晓"的倾向，而"惟师是尔"，其实质是倡导一种平易畅达的文风（《答张扶书》）。王禹偁的这一主张，对宋代文风的变革尤其是欧苏曾王为代表的北宋古文运动具有相当深刻的影响。在这一时期，两部重要的文学总集《文苑英华》、《唐文粹》选录了大批韩文，对韩文的流传起到了重要作用。姚铉的《唐文粹序》历数"微言绝响，圣道委地"之后历代文风之弊，"惟韩吏部超卓群流，独高邈古，以二帝三王为根本，以六经四教为宗师，凭陵轥轹，首唱古文。遏横流于昏垫，辟正道于夷坦。于是柳子厚、李元宾、李翱、皇甫湜又从而和之，则我先圣孔子之道，炳焉悬诸日月。故论者以退之之文可继杨、孟，斯得之矣"。姚铉对韩文的推重，在西昆体风靡天下的时代，尤为引人注目。

北宋中期，首先起来鼓吹韩文的作家，包括穆修及其弟子祖无择、尹洙、苏舜钦，孙复及其弟子石介等。穆修为欧苏古文之先驱，其《唐柳先生集后序》评价韩柳古文云："韩柳氏起，然后能大吐古人之文，其言与仁义相华实而不杂。"文道产重，与柳开重道轻文截然不同。其后石介抨击杨、刘，倡言韩、柳；尹洙力为古文，简而有法。至欧阳修一出，古文大行其道，再加上曾、王、三苏，古文运动始得再度振兴。

在韩柳古文开始振兴的同时，对韩文怀疑与批评的呼声也开始出现。如司马光《颜乐亭颂》，王安石《韩子》、《伯夷论》，东坡《杨雄论》、《韩愈论》，苏辙《诗病五事》，张舜民对《原道》的批评，秦观对《元和圣德诗》的批评,张耒对《孔子庙碑》的批评,可以这样说:宋代古文运动自身创作风貌的形成,就是在对韩文的接受与批判的过程中逐步完成的。

就具体的文体研究而言,宋代的韩学可以区分的两个方面:韩诗研究、韩文研究。

学习模仿唐诗最终突破唐诗的轨范自成一体,是宋诗发展的总体轨迹。宋人模仿的对象,从宋初的刘、白、玉溪,到宋末的姚、贾,都没能为宋诗的发展提供突破的契机。真正为宋诗的突破提供了创造性基因的,是杜、韩两家。杜诗对宋人的影响主要表现在"一饭不忘君"和"无一字无来处"方面,韩诗对宋人的影响,则表现为个性化和散文化的倾向。很明显,就宋诗议论化、散文化特征的形成而言,韩诗的影响绝不在杜诗以下。而宋诗的这些特征,正是在对韩诗的探讨中才得以逐步清晰化、理论化。比较突出的议题,如欧阳修、孔平仲、张耒、惠洪、蔡、胡仔、邵博、张戒、严羽等人关于韩诗用韵的讨论,沈括、张耒、唐庚、吴曾、胡仔、王楙、孙奕等人关于韩诗章法句法字法的讨论。这些讨论,都极大地丰富了宋人的诗歌理论,对宋诗的发展产生了积极的影响。

有关韩诗的核心话题,是"以文为诗"。首先提出这一话头的,应该是苏颂对韩诗评价:"韩退之不可谓之诗,有章韵文也。"(孙奕《示儿编》)沈括评韩诗为"押韵之文"(《临汉隐居诗话》),则引发了一场轩然大波。东坡谓"退之于诗本无解处,以才高而好尔"(何文焕《历代诗话》)。黄庭坚谓"诗文各有体,韩以文为诗,杜以诗为文,故不工尔"(《后山诗话》)。黄说影响宋人尤大,《苕溪渔隐丛话》前集卷九、《诗人玉屑》卷十二、《草堂诗话》卷上、《记纂渊海》卷七十五、王正德《余师录》卷一等均采录其说。陈师道、吕祖谦有关"退之以文为诗,子瞻以诗为词,如教坊雷大使之舞,虽极天下之工,要非本色"的说法也流传甚广,《苕溪渔隐丛话》前集卷四十九、《苕溪渔隐丛话》后集卷二十六、《诗话总龟》后集卷三十一、《诗人玉屑》卷十二、祝穆《古今事文类聚》续集卷二十四等均采录其说。以上数家的说法,已经基本上确立了宋人对韩诗的评价。有关以文为诗,参加讨论者还包括晁说之、陈善、张戒、方逢辰、何梦桂、严羽等。可以认为,宋代诗风的流变,从欧苏到黄陈,从江西到江湖,始终和上述的讨论相伴相随。

宋代古文运动是唐代古文运动的继承者,其古文理论正是在对唐人尤其是韩愈古文理论的接受与批判中得以完成的。从"不平则鸣"到欧阳修的"穷而后工";从"气盛言宜"到苏辙的"文章宽厚宏博,充乎天地之间,称其气之小大"(《上枢密韩太尉书》);从"陈言务去"、"辞必己出"到宋祁的"一出诸己"(《宋景文笔记》)、梅尧臣的"文章所贵不相效"(《依韵和宣城张主簿见赠》)、陈师道的"有意故有工"(何文焕《历代诗话》);从"师其意不师其辞"到黄庭坚的"换骨夺胎"、"点铁成金"(《潭南诗话》);从"文从字顺"到王禹偁的"句之易道"、"意之易晓"(《答张扶书》),都可以看到韩文对宋代古文理论的重要影响。至于考索韩文渊源如姚铉、穆修、宋祁、叶梦得、张表臣、邵博、李涂等;分析韩文风格如苏洵、苏轼、吕大防、洪迈等;评点韩文结构技法如吕祖谦、楼昉、汤汉、方虬、王霆震、谢枋得、祝尧等,也对宋人的古文创作产生了重要影响。

除了以上话题之外,有关韩文的核心话题,当然是文道关系。对韩愈的"修辞明道",宋人有多种诠释,最值得注意的,是胡瑗以"有体有用有文"解说文道关系:"圣人之道有体有用有文:君臣、父子、仁义、礼乐,历世不可变者,其体也;《诗》、《书》、史传、子、集垂法后世者,文也;举而措之天下,能润泽其民,归于皇极者,其用也。"(朱熹《宋名臣言行录》前集卷十)此后宋人的文道关系理论大致分为三途:比较忠实于韩文原意,坚持文道一元的,是欧、苏一系。欧阳修云:"学者当师经,师经必先求其意,意得则心定,心定则道纯,道纯则充于中者实,中充实则发为文者辉光,施于世者果毅。"(《答祖择之书》)欧公之道为"充于中者",与"足乎己无待于外"的韩愈之道一样,是一个自在自足的内在系统。"其充于中者足而后发乎外者大以光"、(《与乐秀才第一书》)"道胜者文不难而自至"(《答吴充秀才书》),也就是修辞以明道。对欧公而言,"道"为中,"文"为外,二者是同一个

第十六章　韩学的历史地位及其影响

统一体的两个层面,这就是"我所谓文必与道俱"的真实涵义(苏轼《祭欧阳文忠公文》)。正因为如此,欧公所谓"文章丽矣,言语工矣,无异草木荣华之飘风,鸟兽好音之过耳"(《送徐无党南归序》),目的是批评单纯追求文辞华美的形式主义倾向,不同于道学家的"作文害道";欧公反对"弃百事不关于心"(《答吴充秀才书》),目的是批评文士溺于文辞的倾向,也不同于政治家的"实用不必巧且华"(王安石《上人书》)。苏洵《上欧阳内翰第一书》:"取《论语》、《孟子》、韩子及其他圣人贤人之文而兀然端坐,终日以读之者七八年矣。方其始也,入其中而惶然,博观于其外而骇然以惊。及其久也,读之益精,而其胸中豁然以明,若人之言固当然者,然犹未敢自出其言也。时既久,胸中之言日益多,不能自制,试出而书之,已而再三读之,浑浑乎觉其来之易矣。"东坡《南行前集叙》:"夫昔之为文者,非能为之为工,乃不能不为之为工也。山川之有云雾,草木之有华实,充满勃郁而见于外,夫虽欲无有,其可得耶!"正是欧公同调。

对政治家而言,文道虽属一体,但有先后本末之分。王安石云:"治教政令,圣人之所谓文也。书之策,引而被之天下之民,一也。圣人之于道也,盖心得之,作而为治教政令也,则有本末先后。"具体说来,"引而被之天下之民"为本,"书之策"为末。所以,"所谓文者,务为有补于世而已矣。所谓辞者,犹器之有刻镂绘画也。诚使巧且华,不必适用;诚使适用,亦不必巧且华。要之,以适用为本。以刻镂绘画为之容而已,不适用,非所以为器也;不为之容,其亦若是乎?否也。然容亦未可已也,勿先之其可也"(《与祖择之书》)。

对道学家而言,文与道有体用虚实之别。周敦颐云:"文所以载道也。轮辕饰而人弗庸,徒饰也,况虚车乎。文辞,艺也;道德,实也。笃其实,而艺者书之;美则爱,爱则传焉。贤者得以学而至之,是为教。故曰:言之无文,行之不远。"所以说:"不知务道德而第以文辞为能者,艺焉而已。"(《通书·文辞第二十八章》)二程倡言道外无文云:"人见六经,便以为圣人亦作文。不知圣人亦摅发胸中所蕴自成文耳,所谓有德者必有言也。"又云:"游夏亦何尝秉笔学为词章也?且如观乎天文以察时变,观乎人文以化成天下,此岂词章之文也。"并由此得出结论:"作文害道。"(《二程遗书》卷十八)朱熹批判李汉"文者贯道之器"云:"这文皆是从道中流出。岂有文反能贯道之理?文是文,道是道,文只如吃饭时下饭耳。若以文贯道,却是把本为末,以末为本,可乎?"又批判欧苏之道:"东坡之言曰:'吾所谓文,必与道俱。'则是文自文而道自道,待作文时旋去讨个道来入放里面,此是它大病处。"按照他的理解:"道者文之根本,文者道之枝叶。惟其根本乎道,所以发之于文皆道也。三代圣贤文章皆从此心写出,文便是道。"(《朱子语类》卷一三九)再进一步,则是道外无物、道外无文:"夫文与道果同耶?异耶?若道外有物,则为文者可以肆意妄言,而无害于道;惟夫道外无物,则言而一有不合于道者,则于道为有害。"(答吕伯恭五》)这段话本身就自相矛盾:朱熹既然主张"道外无文",文即是道,就不应该将"言"划分为"合于道者"、"不合于道者"。否则,这"不合于道者"、"于道为有害"的"文",岂不正好成为道外有物的证据了吗? 所以,"载道"的实质,是将"文"作为"道"的承载工具;"作文害道"的实质,是"文"、"道"二元对立论;"文只如吃饭时下饭",以"道"为主食,以"文"为菜肴,实质上是"文"、"道"二元分立论。尽管道学家口口声声批评文学家"文自文而道自道",但真正裂文与道为二物的,正是道学家自己。

上述宋人对于文道关系的诠解,不但丰富了宋代的韩学研究,也极大地推动了宋人自身的古文理论建设。可以这样认为:宋代古文运动创作风格与理论建树的多彩多姿,在很大程度上得力于对韩文的多方解读。

2. 思想文化领域韩学的接受与传播

在思想文化领域,韩学对宋学的主要影响是道统思想。韩愈所建立的尧、舜、禹、汤、文、武、周公下至孔、孟的儒学传承统绪,为宋人的道统开辟了先路;韩愈明确宣称"求观圣人之道必自孟子始"(《送王秀才序》),选择孟子而不是荀子作为儒学正统,决定了宋学的根本走向;韩愈从浩若烟海的原始儒学典籍中拈出《大学》、《中庸》、《论语》、

第十六章 韩学的历史地位及其影响

《孟子》,为重建儒家心性哲学体系奠定了坚实的基础,宋人将这四部著作集结为《四书》,中国的学术文化体系,从此由十三经系统转移到四书系统。

宋代韩学的核心话题是道统。其实,早在中晚唐时期,推崇韩愈道统思想的舆论就已经形成了声势。张籍、欧阳詹、赵德、李翱、皇甫湜、林简言、陆龟蒙、皮日休等,都正面肯定韩愈上接孔孟道统的历史功绩。皮日休在儒学道统体系中增加了一位文中子,并正式请求朝廷配飨韩愈于二十一贤之列(《请韩文公配飨太学书》),尤其引人注目。

宋初宣扬韩愈道统思想的人物,有田锡、柳开、王禹偁、陈彭年、种放、张景、许渤等人,其中柳开、王禹偁影响尤大。这批人持论的共同特点,是全盘肯定韩学,在文道关系中,都有以道为本、重道轻文的倾向。柳开以"行圣人之道,授圣人之言"推许韩愈,甚至置韩愈于孟、杨之上(《昌黎集后序》),这种偏重于传道乃至行道的道统论,对后来的道学家发生过重要影响。

北宋中期以后,阐扬韩愈道统的重要学者,有孙复、石介、祖无择、李觏等人。其中孙复大力提倡孟轲、荀卿、杨雄、董仲舒、王通、韩愈之道,成为道学的先驱。李觏对韩愈的性三品理论进行的发挥,也产生过较大影响。但这一时期更值得注意的,是对韩学持怀疑、批判态度的一批学者:如契嵩《非韩》,张载谓"孔孟而下,荀况、杨雄、王仲淹、韩愈,学亦未能及圣人"(《性理拾遗》),王安石对性三品的批评(《原性》),二程对"仁与义为定名,道与德为虚位"的否定(《二程遗书》卷十九),杨时所谓"其智未足以明先王之道,传孔孟之学"等(《与陆思仲书》)。朱熹则以周、张、二程直接孟子,正式斥韩愈于儒学道统之外。

南宋中期以后,朱熹对韩学的排斥逐步被学术界接受,韩学开始淡出,甚至连有价值的批评都不可多见。不过,这一时期的魏了翁却提出了不少有价值的命题,尤其是《韩愈不及孟子论》一文具体比较韩、孟思想的异同,具有重要的理论价值。

无论宋代道学家承认还是不承认,他们都蒙受过韩愈的影响却是无法否认的。比如:对尧舜下至孔孟的儒学传承统绪的确认,对《论》、《孟》、《大学》、《中庸》心性理论的阐释与发挥,由传统的章句训诂之学向义理之学的转移,都直接来自韩愈。此外如周敦颐的"诚"、"文以载道",张载的"理一分殊"、"天地之性"与"气质之性",二程的"天理"、"安于义命",吕祖谦的"有用之学",胡安国的"尊王攘夷",张栻的"义利之辨",都和韩愈的思想有着千丝万缕的联系。

　　道学家对韩愈的排斥,固然包含有宋人党同伐异的门户之见,但学术观念、价值取向的差异,才是其中更根本的东西。也正是在对韩文的怀疑与批判中,宋人的的理论思维和理论体系才得以一步步深化,但二者之间无论在理论形态上还是在理论内涵上都已经不可同日而语。从这一意义上讲,宋学正是通过对韩学的接受与批判才得以发生发展,韩学即是宋学,在这一方面表现得特别明显。

　　3. 历史文献领域韩学的接受与传播

　　在历史文献领域,宋人对韩愈经学思想的认识与接受促进了宋代经学思潮的更新,宋人对韩愈年谱及韩愈诗文系年的研究推动了宋代考证之学的发展,宋人韩集校注中的版本著录直接开启了宋代的文献版本之学。

　　汉唐经学系统中,经传具有至高无上的地位,注不离经、疏不破注,应该是汉唐经学的金科玉律。韩愈敢于宣扬"春秋三传束高阁"(《寄卢仝》),可见其离经叛道的精神。其《论语笔解》不但敢驳孔、郑,而且敢改经文。如"宰予昼寝",改"昼"作"画";"三月不知肉味",改"三月"作"音";"浴乎沂",改"浴"作"沿"(邵博《邵氏闻见后录》,卷四)。宋人对此颇有兴趣,邵博《闻见后录》、王楙《野客丛书》、孙奕《示儿编》、俞德邻《佩韦斋辑闻》、周密《齐东野语》等均有评说。此外,自韩愈倡言"子夏不序诗"之后(《诗之序议》),成伯瑜、丘光庭、欧阳修、王安石、苏辙、程颢、王得臣、晁说之、蔡卞、叶梦得、曹粹中、晁公武、朱翼、郑樵、员兴宗、李樗、程大昌、朱熹、范处义、章如愚、马端临等多有评说。从欧阳修到王柏的疑经思潮,应该有韩愈的影响。

第十六章 韩学的历史地位及其影响

年谱的撰著始于宋人,就现存年谱考察,最早的年谱,应该是吕大防的《韩吏部文公集年谱》及《杜诗年谱》,二谱撰成于元丰七年(1084),内容均极为简略。翔实记录谱主生平并为谱主诗文系年的第一份年谱,应该是北宋宣和年间洪兴祖的《韩子年谱》。文人别集,前人均分类编排,最早进行系年编排的别集,应该是南宋初年的蔡兴宗《重编少陵先生集》、赵次公《新定杜工部古近体诗先后并解》,以及樊汝霖撰成于南宋高宗绍兴十二年(1142)的《韩集谱注》。至于有关韩愈生平行实以及诗文作年的考订,程俱、方崧卿、朱熹以及诸注家之外,还有诸多的诗话、笔记,如《麈史》、《闻见后录》、《能改斋漫录》、《容斋随笔》、《猗觉寮杂记》、《芥隐笔记》、《野客丛书》、《困学纪闻》等,尤其长于考证。可以这样认为:宋代的考证之学,得力于韩学不少。

韩文的文本整理也是宋代韩学的重要内容。就现有情况考察,流传到今天的宋元集本十三种之外,可以确认的失传宋元集本有一百〇二种,两者相加,韩愈集在宋元时期的传本至少在百种以上。由于时代相近,不少唐代史料如历朝实录、别集、笔记等尚多传本,所以,宋人对唐代史实的研究具有得天独厚的条件。事实上,有关韩愈的生平行实以及韩文的流传、整理,宋人已经进行了卓有成效的研究,可以毫不夸张地断言:在这一研究领域内,主要的课题宋人都已经有所涉猎,后人除了修订充实、拾遗补阙之外,开辟新领域的余地不是太大。除了各种笺注、年谱之外,宋人诗话、笔记中,有一批特别长于征实的著作,如《麈史》、《闻见后录》、《能改斋漫录》、《容斋随笔》、《猗觉寮杂记》、《芥隐笔记》、《野客丛书》、《困学纪闻》等,对韩愈的生平有相当深入的考订。涉及的议题,包括韩愈家世、籍贯、乡里、交游、仕宦经历、生平行踪等。至于诗文系年、集本流传、创作本事以及文字考订,也都多有创获。

明确著录征引文献的来源,是汉唐注疏之学的优良传统。但详细著录所引文献的具体版本,则始于宋人。韩集校本中,苏溥嘉祐蜀本注柳、刘、欧、尹四家异文于目录后,吕夏卿嘉祐杭本、洪兴祖校本、姜师仲校本、谢克家校本、李邴校本都著录引据版本。考虑到现存的韩集宋元刻本大都著录有多种据校版本,而这些校本的多数异文仍然以"一作"的形式标注,可以判断,宋代的多数校本只在校语中出校重要版本,并非所有的据校版本一律出校。这一体例,也可以由现存的宋代多种校本中得到证实。但方崧卿《韩集举正》的绝大多数异文出校了据校版本和参校版本,所引据的版本多达九十种,出校异文上万条。在古代版本校勘之学的发展历程中,这是一个了不起的突破。在宋人的其他注本中,包括多种杜诗注本乃至苏黄注本,也还没有如此完善的版本著录。这表明,宋代版本校勘之学的进步,同样得力于韩学的贡献。

4. 结语

通过上文的考察可以发现,宋代的韩学与宋学自身的建设密不可分,研究韩文在宋代的接受与传播,具有两方面的价值:对韩学而言,宋代流行的各种韩文传本勾画出一幅完整的韩学流播坐标图,对韩学流传的研究具有重要意义;考察各种韩集的编次以及版本源流、刊刻、流传过程,有助于韩集的文献学研究;考察宋代流行的各种韩文传本的文字、校勘、注释、笺疏,可以为韩集文本整理提供确切可靠的第一手资料。对宋学而言,韩学的命题启发了宋人的理论思路,韩学的局限深化了宋人的理论思维,对韩学的接受意味着宋学的启动,对韩学的突破推动了宋学的发展。韩文在宋代的流传,为宋学的兴起与繁荣开启了先路,铸就了一代学术文化的辉煌。

第三节 元明清以下的韩学

朱熹从人格、人品、学问、做官临政到作诗、作文等诸多角度猛烈抨击韩愈:"虽是见得个道之大用是如此,然却无实用功处。它当初本只是要讨官职做,始终只是这心。他只是要做得言语似六经,便以为传道。至其每日功夫,只是做诗博弈酣饮取乐而已,观其诗,便可

第十六章 韩学的历史地位及其影响

见都衬贴那《原道》不起。至其做官临政，也不是要为国做事，也无甚可称，其实只是要讨官职而已"(《朱子语类》卷一百三十七)，"终不免于文士浮华放浪之习，时俗富贵利达之求"(《王氏续经说》)。朱熹是元明清三代朝廷钦定的儒教教主，一犬吠形，百犬吠声，韩愈不但被逐出道统之外，而且就此淡出学界视线。元明两代，基本上没有严肃的韩学研究著述出现。元代刘谧《三教平心论》两卷，以一半以上篇幅斥责韩愈的反佛，与契嵩《非韩》一样，缺乏学术含量。明游居敬《韩柳文》、蒋之翘《唐韩昌黎集》，都没能打出前人手心。不过，情况到明代后期开始发生变化，明代大儒王阳明《王文成全书》中，论及韩愈虽然只有寥寥数条，但不乏为韩愈辩护之词。《与黄勉之书》："来书云：韩昌黎'博爱之谓仁'一句看来大段不错，不知宋儒何故非之，以为'爱自是情，仁自是性，岂可以爱为仁'。愚意则曰：性即未发之情，情即已发之性；仁即未发之爱，爱即已发之仁。如何唤爱作仁不得？言爱则仁在其中矣。《孟子》曰：'恻隐之心，仁也。'周子曰：'爱曰仁。'昌黎此言与孟周之旨无甚差别，不可以其文人而忽之也。"又云："博爱之说，本与周子之旨无大相远。樊迟问仁，子曰爱人。爱字何尝不可谓之仁欤？昔儒看古人言语，亦多有因人重轻之病，正是此等处耳。"刘宗周《极陈救世要义疏》："三代以上，有尧、舜、禹、汤、文、武为之君，而天下无人而不学，无事而非学，学之名可以不立。及夫世衰道微，彝伦攸斁，孔子始单提直指之为万世鹄。至子思、孟子，而说愈详。凡以存几希之脉，为君父闲大伦也。自后推流扬波，则汉有贾、董，隋有王通，唐有韩愈，宋有周、程、张、朱。上下数千年，不过寥寥数子递衍其脉。"重新将韩愈纳入儒学道统之内。到清初，韩愈开始重新回到学界视野。蕺山弟子黄宗羲作《宋元学案》，论及韩愈者三十四条。顾炎武《音学五书》、《求古录》、《日知录之余》、《韵补正》、《金石文字记》、《天下郡国利病书》、《日知录》、《肇域志》、《菰中随笔》，论及韩愈者百余条。李光地《榕村集》、《榕村语录》、《榕村语录续集》、《朱子礼纂》、《性理精义》、《注解正蒙》、《周易通论》、《诗所》、《读孟子札记》、《御纂朱子全书》，论及韩愈二百余条，其中不乏大篇幅的义理诠释。而顾嗣立《昌黎先生诗集注》、方世举《韩昌黎诗集编年笺注》，各有所得，非明人可比。

李光地对韩文义理的诠释，远远超过了前人，尤其是程、朱。比如韩愈引《大学》"修齐治平"至"正心"、"诚意"一段文字，是为了说明儒家的修养以"有为"为目的，与佛道二家空谈心性截然不同。引文止于"正心"、"诚意"，目的是凸现儒家"心性"，使之与佛、道"心性"形成对比。韩愈此说开启了中唐以后儒学心性理论更新发展的道路，对宋明理学的发展产生了重大影响。但程、朱却在蒙受其影响的同时吹毛求疵，程氏批评"昌黎言治国平天下止及正心而不及致知格物"（《黄氏日抄》卷五十九引《二程语录》）。朱熹《四书或问》卷一则云："其言极于'正心诚意'，而无曰'致知格物'云者，则是不探其端而骤语其次，亦未免于择焉不精语焉不详之病矣，何乃以是而议荀、杨哉。"又《朱子语类》卷一百三十七云："《原道》中举《大学》，却不说'致知在格物'一句，……是个无头学问。"李光地《书韩子原道后》为之辨析云："韩子引《大学》止于诚意，朱子亦讥之。愚谓此韩子所以能识《大学》之意者也。《大学》之道推之至于正心诚意，尽矣！身由是修，家由是齐，国天下由是治且平。《中庸》、《孟子》所谓'诚之者人之道也'，至诚而不动者，未之有也。凡为天下国家有九经，而所以行之一也，是故语道至于诚，至矣！《大学》之格物致知，盖中庸之明善，而所以诚其身者也，不在诚之外也。故《大学》古文曰'物有本末'，即物也；'知所先后'，即格也；'壹是皆以修身为本，本乱而末治者，否矣'，即物有本末也；'此谓知本，此谓知之至也'，即如所先后物格而后知至也。象山陆氏引'物有本末'至'致知格物'为一意，以证为学讲明先于践履之事，其指固如此。陆谭经诚非朱伦，独此一义，愚窃以为甚精。盖首章格物之义既明，则其继以诚意，非错简也。王伯安始复古文，又陆学也。不如引此而自为之说，何哉？诚者圣人之本也，明者诚之端也，异氏不明理而自谓诚，则折之之辞，当止于诚意正心，不当上及格致。其所以治心而外天下国家，则不能格物之由也。故韩子引经不完，是韩子所以为《大学》之意者也。"其会同《原道》、《原性》

以考察韩愈仁爱之说,以揭示了韩愈以性为体、以道为用的心性本体理论,领会尤为深邃。

20世纪的韩愈研究,大半时间耗费在乌托邦情绪之中,清末民初严复《辟韩》开其端,章士钊《柳文指要》造其极,文革大批判扬柳批韩臻其盛。不过学术含量不足,不值得多费唇舌。严复以下的百年韩学,值得留下的东西并不太多,文献研究方面,蒋抱玄《注释评点韩昌黎文集》十卷《诗全集》四卷、马其昶《韩昌黎文集校注》、高步瀛《唐宋诗举要》、《唐宋文举要》、钱基博《韩愈志》、钱萼孙《韩昌黎诗系年集释》、童第德《韩集校诠》、屈守元等《韩愈全集校注》,能够代表这一时期的最高成就。刘成忠《韩文百篇编年》、李详《韩诗证选》、陈柱《证韩篇》、徐霞《韩愈诠订》、李嘉言《韩氏系年订误》、梁廷灿《韩吏部文公集年谱六种考略》、层冰《韩诗札记》、古直《韩文笺正》、陈柱《札韩篇》、李澍《与陈柱尊教授论韩文书》、徐震《韩昌黎"南山诗"评释》、程会昌《与徐哲东先生论昌黎〈南山诗〉记》、饶宗颐《韩文编录原始》、孙百急《韩愈的籍贯问题》、赵毓英《韩愈乡里辨略》、李扶九《古文笔法百篇》、胡怀琛《韩柳欧苏文之渊源》、李辰冬《韩柳的文学批评》、朱自清《论以文为诗》、程会昌《韩退之〈听颖师弹琴〉诗发微》、《韩诗〈李花赠张十一署〉发微》等,或重考据,或重辞章,各有所得。注意到韩文义理层面的,应以吴闿生《桐城吴氏古文法》、《古文范》,林纾《春觉斋论文》、《韩柳文研究法》,陈寅恪《顺宗实录与续玄怪录》、《论韩愈》为代表。

总结百年韩学,陈寅恪先生的《论韩愈》高踞于群峰之巅:"一曰:建立道统,证明传授之渊源;二曰:直指人伦,扫除章句之繁琐;三曰:排斥佛老,匡救政俗之弊害;四曰:呵诋释迦,申明夷夏之大防;五曰:改进文体,广收宣传之效用;六曰:奖掖后进,期望学说之流传。"六经垂范,为韩学研究指出向上一路。笔者追蹑先生步武三十年,完成《顺宗实录校注》、《昌黎文录辑校》、《韩愈集宋元传本研究》、《韩集举正汇校》、《韩愈文集汇校笺注》诸篇。今成此书,犹觉瞻之在前,忽焉在后,欲罢不能。天之将丧斯文也,后死者不得与于斯文也。勉之哉！勉之哉！

第四节 结　　语

　　纵观一千二百年来的韩学研究状况，可以大致勾画出一条 U 形发展轨迹：千家注杜、五百家注韩，宋代的韩学研究已经达到了极盛。朱熹以下、元明时期是千年韩学研究的谷底，韩愈被逐出道统，韩学晦而不彰。清中叶以后，韩学开始呈现复苏的势头，《韩集点勘》、《韩集笺正》、《读韩记疑》、《韩集补注》等校勘专著以及顾嗣立、方世举等人的韩集文本整理著作相继问世，为现代韩集文本研究开辟了先路；刘宗周、黄宗羲、李光地等人拨乱反正，重新发现了韩学的思想文化价值。20 世纪初年以后，韩学研究开始走上现代学术研究的轨道，迎来了又一个历史的高峰。

　　非常有趣的是：20 世纪初叶以来韩学研究的百年历程同样呈现出一条 U 形发展曲线：20 世纪前半期，尽管有严复《辟韩》以下新文化运动反传统思潮的影响，韩愈作为新儒学道统以及桐城文章的不祧之祖长期处于被批判的地位，但韩学的研究却没有停顿。即便是在战火纷飞的 30 年代，新问世的韩学专著也有数十种之多。1949—1978 年的三十年，是百年韩学的谷底，三十年间正式出版的韩学专著仅四种，其中旧著再版三种、旧著新出一种。80 年代以后，韩学研究再次复苏，自 1979 年迄今的三十多年间，据笔者的不完全统计，正式出版的韩学著述不下三百种，相关的论文数以千计。韩学研究呈现出一派兴旺繁荣的景象。

　　在一千二百年的韩学研究历程中，20 世纪以来的韩学研究可以被视为与宋代韩学双峰并峙的又一座高峰。百年韩学与千年韩学同样呈现出 U 形曲线的现象提示我们：韩学的兴盛，以社会文化环境的开放宽松为前提。和 20 世纪后半期相比，今天的环境应该说要宽松得多。一大批罕见的韩集原始文献陆续问世，也为今天的韩学研究者提供了远较前人优越的研究条件。也正因为如此,笔者相信,本书的撰著,能够为当代韩学思想义理研究提供一些新的视角、新的思考,为韩学研究的进一步腾飞提供一块菲薄但坚实可靠的垫脚石。

主要参考文献

刘真伦、岳珍《韩愈文集汇校笺注》,中华书局2010年版。

杨雄《太玄经》,四部丛刊本。
杨雄《杨子云集》,影文渊阁四库全书本。
李白《分类编次李太白文》,四部丛刊本。
李华《李遐叔文集》,影文渊阁四库全书本。
陆贽《翰苑集》,四部丛刊本。
柳宗元《增广百家补注唐柳先生文集》,宋蜀刻本。
刘禹锡《刘梦得文集》,四部丛刊本。
李翱《李文公集》,四部丛刊本。
皇甫湜《皇甫持正文集》,四部丛刊本。
林宝《元和姓纂》,中华书局1994年版。
李若水《忠愍集》,影文渊阁四库全书本。
黄裳《演山集》,影文渊阁四库全书本。
程颢、程颐《二程遗书》,影文渊阁四库全书本。
黄庭坚《豫章黄先生文集》,四部丛刊本。
周敦颐《周元公集》,影文渊阁四库全书本。
张载《张子全书》,影文渊阁四库全书本。
杨时《龟山集》,影文渊阁四库全书本。
叶适《习学记言》,影文渊阁四库全书本。

主要参考文献

吕祖谦《东莱集》，影文渊阁四库全书本。
吕祖谦《东莱书说》，影文渊阁四库全书本。
刘才邵《櫄溪居士集》，影文渊阁四库全书本。
李流谦《澹斋集》，影文渊阁四库全书本。
范处义《诗补传》，影文渊阁四库全书本。
曾丰《缘督集》，影文渊阁四库全书本。
范成大《石湖诗集》，影文渊阁四库全书本。
陆游《剑南诗稿》，影文渊阁四库全书本。
陆游《渭南文集》，四部丛刊本。
陈造《江湖长翁集》，影文渊阁四库全书本。
孙应时《烛湖集》，影文渊阁四库全书本。
朱熹《晦庵先生朱文公文集》，四部丛刊本。
黎靖德《朱子语类》，中华书局1986年排印本。
张栻《南轩集》，影文渊阁四库全书本。
魏天应编选、林子长笺解《论学绳尺》，影文渊阁四库全书本。
时澜《增修东莱书说》，影文渊阁四库全书本。
王昶《金石萃编》，民国十年扫叶山房本。

陈寅恪《金明馆丛稿初编》，上海古籍出版社1981年版。
冯友兰《三松堂全集》，河南人民出版社2001年版。
冯友兰《中国哲学史》，商务印书馆1934年版。
钱穆《中国思想史》，台北学生书局1995年版。
张岱年《中国哲学大纲》，中国社会科学出版社1982年版。
侯外庐《中国思想通史》，人民出版社1959年版。
任继愈《中国哲学发展史》，人民出版社1994年版。
郭绍虞《中国文学批评史》，上海古籍出版社1979年版。
吴闿生《古文范》，民国八年上海朝记书庄、宁波文明学社刊本。
吴闿生、李刚已《桐城吴氏古文法》，台湾中华书局1970年版。
林纾《春觉斋论文》，都门印书局1912年铅印本。

林纾《韩柳文研究法》,商务印书馆 1915 年铅印本。

严复《严复集》,中华书局 1986 年版。

周昌忠《西方现代语言哲学》,上海人民出版社 1992 年版。

《马克思恩格斯全集》,人民出版社 1972 年版。

《列宁全集》,人民出版社 1986 年版。

[英]亚当·斯密《道德情操论》,商务印书馆 2003 年版。

[德]马克斯·韦伯《经济与社会》,商务印书馆 1997 年版。

[英]葛瑞汉《论道者:中国古代哲学论辩》,中国社会科学出版社 2003 年版。

[美]马斯洛《动机与人格》,华夏出版社 1987 年版。

[英]史蒂文·卢克斯《个人主义》,江苏人民出版社 2001 年版。

[美]塞缪尔·亨廷顿《文明的冲突与世界秩序的重建》,新华出版社 2005 年版。

[美]摩尔根《古代社会》,商务印书馆 1977 年版。

[德]威廉·冯·洪堡特《论人类语言结构的差异及对人类精神发展的影响》,商务印书馆 1997 年版。

[德]海德格尔《诗·思·语言》,文化艺术出版社 1991 年版。

[苏]柯杜霍夫《普通语言学》,外语教学与研究出版社 1987 年版。

[美]阿历克斯·英格尔斯《人的现代化:心理·思想·态度·行为》,四川人民出版社 1985 年版。

[英]崔瑞德:《剑桥中国隋唐史》,中国社会科学出版社 1990 年版。

后　　记

书稿杀青，非常感念一直以来关心、支持我的朋友们，谢谢了！
在这里，我要特别感谢以下的朋友和单位：
河南大学出版社总编辑张云鹏教授，
河南大学"国学新读本"丛书主编李振宏教授，
华中师范大学历史文化学院赵国华教授，
中国社会科学院文学研究所刘宁教授，
浙江大学人文高等研究院。
此书定稿于浙江大学人文高等研究院。
1977年12月恢复高考，1978年5月恢复研究生考试，到1978年7月再次高考，半年时间内，本人参加了三场考试。幸运的是，三次考试成绩上线；不幸的是，三次录取全部落榜。当时曾有诗自嘲云："山路崎岖费奔走，途穷焉敢放初心。来来去去一抔土，去去来来两橐经。一岁三登龙虎榜，半生长恋鹿麋群。柳郎不见见应笑，忍把诗酒换浮名！"最令人感动的是，研究生招生单位杭州大学曾派人来我当时的工作单位奉节机械厂调取档案。虽然未能成功，但我对杭州大学始终抱有一份感恩之心。没想到时隔三十八年，我能有机会受聘为浙江大学人文高等研究院驻访学者。年近七十，终于圆梦，天道循环，感慨万端。于是再成一律，以纪念这段难得的因缘：

三十八年随梦消，

心魂犹系浙江潮。
秋风秋雨秋娘墓,
断壁断垣段家桥。
天目云霞东海浪,
南屏钟磬九天簫。
晚来得遂平生愿,
负笈杭城问九招。

刘真伦
浙江大学之江校区4号楼205室
2015年9月20日